백운화상어록
白雲和尙語錄

┋ **동국대학교 불교기록문화유산아카이브사업단(ABC)**
┋ 본서는 문화체육관광부 지원으로 동국대학교 불교학술원에서 간행하였습니다.

한글본 한국불교전서 고려 11
백운화상어록

2019년 8월 30일 초판 1쇄 인쇄
2019년 9월 10일 초판 1쇄 발행

지은이 백운 경한
옮긴이 조영미
펴낸이 윤성이
펴낸곳 동국대학교출판부

주소 04620 서울시 중구 필동로 1길 30
전화 02-2260-3483~4
팩스 02-2268-7851
Homepage http://dgpress.dongguk.edu
E-mail book@dongguk.edu
출판등록 제2-163(1973. 6. 28)
편집디자인 나라연
인쇄처 네오프린텍(주)

© 2019, 동국대학교(불교학술원)

ISBN 978-89-7801-960-6 93220

값 21,000원

이 책의 무단 전재나 복제 행위는 저작권법 제98조에 따라 처벌받게 됩니다.

한글본 한국불교전서 고려 11

백운화상어록
白雲和尙語錄

백운 경한白雲景閑
조영미 옮김

동국대학교출판부

백운화상어록白雲和尚語錄 해제

조 영 미
동국대학교 불교학술원 전임연구원

1. 저자

　백운 경한白雲景閑(1298~1374)[1]은 고려 말기인 충렬왕 때부터 공민왕 때까지 활동한 선사로서 흔히 태고 보우太古普愚(1301~1382)·나옹 혜근懶翁惠勤(1320~1376)과 함께 여말삼사麗末三師로 일컬어진다. 행장行狀과 비문碑文이 전하지 않아 자세한 행적은 알 수 없으나, 그가 남긴 『백운화상어록』과 『백운화상초록불조직지심체요절白雲和尚抄錄佛祖直指心體要節』(이하 『직지심체요절』로 약칭함) 등을 통해 그의 나이 50세를 전후한 시기부터의 행적과 문인들에 대해서는 대략 알려진 상태이다.
　이구李玖의 서序에 백운은 "고부군古阜郡 출신이며 초츤髫齓에 출가하

---

[1] 『白雲和尚抄錄佛祖直指心體要節』 발문에서 백운은 이 책을 임자년壬子年(1372) 9월에 성불산成佛山에서 마무리하였음을 밝히고 있으며, 이때 자신의 나이 75세라고 하였다. 백운이 태어난 해를 두고 이견異見이 있었으나 이로써 정확한 생몰년을 확정할 수 있게 되었다. 또 임종게에서 "77년 전에 왔다가 77년 뒤에 가노라.(七十七年來, 七十七年去.)"라고 한 구절에서도 세수 77세였음을 확인할 수 있다.

였다."라고 한 것으로 보아 출가 시기는 많이 잡아도 열 살 이전일 것으로 추측된다. 역사서에 보이는 현재까지의 기록으로는 『고려사』 권54 지志 8에 "충목왕 2년(1346) 5월에 백운에게 기우제를 지내도록 하였는데, 비가 오지 않았다."²라는 기사가 유일하다.

　1351년에 호주 하무산霞霧山으로 석옥 청공石屋淸珙을 찾아가 나눈 문답과 이 무렵 지공指空 화상에게 쓴 시가 어록에 전한다. 이듬해 정월에 다시금 석옥을 찾아가 가르침을 청하여 배운 후에 그해 3월에 고려로 들어왔다. 1353년 정월 17일 낮에 좌선하던 중에 영가 현각永嘉玄覺 대사의 『증도가證道歌』 구절을 떠올리고 깨침을 얻었다. 1354년 3월경에 해주 안국사安國寺에서 지공 화상에게 쓴 여러 수의 시와, 그해 6월에 법안法眼 선인禪人이 모셔 온 석옥 청공의 사세송辭世頌을 받고 안국사에서 재를 베풀며 행한 법문이 어록에 실려 있다. 1365년에 나옹의 천거를 받아 해주 신광사神光寺 주지가 되었는데 이때 행한 입원 법문은 어록 권상 처음에 수록되어 있으며, 권하에는 신광사로 들어가며 나옹대懶翁臺 시에 차운하여 지은 시가 실려 있다. 1368년에는 왕비 노국공주魯國公主의 원당願堂인 흥성사興聖寺의 주지로 취임하였다.

　1369년을 전후해서는 고산암孤山菴에 머물렀는데 그 무렵 지공 화상의 진영에 찬한 두 수의 시가 어록 권하에 실려 있다. 공민왕 19년(1370) 개경에 있던 광명사廣明寺에서 공민왕 입회하에 공부선功夫選이 있었는데, 이때 주맹主盟인 나옹과 함께 시관試官으로 참석하였다. 이와 관련된 글은 어록 권상 말미에 실려 있다. 입적하기 두 해 전인 1372년에 『직지심체요절』 2권을 마쳤으며 1374년에 취암사鷲岩寺에서 세수 77세를 일기로 입적하였다.

---

2 『高麗史』 권54 「志」 8, "忠穆王元年七月乙酉以旱雲. 二年五月辛卯命僧白雲祈雨不得."

2. 서지 사항 및 구성

『한국불교전서』 제6책(637a~668c)에 수록된 『백운화상어록』의 저본은 1378년(우왕 4)에 간행된 천령川寧 취암사 유판본留板本이며 국립중앙도서관에 소장되어 있다.

1377년 7월에 청주 흥덕사興德寺에서 금속활자인 주자鑄字로 『직지심체요절』을 찍어 낸 이듬해에 다시 이 책과 『백운화상어록』 2권 1책을 목판본으로 간행하였다. 1934년에 경성제국대학 법문학부에서 일본 학자 다카하시 도루(高橋亨)가 해제를 붙여 출간한 영인본도 있다.

상하 2권으로 법어法語·게송偈頌·시문詩文·서장書狀 등을 백운의 시자인 석찬釋璨이 모아서 엮었으며, 책머리에는 1378년에 쓴 목은牧隱 이색李穡의 서문과 1377년에 쓴 이구李玖의 서문이 실려 있다. 권상에는 신광사 입원소설神光寺入院小說, 상당上堂·시중示衆 등 71편의 흥성사입원소설興聖寺入院小說 그리고 조사선祖師禪, 선교통론禪敎通論, 운문雲門과 대양大陽의 삼구三句에 대한 풀이, 나옹 화상의 삼구와 삼전어三轉語에 대한 풀이, 공부선에 대해 어전御前에 올린 글 등이 수록되어 있다. 권하에는 행장과 비문도 전하지 않는 상황에서 그나마 백운의 자취를 엿볼 수 있는 글들이 실려 있다. 석옥 청공과 나눈 문답을 필두로 하여 여러 지인에게 쓴 편지글과 시, 주지직을 사양하며 임금에게 올린 글, 임종게 등이 수록되어 있다.

3. 내용과 성격

태고 보우, 나옹 혜근과 더불어 여말삼사로 일컬어지기는 하지만 백운에 대해서는 상당 부분 평가 절하되어 있다는 것이 현재까지 학계의 전반적인 견해이다. 실제로 태고나 나옹에 비해 괄목한 만한 연구 성과도 찾아보기 힘든 실정이다.

1972년에 『직지심체요절』이 발견되어 그 존재가 세상에 알려지면서 이에 대한 연구와 함께 백운 경한에 대한 연구도 힘을 받아 진행되었다. 세계에서 가장 오래된 금속활자본인 『직지심체요절』이라는 스포트라이트 속에서 백운이 어떤 인물인지 드러나야 했고, 이런 분위기에서 다소 성급하게 백운의 선적禪的 특질이 '무심선無心禪'으로 규정지어진 감이 있다.

1970년대 초 이루어진 연구 이후로 백운의 선은 곧 무심선으로 규정지어지면서 40여 년이 지난 지금까지 이는 거의 정설定說처럼 되어 있다. 다만, 백운의 선은 무심선이라는 확고한 전제하에 '간화선看話禪'이냐 아니냐가 쟁점으로 부각되어 백운은 공안과 화두마저 던져 버렸으며, 간화선을 비판하였다는 견해와 무심선을 강조하기는 하였지만 조사 선풍과 간화선을 함께 수용하였다는 일각의 견해 간에 차이를 보이고 있는 정도이다.

태고와 나옹이 국사國師·왕사王師에 봉해져 선종禪宗의 핵심부에서 중심적 역할을 활발히 수행하였던 데에 비하면 백운이 사회적으로 남긴 자취는 실제로도 그다지 뚜렷하지는 않다. 생전이나 사후의 문하 제자들의 수나 영향력에서도 그러하다. 중심부에서 비켜나 있으면서 수행에만 전력하며 오롯이 탈속脫俗한 듯한 면모와 '백운白雲'이라는 호가 주는 이미지까지 더해져 무심선이라는 말은 백운과 절묘하게 들어맞는 짝을 이루었다.

어전에 올린 글에서 학인들의 공부를 점검하는 방편으로 화두를 제시하거나 수어垂語를 내리는 경우와 색·소리·언어를 활용하는 경우를 들고, 이어서 다른 예로 "대단히 미묘한 방편의 하나로 무심無心 또는 무념無念으로 법을 제시하여 가르친 경우가 있다."라고 제시한 것이나, 석옥과의 만남 이후에 무심·무념의 참된 종지에 계합하여 깨닫고 나서는 "하루 어느 시각에나 사위의四威儀 안에서 무심과 무위無爲를 조금의 끊어짐도 없이 빈틈없이 듣고서 수행하고 또 수행하였다."라고 한 백운의 말은 이러한 견해를 뒷받침하는 근거로 자주 인용된다.

그러나 『백운화상어록』에 보이는 이와 같은 언급이나 수십 년 동안 무심선이라는 말이 백운을 그림자처럼 붙어 다니고 있다는 점이 이 견해의 타당성을 검증해 주지는 못한다. 백운에 관한 연구가 이렇다 할 성과 없이 답보하고 있는 것은 무심선이라는 판자板子에 가려 연구 시각을 처음부터 차단하고 시작하는 잘못에서 비롯한 문제일 뿐이다.

『백운화상어록』에는 선사들이 일상적으로 쓰는 어법과 간화선에서 제시하는 문제 제기 방식이 곳곳에 드러나 있다. "불전佛殿을 보고는 다만 불전이라 부르고, 주장자를 보고는 다만 주장자라 부를 것"이라 한 말이나 "무엇을 부처라 할 것이요 무엇을 조사라 할 것이며, 무엇을 산하대지요 일월성신이라 할 것이며, 무엇으로써 사대오온四大五蘊을 삼을 것인가?"라는 말은 선사들이 흔히 상용하는 어구이며, 특히 『백운화상어록』에 이 어구는 상당히 자주 보인다.

또한 "유심有心으로도 알 수 없고 무심無心으로도 얻을 수 없으며, 식識으로도 분별할 수 없고 지혜로도 알 수 없다."라며 양단으로 향하는 길을 모두 철저히 차단하는 방식, "나라면 이렇게 말했을 것이다. '대단한 법안이여! 비록 운문의 뜻을 간파하기는 했지만 결국 운문을 치켜세우지는 못했다.'", "내가 이렇게 한 말이 옛날 여러 조사들의 가풍과 같은가, 다른가? 그 말에 잘못이 있는가?", "말해 보라! 운문의 뜻과 같은가, 다른가?"라며 처음 제기한 공안을 다시금 새로운 공안으로 조직하여 문제를 제기하는 방식 등은 간화선사로서의 면모를 여실하게 보여 준다. 선사들이 문제를 제기하고 풀어 가는 어법과 문체 그리고 간화선적 맥락을 제대로 짚어 내지 못하고서 그저 '무심'이라는 말 자체에 눈을 빼앗겨 따라가기만 해서는 백운을 찾을 수 없다.

백운의 실체를 포착하기에 '무심선'이라는 그물망은 너무 성기다. 백운도, 무심이라는 말도 모두 그 빛이 퇴색하고 만다. 〈무심가無心歌〉에서 "경계를 맞닥뜨리고도 마음이 구름이나 물의 뜻과 같다면, 세상에서 종횡 어디로 가나 무슨 일이 있겠는가! 만약 사람이 억지로 이름을 붙이지 않는 다면 아름답고 추한 차별이 어디서 일어나겠는가! 어리석은 사람은 경계를 잊지만 마음에 대한 집착은 잊지 못하고, 지혜로운 사람은 마음을 잊지만 경계에 대한 집착은 잊지 못한다. 마음을 잊으면 경계는 저절로 고요해 지고, 경계가 고요해지면 마음은 저절로 여일如一하게 되리니, 이것을 가리켜 무심의 진실한 종지(無心眞宗)라 한다."라고 읊은 것을 근거로 백운이 무심을 선의 제일종지로 여겼다고 보는 견해는 오해가 아닐 수 없다.

자수 회심慈受懷深도 "불법은 무심을 근본으로 하며 무문無門을 법문으로 삼는다. 문이 없는 문에서 깨달음의 단서를 얻어 들어가야 하며 무심한 마음에서 깨달아야 한다. 그런 까닭에 붉은 꽃과 초록 버들 어느 것이나 청정한 법신 아닌 것이 없고 북소리와 종소리 모두가 광장설상廣長舌相인 것이다."[3]라 하였고, 굉지 정각宏智正覺도 "도인이 가고 머무름은 구름이 가거니 오거니 하는 마음 없이 떠다니고 보름달이 두루 비추며 응하는 것과 같으니, 잠시도 머물지 않으나 뚜렷하게 만상 가운데 우뚝하게 드러난다."[4]라고 하였다. 또 『무심론』에서는 "'보고 듣고 느끼고 아는 작용이 바로 마음이 있다(有心)는 증거인데 어찌 없다고 하는가?' '단지 보고 듣고 느끼고 아는 그 자체가 바로 무심이니, 보고 듣고 느끼고 아는 것을 떠나서 어디에 별도의 무심이 있단 말인가!'"[5]라고 하였다.

이처럼 무심에 관한 선사들의 말씀은 이루 헤아리기 어려울 정도이다.

---

3 『慈受懷深廣錄』 권3(X73, 127c13), "佛法以無心爲宗, 無門爲法門. 無門之門, 直須得入, 無心之心, 要在妙悟. 是故花紅柳綠, 無非淸淨法身, 鼓響鍾鳴, 盡是廣長舌相."
4 『宏智廣錄』 권6(T48, 76c4), "道人行止, 流雲無心, 滿月普應, 不爲一切所留, 歷歷在萬像中, 卓卓出一頭地."
5 『無心論』 권1(T85, 1269b1), "問曰, '旣能見聞覺知, 卽是有心, 那得稱無?', 答曰, '只是見聞覺知, 卽是無心, 何處更離見聞覺知別有無心!'"

이를 가지고서 백운의 특색을 드러내기에는 너무나도 범박하여 오히려 그 색채를 바래게 할 뿐이다. 이보다는 간화선사로서의 면모를 치밀하게 조명하는 것이 더 바람직한 연구 방향이 아닌가 생각한다.

백운이 즐겨 인용하고 있으며 자신의 깨달음의 경계와 적실하게 부합하고 있다고 여긴 문구로 『금강경』의 "일체의 유위법有爲法은 꿈·허깨비·물거품·그림자와 같고, 이슬이나 번개와 같으니 마땅히 이와 같이 관찰하라."라는 구절과 『법화경』의 "모든 법은 본래부터 항상 스스로 적멸한 상相이로다."라는 구절을 들 수 있다. 백운은 표현은 다르지만 곳곳에서 '모든 법이 공空'이라는 이치를 환기하고 있다. 예컨대 "지금 그대들에게 드러난 산하대지·초목총림·삼라만상은 그대들에게 뚜렷이 밝혀 주었으니 그 도는 늘 그러하며 또한 구극究極의 경지를 보여 준다."라고 한 말이나, "일체의 모든 법상이 다 허망하며 있는 그대로 적멸하다. 있는 그대로 적멸하므로 평등한 본성이다.", "낱낱의 존재에 실현되어 있고, 사물 하나하나에 온전히 드러나 있다.", "불조의 미묘한 이치는 눈앞에 있을 뿐이다.", "모든 법은 현재 있는 그대로 진실할 뿐이고 현재 있는 그대로 고요할 뿐이며 현재 있는 그대로 해탈일 뿐이다."라고 한 말들을 들 수 있다.

석옥과 만나 나눈 문답에서도 주된 주제는 제법의 상(諸相)에 관한 것이었다. 백운은 석옥에게서 깨닫고 나서의 감회를 "산하와 대지, 명·암, 색·공, 범·성 그리고 심·신의 구별이 깨끗이 사라져 저절로 온통 평등해졌다. 평등하고 원만하게 밝으면서 모두 뒤섞여 있어 마음을 애써 쓰는 일이 없어도 온전한 본체가 고스란히 드러나 꼭대기부터 밑바닥까지 꿰뚫고 고금을 모두 넘어섰다. 본래 움직인 것도 없으며 지금에야 비로소 고요해진 것도 없으니, 평등하고 또 평등하여 처음부터 본래 다르지 않았다."라고 술회하였다.

석옥을 만나기 전에 백운은 모든 상相과 법法은 진심眞心이 드러난 것이라는 생각에 굳게 뿌리를 내리고 있었고, 석옥과의 문답에서 그 집착을 타파하고 난 후에야 제법이 실상實相 그대로 진실하며 평등하다는 이치를 체득하였던 것이다. 그런 까닭에 "조사선은 색과 소리와 언어를 떠나지 않는다."라고 언명할 수 있었던 것이며,『금강경』의 "이 법은 평등하여 높거나 낮은 차별이 없으니, 이를 아뇩다라삼먁삼보리阿耨多羅三藐三菩提라 한다."라는 구절을 들고 "여기에서 평등이라 한 말을 학의 다리를 자르고 오리 다리를 늘이거나, 산의 봉우리를 깎아 골짜기를 메운 다음에 성취하는 평등이라 생각해서는 안 된다."라고 명징하게 짚어 낼 수 있었던 것이다.

이러한 한 구절 한 구절만 유심히 보아도 '백운은 별달리 특별한 화두를 제시한 적이 없으며 무심의 선법禪法으로 공안을 활용하기만 했을 뿐'이라는 기존의 견해들은 타당성을 갖기 어렵다고 하겠다.『직지심체요절』말미에 백운은 "나면서부터 석가이거나 자연히 이루어진 미륵불이란 있지 않다. 모름지기 정신을 바짝 차리고서 말 밖의 뜻을 알아차려야 할 것(未有天生釋迦自然彌勒. 要須快著精彩, 見之言外, 可也.)"이라 당부하였다. 백운을 무심선에 가두고자 하는 이들에게도 백운은 '무심'이라는 말의 밖을 보라고 일할一喝을 가했을 것이다.

진심과 망념妄念이 다르지 않다거나 혹은 달리 표현하면 해탈과 번뇌가 다르지 않다는 말은 누구나 받아들여야 할 절대 진리의 명제도 아니며, 이를 앎의 영역으로 포섭해 들인다고 해서 인식의 변화를 이끌어 낼 수 있는 것도 아니다. 선사들은 이 둘을 양팔저울에 올려놓고 어느 때는 터럭만큼도 한쪽으로 기울지 않게 하는 것을 평등이라 하는가 하면, 어느 때는 한쪽으로 기운 것을 평등이라 본다. 백운은 자신이 집착의 뿌리를 내리고 있던 진심이라는 상相을 망념이라는 상相과 동등하게 저울질하며 활용하였다. 즉 망념이나 번뇌로 기울었다 해도 그에 물들지 않겠다는 분별 없이 물들지 않는 경계를 터득하고 어록 곳곳에서 이 점을 설파한 것이다. 이에 군이 이름을 붙이자면 이것이 바로 백운의 무심의 경계라 하겠다.

  그러므로 백운에게는 일상에서 보고 듣는 모든 소리와 색이 차별 없이 들어오고 나가는 경계에서 또렷이 깨어 있는 것이 관건이었고 진실한 참선(實參)이 이를 유지하게 하는 공부였다. "진실한 참선과 진실한 깨달음(實參實悟)이란 무엇인가? 하루 어느 시각에나 어떤 행위 양상에서도 생사윤회에서 해탈하고자 하는 일대사一大事를 목표로 붙들고 사유 분별하는 심의식心意識을 여읜 채, 범부와 성인이라는 분별에서 벗어나 참구하고, 분별하는 마음도 없고(無心) 억지로 하는 행위도 없는(無爲) 도를 배워서 면밀히 이를 수행하고 언제나 망념 없이 항상 뚜렷하게 깨어 있으며 무엇에도 의지하지 않고 깊고 고요한 경지에 이른다면 자연 도道와 하나가 될 것"이라 하였으며, 지공 화상에게 올리는 글에서는 "제자는 활구活句를 참구할 뿐, 사구死句는 참구하지 않겠습니다."라고 하였다. 이렇듯 백운에게 화두 참구는 무심에 덮여 가려진 문제가 결코 아니다.

  백운이 입버릇처럼 "배고프면 밥 먹고 졸리면 잔다."라고 한 말이나 "하루 종일 옷을 입고 있고 밥을 먹어도 한 톨 밥알도 씹지 않았고 한 오라기 실도 걸치지 않았으며, 온종일 말하였지만 한마디도 말한 적이 없다."[6]라고 한 말 역시도 이러한 일련의 선상에서 나온 말이다. 이런 맥락은 간과한 채 그저 말머리만 잡아채서 탈속한 이미지의 무심으로써 백운을 규정하는 것은 거의 왜곡에 가깝다고 하겠다. 간화선과의 대척점에 무심선이 놓인다거나 혹은 어느 한쪽이 다른 한쪽을 포함하는 관계는 결코 아니기 때문이다. 그런데 무심선이라 못 박음으로써 마치 백운이 '무심'이라는 실체를 붙잡고 있었기라도 한 듯한 오해를 불러일으켰던 것이며, 이

---

6 이는 운문 문언雲門文偃의 말을 인용한 것인데, 운문은 이 말 끝에 "비록 이러하지만 문으로 들어가기 위한 말에 불과하며 모름지기 실참實參하여 이와 같이 터득해야 한다.(雖然如此, 猶是門庭之說, 須是實得與麼, 始得.)"라고 하였다.『雲門廣錄』권상(T47, 545a2) 참조.

는 백운의 선禪을 이해하는 데 장애가 될 뿐이다.

백운은 석옥에게 조주 종심趙州從諗의 무자無字 화두를 들어 "모든 법이 법마다 각각 자성이 없이 오로지 하나의 성품이기 때문에 조주가 '없다'고 한 것입니까? 아니면 이 일(此事)이 물속에 녹아 있는 짠맛이나 오색단청에 숨어 있는 아교 성분과 같아 분명 있기는 있지만 그 형체는 보이지 않기 때문에 '없다'라고 한 것입니까? 아니면 조주가 '없다'라고 한 말은 유무의 무도 아니요 허무의 무도 아닌 바로 온전히 살아 있는 하나의 무라는 뜻인지 스승께서 의심을 풀어 주십시오."라고 하였고, 이에 석옥은 "예나 지금이나 오로지 한 빛으로 빛나니, 밝고 묘하여 이름 붙일 수 없네."라고 게송으로 답해 주었다. 끝끝내 백운이 '무無'라는 이름을 놓지 못함에 석옥은 '이름 붙일 수 없다(難名)'라고 완곡히 표현해 준 것이다. 이 말은 조주가 "불佛이라는 한 글자조차도 나는 듣고 싶지 않다."[7]라고 했던 것처럼 '무無라는 한 글자조차도 나는 듣고 싶지 않다.'라는 의미이다.

'부처님께서는 녹야원에서부터 발제하에 이르기까지의 사이에 한 글자도 설한 적이 없다고 하셨다.'는 말씀을 백운이 빈번하게 인용하고 있는 점도 이때의 견성見性과 무관하지 않은 것으로 보인다. 제법의 상相에 관한 질의로부터 무자 화두에 이르기까지 석옥과 나눈 문답에서 얻은 백운의 이러한 경지는 『백운화상어록』 전반에서 찾아볼 수 있다.

무심선과 간화선의 문제 외에 백운을 둘러싼 또 다른 논점으로는 법계에 관한 것이 있다. 석옥 청공의 사세송을 받았고 백운 자신도 석옥의 법을 전해 받았다고는 하였지만, 실질적으로 석옥과 지공 화상의 법 가운데 누구의 법에 더 충실히 계합하였는가라는 문제가 그 하나이고, 다른 하나는 태고 보우와 백운 중에 누가 석옥의 법을 받았는가라는 점이다. 이 문제는 불교 사학계에서도 관심을 가지고 있는 주제로서 앞으로 실증적인

---

7 『趙州語錄』古尊宿語錄13(X68, 80c9), "佛之一字, 吾不喜聞."

자료와 함께 연구가 더 진행되어야 할 부분이다. 이러한 두 가지 논점 외에 역주 과정에서 역주자에게 더 무겁게 다가온 문제는 『백운화상어록』에 인용된 문헌들에 관한 것이다.

이 어록에 백운의 간화선사로서의 면목이 곳곳에 드러나 있고 화두 참구의 중요성이나 조사선에 관한 백운 자신의 견해 등이 피력되어 있는 점은 주목할 만하다. 그러나 일일이 열거하기 힘들 만큼 내용 가운데 상당 부분이 다른 선사의 어록 내용과 일치하거나 배열을 조금 바꾼 정도이거나 하다는 점이다. 전재全載에 가까울 정도로 가져와 싣고 있는 대표적인 문헌은 『대혜어록』이다. 진각국사眞覺國師 혜심慧諶이나 태고와 나옹의 어록을 살펴보아도 이런 예는 찾아보기 힘들다.

인용된 문헌들에 대한 추적은 고려 시대 당시의 서적 유통사와 선사禪師나 지식 계층의 독서 지형도를 파악하는 데에도 유용할 것으로 생각된다. 또한 백운의 편지글 중에는 『원각수증의圓覺修證儀』나 『능엄경』 등을 보내 달라는 요청을 받은 내용이 실려 있는데, 백운이 소장하고 읽었던 책들에 대한 정보를 유추할 수 있는 단서가 되기도 하고 경전이나 글자 뜻에 구애받아서는 안 된다는 그의 생각도 읽을 수 있어 흥미롭다.

중국과는 달리 우리나라에는 고려 시대 위의 네 선사의 네 어록만이 전할 뿐이어서 그 자체로 소중한 유산이다. 그러나 희귀한 가치와는 별개로 내용에 대한 엄정한 접근도 필요할 것으로 보인다.

4. 참고 자료

김성수, 「『직지』의 내용분석을 통한 백운화상의 '무심'에 관한 연구」, 『서지학연구』 제55집, 한국서지학회, 2013.
김영욱·조영미·한재상 역주, 『정선 선어록』, 대한불교조계종 한국전통사상서 간행위원회 출판부, 2009.

이종익, 「祖師禪에 있어서의 無心思想」, 『불교학보』 제10집, 불교문화연구원, 1973.

인경, 『몽산덕이와 고려후기 간화선사상 연구』, 명상상담연구원, 2009.

정병조, 「白雲의 無心禪에 關하여」, 『한국불교학』 제3집, 한국불교학회, 1977.

조영미, 「白雲景閑의 祖師禪 인식」, 『정읍사상사』, 민속원, 2017.

황인규, 「白雲景閑(1298~1374)과 고려말 선종계」, 『한국선학』 제9호, 한국선학회, 2004.

차례

백운화상어록白雲和尙語錄 해제 / 5
일러두기 / 22
백운화상어록白雲和尙語錄 서序 / 23

백운화상어록 상권 白雲和尙語錄 卷上

신광사神光寺 입원소설入院小說 31
 1. 세상 전체가 해탈로 통하는 문 31
 2. 산은 산, 물은 물, 승은 승, 속은 속 31
 3. 방장 안의 사람 32
 4. 공을 자리로 삼다 33
 5. 다섯 개비의 향 34
 6. 예배는 해서 무엇 하는가 35
흥성사興聖寺 입원소설入院小說 39
 1. 현재 있는 그대로 39
 2. 몸이 없어야 크다 40
 3. 색과 소리와 언어를 떠나지 마라 41
 4. 무엇이라 불러야 할까 43
 5. 너 스스로 깨달아라, 나는 너만 못하다 45
 6. 그것이 추우면 온 천하대지가 춥다 47
 7. 같은가, 다른가 48
 8. 이승二乘은 진실하지 않다 51
 9. 제호醍醐와 독약 52
 10. 향상하는 근본적인 한마디 53
 11. 어떤 성인도 전하지 못한다 54
 12. 봄은 어디에 있는가 56
 13. 불은佛恩에 보답한다는 의미 57
 14. 평소 가지고 있는 뜻을 등지지 마라 58

15. 벙어리가 법을 설하고 귀머거리가 듣네 ········ 59
16. 깨달음의 실마리 ········ 61
17. 무엇을 천당이라 하고, 무엇을 지옥이라 하겠는가 ········ 62
18. 큰 바다는 작은 물줄기도 사양치 않는다 ········ 63
19. 밑 빠진 그릇을 늘어놓으리라 ········ 65
20. 허공에 핀 꽃 ········ 66
21. 어찌 제도할 중생이 없겠는가 ········ 67
22. 순임금의 덕과 요임금의 인을 알아 무엇 하랴 ········ 67
23. 가고 오는 법이란 없다 ········ 68
24. 무엇을 보고 무엇을 들었는가 ········ 69
25. 곧바로 가리킨 마음 ········ 70
26. 나라면 이렇게 말했을 것이다 ········ 72
27. 시절이 평온하면 태평가 부를 일도 없다 ········ 74
28. 무위無爲의 교화 ········ 75
29. 봄이 되면 ········ 76
30. 여름이 되면 ········ 77
31. 가을이 되면 ········ 78
32. 공자의 효와 석가의 효 ········ 78
33. 학 다리는 길고 오리 다리는 짧다 ········ 80
34. 하나의 할 ········ 80
35. 한 글자도 설한 적이 없다 ········ 81
36. 정도正道란 무엇인가 ········ 82
37. 시절인연 ········ 83
38. 구름에 둘러싸이지 않은 산은 없다 ········ 84
39. 본래면목이란 무엇인가 ········ 85
40. 네 가지 비방 ········ 86
41. 예전 그대로 ········ 87
42. 행각行脚이란 ········ 88
43. 취모검을 들듯이 ········ 89
44. 정혼과 불성이 같은가, 다른가 ········ 90
45. 세존의 삼매를 가섭은 알지 못하였고 가섭의 삼매를 세존은~ ········ 91

46. 경전을 꿰뚫어 보는 눈 ········ 92
47. 하나의 그 무엇 ········ 93
48. 정오에 삼경을 알리는 종 ········ 94
49. 대장경은 어디에서 온 것인가 ········ 95
50. 무엇을 부처라 할 것이며 무엇을 조사라 할 것인가 ········ 96
51. 무심無心의 공덕 ········ 97
52. 모두 적정寂靜하므로 삼매는 아니다 ········ 99
53. 일정한 법이 없다 ········ 101
54. 도를 배우지 않는다면 물 한 방울도 소비할 자격이 없다 ········ 102
55. 금강반야바라밀경 ········ 103
56. 무쇠와 같은 사람 ········ 105
57. 하안거를 맺으면서 ········ 106
58. 출가란 무엇인가 ········ 107
59. 원래부터 옛날 그대로의 자기 ········ 109
60. 자기 마음속으로부터 ········ 110
61. 마음 그대로가 곧 부처 ········ 112
62. 진실한 참학參學이란 ········ 113
63. 행각行脚이란 ········ 115
64. 지말枝末을 좇지 마라 ········ 116
65. 공에 떨어지지 않을까 의심하지 말고, 공에 떨어지는 것 또한~ ········ 117
66. 무위無爲의 실상實相 ········ 118
67. 세존께서 꽃을 들어 보이신 뜻 ········ 120
68. 배고프면 밥 먹고 졸리면 자노라 ········ 120
69. 실천 수행의 가치 ········ 122
70. 온종일 말하였지만 한마디도 말한 적이 없다 ········ 123
71. 안의 마음과 밖의 경계 ········ 124

조사선祖師禪 ········ 126
선과 교를 아울러 논함 禪敎通論 ········ 131
운문 삼구에 대한 풀이 雲門三句釋 ········ 134
대양 삼구에 대한 풀이 大陽三句釋 ········ 135
나옹 화상의 삼구와 삼전어에 대한 풀이 懶翁和尙三句與三轉語釋 ········ 136

나도 모르는 결에 붓을 들어 쓸데없는~ 因筆不覺葛藤如許示同菴二三兄弟 138
망승을 보내며 送亡僧 141
기함起函 142
하화下火 143
홍무 경술년 9월 15일에 내교(佛敎)의 공부 방편을~ 洪武庚戌九月十五日~ 144

주 / 147

백운화상어록 하권 白雲和尙語錄 卷下

지정 신묘년 5월 17일에 백운 선사가~ 至正辛卯五月十七日 師詣湖州霞霧~ 207
백운 선사가 계사년 정월 17일에 하무산~ 師於癸巳正月十七日 記霞霧山~ 210
지정 갑오년 6월 초나흗날에 법안 선인이~ 至正甲午六月初四日 禪人法眼~ 214
신묘년에 지공 화상에게 올린 송 辛卯年上指空和尙頌 223
갑오년 3월 모일에 안국사에서 지공~ 甲午三月日 在安國寺 上指空和尙 228
다시 12수의 송을 지어 뜻을 보이시다 又作十二頌呈似 230
정유년 9월 모일에 선지에 답하여 서신을 올리다 丁酉九月日 答宣旨書 233
을사년 8월 모일에 신광사 주지를 사양하는~ 乙巳八月日 神光辭狀書 235
기유년 정월 모일에 고산암에 우거할 때~ 己酉正月日 寓孤山菴 指空眞讚~ 237
산속에 살며 居山 238
백운이라는 별호를 지어 주심에 감사하며 謝道號白雲 243
금강산으로 들어가는 나옹 화상에게 부침 寄懶翁和尙入金剛山 244
사대 화상에게 思大和尙 245
낙가산으로 향하는 이를 전송하며 送人洛迦山 246
마을을 떠나 산으로 돌아오며 出州廻山 247
뜻을 읊다 言志 248
신광 장로에게 준 구호 與神光長老口號 249
금강산 내산의 석불상 金剛山內山石佛相 250
학인에게 示僧 251
망인을 애도하다 悼亡人 252

재상【연안부사】 정설의 시운을 따라 화답함 答鄭偰宰臣詩韻【延安府使】 253
법을 청함에 오언시로 다시 화답하다 復答請法以五言示之 254
서해 관풍사觀風使 권거중에게 답함 答西海權觀風【居中】 256
예원 선교도총통 찬영에게 올림 上芮院禪敎都摠統【粲英】 257
을사년 6월 신광사로 들어가며 나옹대 시에~ 乙巳六月入神光次懶翁臺詩韻 258
사위의송四威儀頌 259
무심가無心歌 260
태고 화상에게 부치는 편지 寄大古和尙書 261
정승 윤환에게 올리는 편지 上尹政承書【桓】 263
군수軍須(軍需) 담당 재신 이구에게 올리는 편지 上軍須李宰臣【玖】書 265
재신 인안에게 올리는 편지 上印宰臣【安】書 267
다시 편지를 올림 又書 268
신광사 총장로께서 보내온 부채에 답하는 편지 答神光聰長老扇子書 270
신광사 장로가 『능엄경』을 구함에 답하는 편지 答神光長老求楞嚴經書 273
예원 선교총통 찬영에게 답하는 편지 答芮院禪敎摠統【粲英】書 275
신광사 장로 축탄에게 올린 편지 上神光長老【竺坦】書 277
선 선인에게 주는 편지 示禪禪人書 279
요선 선인에게 부치는 편지 寄示了禪禪人書 281
희심 사주에게 보내는 편지 示希諗社主書 283
승통 공선에게 부치는 편지 寄【公宣】僧統書 285
내불당의 감주 천호 장로에게 부치는 편지 寄內佛堂監主長老【天浩】書 288
제자 대선사 자원에게 부치는 편지 寄第子大禪師【資遠】書 292
이 상공에게 부치는 편지 示李相公書 294
나도 모르는 결에 붓을 들어 몇 마디 말을~ 因筆不覺葛藤如許示神光和尙 296
해주의 목백에게 示海州牧伯 300
임종게臨終偈 302
간기刊記 303

주 / 304
역자 후기 / 333
찾아보기 / 336

일러두기

1 '한글본 한국불교전서'는 문화체육관광부의 지원을 받아 동국대학교 불교학술원에서 수행하고 있는 '불교기록문화유산아카이브(ABC)사업'의 결과물을 출간한 것이다.
2 이 책은 『한국불교전서』(동국대학교출판부 간행) 제6책의 『백운화상어록白雲和尙語錄』을 저본으로 하여 번역하였다. 이는 국립중앙도서관 소장본을 저본으로 한 것으로서 『한국불교전서』에서 의심스러운 부분은 국립중앙도서관 원문정보 데이터베이스를 참조하였다.
3 『한국불교전서』의 교감 내용은 ㉲으로, 역주자의 교감 내용은 ㉭으로 구분하여 밝혔다.
4 이 책의 편장篇章은 저본의 기본 편제와 내용을 고려하여 역주자가 나누고 제목을 붙였으며, 번역문의 단락도 읽기 쉽도록 역주자가 구분하였다. 다만 저본에 본래 제시되어 있는 제목이나 『한국불교전서』 편자가 보입補入한 제목은 그대로 살렸다.
5 이 책은 『정선 선어록』(김영욱·조영미·한재상 역주, 대한불교조계종 한국전통사상서 간행위원회, 2009)에 실린 『백운어록』 역주 성과를 이어받아 완역한 것이다. 당시에 수차례 거듭하여 검토하였기에 이번에 다시 수정할 부분은 크게 눈에 띄지 않았다. 몇 곳 미진한 대목을 고치고 주석을 덧붙였다. 또한 『정선 선어록』, 『정선 공안집』, 『정선 휴정休靜』 등에서 그대로 취해 온 주석이 다수 있으나 일일이 책명과 면수를 기재하지는 않았음을 밝혀 둔다.
6 이 책의 역주에서 주로 참고한 사전은 『禪學大辭典』(駒澤大學內 禪學大辭典編纂所, 大修館書店, 2000), 『禪語辭典』(入矢義高 監修, 古賀英彦 編著, 思文閣出版, 1991), 『伽山佛敎大辭林』(伽山佛敎文化硏究院), 『漢語大詞典』(羅竹風 主編, 漢語大詞典出版社, 1994)이다. 주로 활용한 웹사이트는, CBETA 중화전자불전협회(http://www.cbeta.org/), 불교기록문화유산 아카이브서비스 시스템(http://kabc.dongguk.edu/), 한국고전종합DB(http://db.itkc.or.kr) 등이다.
7 『고려대장경』은 K로, 『한국불교전서』는 H로, 『대정신수대장경』은 T로, 『신찬대일본속장경』은 X로 표시하였다.
8 이 책의 역주는 지금까지 역주자가 참여했던 각종 역주서 편찬이라는 토대에서 가능할 수 있었음을 다시 한번 밝혀 둔다.

백운화상어록白雲和尙語錄 서序

고려조계대선사 경한의 호는 백운이며, 강남 하무산 석옥 청공[1] 화상에게서 법을 전해 받았는데 이는 당신께서 하신 말씀에도 잘 드러나 있다. 세수 77세에 취암사에서 입적하셨다. 그 문도인 법린과 정혜가 판각判閣 김계생과 함께 화상의 어록을 목판에 새겨 상재上梓하고자 하여 내게 서문을 청하였다.

내가 연경에서 노닐 무렵, 나옹이 바야흐로 도道로 명성을 떨쳐 천자의 마음을 움직여 개당 설법하니 백성들이 그를 더욱 믿고 따랐다고 하는데 나는 알지 못했다. 백운 선사 또한 대단히 뛰어난 분이시나 법린이 아니었다면 세상 사람들이 그 풍모를 흠모할 수 없었으리라.

아, 한 시대를 함께한 식자인으로서 서로 만나 보지 못하였으니 이 얼마나 한스러운가! 지금 백운 선사에 대해서는 더욱 한스럽기 그지없다. 그 도는 높고 말씀은 깊어 나의 견식과 역량으로는 알 수가 없네. 장차 안목을 갖춘 이가 밝혀야 하리니, 이에 더 쓰지 못하겠노라.

무오년(1378) 여름 4월 5일, 추충보절동덕찬화공신 삼중대광 한산군 영예문춘추관사 목은 이색이 쓰다.[2]

白雲和尙語錄序

高麗曺溪大禪師景閑, 號白雲, 得法於江南霞霧山石屋珙和尙, 觀其自道可見已. 年七十七, 示寂于鷲岊. 其徒法厸靜惠, 與判閣金繼生, 將鋟語錄于梓, 求余序. 余之游燕也, 懶翁方以道譽動, 天子開堂說法, 鄕人尤皈仰焉, 而予未之知也. 白雲師, 又其傑然者也, 非厸無以歆其風. 嗚呼, 士之同一世而不相遇者, 何限! 今於白雲, 益有憾焉. 若其道之高語之深, 非予之識量所可知也. 當有具眼者證之, 玆不及云.

戊午夏四月五日, 推忠保節同德贊化功臣, 三重大臣,[1] 韓山君, 領藝文春秋館事, 牧隱李穡, 序.

---

1) ㉘ '臣'은 '匡'의 오기인 듯하다.

세존께서 꽃을 드시자 가섭이 미소하여 대략 실마리를 드러냈으나, 불법의 근원에서 멀어지고 종파가 나뉘면서 방棒이나 할喝이 온통 그 남상이 되고 말았다. 심지어는 겉모습을 빌리거나 이름을 도둑질하여 세상에 아첨하는 자들이 무수히 발자취를 이어 구름처럼 일어남에 이 도는 날로 무너져 갔다.
　백운 화상은 우리나라 고부군[3] 출신으로서 어려서 출가하여 배움에 힘쓰며 도를 구하였다. 하무산 석옥 청공의 법을 이어받았고 서천의 지공[4]에게 의심나는 문제를 물어 계사년(1353) 음력 정월 기망 다음 날인 17일에 마음을 밝히고 도를 깨달았다.
　석옥 청공 화상이 입적에 즈음하여 임종게를 부쳐 왔다.

　　백운을 사고 맑은 바람은 팔았더니,[5]
　　가산 온통 흩어져 뼈가 시리도록 가난하구나.
　　한 칸의 띠풀 집은 남겨 두었으니,
　　떠나려는 이 순간 병정동자[6]에게 전해 주노라.[7]

　이로써 석옥이 백운에게 법을 전한 사실을 알 수 있다. 백운 선사는 천연 그대로 더하거나 꾸밈 없이 참되고 변함없는 진실상을 남김없이 드러내셨으며, 겉모습을 빌리거나 이름을 도둑질하는 짓은 취하지 않으셨으니 참된 경지에 이른 분이시다.
　내가 을사년(1365) 가을에 서해로 명을 받들고 사신으로 갔을 때에 선사께서는 신광사 주지로 계셨는데 한번 뵙고도 그 진기한 모습에 선사의 인품을 알 수 있었다. 그 후로 10년을 뵙지 못했는데 선사께서 입적하셨다니 참으로 애통할 뿐이다. 나와 뜻을 같이하는 친한 벗인 선교도총통 예원 찬영璨英 공이 선사의 어록을 보여 주었는데, 그 완연한 면목에 몹시도 놀라 두 번 세 번 되풀이해 음미해 보니 백운 선사의 정수가 이 어록에 온전히 담겨 있었다. 후학들이 이 법어를 본다면 비유컨대 어둠을 밝히는 빼어난 등불이요 더위를 씻어 주는 맑은 바람과 같아서 참으로 사숙의 지남이 될 만하리라. 문인 달잠達湛과 석찬釋璨 등이 침재鋟梓하여 후대에 길이 전하고자 하였고, 나 또한 백운 선사의 입적은 안타까우나 그 법만은 길이 전해져 없어지지 않기를 바란다. 그 어록의 한 끝에 이름을 올리게 된 것을 기뻐하며 이 글을 쓰노라.

선광 정사년(1377) 3월 초하루, 통암거사 철성 이구 온보가 쓰다.

世尊拈花, 迦葉微哂, 略露頭角, 源遠而派分, 若棒若喝, 皆其濫觴. 至如假容盜名, 取媚於世者, 接跡雲起, 而斯道日喪. 白雲和尙, 海東古阜郡籍, 髫齓出家, 力學求道. 嗣法於霞霧石屋, 質疑於西天指空, 越癸巳孟春旣望翌日, 明心見道. 石屋臨終而偈寄云, "白雲買了賣淸風, 散盡家私澈[1]骨窮. 留得一間茅草屋, 臨行付與丙丁童." 則屋以是傳之雲者, 可知矣. 然雲天然無作, 眞常裸裸, 假容盜名, 雲所不取, 眞境中人也. 予於乙巳秋, 奉使西海, 師住神光, 一見而奇之, 知其爲人. 不見十年而雲已歸寂, 是可悼也. 吾契友禪敎都摠統芮院英公, 以師之語錄見示, 宛然面目, 且驚且愕, 三復嘗味, 雲之精髓, 盡在此矣. 後之學者, 觀此法語, 則譬猶破暗之孤燈, 濯熱之淸風, 實爲私淑之指南也. 門人達湛釋璨等, 欲鋟於梓, 以壽其傳, 予愛雲之死而不朽. 且喜掛名於其端, 於是乎書.

時宣光丁巳三月初吉, 通菴居士, 鐵城李玖溫甫, 序.

---
1) ㉠ '澈'은 '徹'의 오자이다. 이하 동일하다.

주

1 석옥 청공石屋淸珙(1272~1352) : 속성은 온溫씨. 강소성江蘇省 소주蘇州 상숙常熟 출신. 고봉 원묘高峰原妙 문하에서 공부하다가 후에 급암 종신及菴宗信을 찾아가 화두를 받고 참구하여 득법하고 인가를 받았다. 백운 경한과 태고 보우 등이 그에게 직접 가르침을 받았다. 『石屋珙禪師語錄』이 현존한다.
2 『東文選』 권116 「牧隱先生李文靖公行狀」, "정사년에 추충보절동덕찬화공신의 호를 더하였고 예문춘추관사를 통솔하였다. 임술년에 삼중대광판삼사사로 임명하였고, 계해년에 다시 한산군에 봉했으며, 갑자년에 한산부원군을 더하여 봉하였다. 을축년에 벽상삼한삼중대광 검교문하시중에 임명하였다.(丁巳, 加推忠保節同德贊化功臣之號, 領藝文春秋館事. 壬戌, 拜三重大匡判三司事. 癸亥, 復封韓山君. 甲子, 加封韓山府院君. 乙丑, 拜壁上三韓三重大匡檢校門下侍中.)"; 『牧隱集』 「年譜」 참조.
3 고부군古阜郡 : 전라북도 정읍시 일원과 부안군 일부를 포함한 지역의 옛 이름.
4 지공指空(?~1363) : 인도 마가다국 출신. 원元나라에서 활동했으며 고려에 와서 한동안 머물기도 하였다. 이때 나옹 혜근懶翁惠勤이 지공에게서 보살계를 받았다는 기록도 전한다.
5 백운白雲을 사고~바람은 팔았더니 : 백운은 백운 경한을, 맑은 바람 곧 청풍은 석옥 청공을 나타낸다. 백운은 법을 이은 제자로서 인정하고 자신은 세상을 뜬다는 암시이다.
6 병정동자丙丁童子 : 등화燈火를 담당하는 동자. 병·정은 오행五行에서 각각 양화陽火와 음화陰火에 속한다. 여기에서는 진리의 등불을 가지고 어둠을 밝힐 제자라는 은유적 표현으로 백운 경한을 가리킨 것이다.
7 『石屋珙禪師語錄』에는 이 게송이 실려 있지 않다. 다만 권하에 다음과 같은 〈辭世偈〉가 수록되어 있다. 『石屋珙禪師語錄』 권하 〈辭世偈〉(X70, 675c17), "청산에 냄새나는 주검 묻지 말지니, 죽고 난 후에 땅 파서 묻을 필요 없느니라. 생각건대 내게는 삼매의 불도 없으니, 이전에도 이후에도 없을 한 무더기 섶만 남으리.(靑山不著臰尸骸, 死了何須掘土埋. 顧我也無三昧火, 光前絶後一堆柴.)"

백운화상어록 상권
| 白雲和尚語錄* 卷上 |

시자 석찬 기록 侍者 釋璨 錄

---

* ㉮ 선광宣光 무오년戊午年에 간행된 천령川寧 취암사鷲岩寺 유판본留板本을 저본으로 삼았으며, 이는 국립중앙도서관에 소장되어 있다. ㉯ 선광 무오년은 우왕禑王 4년(1378)이다. 백운 경한(1298~1374)이 입적한 후 네 해째이다.

신광사神光寺 입원소설入院小說¹

1. 세상 전체가 해탈로 통하는 문

　백운 선사가 을사년(1365) 6월 21일, 해주 신광사에 주지로 취임하는 날(入院日) 산문山門² 앞에 이르러 주장자를 들고 말했다. "세상 전체가 모두 해탈로 통하는 문이니, 들어가고 들어가고 또 들어가도 안이 없고, 나오고 나오고 또 나와도 밖이 없다.³ 이 경계에 도달하여 무엇을 삼문三門과 중문中門⁴이라 하고, 무엇을 부엌과 곳간(廚庫)이라 할 것이며, 무엇을 승僧이라 하고, 무엇을 속俗이라 할 것인가? 말해 보라!⁵ 어떤 이유로 이와 같은가? 옛사람이 '막힘없이 드넓어 밖이 없고, 고요히 텅 비어 안이 없다. 깨끗한 벌거숭이요 한 점의 때도 없는 알몸 그대로 드러났지만 붙잡을 방법은 전혀 없다.'⁶라고 한 말을 들어 보지 못했는가!" 주장자를 세웠다가 한 번 내리치고, 한 소리 내지른 다음 곧바로 산문으로 들어갔다.

神光寺入院小說¹⁾
師乙巳六月二十一日, 海州神光寺入院日, 至門首, 擧拄杖云, "盡大地解脫門, 入入入無內, 出出出無外. 到這裏, 喚什麽三門中門, 喚什麽作廚庫, 喚什麽僧, 喚甚麽俗? 且道! 緣何如此? 不見古人云, '寬廓非外, 寂寥非內. 淨裸裸, 赤洒洒, 沒可把.'" 卓拄杖一下, 喝一喝, 便入門.

1) ㉯ 이 제목은 『韓國佛敎全書』 편자가 보입補入한 것이다.

2. 산은 산, 물은 물, 승은 승, 속은 속

　백운 선사가 주장자를 들고 보광명전普光明殿⁷을 가리키며, "대중들이여!" 하고 부른 다음 말했다. "조금 전 삼문 앞에서 '세상 전체가 하나의 법신'이라고 하여 공연히 불법에 대한 헛된 분별만 일으키고 말았다. 이제 그렇게 하지 않겠다. 불전佛殿을 보고는 다만 불전이라 부르고, 주장자를 보고는 다만 주장자라 부를 것이다.[8] 이것은 유나維那[9]의 방이고 저것은 전좌典座[10]의 방이다. 산은 산이고 물은 물이며, 승은 승이고 속은 속이다. 말해 보라! 노승은 어떤 도리에 근거하여 이렇게 말했을까? 그 뜻을 잘 알겠는가? 만일 이해하지 못한다면 또한 상방上方[11]에 우뚝 높이 솟은 곳이 있으니 내가 그곳에 가서 그대들에게 말해 주겠다." 주장자를 던지고 옷소매를 털며 곧바로 방장方丈[12]으로 갔다.[13]

師擧杖指普光明殿, 召大衆云, "適來三門頭, 盡大地是箇法身, 枉作箇佛法知解. 如今不恁麼. 見佛殿但喚作佛殿, 見拄杖但喚作拄杖. 者箇維那房, 那箇典座房. 山是山水是水, 僧是僧俗是俗. 且道! 老僧據箇甚麼道理, 便伊麼道? 還委悉麼? 若也不會, 更有上方高絶處, 老僧到者裏, 爲君說." 擲下拄杖, 拂袖便行方丈.

3. 방장 안의 사람

백운 선사가 선상禪床에 걸터앉아 주장자를 세웠다가 한 번 내리치고 말했다. "이 세 칸 방장이여! 암자는 비록 작지만 법계法界를 모두 머금고 있으니,[14] 스스로 깨달은 자(自然覺者)가 이 안에 사노라.[15] 말해 보라! 스스로 깨달은 자란 어떠한가? 현재의 자리를 떠나지 않으면서 맑고 항상 고요하다. 쳐다보면 앞에 있지만 어느덧 뒤에 있다. 마치 신통한 변화와 같아서 그가 위치한 방위를 결정하지 못한다. 말해 보라! 이것은 어떤 것이기에 이와 같이 기괴한 것일까?" 곧바로 "지난해에는 손님의 입장이었다가 이제야 주인이 되었는데, 특별히 기특한 일은 없으나 당당히 드러난 6척의 몸[16]이 아주 분명하구나."라고 한 뒤, 주장자를 세웠다가 한 번 내리치고 법좌에서 내려왔다.

師據禪床上, 卓拄杖一下云, "者箇三間方丈! 庵雖小含法界, 自然覺者處其中. 且道! 作麼生是自然覺者? 云不離當處, 湛然常寂. 瞻之在前, 忽焉在後. 如同神變, 莫定方隅. 且道! 是甚麼物得恁麼奇怪?" 便云, "去年爲客處, 今日作主人, 別無奇特, 堂堂六尺甚分明." 卓拄杖一下, 便下座.

4. 공을 자리로 삼다

백운 선사가 법당에 들어가 수미좌須彌座[17]를 가리키며 말했다. "'모든 법이 공이라는 이치를 자리로 삼는다.'[18]는 말은 무슨 뜻인가?" 계단을 오르며 말했다. "한 계단, 두 계단, 세 계단, 네 계단. 무슨 어려움이 있단 말인가?" 법좌에 오르자 임금의 사자(天使)가 소疏를 건넸다. 선사가 소를 받고서 말했다. "자의紫衣[19] 걸치신 임금의 사자, 양손으로 조서詔書 한 통을 건네시니 노승은 오신 뜻을 이미 알고 있었으나 대중 가운데 의아해하는 자가 있는 듯하오. 아마도 유나를 번거롭게 만들겠지만, 대중 앞에서 여러 사람이 알 수 있도록 소리 내어 읽음이 좋을 듯합니다." 유나가 조서를 소리 내어 읽었다.

師入法堂, 指須彌座云, "'諸法空爲座' 且作麼生?" 登上胡梯云, "一級二級三四級. 有什麼難?" 才登座, 天使度疏. 師接得云, "紫衣天使, 兩手分付一統國疏, 老僧已知來意, 衆中如有有疑者. 恐煩維那, 不妨對衆宣讀諸人通知也." 維那宣疏了.

5. 다섯 개비의 향

백운 선사가 주위를 돌아보고 말했다. "대중이여, 노승은 불도 수행을 등한시하여 우러러볼 만한 덕도 없고 칭송할 만한 행업도 없으니 감히 이러한 명을 받들기 황송하구나. 이에 재삼재사 극력 사양하였으나 임금의 뜻 굳건하시어 사양함(推免)을 허락지 않으시니 마지못해 가까스로 명을 받자와 조사의 도를 선양하노라. 엎드려 바라건대 대중이여, 마음에 부끄러움이 없어야 하리라, 마음에 부끄러움이 없어야 하리라."

향을 피우고 축원하였다. "이 한 개비의 향은 삼천대천 무수한 세계에 깊이 서려 있고 수미산을 뒤덮습니다.[20] 이 청정한 계향戒香[21]으로 주상 전하께서 만만세토록 장수하시기를 축원합니다. 이 한 개비의 향은 이전에 무언가를 따라 온 곳도 없고 앞으로 갈 곳도 없습니다.[22] 이 청정한 정향定香으로 공주 전하께서 변함없는 산처럼 길이길이 장수하시고 드넓고 깊은 바다처럼 복이 깊고 크시기를[23] 기원합니다. 이 한 개비의 향은 세계가 있지 않았을 때에도 이미 이것[24]을 갖추고 있었고 세계가 무너질 때에도 이것은 무너지지 않습니다.[25] 이 청정한 혜향慧香으로 왕후 전하와 태자께 상서로운 기운 머물고 길이길이 늙지 않으시기를 축원합니다. 이 한 개비의 향은 귀한 이를 만나면 귀하게 되어 사바세계 전체에 맞먹을 가치를 가지지만 천한 이를 만나면 천하게 되어 반 푼의 가치도 없습니다.[26] 이 청정한 지견향知見香으로 임금의 명을 받들어 오신 사신께서 지혜롭게 임금을 모시고 복과 수명이 넘쳐나 안으로는 왕실의 기둥과 들보가 되고 밖으로는 법문을 수호하는 보루가 되기를 축원합니다. 이 한 개비의 향은 어떤 성인으로부터도 얻을 수 없거늘 어찌 중생들[27]에게서 구하리오![28] 자신의 마음속으로부터 흘러나와 천지를 뒤덮어야 하리라.[29] 해탈지견심향解脫知見心香을 향로에 사르니, 저 선사先師[30]이신 하무산의 석옥 노화상께서 하늘에 닿을 만큼 높은 기개[31]로 법을 베풀어 주신 은혜[32]를 갚으려

합니다."

계속하여 말하였다. "옛사람은 '화상의 크고 자비로우신 은혜는 부모의 은혜보다 더하니, 그때 저에게 말씀을 해 주셨다면 어찌 오늘의 깨달음이 있었겠습니까!'[33]라고 하였다. 누구의 옛 시구인지 아는가? 지금 나의 심정을 잘 알았구나." 주위를 둘러보고 한숨 쉬며 크게 탄식하고 말했다. "이!"【당시에 명을 받들고 왔던 사신은 판삼사사 이수산李壽山[34]이다.】

師顧視左右云, "大衆, 老僧道業荒踈, 無德可觀, 無行可稱, 不敢當此. 乃力辭再三, 上意堅固, 不容推免, 勉强承命, 宣揚祖道. 伏望大衆, 無愧於心, 無愧於心." 祝香云, "此一辦香, 根盤沙界, 葉覆彌盧. 以此淸淨戒香, 祝延主上殿下萬萬歲. 此一辦香, 無所從來, 亦無所去. 以此淸淨定香, 祝願公主殿下, 壽山更峻, 福海彌深. 此一辦香, 未有世界時, 早有這介, 世界壞時, 者箇不壞. 以此淸淨慧香, 祝願王后殿下, 儲闈凝祥, 後天難老. 此一辦香, 遇貴卽貴, 則價直娑婆, 遇賤卽賤, 則分文不直. 以此淸淨知見香, 祝願紫衣天使, 智慧事君, 福壽益已, 內作王室之棟樑, 外作法門之城塹. 此一辦香, 不從千聖得, 豈向萬機求! 從自己胷襟流出, 盖天盖地. 解脫知見心香, 爇向爐中熏, 他先師霞霧山石屋老和尙, 遼天鼻孔, 用報法乳之恩." 繼曰, "古人云, '和尙大悲恩逾父母, 當時若爲我說, 何有今日事!' 知是何人舊詩句? 已能知我此時情." 顧左右喟然歎曰, "咦!"【其時奉命使, 判三司事李壽山.】

6. 예배는 해서 무엇 하는가

백운 선사가 법좌에 올라앉자 유나가 백추白槌[35]를 울리며 말했다. "법석에 앉은 대중이여, 마땅히 불법의 근본적인 뜻(第一義)을 꿰뚫어 보시

오!"³⁶

선사가 큰 소리로 종지를 설법했다.³⁷ "제일의여, 제일의여, 붉게 타는 화로에 떨어진 한 점의 눈과 같구나.³⁸ 이 중에 선다객宣茶客³⁹이 있다면 유나가 구태여 백추를 칠 필요가 있겠는가! 선다객이 있는가? 나와 보게, 나와 봐." 이때 한 학인이 나아와 예배하고 물었다. "제일의란 어떤 것입니까?" "그대에게 말해 주지 않으려는 것이 아니라 그대가 믿지 않을까 걱정이로다." "화상께서 진심으로 말씀해 주신다면 어찌 믿지 않을 수 있겠습니까!" "왜 다시 묻지 않느냐?" "제일의란 어떤 것입니까?" "이것이 제일의이다." "무슨 뜻인지 모르겠습니다." "이해한다면 대단히 기특한 일이로되, 이해하지 못하였더라도 그대로 적합하다."

또 물었다 "화상께서는 오늘 무엇을 전해 주시려 합니까?" "천고의 종풍을 드날리고 삼한 전체에 복을 고루 열어 주겠다." "스님께서는 누구의 곡을 제창하시며 종풍은 어느 분의 종풍을 이으셨습니까?" "청풍이 뼛속까지 다 팔기에 백운이 무심하게 사들였다."⁴⁰ "임금을 축원하는 한 구절이란 어떤 것입니까?" "만수산⁴¹은 남쪽이 빼어나고, 삼한은 북궐北闕이 높다." "태평함을 드러내는 한 구절이란 어떤 것입니까?" "사방에서 임금의 덕을 노래하며, 배부르고 편안히 잔다네." "북숭산의 경계는 어떠합니까?" "시냇물 소리가 온통 광장설법이니, 산 빛인들 어찌 청정법신이 아니겠는가!"⁴²

선사가 이에 제창하였다. "대중이여, 오늘 노승이 그대들에게 드러내 보인 말은 늘 그러한 것이 아니나, 지금 그대들과 눈앞에 마주하고 있는 산하대지·초목총림·삼라만상은 그대들에게 뚜렷이 그 도가 늘 그러하며 또한 구극究極의 경지임을 드러내 주고 있다. 여기에서 깨달으면 사대오온四大五蘊과 육진육식六塵六識뿐 아니라 산하·허공·대지에 이르기까지 모두 그대들이 목숨을 던질 만한 경계이다. 무심하고 막힘없음이 해가 두루 비춤과 같고 허공이 끝없는 것과 같아서 천기天機(하늘로부터 받은 본래적인 기능)가 저절로 펴져 구속도 집착도 없으며 머무르지 않고도 편안하고 한가로워 쾌락하지 않은 곳이 없을 것이다. 수많은 경론이 다 단지 이 이치를 설한 것일 뿐이요, 자고이래의 모든 성인이 보인 갖가지 작용과 방편이라는 미묘한 비결도 단지 이 이치를 가리킨 것일 뿐이다. 마치 열쇠로 보배 창고를 여는 것과 같아서 잠겼던 문이 열리면 눈에 마주치는 천차만별의 대상 모두가 자신이 본래 지니고 있는 진귀한 보물 아닌 것이 없으리니, 손 가는 대로 집어도 모두 마음대로 써먹을 수 있다.[43] 대중이여, 노승은 어떤 도리에 근거하여 이렇게 말하는 것일까? 세존께서 '오온사대와 육진육식뿐 아니라 산하·허공·대지·일월·성수에 이르기까지 모두가 미묘하고 밝으며 참된 마음 가운데 드러난 모습'[44]이라고 하신 말씀을 들어 보지 못하였단 말인가! 대중이여, '이처럼 보는 것을 바른 관찰(正觀)이라 하고 이와 다르게 보는 것을 빗나간 관찰(邪觀)이라 한다.'[45] 이 본분사를 알아차리고자 한다면 대단히 세밀하게 살펴야만 할 것이다. 오래들 서서 법문을 들으셨구려, 자애로운 대중이여." 주장자를 높이 세웠다가 한 번 내리치고는 법좌에서 내려왔다. 법좌에서 내려오자 대중은 법문에 감사하며 예를 표하였다.

　선사가 말하였다. "눈앞에는 법문을 듣는 사리闍梨[46]도 없고 법좌에는 앉아 있는 노승도 없건만,[47] 예배는 해서 무엇 하는가!" 할을 하고 말했다. "무슨 뜻인지 모르겠다면 승당에 가 참구하시게!" 한 소리 크게 내지르고 방장으로 돌아갔다.

師陞座, 維那白槌云, "法筵龍象衆, 當觀第一義." 師高聲提綱云, "第一義, 第一義, 如紅爐上一點殘雪. 介中若有宣茶客, 何必維那下一槌! 還有宣茶客麽? 出來出來." 時有僧出禮拜, 問, "如何是第一義?" 師云, "不辭向汝道, 恐汝不信." 僧云, "和尙誠言, 焉敢不信!" 師云, "何不更問?" 其僧更問, "如何是第一義?" 師云, "是第一義." 進云, "不會." 師云, "會卽甚奇特, 不會也相宜." 又問, "和尙今日, 當爲何事?" 師云, "千古宗風扇, 三韓福酢開." 又僧問, "師唱誰家曲, 宗風嗣阿誰?" 師云, "淸風澈骨賣, 白雲無心買." 又僧問, "如何是祝上一句?" 師云, "萬壽南山秀, 三韓北闗[1]尊." 又問, "如何是大平一句?" 師云, "四方歌聖德, 飽腹且安眠." 又問, "如何是北嵩境?" 答曰, "溪聲盡是廣長舌, 山色豈非淸淨身!" 師乃提唱云, "大衆, 今日老僧, 爲你擧唱, 終是不常, 卽今與你, 對現山河大地, 草本叢林, 森羅萬相, 與汝發明, 其道是常, 亦能究竟. 若人於此薦得, 四大五蘊六塵六識外, 及山河虛空大地, 皆是汝等放身命處. 等閑蕩蕩的, 如日普照, 如虛空無際, 天機自張, 無拘無執, 匪住匪着安閑, 無爲快樂之處. 千經萬論, 只說此, 前聖後聖, 種種作用, 方便妙門, 只指此. 如將鑰匙開寶藏, 鎖門旣得開, 觸目遇緣萬別千差, 無非自己本有底珍寶, 信手拈來, 皆可受用. 大衆, 老僧擧箇什麽道理, 便伊麽道? 不見世尊云, '五蘊四大, 六塵六識外, 及山河虛空大地日月星宿, 皆是妙明眞心中所現物.' 大衆, 作是觀者, 名爲正觀; 若他觀者, 名爲邪觀. 承當者箇事, 大須甚細. 久立衆慈." 卓拄杖一下, 便下座. 下座, 大衆謝法禮畢. 師云, "目前無闍梨, 座上無老僧, 禮拜箇什麽!" 喝云, "若也不會, 參堂去!" 喝一喝, 歸方丈.

---

1) ㉠闗는 '闕' 또는 '極' 자의 오기인 듯하다.

흥성사興聖寺[48] 입원소설入院小說

1. 현재 있는 그대로

법좌에 올라앉아 백운 선사가 대중을 돌아보며 말했다. "노승은 오늘 임금의 명령을 받들어 성지聖旨를 널리 알리노니, 사양해도 어쩔 수 없었노라. 조사의 청정한 선풍禪風을 들어 보이고 천자天子의 훌륭한 명령(休命)[49]을 널리 알리리라. 마지막 한 구절[50]은 소리로 표현되기 이전에 벌거벗은 알몸을 다 드러내어 하늘을 덮고 땅을 덮으며 색과 소리를 마음대로 부린다. 황면노자[51]께서 이 한 수를 얻고는 '이 법은 평등하여 높거나 낮은 차별이 없으니, 이를 아뇩다라삼먁삼보리阿耨多羅三藐三菩提라 한다.'[52] 라고 하셨다. 여러분은 어떻게 이해하는가? 여기서 평등이라 한 말을 학의 다리를 자르고 오리 다리를 늘이거나, 산의 봉우리를 깎아 골짜기를 메운 다음에 성취하는 평등이라 생각해서는 안 된다.[53] '이 법이 법의 위치에 머무니 세간의 차별상도 변함없이 머문다.'[54]라고 하니, 모든 법은 현재 있는 그대로 진실할 뿐이고 현재 있는 그대로 해탈이며 현재 있는 그대로 고요한 것이다. '긴 것은 긴 그대로 법신이고 짧은 것은 짧은 그대로 법신이니',[55] 더 이상 지워 없앨[56] 만한 것은 하나도 없다." 주장자를 들어 보이며 말했다. "이것이 바로 변함없이 머무는 것이 아니겠는가! 그래서 노승은 '주장자를 보고는 다만 주장자라 부르며, 산은 산이고 물은 물이며, 승은 승이고 속은 속이다.'라고 했던 것이다. 말해 보라! 노승은 어떤 도리에 근거하여 이렇게 말했을까? 영리한 자는 알겠지만, 영리하지 못한 자는 내 말에 몹시 속을 것이다."

興聖寺入院小說
上堂, 師顧大衆云, "老僧今日, 承禀宣旨, 辭不獲已. 且擧祖師之淸風, 對揚天子之休命. 末後一句子, 聲前露裸裸, 盖天盖地, 盖色騎聲. 黃面孝[1]子, 得這一着子, 道'是法平等, 無有高下, 是名阿耨多羅三藐三菩提.' 汝等諸人, 作麽生會? 平等者, 不可截鶴續鳧, 夷嶽塡壑, 然後爲平等也. '是法住法位, 世間相常住', 則一切諸法, 當處自眞, 當處解脫, 當處寂滅. '長者長法身, 短者短法身', 更無一物可雌黃." 擧杖曰, "者箇不是常住! 所以老僧, '見拄杖但喚作拄杖, 山是山水是水, 僧是僧俗是俗.' 且道! 老僧, 據介甚麽道理, 便恁麽道? 靈利者見, 不靈利者着[2]我熱謾."

1) ㉐ '孝'는 '老'의 오자이다. 2) ㉐ '着'은 '著'과 같고, 의미상 '被'와 통한다.

2. 몸이 없어야 크다

임금의 생신을 맞아 법좌에 올라앉아 말했다. "오늘은 임금께서 강탄하신 날이다. 하늘도 경하하고 온 나라 백성들 기뻐 흠모하누나. 요순堯舜과 같은 덕화로 이루신 태평성대[57]는 하늘의 해와 달이 세상을 고루 비추어 밝음과 같도다. 금지옥엽 자손들께옵서도 저 산하처럼 길이길이 강건하소서. 아버지는 온 천하를 다스리시고 아들은 삼한을 기르네. 도림桃林의 들판에 소를 풀어 주고 화산華山의 남쪽으로 말을 돌려보내어[58] 문교文敎를 닦고 무기를 거두어 전쟁을 종식하셨네. 온 백성 우물 파서 물 마시고 밭 갈아 밥 먹으니[59] 나라는 태평하고 백성들 편안하며 철마다 한가하고 해마다 풍년 들어 이루어지지 않는 일 없다네. 말해 보라! 삼계 내에서는 우리 부처님이 지존이시요 한 나라 안에서는 임금이 제일 높으시니, 이분들을 넘어설 자 있는가?" 잠깐 동안 침묵하다가 말했다. "경전에 '몸이 있는 이상 아무리 커도 크지 않으니 몸이 없어야 크다고 한다.'[60]라고 한 말씀을 들어 보지 못하였는가!" 법좌에서 내려왔다.

聖節上堂云, "今辰是世主降誕之日. 普天慶賀, 率土欽敬. 堯天舜德, 同日月以齊明, 玉葉金枚, 共山河而永固. 父臨四海, 子育三韓. 放牛于桃林之下, 歸馬于化[1])山之陽, 修文偃武, 罷息干戈. 萬民鑿井而飮, 百姓耕田而食, 國泰民安, 時淸歲稔, 事無不可. 且道! 三界之中, 我佛最尊, 一國之內, 人王最大, 還有過此者麼?" 良久云, "不見敎中道, '有身終不大, 無身是名大.'" 便下座.

1) ㉠ '化'는 '華'의 오기이다.

3. 색과 소리와 언어를 떠나지 마라

법좌에 올라앉아 말했다. "옛사람이 말하였다. '대도는 항상 눈앞에 있건만, 눈앞에 있음에도 보기는 어렵네. 도의 참된 본체를 깨닫고자 한다면 색과 소리와 언어를 떠나지 마라.'"[61] 선사가 불자를 꼿꼿이 세우고 말했다.

"이것은 색이다. 어떤 것이 대도의 참된 본체인가?" 선상을 한 번 내려치고 말했다. "이것은 소리다. 어떤 것이 대도의 참된 본체인가? 노승이 지금 지껄여 댄 이 말에서 어떤 것이 대도의 참된 본체인가?[62] 노승이 이렇게 말한 뜻을 대중은 알겠는가? 여전히 머뭇대며 의심을 떨치지 못한 자가 있다면 노승에게 별도의 다른 방편이 또 있으니 지금 대중이 가지고 있는 온갖 의심과 걱정을 떨쳐 내 주리라. 대중이여, 또렷이 깨어 있어라!" 한 소리 크게 내지르고 말했다.

"알겠는가? 일할一喝[63]이라 불러서는 안 된다. 당장에 의심이 얼음 녹듯이 풀려서 바른 눈이 활연히 열리면 바로 여러 부처와 미묘한 본체를 함께하고 보고 듣는 작용도 함께한다는 사실을 알게 되리라. 이와 같이 대도의 미묘한 본체는 허공처럼 일정한 상相은 없으나 커다란 신통과 밝게 빛나는 기틀과 작용이 있으므로 '텅 빈 것이 아니라 분명히 있다'고 하지만, 보아도 보이지 않고 들어도 들리지 않기에[64] 있지 않다고 여기는 것일 뿐이다. 진공眞空은 공空이 아니요 묘유妙有는 실유實有가 아니므로, 어느 한쪽 방위로 그 있는 곳을 지정하여 가리킬 수도 없고 겁의 수로도 그 수명을 다 헤아릴 수 없다.[65] 이러한 경계에서 온 대지 전체 가운데 어떤 것이 그대들의 조건이 되고 대상이 되겠는가? 바늘 끝만큼이라도 그대들을 갈라놓거나 가로막는 것이 있다면 나에게 집어 가지고 와 보라! 무엇을 부처라 할 것이요 무엇을 조사라 할 것이며, 무엇을 산하대지요 일월성신이라 할 것이며, 무엇으로써 사대오온을 삼을 것인가? 말해 보라! 노승은 어떤 도리에 근거해서 이렇게 말한 것이겠는가? 대중이여, 입에서 나오는 그대로 내뱉으며 이곳에서 함부로 말해서는 안 되니, 모름지기 그럴 만한 안목을 갖춘 자라야만 한다.[66]" 법좌에서 내려왔다.

上堂云,"古人道,'大道常在目前, 雖在目前難覩. 若欲悟道眞體, 不離色聲言語.'"師堅起拂子云,"這箇是色. 那箇是大道眞體?"擊禪床一下云,"這箇是聲. 那箇是大道眞體? 老僧卽今口噞噞[1]底是語, 那箇是大道眞體? 老僧恁麽道, 大衆還會麽? 若有疑导未除者, 老僧別有一方便, 卽今爲大衆除諸疑导去也. 大衆惺惺着!"喝一喝云,"會麽? 不得喚作一喝. 直下疑情冰釋, 正眼豁開, 便見得與諸佛, 同一妙體, 共一見聞. 如是大道妙體, 無相如空, 有大神通光明機用, 故曰, '不空, 決定是有.' 視之不見, 聽之不聞, 謂之不有. 眞空不空, 妙有不有, 方隅不可定其居, 劫數不可窮其壽. 到這裏, 盡大地有什麽物, 與汝爲緣爲對? 若有針鋒, 許與汝爲隔爲导, 與我拈將來! 喚甚麽作佛, 喚甚麽作祖, 喚甚麽作山河大地日月星辰, 將甚麽爲四大五蘊? 且道! 老僧據箇什麽道理, 便恁麽道? 大衆, 莫趁口快向這裏亂道, 須是箇漢, 始得."下座.

1) ㉘ '噞'은 '噞'인 듯하다.

4. 무엇이라 불러야 할까

법좌에 올라앉아 주장자를 들고 말했다. "이것을 무엇이라 불러야 할까? 대중이여, 주장자라 불러야 할까, 주장자라 불러서는 안 되는 것일까?"[67] 다시 주장자를 들고 말했다.

"이것을 범부는 진실로 있다(有)고 여기고, 이승은 분석해 보고 없다(無)고 여기며, 연각은 허깨비와 같이 있는 것(幻有)이라 여기고, 보살은 그 자체를 공(當體卽空)이라 여긴다.[68] 말해 보라! 보살이 '그 자체를 공'이라 여기는 것은 어째서인가? 혹 '일체의 유위법有爲法은 꿈·허깨비·물거품·그림자와 같고, 이슬이나 번개와 같으니 마땅히 이와 같이 관하라.'[69]고 하였기 때문인가? '상相이 있는 것은 무엇이나 허망하니, 모든 상이 상이 아닌 줄 안다면 여래를 보리라.'[70]고 하였기 때문인가? 무슨 까닭에 '여래를 보리라'고 한 것인가? 옛사람이 '관찰하는 지혜가 원만하게 밝고 심식心識이 청정한 자라야 오온이 모두 공이라고 비추어 보고, 또한 일체 세간이나 출세간의 법이 허공과 같다고 알리라.'[71]고 한 말을 들어 보지 못하였는가! 또 경전에 다음과 같이 말했다. '모든 장애 그대로가 궁극적인 깨달음이며, 바른 생각을 얻거나 바른 생각을 잃거나 모두 해탈 아님이 없고, 법을 이루거나 법을 깨뜨리는 것 모두 열반이요, 지혜와 어리석음이 모두 반야이다. 보살과 외도가 성취한 법이 똑같이 보리요, 무명과 진여가 그 경계에 다름이 없고, 모든 계戒·정定·혜慧 및 음욕·분노·어리석음이 모두 청정한 행(梵行)이요, 중생이나 국토나 동일한 법성을 지녔고, 지옥이나 천당이나 모두 정토이며, 자성이 있거나 자성이 없거나 고르게 불도를 성취하며, 일체의 번뇌가 궁극에는 해탈이다. 바다와 같이 드넓은 법계를 비추는 지혜[72]로 모든 상相을 비추니 허공과 같다.'[73]

이로써 보건대 일체의 모든 법상이 다 허망하며 있는 그대로 적멸하다. 있는 그대로 적멸하므로 평등한 본성이다. 또 '망심妄心의 본체는 원래 공[74]

이어서 온전히 본래 깨달은 마음의 본체(本覺心體)일 뿐이다.'[75]라고 하였다. 또 '보는 작용과 보이는 대상, 그리고 생각에서 떠오르는 상相은 허공에 핀 꽃과 같아서 본래 존재하지 않는 것이다. 보는 작용과 보이는 그 대상은 원래 보리의 미묘하고 바르며 밝은 본체이다.'[76]라고 하였다. 또 '이 모든 법의 공상空相은 생겨나지도 없어지지도 않으며, 더럽지도 깨끗하지도 않으며, 늘지도 줄지도 않는다.'[77]라고 하였다. 모든 법의 공상이 바로 본래 깨달은 마음의 본체이므로 '모든 행은 무상하여 일체가 공이라는 이치가 바로 여래께서 깨달으신 대원각인 것이다.'[78]라 한다.

비록 그러하나 우리 선가의 종지에 의거하면 노승이 조금 전까지 이와 같이 허다하게 늘어놓은 말들은 교설의 자취(敎跡)에 지나지 않을 뿐이다. 이제 노승은 그렇게 말하지 않겠다. '주장자를 보고는 주장자라 할 뿐이고 불전을 보고는 불전이라 할 뿐이며, 산은 산이고 물은 물이며, 승은 승이고 속은 속이다.' 무슨 까닭에 이러한가? 모든 법은 현재 있는 그대로 진실할 뿐이고 현재 있는 그대로 고요할 뿐이며 현재 있는 그대로 해탈일 뿐인 것이다. 그러므로 운문雲門은 '어떠한 경우에도 그 자리에서 움직여서는 안 된다.'[79]라고 하였고, 원오圜悟는 '드러난 그대로 온전히 진실이다.'[80]라고 하였다. 노승의 본분상에서 판단한 견해는 이와 같다. 이 같은 견해가 대중의 마음에도 흡족하신가?" 주장자를 높이 세웠다가 한 번 내려치고는 법좌에서 내려왔다.

上堂, 擧拄杖云, "這箇喚作什麼? 大衆, 喚作拄杖得麼, 不喚作拄杖得麼?" 更擧杖云, "這介凡夫實謂之有, 二乘折爲之無, 緣覺謂之幻有, 菩薩當體卽空. 且道! 菩薩當體卽空者, 何也? 莫是 '一切有爲法, 如夢幻泡影, 如露亦如電, 應作如是觀'耶? '凡所有相, 皆是虛妄, 若見諸相非相, 卽見如來'麼? 何故卽見如來? 不見古人道, '若觀智圓明心識淨者, 照見五蘊皆空, 亦見一切世間出世間法, 猶如虛空!' 又經云, '一切障碍, 卽究竟覺 ; 得念

失念 無非解脫；成法破法, 皆名涅槃；知慧愚癡, 通爲般若. 菩薩外道, 所成就法, 同是菩提；無明眞如, 無異境界；諸戒定慧, 及婬怒癡, 俱是梵行；衆生國土, 同一法性；地獄天宮 皆爲淨土；有性無性, 齊成佛道；一切煩惱, 畢竟解脫. 法界海慧, 照了諸相, 猶如虛空.' 以此觀之, 則一切諸法相皆虛妄, 當體寂滅. 寂滅故平等本性. 又云, '妄體元空, 全是本覺心體.' 又云, '見與見緣, 幷所想相, 如空中花, 本無所有. 此見及緣, 元是菩提妙正明體.' 又云, '是諸法空相, 不生不滅, 不垢不淨, 不增不減.' 則諸法空相, 卽是本覺心體, 故云, '諸行無常一切空, 卽是如來大圓覺.' 然雖如是, 據我禪宗, 老僧適來, 如許葛藤, 猶是敎跡. 如今老僧, 總不恁麽. 見拄杖但喚作拄杖, 見佛殿但喚作佛殿, 山是山水是水, 僧是僧俗是俗. 何故如此? 一切諸法, 當處自眞, 當處寂滅, 當處解脫. 故云, 雲門'總不動着.' 圓悟'覷體全眞.' 老僧分上見解如是. 見解如是, 還叶衆慈麼?" 卓拄杖一下, 便下座.

5. 너 스스로 깨달아라, 나는 너만 못하다

법좌에 올라앉아 대중에게 말했다. "부처님께서는 '마음이 있는 자는 반드시 누구나 성불하리라.'[81]라고 하셨으니, 그 마음이란 세간의 번뇌 망상을 불러일으키는 마음이 아니라, 더 위없는 깨달음을 발하는 마음[82]을 말한다. 이 마음을 가진 자로서 성불하지 못하는 이는 없는데, 다만 배우는 이들이 스스로 허다한 장애와 어려움을 만들어 흔들리지 않는 굳건한 믿음이 없기 때문이다. 흔들리지 않는 굳건한 믿음(決定信)이란 결단코 금생에 마음을 밝혀 곧바로 모든 부처와 조사들의 대해탈 경계에 이르고자 하는 것이다. 이러한 결정적인 뜻이 없다면 흔들리지 않는 굳건한 믿음 또한 없기 때문이다. 부처님께서 '믿음은 도道의 근원이요 공덕의 모태이니, 일체의 온갖 선법善法을 이루어 내리라.'라고 하시지 않았던가! 또 '믿음은 지혜의 공덕을 늘어나게 하며 믿음은 기필코 여래지如來地에 이르게 한다.'[83]라고 하셨다. 여래지란 대해탈의 경지를 말한다.[84]

　예전에 양기 방회楊岐方會[85] 선사가 자명慈明[86] 화상을 찾아뵈었을 때, 방장에 이를 때마다 가르침을 청하였는데 자명은 '너 스스로 깨달아야 할지니, 나는 너만 못하다.'라고 할 뿐이었다. 양기가 간절히 애태우던 중에 하루는 좁은 길에서 (자명을) 기다리다가 큰비까지 만났다. 양기가 자명을 꽉 붙들어 잡고 '오늘도 제게 법을 설해 주지 않으신다면 화상을 때리겠습니다.'라고 하였다. 자명이 큰 소리로 '너 스스로 깨달아라, 너 스스로 깨달아! 나는 너만 못하다.'라고 소리치자 양기는 막혔던 것이 활짝 트이며 크게 깨달았다.[87]

　이 일대사는 남의 말이나 구절에 달린 문제가 아님을 진실로 알아야 할 것이다. 그대들이 다만 결정적인 뜻을 간직하고서 가거나 머물거나 앉아 있거나 누워 있거나 그 어느 때에나 조사의 뜻을 놓치지 않고 들고서 딱 들어맞게 마음을 쓴다면 통 밑바닥이 빠져나가듯이[88] 자연스럽게 깨닫게 될 것이다. 간곡히 당부하고 또 당부하노라." 법좌에서 내려왔다.

示衆, 上堂云, "佛言, '凡有心者, 定當作佛.' 此心非世間塵勞妄想心, 謂發無上菩提心也. 若有是心者, 無不成佛, 夫學人多自作障難, 爲無決定信故也. 決定信者, 決欲此生心地發明, 直到諸佛諸祖大解脫境界也. 無此決定之志, 則無決定信矣故也. 佛不云乎, '信爲道源功德母, 長養一切諸善法.' 又云, '信能增長智功德, 信能必到如來地.' 如來地者, 大解脫地也. 昔楊岐會禪師, 見慈明和尙, 每到方丈請益, 明云, '你自會去, 我不如汝.' 楊岐切心切心, 一日伺侯,1) 于狹路兼値大雨. 楊岐扭住慈明云, '今日不與我說, 打和尙去.' 明勵聲云, '你自會去, 你自會去! 我不如汝.' 楊岐豁然大悟. 信知此事不在言句上. 汝等諸人, 但用決定之志, 於行住坐臥, 提撕祖意, 恰恰用心, 則自然契悟, 如桶底脫相似. 至囑至囑." 便下座.

1) ㉘ '俟'는 '候'의 오자이다.

6. 그것이 추우면 온 천하대지가 춥다

　법좌에 올라앉아 말했다. "하늘과 땅 그리고 우주 사이 그 가운데 하나의 무엇(一物)이 있으니, 진실로 깨끗하고 분명하게 빼어나며 텅 빈 듯이 꿰뚫고 신령하게 통하며 우뚝하니 홀로 그 무엇에도 의존치 않는다. 온갖 덕을 통솔하면서도 상相이 없고 어둠을 밝히니 공功이 있다.[89] 그 본체는 위로는 머리를 가릴 기와 한 장 없고 아래로는 발 디딜 땅 한 조각 없으며[90] 가로로는 끝이 없고 가운데로는 처할 곳이 없다. 이미 처할 그 가운데의 세계도 없는데 어찌 좌우상하가 있겠는가! 이해해도 이럴 것이요 이해하지 못해도 이럴 것이며, 높아도 이럴 것이요 낮아도 이럴 것이며, 옳아도 이럴 것이요 글러도 이럴 것이니,[91] 어찌하여 이와 같은가?
　옛사람이 '온 세상 천지에 단지 자기 자신 하나뿐이니, 그것이 추우면 온 천하대지가 춥고 그것이 더우면 온 천하대지가 더우며, 그것이 있으면 온 천하대지가 있고 그것이 없으면 온 천하대지가 없으며, 위로는 하늘에 통하고 아래로는 황천에까지 이른다. 말해 보라! 이것이 무엇이기에 이렇게 기특할 수 있는가?'[92]라고 한 말을 알지 못하는가! 석가노자釋迦老子[93]가 태어났을 때에 한 손으로는 하늘을 가리키고 다른 한 손으로는 땅을 가리키며 '하늘 위와 하늘 아래에 오직 나만이 존귀할 뿐이다.'라고 한 말을 모르는가! 홀로 존귀한 그 면목은 온몸에 눈을 갖추고 있다 하더라도 볼 수 없고, 온몸에 귀를 갖추고 있다 하더라도 들을 수 없으며, 온몸에 입을 갖추고 있다 하더라도 말할 수 없고, 온몸이 곧 마음 자체라 하더라도 감변해 낼 수 없다.[94]

온몸은 차치하고 눈이 없다면 어떻게 보며, 귀가 없다면 어떻게 들으며, 입이 없다면 어떻게 말하며, 마음이 없다면 어떻게 감변하겠는가? 이 물음에서 핵심을 밝혀 낼 수 있다면 옛 부처와 함께할 수 있으리라. 말해 보라! 함께할 수 있는 사람이 누구인가?[95]" 법좌에서 내려왔다.

上堂云, "乾坤之內, 宇宙之間, 中有一物, 眞淨明妙, 虛澈靈通, 卓爾獨尊. 統萬德而無相, 爍羣昏而有功. 其體也, 上無其頂, 下無其底, 傍無邊際, 中無當處. 旣無當中, 焉有東西上下! 會也恁麼去, 不會也恁麼去 ; 高也恁麼去, 低也恁麼去 ; 是也恁麼去, 非也恁麼去, 緣何如此? 不見古人云, '盡乾坤大地, 只是一箇自己, 寒則普天普地寒, 熱則普天普地熱 ; 有則普天普地有, 無則普天普地無, 上通霄漢, 下澈黃泉. 且道! 是什麼物, 得恁麼奇特?' 不見釋迦老子, 初生下時, 一手指天, 一手指地, 云'天上天下, 唯我獨尊.' 是獨尊獨貴底面目, 雖是通身眼見不得, 通身是耳聞不得, 通身是口說不得, 通身是心鑑不出. 通身且置, 忽若無眼作麼見, 無耳作麼聞, 無口作麼說, 無心作麼鑑? 若向這裏辨得出, 便與古佛同參. 且道! 祭箇什麼人?" 便下座.

7. 같은가, 다른가

법좌에 올라앉아 말했다. "노승이 예로부터 여러 조사들이 사람들을 가르친 방편을 거슬러 올라가 관찰해 보니 한결같이 근본적인 가르침(宗敎)[96]을 널리 드날린 내용이었지만 그것을 전하기 위해 고안한 방법은 동일하지 않았다. 산승이 그대들에게 그 하나하나를 점검해 주겠다.

'곧바로 보이기도 하고 간접적인 방편으로 베풀기도 하며, 때로는 〈마음이 곧 부처(卽心卽佛)〉라 하고 또는 〈마음도 아니고 부처도 아니다(非心

非佛〉라고 말하기도 하지만, 가리키는 뜻은 분명하여 거울과 같이 밝다.'
이상은 망아지 한 마리(馬祖道一)가 세상 사람들을 모두 짓밟은 소식이
다.⁹⁷

'오위五位나 사빈주四賓主를 기틀에 따라 시설하여 자유자재로 자리를
바꾼다. 언어로 모두 표현하는 것을 꺼려 곧바로 눈앞의 현상을 건드리지
않으며,⁹⁸ 손을 펼쳐 깊은 종지에 통하면 부처도 없고 조사도 없다.' 이상
은 조동종曹洞宗의 오위편정五位偏正을 분별한 것이다.⁹⁹

'군신君臣이나 혹은 부자父子를 범주로 삼아 모나거나 원만한 근기를 헤
아리지만 이것과 저것을 차별하지 않고, 어리석은 자와 지혜로운 자 그리
고 현명한 자와 호걸 중에서 점차적 수준을 밝힌다.' 이상은 덮어서 가리
는 것이 없는 석상石霜의 종풍이다.

'한 쌍을 모두 밝히기도 하고 혹은 하나만 말하기도 하며, 어떤 때는 북
을 치고 어떤 때는 노래를 부르며 근기에 따라 문답함으로써 말할 때마다
빈틈없이 진실에 맞는다.' 이상은 비할 데 없이 기묘奇妙한 위앙종潙仰宗의
선풍이다.

'남김없이 다 들어 보이기도 하고 혹은 남김없이 활용하기도 하지만,
삼라만상의 개별적 존재들이 진실로 각자의 개성을 유지한다.' 이상은 석
두 희천石頭希遷과 약산 유엄藥山惟儼이 함께 미묘한 본질을 터득한 선풍
이다.

'혹은 방할棒喝 또는 빈주賓主를 수단으로 기틀에 적절히 임하여 빼앗고
기틀에 적절히 임하여 놓아주며 번개가 치듯이 신속한 기봉機鋒을 발휘한
다.' 이상은 임제 의현臨濟義玄과 덕산 선감德山宣鑑이 어떤 것에도 의지하
지 않고 우뚝 넘어선 선풍이다.¹⁰⁰

비록 그렇기는 하지만, 나의 이곳에서는 그렇게 말하지 않을 것이다."
잠깐 침묵하다가 말했다. "세상 전체가 밝디밝게 트여 실오라기 하나도
걸림이 없거늘 그 어떤 것이 그대들의 조건이 되고 대상이 되겠는가! 만

약 바늘 끝만큼이라도 그대들을 갈라놓거나 가로막는 것이 있다면 나에게 집어 오라. 무엇을 부처라 할 것이며, 무엇을 조사라 할 것이며, 무엇을 산하대지와 일월성수라 할 것이며, 무엇을 사대四大·오온五蘊이라 할 것인가? 내가 이렇게 한 말이 옛날 여러 조사들의 가풍과 같은가, 다른가? 그 말에 잘못이 있는가? 그대들은 말에서 찾거나 구절을 다투며 이해를 구하지 마라. 그렇게 하면 삼생육십겁三生六十劫¹⁰¹이 지나더라도 꿈에서도 알지 못할 것이다. 꿈에서도 알지 못할 것이다." 주장자를 세워 놓고 법좌에서 내려왔다.

上堂云, "老僧逆觀, 從上列祖, 爲人方便, 一等是播揚宗敎, 其功用不一. 山僧爲你諸仁, 一一點出看. '或直示或巧施, 或說卽心卽佛, 或說非心非佛, 旨趣分明明似鏡.' 馬駒踏殺天下人 ; '或五位或四賓主, 施設隨機巧廻互. 語忌十聲¹⁾不直觸, 展手通玄無佛祖.' 曹溪²⁾五位偏正別 ; '或君臣或父子, 量機方圓無彼此, 愚智賢豪明漸次.' 石霜宗風不覆藏 ; '或雙明或單說, 有時敲有時唱, 隨根問答談諦當.' 潙仰門風又奇絶 ; '或全提或全用, 萬相森羅實不共.' 石頭藥山俱得妙 ; '或捧喝或賓主, 臨機奪臨機縱, 迅速機鋒如電拂.' 臨濟德山獨超越. 然雖如是, 我這裏卽不與麽." 良久云, "盡大地皎皎底, 無一絲毫, 有什麽物, 與汝爲緣爲對! 若有針鋒許, 與汝爲隔爲碍, 與我拈將來. 喚甚麽作佛, 喚甚麽作祖, 喚什麽作山河大地日月星宿, 將什麽爲四大五蘊? 我與麽說, 與從上列祖門風, 是同是別? 還有過也無? 汝等莫尋言逐句, 求覓解會. 且三生六十劫, 未夢見在. 未夢見在." 卓拄杖, 便下座.

---
1) ㈜ '聲'은 '成'의 오기이다.　2) ㈜ '曹溪'는 '曹洞' 혹은 '洞上'의 오기이다.

8. 이승二乘은 진실하지 않다

법좌에 올라앉아 말했다. "하늘은 일一을 얻어 맑고 땅은 일을 얻어 안정되며,[102] 성인은 일을 얻어 천하를 태평하게 하고 산승은 일을 얻어 만법이 공空인 이치를 밝힌다. 말해 보라! 어떤 것이 일인가? 옛사람이 말하지 않았던가! '티끌 하나가 일어나자마자 대지 전체가 그 안에 거두어지고, 꽃 한 송이 피자마자 세계 전체가 일어난다.'[103]

이와 같다 하더라도 단지 열에 여덟 정도만을 말한 것일 뿐이다. 덕산원명德山圓明은 '그것이 추우면 온 천하대지가 춥고 그것이 더우면 온 천지가 더우며, 그것이 있으면 온 천하대지가 있고 그것이 없으면 온 천하대지가 없다. 말해 보라! 이것이 무엇이기에 이렇게 기괴한가?'[104]라고 하였다. 그러므로 구지俱胝는 한 손가락을 세웠을 뿐이고[105] 비마암祕魔巖은 나무집게 하나로 땅을 치기만 했을 뿐이다.[106]"

바로 땅을 한 번 내리치면서 "대중이여, 옛사람이 대단히 깊고 치밀하게 학인들에게 요체를 정통으로 가르쳤다는 사실을 알겠는가? '시방세계에는 오로지 일불승一佛乘(一乘)만이 있을 뿐이요 나머지 이승二乘은 진실하지 않다.'[107]"라 하고 법좌에서 내려왔다.

上堂云, "天得一以淸, 地得一以寧, 聖人得一天下平, 山僧得一萬法空. 且道! 作麼生是一? 古不云乎! '一塵才擧, 大地全收 ; 一花才發, 世界便起.' 然雖如是, 此只道得八成. 圓明道, '寒則普天普地寒, 熱則普天普地熱, 有則普天普地有, 無則普天普地無. 且道! 是甚麼物得伊麼奇怪?' 所以俱胝只堅一指頭, 秘魔只用一木杈打地." 只打地一下, "大衆, 還知古人有深密爲人省要處麼? '十方世間中, 唯有一佛乘, 餘二卽非眞.'" 便下座.

9. 제호醍醐와 독약

법좌에 올라앉아 말했다. "옛 성인이 제시한 방편의 수는 갠지스강의 모래알처럼 헤아릴 수 없이 많다. 그렇다면 육조 혜능慧能이 '바람이 움직이는 것도 아니고 깃발이 움직이는 것도 아니며 그대들의 마음이 움직이는 것이다.'[108]라고 한 말을 보자. 이는 종지와 격식을 모두 넘어서는 최상의 진실한 종지이다. 그대들 조사 문하의 선객禪客들은 이 말을 어떻게 이해해야 하겠는가? 바람과 깃발은 움직이지 않고 그대들의 마음이 망령되게 움직인다는 뜻일까? 바람과 깃발을 제외하지 않고 바람과 깃발이 움직이는 바로 그 현상에서 통해야 한다는 뜻일까? 다만 바람과 깃발의 상相은 전혀 있는 것이 아니기에 온통 자신의 마음일 뿐이라는 뜻일까? 다만 마음을 취하여 밝혀야 할 뿐 색상色相이 존재하는 것으로 오인해서는 안 된다는 뜻일까?

이와 같이 이해한 내용들이 조사의 뜻과 무슨 관계가 있겠는가![109] 마치 세상 사람들이 진기하게 여기는 제호醍醐의 뛰어난 맛도 이런 사람들을 만나면 도리어 독약이 되는 것과 같다. 이와 같지 않다면 조사의 뜻은 어떤 것일까? 대법안大法眼 선사가 '옛 성인들이 본 모든 대상 경계는 오로지 자신의 마음일 뿐이다. 그래서 육조 혜능은 〈바람이 움직이는 것도 아니고 깃발이 움직이는 것도 아니며 그대들의 마음이 움직이는 것이다.〉라고 말했던 것이다. 다만 이렇게 이해할 일이며, 근본과 친밀하게 일치하는 경지에 대하여 특별히 더 친밀할 수 있는 방법은 없다.'[110]라고 한 말을 모르는가!" 법좌에서 내려왔다.

上堂云, "古聖方便數如恒沙. 只如六祖云, '不是風動, 不是幡動, 仁者心動.' 斯乃超宗越格, 無上眞宗. 汝等祖門下客, 合作麼生會? 莫是風幡不動, 汝心妄動麼? 莫是不撥風幡, 就風幡而通取麼? 莫是直風幡相了不可得, 全是自心麼? 莫是但取明心. 不認色相麼? 如是所解, 與祖師意, 有甚交涉! 且如醍醐上味, 爲世所珍, 遇此等人, 翻成毒藥. 旣不如是, 且祖師意作麼生? 不見大法眼禪師云, '古聖所見諸境, 唯見自心. 所以六祖云, 〈不是風動, 不是幡動, 仁者心動.〉但且恁麼會, 別無親於親處也.'" 下座.

10. 향상하는 근본적인 한마디

법좌에 올라앉아 말했다.[111] "석가노자께서 보리수[112] 아래에서 최정각最正覺[113]을 이루신 다음 각수覺樹[114]에서 일어나 마갈제국摩竭提國[115]으로 돌아가 삼칠일 동안 문을 닫고 아무 말씀도 하지 않으신 채[116] 이와 같은 일을 사유하시고 이렇게 말씀하셨다. '모든 법의 적멸상寂滅相은 언어로 드러낼 수 없으니, 나는 차라리 법을 설하지 않고 빨리 열반에 들리라.'[117] 이 경계에 이르면 말로 표현할 수 있는 여지를 찾을 수 없지만 어쩔 수 없이 제이의문第二義門[118] 중의 방편력으로 다섯 비구를 위해 사제四諦[119]를 설하셨고, 360차례의 법회에 이르기까지 대장경의 교설을 말씀하셨던 것이다. 그러나 이것은 방편에 불과한 것으로서 병에 따라서 그에 적절한 약을 준 것이니, 마치 달콤한 과일을 들고 쓴 오이와 바꾸어 준 것과 흡사하다.[120] 그런 까닭에 '귀한 신분의 옷을 벗고, 낡고 더러운 옷을 입고서 비천한 입장에 서서 자식을 유인한다.'[121]라고 한 것이다. 이는 우리의 업근종자業根種子를 씻어 내어 깨끗하고 한 점의 때도 없게 만들어 주려는 것일 뿐, 일찍이 우리에게 향상하는 근본적인 한마디[122]는 해 주지 않았기 때문에 세존께서 스스로 다음과 같이 말씀하신 것이다. '녹야원鹿野苑에서 시작하여 마지막으로 발제하跋提河에 이르기까지[123] 그 사이에 한 글자도 설한 적이 없다.'[124]

말해 보라! 향상하는 근본적인 한마디는 어떤 것일까? 그대들이 만약 알고자 한다면 다만 위로는 우러러볼 부처가 있다는 견해를 지니지 말고 아래로는 제도할 중생이 있다는 견해를 지니지 말며, 밖으로는 산하와 대지가 있다는 견해를 지니지 말고 안으로는 보고 듣고 느끼고 아는 작용이 있다는 견해를 지니지 마라. 그래서 마치 완전히 죽은 사람이 도리어 살아나는 것과 흡사하게 된 다음에 그 적절한 시기와 방법을 잃지 않고 대상에 응하여 작용하여야 비로소 지푸라기 같은 것이나 사람과 동물 등 삼라만상 가운데 작거나 크거나 길거나 짧거나 그 하나하나가 모두 온전히 자신의 가풍을 드러내는 것일 뿐이라는 진실을 알게 될 것이다." 법좌에서 내려왔다.

上堂云, "釋迦老子, 於菩提樹下, 成最正覺, 爰起覺樹, 歸于摩竭提國, 三七日掩關杜詞, 思惟如是事, 道'諸法寂滅相, 不可以言宣, 我寧不說法, 疾入於涅槃.' 到這裏, 覓箇開口處不得, 事不獲已, 而向第二義門中方便力故, 爲五比丘說四諦已, 至三百六十會, 說一大藏敎. 只是方便, 應病與藥, 如將密[1]果, 換苦葫蘆相似. 所以云, '脫珍御之服 著弊垢之衣, 於淺近處, 誘引諸子.' 淘汝諸人業根種子, 令洒洒落落而已, 未甞與你說向上一着子故, 世尊自云, '始從鹿野苑, 終至跋提河, 於是二中間, 未曾說一字.' 且道! 作麼生是向上一着? 你若要會, 但上不見有諸佛, 下不見有衆生, 外不見有山河大地, 內不見有見聞覺知. 如大死底人, 却活相似然後, 應用不失其宜, 方見森羅萬相, 草芥人畜, 纖洪長短, 一一全彰自己家風耳." 便下座.

1) ㉠ '密'은 '蜜'의 오자이다.

11. 어떤 성인도 전하지 못한다

법좌에 올라앉아 말했다. "'옥의 가치는 불로 시험하고 금의 단단함은 돌로 시험하며 칼의 예리함은 털로 시험하고[125] 물의 깊이는 지팡이로 시험한다.[126, 127] 말해 보라! 납승[128]의 수행 경지는 무엇으로 시험해야 할까? 납승의 마음은 현악기 줄처럼 곧아 어디에서도 그 마음의 자취를 드러내지 않으며 하늘을 찌를 듯한 장검과 같아 가느다란 터럭조차도 들어서지 못하니[129] 온갖 천신天神들이 꽃을 바치려 해도 바칠 길이 없고 마구니와 외도가 몰래 엿보려 해도 엿보지 못한다.[130]

다음 문답[131]을 들어 보지 못하였는가! 암두가 약산에게 물었다. '그대는 여기서 무엇을 하는가?' '아무 일도 하지 않습니다.' '그렇다면 할 일도 없이 앉아 있는 것이로구나.'[132] '할 일 없이 앉아 있는 것도 무엇인가 하는 것입니다.' '그대는 아무 일도 하지 않는다고 했는데, 무엇을 하지 않는다는 말인가?' '어떤 성인도 알지 못합니다.' 암두가 게송을 지어 찬하였다. '본래부터 함께 살았으나 이름조차 모르고, 마음 가는 대로 서로 도우며 그렇게 해 왔을 뿐이라네. 예로부터 성현들도 알지 못했거늘, 짧은 시간에 얕은 식견의 범부가 어찌 쉽게 밝히겠는가!'[133] 말해 보라! 무엇이 '어떤 성인도 전하지 못한다.'[134]는 말뜻인가? 어떤 학인이 운문에게 '향상하는 유일한 길은 어떤 것입니까?'라고 묻자 운문이 '이름을 붙일 수도 없고 형상으로 나타낼 수도 없다.'[135]라고 답한 문답을 모른단 말인가!" 법좌에서 내려왔다.

上堂云, "玉將火試, 金將石試, 釼將毛試, 水將杖試. 且道! 衲僧行李處, 將什麽驗試? 且衲僧之心, 其直如絃, 在在處處, 不露心跡, 如倚天長劍, 纖毫不立, 直得諸天捧花無路, 魔外潛覻不見. 不見巖頭問藥山, '汝在這裏作什麽?' 山云, '一切不爲.' 頭云, '伊麽則閑坐也.' 山云, '若閑坐則爲也.' 頭云, '汝道不爲, 且不爲箇什麽?' 山云, '千聖亦不識.' 頭以偈讚曰, '從來貰屋不知名, 任運相將只麽行. 自古聖賢猶不識, 造次凡流豈易明!' 且道! 是甚麽千聖不傳? 豈不見僧問雲門, '如何是向上一路?' 答云, '名不得狀不得.'"便下座.

12. 봄은 어디에 있는가

법좌에 올라앉아 말했다. "불성의 뜻을 알고자 한다면 그때마다의 시절에 나타난 인연을 관찰해야 한다.[136] 시절이 무르익으면 그 이치는 저절로 드러날 것이다.[137] 하늘은 아무 말도 하지 않지만 사계절은 운행되고, 땅은 아무 말도 하지 않지만 만물은 발생한다. 또한 마치 봄이 온 나라에서 시작되면 곳곳이 어느 곳이나 한결같이 봄기운이지만 봄은 어떤 자취도 남기지 않는 것과 같고, 달이 포구에 떨어지면 어느 물결에나 동시에 나타나지만 달은 나뉘지 않는 것과 같다.[138] 앞에서 '봄은 어떤 자취도 남기지 않는다.'라고 한 말을 통하여 그 본체를 알 수 있고, '달은 나뉘지 않는다.'라고 한 말을 통해서는 그 작용을 알 수 있다. 만일 아직도 모르겠다면 내가 부끄러움을 무릅쓰고[139] 거듭 그대들에게 들어 주겠다. 춘삼월, 버드나무 늘어선 연못과 꽃 핀 언덕에 따사로운 햇빛 비추고 온화한 바람 부는데, 봄은 어디에 있으며 어떤 모습을 하고 있는가?[140] 도리는 아주 분명히 드러나 있다."

上堂云, "欲識佛性義, 當觀時節因緣. 時節若至, 其理自彰. 且夫天何言而四時行, 地何言而萬物生. 亦如春行萬國, 處處同春而春無跡, 如月落萬浦, 波波頓現而月不分. 向而春無跡處, 可以見其體; 而月不分處, 可以見其用. 其或未然, 老僧不惜眉毛, 重爲擧也. 春三月, 柳塘花塢, 暖日和風, 春在何處, 作何形段? 道理甚分明."

13. 불은佛恩에 보답한다는 의미

시주가 청하여 법좌에 올라앉아 말했다. "석가여래께서는 과거에 연등불然燈佛[141] 처소에서 머리털을 풀어헤쳐 진흙탕 길을 덮고 연등불을 기다리셨다. 연등불께서 이르러 '바로 이 터에 절을 지으면 알맞겠구나.'라고 하셨다. 그때 한 천인天人이 한 줄기 풀로 표시를 하고는 '절을 이미 세웠습니다.'라고 하였다.[142]

말해 보라! 이 소식은 어디에서 온 것인가? 그대들에게 묻겠다. 오늘 큰 보시를 베푼 시주가 이 절을 세워 장엄한 것과 저 천인이 한 줄기 풀로 표시하고는 '절을 이미 세웠다.'라고 한 것이 같은가, 다른가? 여기에서 차이를 가려낼 수 있는 사람이 있다면 큰 보시를 베푼 시주가 절을 장엄하면서 최초에 일으킨 한 생각을 알 수 있을 것이다. 큰 보시를 베푼 시주의 그 한 생각을 알고 난 후에라야 석가노자와 연등불 그리고 한 줄기 풀로 절터를 표시한 천인과 만나 볼 자격이 있다. 말해 보라! 도대체 어디에서 만나 볼 수 있다는 것인가? 알겠는가? '이 깊은 마음으로 티끌처럼 무수한 불국토를 받드니, 그것을 가리켜 부처님 은혜에 보답한다고 한다.'[143]" 법좌에서 내려왔다.

檀越請上堂, "釋迦如來, 昔於然燈佛所布髮掩泥, 以待彼佛. 然燈佛至曰, '此一片田地, 宜立梵刹.' 時有一天人, 遂標一莖草云, '立刹已竟.' 且道! 這箇消息, 從那裏得來? 敢問諸人, 今日大檀那, 立此梵刹, 莊嚴已畢, 與一天人, 遂標一莖草云, '立刹已竟.' 是同是別? 若人於此辨得出, 便見大檀那莊嚴佛刹底最初一念起處. 若了大檀那這一念然後, 却與釋迦老子然燈佛, 標一莖草天人, 相見有分. 且道! 向什麼處相見? 還委悉麼? 將此深心奉塵刹, 是卽名爲報佛恩." 便下座.

14. 평소 가지고 있는 뜻을 등지지 마라

법좌에 올라앉아 말했다. "미륵여래께서 아침에 가람에 들어가 저녁에 정각을 이루시고 '삼계 위와 아래의 법에 대해, 나는 오로지 마음뿐이라 설하니, 모든 심법心法을 떠나, 다시 얻을 만한 것은 없다.'¹⁴⁴라고 하셨다. 저 미륵불께서 이렇게 하신 말씀을 보건대 대단히 분명하고 또렷하며 뜻밖에도 기이하긴 하였지만,¹⁴⁵ 우리 선문의 종지에 비하면 여전히 어리석음을 끊지 못한 상태일 뿐이다. 왜 그러한가?

천태 덕소天台德韶¹⁴⁶ 국사, 향엄 지한香嚴智閑, 영운 지근靈雲志勤 등이 깨달은 경계와 비교해 보면 전 찰나에는 범부와 성인으로 나뉘어 있다가 그다음 한순간에 성불하였으니, 한 번 깨달으면 영원히 깨달아 더 이상 깨달을 일도 없다.¹⁴⁷ 원래 무심하여 고요함과 앎(寂知)을 자재하게 운용하니 대상에 대한 망령된 집착도 없다.¹⁴⁸ 번뇌의 대상을 쓸어버리는 힘은 종지와 격식을 모두 넘어서게 하여 어떤 동작이나 행위를 하더라도 모두 향상하는 일상의 행동에서 벗어나지 않기 때문이다. 향엄은 송으로 다음과 같이 읊었다.

> 딱 하고 부딪치는 한 소리에 안다는 망념 잊으니,
> 다시 더 이상 수행의 힘 빌릴 필요 없네.¹⁴⁹
> 곳곳으로 돌아다녀도 자취 남기지 않고,
> 소리와 색 등에서 벗어나 자유로운 풍모 갖추었네.
> 도에 통달한 제방의 이들, 모두들 최상의 근기라 하누나.

이 어찌 아침에 가람에 들어가 저녁에 정각을 이룬 것만 못하랴! 그대들이 선조의 풍모를 추모하고 평소 가지고 있는 뜻을 등지지 않는다면 다행일 것이다, 다행일 것이다."

上堂云, "彌勒如來, 朝入伽藍, 暮成正覺, 乃云, '三界上下法, 我說唯是心, 離於諸心法, 更無有可得.' 看他彌勒恁麼道, 也大殺惺惺靈靈, 不防奇異, 若比吾宗, 猶是鈍癡未得勒絶. 何以故? 比看天台韶國師香嚴靈雲等得入處, 剎那凡聖, 一念成佛, 一悟永悟, 更不復悟. 元自無心, 任運寂知, 更無忘緣. 遣蕩之力, 便可超宗越格, 凡所擧止, 皆是向上擧措故. 香嚴頌云, '一擊忘所知, 更不假修治. 處處無蹤跡, 聲色外威儀. 諸方達道者, 咸言上上機.' 豈似朝入伽藍, 暮成正覺耶! 汝等諸人, 追慕先祖之風, 不辜負平生之志, 幸甚幸甚."

15. 벙어리가 법을 설하고 귀머거리가 듣네

법좌에 올라앉아 다음의 말을 제기했다. "운문 문언雲門文偃이 말했다. '주장자가 용으로 변하여 하늘과 땅을 모두 삼켜 버렸고, 부채는 삼십삼천[150]에 뛰어올라 제석천帝釋天의 콧구멍을 틀어막고, 동해의 잉어[151]는 꼬리로 한 방 쳐서 물동이를 기울인 것과 같이 세찬 비를 쏟아 붓는다. 알겠는가? 알겠는가?'[152] 몽산 덕이蒙山德異는 이렇게 말했다. '어젯밤 초명蠨螟[153] 벌레가 동해의 물을 남김없이 들이마셨으니, 새우·게·물고기·용은 어느 곳에 몸을 두고 목숨을 이어 갈 것인가? 해파리가 색구경천色究竟天으로 날아 올라가 마혜수라摩醯首羅[154]의 눈 속에서 춤을 춘다.' 왜 그럴까? 지공指空 화상이 다음과 같이 한 말을 모르는가? '벙어리가 소리 높여 미묘한 법을 설하자, 귀머거리가 먼 곳에서 그 미묘한 말을 듣네. 생명이 없는 만물이 모두 찬탄하며, 허공은 가부좌 틀고 앉아 밤새 그 뜻을 참구하네.'

이는 어떤 말인가? 현상(事)에 의탁하여 근본 도리(理)를 나타내고, 사물에 의지하여 마음을 밝히는 것일까? 말 속에 여운이 남아 있고, 구절 안에 날카로운 뜻을 감추고 있는 것일까? 기이한 말과 절묘한 구절을 특별나게 주장하고 심오하게 제기한 것일까? 여러분! 그대들은 어떻게 이해하는가? 이상과 같이 이해하면 모두 잘못된 것이니 옛사람의 뜻과 무슨 관계가 있겠는가! 이렇지 않다면 옛사람의 뜻을 어떻게 이해해야 할까? 여러분! 그대들이 만약 이해하고자 한다면, 다만 바다 밑에서 먼지가 일어나고, 산꼭대기에서 물결이 치며, 허공에 핀 꽃이 열매를 맺고, 석녀가 아기를 낳으며, 진흙 소가 달을 향해 울고, 목마가 바람을 맞으며 울부짖는 경계에서 그 모든 구절을 살펴보라. 범부나 성인이나 이와 같으니 도리는 분명하다.

옛사람이 다음과 같이 한 말을 들어 보지 못했는가! '바다 밑에서 먼지가 일어나고, 산꼭대기에서 물결이 치며, 허공에 핀 꽃이 열매를 맺고, 석녀가 아기를 낳는다.'[155] 이것이 바로 여래의 대원각大圓覺이다. 내가 조금 전에 그대들을 위해 부끄러움을 무릅쓰고 이와 같이 말했다. 내 눈썹이 몇 가닥이나 남아 있는지[156] 살펴보라." 법좌에서 내려왔다.

上堂, 擧"雲門道, '拄杖子化爲龍, 吞却乾坤了也. 扇子跳跳上三十三天, 築着帝釋鼻孔, 東海鯉魚打一棒, 雨似盆傾. 會麼? 會麼?' 蒙山云, '昨夜蟭螟蟲, 吸乾東海, 蝦蟹魚龍, 向什麼處安身立命? 水母飛上色究竟天, 摩醯首羅眼裏作舞.' 爲甚麼? 不見指空和尙云, '啞子高聲說妙法, 聾人遠處聽微言, 無情萬物皆讚歎, 虛空趺坐夜來叅.' 是甚麼言歟? 莫是托事現理, 付[1]物明心麼? 莫是言中有響麼, 句裏藏鋒麼? 莫是奇言妙句, 異唱玄提麼? 諸仁者! 你作麼生會? 如上所解, 盡是邪解, 與古人意, 有甚交涉! 旣不恁麼, 且古人意, 作麼生會? 諸仁者! 汝等若欲要會, 但向海底塵生, 山頭浪起, 空花結子, 石女生兒, 泥牛吼月, 木馬嘶風處, 看取一切. 凡聖如此, 道理分明. 不見古人云! '海底塵生, 山頭浪起, 空花結子, 石女生兒.' 此是如來大圓覺. 老僧適來, 爲你不惜眉毛, 便恁麼道. 看我眉毛有幾莖."

便下座.
___
1) ㉠ '付'는 흔히 '附'로 쓴다.

16. 깨달음의 실마리

법좌에 올라앉아 말했다. "불법의 지극한 이치는 허공과 같이 원만하여 모자라는 것도 남아도는 것도 없이[157] 본래 원만하게 이루어져 있다. 낱낱의 존재에 실현되어 있고, 사물 하나하나에 온전히 드러나 있다. 가령 푸른 산과 맑은 물, 밝은 달과 시원한 바람, 깊고 빽빽한 숲과 새들의 지저귐, 푸른 계곡과 물고기의 도약, 산하와 대지, 초목과 총림, 작거나 큰 것과 길거나 짧은 것, 이와 같은 온갖 다양한 현상의 차별상들이 그대들에게 깨달음의 실마리를 보여 주지 않는 순간이 없다. 그렇거늘 어째서 알아차리지 못하고 별나게 의심을 일으키며 내게로 와서 깨달음의 실마리를 찾는가?[158]

여러분, 모두들 궁구하라! 이와 같은 온갖 법들이 이렇게 기특한 점이 있어 항상 그대들이 기틀을 발현하는 데 도움을 주는 것이다. 그대들이 곧바로 이 도를 이해한다면 불법이 영원히 세간에 머물도록 함으로써 인간계·천계의 수명과 국왕의 장구한 안락과 모든 백성의 즐거운 생활을 더욱 늘리게 될 것이다.[159] 안녕히."

上堂, "佛法至理, 圓同大虛, 無欠無餘, 本來圓成. 頭頭現成, 物物全彰. 只如靑山綠水, 明月淸風, 幽林鳥噪, 碧澗魚跳, 山河大地, 草木叢林, 纖洪長短, 如是等諸多物相, 無有片時, 不爲你示介入處. 因什麽不會, 特地生疑, 就我覓箇入處? 諸仁者, 大家究取! 如是諸法, 有如是奇特, 常助汝等發機. 汝等直會此道, 令法久住世間, 增益人天壽命, 國王千秋, 萬民樂業去.

珍重."

17. 무엇을 천당이라 하고, 무엇을 지옥이라 하겠는가

법좌에 올라앉아 다음의 인연을 제기했다. "제바달다提婆達多[160]가 지옥에 떨어져 있을 때, 세존께서 아난을 시켜 물었다. '그대는 지옥의 고통을 참고 받아들일 만한가?' '제가 비록 지옥에 있기는 하지만 삼선천三禪天[161]과 같은 즐거움을 누리고 있습니다.' 세존께서 다시 아난을 시켜 물었다. '그대는 지옥에서 벗어나고 싶은가?' '세존께서 지옥에 떨어지시면 제가 벗어나겠습니다.' 아난이 말했다. '세존은 삼계三界의 중생을 이끄는 위대한 스승[162]이시거늘 어찌 지옥에 떨어질 일이 있겠는가!' '세존께서 지옥에 떨어질 일이 없다면, 저인들 어찌 지옥에서 벗어날 일이 있겠습니까!'"[163]

(백운 선사가 말했다.) "말해 보라! 제바달다는 어떤 이유로 이렇게 말했을까? 지옥과 천당이 모두 정토라는 뜻일까? 마땅히 법계의 본성을 관찰해야 하며 모든 것은 마음이 지어낸다고 알아야 한다[164]는 뜻일까? 이 경계에 이르면 무엇을 부처라 하고, 무엇을 마구니라 하겠으며, 무엇을 천당이라 하고, 무엇을 지옥이라 하겠는가? 잘 알겠는가?"[165] 법좌에서 내려왔다.

上堂, 擧"提婆達多在地獄中, 世尊令阿難傳問云, '汝在地獄中, 可忍受否?' 達多云, '我雖在地獄, 如三禪天樂.' 世尊, 又令阿難傳問, '你還要出地獄麼?' 達多云, '待世尊入地獄, 我卽出.' 阿難云, '世尊是三界大道師,[1)] 豈有入地獄分!' 達多云, '世尊旣無入地獄分, 我豈有出地獄分!'""且道! 達多因什麼恁麼道? 莫是地獄天堂, 皆爲淨主[2)]耶? 應觀法界性, 一切唯心造耶? 到這裏, 喚什麼作佛? 喚什麼魔? 喚甚麼天堂? 喚什麼地獄? 還委悉麼?"便下座.

1) ㉭ 원문의 '道'는 '導'가 옳다. 다른 문헌에는 '도사導師' 또는 '대사大師'로 되어 있다.   2) ㉭ '主'는 '土'의 오기이다. "地獄天堂, 皆爲淨土"라는 문장은 『宗鏡錄』권 82(T48, 869a19), 『無門慧開語錄』권하(X69, 362a16) 등에 보인다.

18. 큰 바다는 작은 물줄기도 사양치 않는다

법좌에 올라앉아 말했다.[166] "유정의 중생은 지혜라는 바다에 의지하는 것을 근원으로 삼고, 심식心識을 가진 무리는 법신을 지니는 것을 본체로 삼는다. 다만 번뇌 망상이 일어나 반야의 지혜가 막혀서 날마다 쓰면서도 알지 못하고[167] 생각이 변하여 본래 모습도 달라졌기 때문에[168] 업의 인연에 지배받아 돌아오지 못하는 것이다. 끝없이 드넓은 삼계에서 사생四生으로 나고 죽고를 거듭하며 육도를 오가면서 한량없는 고통을 받는다. 이런 까닭에 우리 제석천께서는 오래전에 보리를 증득하였지만 고통 받는 중생을 가엾이 여겨 그 큰 지혜로 몸을 신묘하게 변화하여 마침내 수천억으로 몸을 나누어 드러내어 만방에 교화를 드리우셨던 것이다. 삼십이상三十二相을 나타내고 팔십종호八十種好로 장엄하여 79년간 세상에 머무시며 300여 회나 교법을 설하셨다. 자비의 구름을 널리 펴고 법우法雨의 은혜를 고르게 입도록 하여 삼승三乘과 오성五性[169]과 상중하 근기의 모든 중생이 각자 점차적으로 수행의 성과를 얻도록 하셨다. '비유컨대 큰 바다는 작은 물줄기도 사양치 않아 모기와 등에와 아수라에 이르기까지 그 물을 마시는 자들 모두 충족하게 하는 것'[170]과 같이 제도해야 할 중생을 모두 제도하여 마치셨다.

교화의 인연을 마치고 사라쌍수 아래에서 열반에 들고자 하시며 최후로 영산회상에서 꽃을 들고 대중에게 말씀하셨다. '나에게 정법을 꿰뚫어 보는 눈과 열반의 현묘한 마음이 있으니 이를 마하가섭에게 부촉하노라.'

교설 밖의 별도의 가르침은 상근기에게 전하셨던 것이니, 이 법은 사량으로 분별하여 알 수 있는 것이 아니고[171] 신통한 수행과 증득으로 깨달아 들어갈 수 있는 것이 아니며, 유심有心으로도 알 수 없고 무심無心으로도 얻을 수 없으며, 식識으로도 분별할 수 없고 지혜로도 알 수 없다. 깨닫는다면 삼계를 단박에 뛰어넘을 것이나 미혹된다면 만겁토록 번뇌라는 고해에 빠져 있게 될 것이다.

오늘 왕궁에 군신이 두루 모여 엄숙하고 위엄 있게 앉았기도 섰기도 하며 머리에는 하늘을 이고 있고 발은 땅을 밟고 있다. 보고 들은 견해가 또렷하다면 깨달은 것인가, 미혹한 것인가? 영산회상에서의 설법과는 같은가, 다른가? 안목을 갖춘 자는 자세히 살펴보라! 여기에서 분별해 낼 수 있다면 삼아승기겁三阿僧祇劫이라는 오랜 세월 동안 공행功行을 원만히 하는 단계를 거치지 않고도 한 찰나에 모든 단계를 뛰어넘어 더 이상 과거와 미래라는 대립적 견해도 없어질 것이다." 법좌에서 내려왔다.

上堂云, "有情之衆, 依智海而爲源; 含識之流, 擁法身而爲體. 祇爲情生智隔, 於日用而不知, 想變體殊故, 被業緣而莫返. 茫茫三界, 出沒四生, 往來六道, 受無量苦. 故我釋天, 久證菩提, 愍我苦倫, 以其大智, 化妙相身, 遂乃分身千億, 垂化萬方. 示現以三十二相, 莊嚴於八十種好, 住世七十九年, 教談三百餘會. 慈雲廣布, 法雨均沾, 三乘五性, 上中下根, 各得其漸. 比如大海不讓小流, 乃至蚊虻及阿修羅, 飲其水者, 皆得充滿, 所應度者, 皆已度訖. 化緣旣畢, 於沙羅雙樹下, 將入涅槃, 於末後靈山會上, 拈花示衆曰, '吾有正法眼藏涅槃妙心, 付囑摩訶迦葉.' 教外別傳, 傳于上根, 是法非思量分別之所能知, 亦非神通修證之所能入; 不可以有心知, 不可以無心得; 不可以識識, 不可以智知. 悟之則頓超三界, 迷之則萬劫沉淪. 只如今日王宮, 君臣普會, 坐立儼然, 頭戴天脚踏地. 見聞不昧, 爲是悟爲是迷? 與靈山榜樣, 是同是別? 具眼者看看! 於此辨得出, 不歷三祇, 功圓行滿,一念超越, 更無前後." 便下座.

19. 밑 빠진 그릇을 늘어놓으리라

법좌에 올라앉아 말했다. "요즘 천하의 제방에서는 안거일이 되면 대가람에 부처님 형상을 모셔 놓고 갖가지 깃발과 꽃을 달며 향과 촛불 등 온갖 공양 용구를 매만져 올린다. 그러고는 많게는 문하의 대중 삼사오백을 거느리고 마음을 그 형상에 두고서 눈은 실제 형상을 본다고 상상하고 바른 기억을 떠올리며 여래께서 세상에 계시던 때와 같이 여기고 (계를 지키는) 청정한 보살로 머무르며 세 기한의 안거를 맺는다. 불전佛前에서 혹은 시방의 모든 부처님께 머리를 조아리고 명호를 부르며 자비를 구하여 참회하며, 혹은 한결같이 전심을 다해 상념을 거두어들이는 것[172]을 일정한 법도로 삼는다.

그러나 나는 이 경우에 전혀 이와 같이 하지 않을 것이다. '수월도량[173]을 건립하고 밑이 뚫린 그릇을 늘어놓으며, 익히지 않은 밥을 가득 담아 그림자나 메아리 같은 대중[174]에게 공양하고, 공화만행空花萬行[175]을 닦고 익혀서 거울 속의 마구니를 항복시키고, 꿈속에서 불사를 성취하며[176] 환화와 같은 중생을 널리 제도하여 적멸의 과보를 함께 증득하리라.'[177] 말해 보라! 제방의 결제와 견주어 같은가, 다른가? 안목을 갖춘 자는 자세히 살펴보라!"

上堂云, "在今天下諸方, 至安居日, 於大伽藍, 施設形像, 懸諸幡花, 修呈香燭, 種種供具. 廣領徒衆三百五百, 心存目想, 生正憶念, 還同如來常住之日, 當爲淸淨菩薩止住, 結三期日. 卽於佛前, 或稽首十方諸佛, 名字求哀懺悔, 或一向攝念以爲常規. 我這裏, 總不恁麽. 建立水月道場, 排列穿心塊子, 盛滿不濕之飯, 供養影響之衆, 修習空花萬行, 降伏鏡裏魔軍, 成就夢中佛事, 廣度如幻衆生, 同證寂滅之果. 且道! 與諸方結制, 是同是別? 具眼者看看!"

20. 허공에 핀 꽃

법좌에 올라앉아 말했다. "백천 가지 무수한 삼매와 한량없이 미묘한 뜻[178]과 갠지스강의 모래알처럼 많은 공덕과 끝이 없는 지혜의 광명이 모두 마음에 있으며, 일체의 계문戒門·정문定門·혜문慧門과 신통 변화를 본래 스스로 갖추고 있다. 온갖 번뇌와 업장이 본래 공적하고 갖가지 인연과 과보가 모두 몽환과 같으니, 벗어나야 할 삼계도 없고 끊어야 할 번뇌도 없으며, 구해야 할 보리도 없고 증득해야 할 열반도 없다.[179]

어째서 그러한가? 『원각경』에 '생사와 열반, 범부와 부처가 모두 허공에 핀 꽃과 같다.'[180]라고 하였고, 대혜도 '무명·번뇌도 적멸하지 않을 수 없고 보리·열반도 적멸하지 않을 수 없으니, 다시 또 어떤 법이 장애가 되며 다시 또 어디에서 깨달음을 구할 필요가 있겠습니까!'[181]라고 하였으니, 이것이 바로 궁극적인 경지이다."

上堂, "夫百千三昧, 無量妙義, 河沙功德, 無極光明, 總在方寸, 一切戒門定門慧門, 神通變化, 本自具足. 一切煩惱業障, 本來空寂, 一切因緣果報, 悉如夢幻, 無三界可出, 無煩惱可斷, 無菩提可求, 無涅槃可證. 何故如此? 圓覺經云, '生死與涅槃, 凡夫及諸佛, 同爲空花相.' 亦如大慧云, '無明煩惱, 不可不寂滅, 菩提涅槃, 不可不寂滅, 更有何法可障, 更向何處求悟入!' 便是究竟."

21. 어찌 제도할 중생이 없겠는가

법좌에 올라앉아 말했다. "보지공寶志公[182]이 사람을 시켜 사대思大[183] 화상에게 '산에서 내려와 중생을 교화하지 않고, 하늘만 쳐다보고 있으면[184] 무엇 합니까?'라고 말을 전하니, 사대 화상이 '삼세의 모든 부처님도 나의 한입에 모두 삼켰거늘 어디에 다시 제도할 중생이 남아 있겠습니까!'라고 답하였다.[185]

나는 대단하신 사대 화상께서 하신 훌륭한 말씀이 마치 용두사미와 같았다고 하겠다. '모든 부처님을 삼켜 버렸다'는 말은 무슨 뜻인가? 그렇다고 어찌 제도할 중생이 없겠는가! 이와 같다고 해도 오늘날 같은 말세의 운에 이러한 근기를 가진 이를 얻기도 어렵다, 이러한 근기를 가진 이를 얻기도 어려워."

上堂, "因憶寶志空,[1)] 令人傳語思大和尙云, '何不下山來敎化衆生, 目視雲漢, 作甚麽?' 思大和尙答曰, '三世諸佛, 被我一口呑盡, 何處更有衆生可度!' 我道大小思大和尙好語, 一似龍頭蛇尾. 何謂旣有諸佛可呑? 豈無可度衆生! 然雖如是, 時當末運, 此根人難得, 此根人難得."

---
1) ㉠ '空'은 '公'의 오자이다.

22. 순임금의 덕과 요임금의 인을 알아 무엇 하랴

제야에 법좌에 올라앉아 말했다. "이제 금년 섣달도 다 지나가는데[186] 대중과 분세分歲[187]를 치를 만한 것도 없구나. 노승은 특별히 한 마리 노지백우露地白牛[188]를 삶고 불을 지펴 산전山田의 도토리와 조로 밥을 짓고 채소로 국을 끓이고 땔나무 불을 피워 놓고 대중과 화롯가에 둘러 모여 함께 남은 시간을 보내고자 한다.[189] 알겠는가? '태평성대를 이룬 업적에는 일정한 상相이 없고, 촌 노인의 가풍은 지극히 순박하기만 하다네. 시골 마을에서는 풍년을 기리며 노래하고 춤출 뿐,[190] 순임금의 덕과 요임금의 인을 알아 무엇 하랴!'[191] 시골 생활의 즐거움이여, 시골 생활의 즐거움이여, 끝이 없구나!"

> 除夜上堂, "今當年窮臘盡, 無可以大衆分歲. 老僧特烹一頭露地白牛, 炊山田橡粟飯, 羹野菜羹, 燒榾柮火, 與大衆圍爐, 共餞殘生. 會麽? '大平事業無相, 野老家風至淳. 只知村家社舞, 那知舜德堯仁!' 村田樂, 村田樂, 也無極!"

23. 가고 오는 법이란 없다

제야에 법좌에 올라앉아 말했다. "금년 오늘 밤이 지나면 내년 내일이 올 것이요, 추위는 이 하룻밤을 따라 물러가고 봄은 오경을 뒤쫓아 돌아오리라. 그런 까닭에 승조僧肇는 '삶과 죽음이 번갈아 사라졌다 나타나고, 추운 계절과 더운 계절이 번갈아 자리를 바꾸니, 무엇이건 항상 옮겨 다닌다는 관념이, 사람들이 갖고 있는 보통의 생각이다. 그러나 나는 그렇게 생각하지 않는다.'[192]라고 하였다. 봄도 돌아오지 않고 추위도 물러가지 않으니 가고 오는 법이란 없다. 여러분은 어떻게 생각하는가?"[193] 느닷없이 주장자를 잡고서 말했다.

"이것은 음양에 속하지 않는데 어찌 조화에 속박되겠는가! 해와 달도 비추지 못하고 추위와 더위도 침범하지 못하며, 변함도 없고 오고 감도 없으며, 위로는 하늘에까지 통하고 아래로는 황천에까지 이르며, 멀어서 끝이 없고 터럭만큼의 간격도 없다. 그대들이 여기에서 분명히 밝힐 수 있다면 티끌 하나에도 보왕의 국토가 나타나고 미진 속에 앉아서도 대법륜을 굴릴 것이니, 곧바로 변함없는 광명이 눈앞에 드러나고 낱낱이 천 길 높이 절벽처럼 솟아 무엇에도 의존하지 않게 될 것이다.[194] 알아차리지 못하였다면 장안으로 가는 길이 혼탁하리니 언제 깨달을 기약이 있겠는가! 또한 그렇다고는 해도 섣달그믐 밤도 새려 하는데 아직도 돌아오지 못한 사람이 있는 줄 누가 알랴!" 한 소리 크게 내지르고 법좌에서 내려왔다.

除夜上堂, "今年今夜盡, 明年明日來, 寒隨一夜去, 春逐五更廻. 所以肇公云, '生死交謝, 寒暑迭遷, 有物流動, 人之常情. 予則謂之不然.' 只如春不廻寒不去, 無去來法. 諸人又作麼生?" 驀拈拄杖云, "這箇不屬陰陽, 寧拘造化! 日月不能照, 寒暑不能侵, 無變異無來去, 上通霄漢, 下澈黃泉, 逈無邊際, 不隔絲毫. 諸人若向這裏明得, 於一塵中, 現寶王刹, 坐微塵內, 轉大法輪, 便見常光現前, 各各壁立千仞. 若也不會, 長安路上輥[1]地, 有甚了期! 又然則然矣, 誰知年盡夜, 更有未歸人!" 喝一喝, 便下座.

1) ㉠ '輥'은 '混'과 통하는 말이다.

24. 무엇을 보고 무엇을 들었는가

법좌에 올라앉아 불자로 선상을 한 번 내려치고 말했다. "눈이 있어 모든 것을 보고 귀가 있어 모든 것을 듣는다. 듣기도 하고 보기도 하니 말해 보라! 무엇을 보고 무엇을 들었는가? 나아와 노승에게 말해 보라. 우리 부처님께서는 보리수 아래에서 등정각等正覺을 이루고 마가다국으로 돌아가시어 이레 동안 문을 걸어 닫고 친히 이 법령을 시행하셨으며, 인도의 28대 조사[195]와 중국의 6대 조사가 대대로 이 법령을 서로 전하셨다.

그 뒤의 후손들이 어리석어 그 법령을 제기하기만 할 뿐 제대로 시행하지 못하여 말과 글귀만 부화하고 아름답게 꾸며 대었을 뿐이다. 노승이 이제 세상에 나와 무너지려는 법고를 두드리고 땅에 떨어진 선종의 현묘한 기강을 바로잡았으니, 그대들은 자세히 살펴보라." 불자로 선상을 한 번 내려치고 법좌에서 내려왔다.[196]

陞座, 以拂子擊禪床一下云, "有眼皆見, 有耳皆聞. 旣聞旣見, 且道! 見介什麼? 聞箇甚麼? 出來與老僧說. 看我佛如來, 於菩提樹下, 成等正覺, 歸于摩竭陀國, 七日掩關, 親行此令, 西乾東震, 四七二三, 遞相傳授此令. 後來兒孫不肖, 雖擧其令而不能行, 但以華詞麗句而已. 老僧今日出世, 擊將頹之法鼓, 整已墜之玄綱, 汝等諸人看看." 以拂子擊禪床一下, 便下座.

25. 곧바로 가리킨 마음

법좌에 올라앉아 말했다. "진여의 자성은 본래 스스로 원만하게 이루어져 있으니 천지에 앞서 생겨나 지금에까지 이른 것이다. 본래 원만하고 밝으며 시방 전체를 꿰뚫으니 안도 밖도 없으며 깊은 물처럼 항상 고요하나 미묘한 작용은 갠지스강의 모래알만큼이나 무수하다. 이를 정법안장·열반묘심이라 하고 또 본지풍광·본래면목이라고도 한다. 모든 부처님의 아뇩보리요 중생의 근본으로서 일상에서 벗어나지 않으나 중생이 날마다 쓰면서도 알지 못하니, 식식으로도 분별할 수 없고 지혜로도 알 수 없는 것이다.[197] 그러나 천상계와 인간계의 모든 중생으로부터 불조에 이르기까지 모두 그 힘을 받았다. 다만 중생은 그것을 온축하고 있으면서도 우매하여 헛되이 윤회를 받는 것이고, 모든 부처님은 깨달음의 성품이 어둡지 않아 이미 예전에 보리를 증득하고 등정각을 이룬 것이니, 범부와 성

인이 비록 다르다고는 하나 그 부사의함은 하나로 같다.[198]

　그러므로 우리 불세존 석가여래께서는 오랜 세월 쌓은 원력에 의지해 슬하의 한 자식을 돌보는 듯한 자비심을 내고,[199] 어떤 조건도 없는 자비심을 일으키시어 도움을 청하지도 않았는데 찾아와 돕는 친구[200]로서 세상에 출현하셨던 것이다. 갖가지 방편과 비유와 말로써 중생의 근기와 성품에 따라 널리 법요를 설하고 성불하도록 교화하여 생사윤회에서 벗어나게 해 주셨으니 성현들이 결집하여 일대장교一大藏敎를 만들었다. 부처님께서 멸도하시고 천 년 후에 그 가르침이 중국으로 전해졌는데, 이 나라 중생들은 그 가르침을 담은 경전을 펼쳐 보며 글줄의 행간이나 뒤지고 문자나 헤아리면서[201] 온갖 견해를 지어내고 언외의 가르침은 알지도 못한 채 문자라는 수단에만 골몰하여 마음의 근원이 막혀 버려 마침내 개가 흙덩이나 쫓아가는 꼴이 되고 말았으니 참으로 가엾고 불쌍하다.

　이런 까닭에 달마대사가 정교正敎가 쇠락한 것을 진심으로 가엾고 불쌍해하고, 또한 이 땅의 중생이 교敎라는 그물에 떨어져 있는 것을 보고 언제 깨닫겠는가 하고 안타까이 여겨 이에 3년에 걸쳐 배를 타고 바다를 건너 특별히 서쪽에서 와 불립문자·교외별전·직지인심·견성성불의 가르침을 편 것이다. 바로 이 '곧바로 가리킨 마음'이란 평상시 그대로 아무 할 일이 없는 마음일 뿐으로서 여타의 허다한 현묘한 이해나 뜻으로 모색할 길은 없으며 무심無心과 무위無爲에 계합하여 천기天機(하늘로부터 받은 본래적인 기능)가 저절로 펼쳐져 구애됨도 머무름도 없다. 천지와 덕을 나란히 하고 일월과 밝음이 합하며 털끝만큼의 모난 생각도 용납하지 않으나 드넓게 트여 모든 것에 통한다. 자그마한 개자만큼이라도 주체와 객체를 내세운다면 나와 남으로 단절되고 장애가 되어 영원토록 훤히 꿰뚫어 이해하지 못할 것이다.[202]"

　　上堂, "眞如之性, 本自圓成, 先天地而生, 直至如今. 合下圓明, 洞澈十方,

無內無外, 湛然常寂, 妙用恒沙. 是稱正法眼藏涅槃妙心, 亦謂之本地風光
本來面目. 是諸佛阿耨菩提, 是衆生之大本, 亦不離日用, 衆生日用而不知,
不可以識識, 不可以智知. 然自天人羣生至於佛祖, 皆承渠力. 但以衆生,
薀此而冥昧, 枉受輪廻, 而諸佛覺性不昧, 久證菩提, 成等正覺, 而凡聖雖
殊, 其不思議一也. 故我佛世尊釋迦如來, 乘宿願力, 生一子悲, 興無緣慈,
作不請友, 出現於世. 以種種方便比諭言辭, 隨其根性, 廣說法要, 化令成
佛, 超脫生死, 而賢聖結集, 爲一大藏教. 佛入滅度一千年後, 教流東土, 此
方衆生, 披而覽之, 尋行數墨, 作種種見解, 不能見之言外, 溺於筌蹄, 返塞
心源, 遂成逐塊, 深可憐愍. 是故達摩, 深心悲愍正教凌替, 亦觀此土衆生,
墮在教網之中, 何時醒悟去, 乃三年泛海特特西來, 不立文字, 教外別傳,
直示人心, 見性成佛. 只這直指底心, 只是平常無事底心, 無許多玄解義路,
契合無心無爲, 天機自張, 無拘無執, 靡住匪着. 與天地齊德, 日月合明, 無
容立毫髮見刺, 唯蕩蕩然大通之. 若立纖芥能所, 彼我卽隔碍, 永不通透."

26. 나라면 이렇게 말했을 것이다

부처님 탄신일에 법좌에 올라앉아 말했다. "시방 어디에도 벽과 울타리
가 없으며, 사면 어디에도 문은 없다. 깨끗한 벌거숭이요 한 점의 때도 없
는 알몸 그대로 드러났지만 붙잡을 방법은 전혀 없다.[203] 말해 보라! 석가
노자께서는 무슨 광경을 보았기에 태어나자마자 일곱 걸음 걸은 다음 사
방을 둘러보고 한 손으로는 하늘을 가리키고 다른 한 손으로는 땅을 가
리키며 '하늘 위와 하늘 아래에 오로지 나만이 홀로 존귀하다.'라고 말씀
하셨을까? 대중들이여, 저 황면노자의 낯가죽이 얼마나 두꺼운지 살펴보
라! 그래서 운문은 '내가 당시에 만일 그 소리를 들었다면 한 방에 때려죽
여 개에게 먹이로 주어서 천하의 태평을 도모했을 것이다.'[204]라고 했던

것이다.

　말해 보라! 운문이 이렇게 한 말은 어떤 마음의 발로일까? '부모는 나와 가깝지 않으니 누가 가장 가까운 사이인가? 모든 부처님이 걸어가신 길은 나의 길이 아니니 어떤 것이 최선의 길인가?'²⁰⁵라는 생각이 있었기 때문일까? 법안法眼이 처음으로 운문의 이 말을 듣는 순간 온몸에 식은땀을 흘리면서 '운문이 부처님을 비방한다'고 생각하였으나, 20년이 지나 그 본의를 간파한 끝에 마음속으로 크게 기뻐하며 법좌에 올라앉아 운문의 화두를 들고서 다음과 같이 말했다. '운문 대사의 기개는 왕과 같이 거침이 없었으나 불법의 도리는 전혀 없었다.'²⁰⁶ 나라면 이렇게 말했을 것이다. '대단한 법안이여! 비록 운문의 뜻을 간파하기는 했지만 결국 운문을 치켜세우지는 못했다.'²⁰⁷" 법좌에서 내려왔다.

　佛誕日, 陞座云, "十方無碧落,¹⁾ 四面亦無門. 淨裸裸, 赤洒洒, 沒可把. 且道! 釋迦老子, 見箇什麽邊事, 才生下時, 周行七步, 目顧四方, 一手指天, 一手指地, 道'天上天下, 唯我獨尊'? 大衆, 看他黃面老子, 面皮厚多少! 是故雲門云, '我當時若見, 一棒打殺, 與狗子喫却, 貴圖天下大平.' 且道! 雲門恁麽道, 是甚麽心行? 莫是父母非我親, 誰是最親者? 諸佛非我道, 誰是最道者故也麽? 不見法眼初聞此語, 直得通身汗流, 將謂雲門謗佛, 二十年後覰得, 身心大喜, 乃陞高座擧云, '雲門大士, 氣宇如王, 且無佛法道理.' 我道'大小法眼! 雖覰破雲門, 要且扶他雲門不得.'" 便下座.

---

1) ㉮ '碧落'은 '壁落'으로 쓰는 것이 맞다. 벽락碧落은 '푸른 하늘'을 뜻하는 말이므로 대의와 맞지 않다.

27. 시절이 평온하면 태평가 부를 일도 없다

임금의 탄신일에 법좌에 올라앉아 말했다.[208] "하늘에는 서기가 드리웠고 땅에서는 상서로운 구름이 피어오르네. 온 강 맑아 만 이랑 흰 물결 일며, 사방에선 요순의 풍속과 교화를 하례하네. 산은 푸른 하늘에 닿아 있고 나무에서는 맑은 바람 일어나며, 나뭇가지는 바람에 흔들리지 않고 흙덩이는 비에 부서지지 않네.[209] 경림瓊林[210]의 꽃은 요지瑤池[211]에 활짝 피었고, 어류御柳는 옥전玉殿[212]에서 황금빛 잎 나부끼네. 별들은 대궐에 흩뿌려져 있고 북극성은 천륜을 에워싸고 있네. 삼한이 성상聖上의 탄신일을 경하하고 만민이 임금의 장수를 기원하네. 산천이 든든히 보호하여 지키고 해악海嶽은 상서로운 조짐을 드러내도다. 금계金雞는 하늘 밖 소리를 알리고 성상(玉扆: 천자)께서는 탄신일(千秋)에 존경을 받으시도다.

여러분, 바로 이러한 순간에 말해 보라! 군신의 도가 합하여 태평스러운 한 구절을 어떻게 말해야 할까?" 잠깐 침묵하다가 말했다. "도가 널리 통하면 천자 명령 전할 것 없고, 시절이 평온하면 태평가 부를 일도 없다. 또한 도가 군신 모두에 널리 통하니 온 세상이 고요하며, 시절이 평온하니 요순의 치세를 일제히 경하하노라."

誕日, 上堂云, "天垂瑞氣, 地涌祥雲. 千江澄萬頃煙波, 四方賀堯風舜化. 山連碧漢, 木起淸風, 風不鳴條, 雨不破塊. 瓊林花笑於瑤池, 御柳搖金於玉殿. 星分紫闕, 辰拱天輪. 三韓賀誕聖之辰, 萬民祝南山之壽. 直得山川擁衛, 海嶽呈祥. 金雞報天外之聲, 玉扆受千秋之貴. 諸仁者, 正當恁麼時, 且道! 君臣道合, 大平一句, 作麼生道?" 良久云, "道泰不傳天子令, 時淸休唱大平歌. 又道泰君臣淸宇宙, 時淸齊賀舜堯年."

28. 무위無爲의 교화

　법좌에 올라앉아 말했다. "대중이여, 오늘 조서를 내리시어 신승臣僧에게 나라를 위해 개당하여 지극한 도를 널리 퍼뜨려 인천人天의 일을 개발하라 하시니 어쩔 수 없이 종승을 드날려 무위無爲의 교화를 도우리라. 물어도 옳고 훌륭하며, 묻지 않아도 진기하다. 설령 달마대사가 인도에서 온 뜻의 근원을 남김없이 묻고 남종의 요체를 모조리 답한다 하더라도 여전히 건화문建化門[213]일 뿐이며 궁극적 경지는 아니다. 지극한 도가 깊고 크며 광달하다는 것은 무슨 뜻인가? 텅 비어 미묘하고 순수하며 환히 빛나고 신령하게 밝으니 말로도 설명하지 못하고 지혜로도 미루어 알 수 있는 것이 아니다.[214] 안도 아니고 바깥도 아니어서 시방을 환하게 통하며, 가는 것도 없고 오는 것도 없어 삼제三際에 모두 통하여 응하며, 천지를 환히 비추고 고금의 진실을 밝혀 드러내며, 만법과 더불어 짝이 되지 않고 (만상 가운데) 우뚝하니 홀로 드러난다. 성性은 일체의 현상에 드러난 마음이고 법인法印은 모든 법의 차별상이니 법 하나하나마다 치우침이 없으며 모든 대상에 대해 상대하는 차별이 끊어졌다. 이와 같이 미묘한 본체는 허공처럼 정해진 상相이 없어 잡을 수도 볼 수도 닦을 수도 없으며, 사유 분별로도 알 수 없고 증명할 수도 없다. 이처럼 도리에 밝게 통달한 것을 스스로 증득하였다(親證)고 하니, 갚기 어려운 불조의 막대한 은혜를 갚고 그들이 펼친 무위의 교화를 도울 수 있을 것이다.

　오늘 지극한 도를 널리 퍼뜨리고 묘선妙善을 두루 모았으니 위로는 군신의 도가 합하고 바른 교화는 끝이 없어서 사해가 안정되고 황위皇位(皇圖)는 영원토록 탄탄하며, 기후가 순조로워 풍년이 들어 물산이 풍부해지고 백성은 평안하고 건강하기를 빕니다. 해와 달이 비추는 것과 같고 하늘과 땅이 덮고 싣듯 하니 황위는 북극과 같고 천수天壽는 남산과 같습니다. 오랫동안 서 계셨소, 대중이여, 편히 쉬십시오."[215]

上堂云, "大衆, 今日詔令臣僧, 爲國開堂, 流通至道, 開發人天事, 不獲已 擧揚宗乘, 用助無爲. 問亦得亦妙, 不問亦奇. 直饒問極西旨之源, 答盡南 宗之要, 猶是建化門, 未爲臻極. 何謂至道淵曠? 冲虛妙粹, 炳煥靈明, 非 言象之所詮, 非知智之所及. 非中非外, 洞澈十方, 無去無來, 冥通三際, 輝 天爍地, 耀古騰今, 不與萬法爲侶, 卓然獨露. 性一切心, 印諸法相, 故法 法無私, 緣緣絶對. 如是妙體, 無相如空, 不可取, 不可見, 不可修, 不可思, 不可證. 如是明達, 是謂親證, 堪報不報之恩, 用助無爲之化. 此日流通至 道, 普集妙善, 上祝君臣道合, 正化無邊, 四海晏淸, 皇圖永固, 風調雨順, 物阜民康. 同日月之照臨, 若乾坤之覆載, 位齊北極, 壽等南山. 久立大衆, 伏惟珍重."

29. 봄이 되면

법좌에 올라앉아 '대중이여' 하고 부르고 말했다. "불조의 미묘한 이치 는 눈앞에 있을 뿐이다. 절기가 봄이 되면 산에는 꽃이 비단처럼 피고 시 냇물은 쪽빛보다 푸르며,[216] 버드나무에는 황금빛 새싹이 돋아나고 배나 무에는 흰 눈 같은 꽃이 피어나며,[217] 벗을 부르는 꾀꼬리 소리 지절대고 둥지를 찾아 제비 날아들며, 맑은 바람은 밝은 달을 스치듯 불고 밝은 달 은 맑은 바람을 비춘다.[218] 낱낱의 사물이 그 자리에 있고 사물마다 그 본 질을 남김없이 드러내고 있으니, 소리를 듣고 도를 깨우친다느니 색을 보 고 마음을 밝힌다느니 하고 다시 말할 것이 무엇인가! 달디단 복숭아와 자두는 던져 버리고 온 산을 돌아다니며 시디신 매실을 따는 것이나 흡사 하리라." 주장자를 세워 놓고 법좌에서 내려왔다.

上堂, 召大衆云, "佛祖妙理, 祇在目前. 節屆春則, 山花開似錦, 澗水碧於藍, 柳色黃金嫩, 梨花白雪香, 喚友黃鸎[1]囀, 尋巢紫鷰飛, 淸風拂白月, 白月照淸風. 頭頭現成, 物物全彰, 更說什麽, 聞聲悟道, 見色明心! 大似抛却甘桃李, 循山摘醋梅."卓拄杖, 便下座.

1) ㉮ '鸎'은 '鶯'의 와자訛字이다.

30. 여름이 되면

법좌에 올라앉아 말했다. "절기가 여름(朱明 : 夏季. 立夏節)이 되면 산의 꽃은 지고 열매 맺으니 마치 구슬 드리운 듯하고 언덕의 무성한 나무들은 그늘을 이루어 푸른 휘장을 펼쳐 놓은 것 같으며, 벌과 나비들 다투어 날고 제비와 꾀꼬리 서로 재잘거린다. 이것이 바로 현사 사비玄沙師備 노한老漢이 '실상을 깊이 이야기하고, 반야를 잘 설한다.'²¹⁹라고 한 시절이요, 또한 농부들이 어린 모종을 옮기고 누렇게 익은 보리를 베는 시절이다. 이와 같은 태평스러운 시절은 눈이 있는 자라면 모두 볼 수 있고 귀가 있는 자라면 모두 들을 수 있다. 말해 보라! 불법은 어디에 있는가?" 잠깐 침묵하다가 말했다. "이 얼마나 분명한가!" 법좌에서 내려왔다.

上堂云, "節屆朱明, 山花結子似垂珠, 巖樹成陰張翠幄, 遊蜂與胡蝶爭飛, 鷰子共黃鸎[1]相語. 正是玄沙老人道, 深談實相, 善說般若底時節也, 亦乃田父, 移靑苗刈黃麥底時節也. 如是大平事業, 有眼者皆見, 有耳皆聞. 且道! 佛法在什麽處?"良久云, "多小分明!"便下座.

1) ㉮ '鸎'은 '鶯'의 와자이다.

31. 가을이 되면

법좌에 올라앉아 말했다. "절기가 가을이 되면 장맛비 개어 온 천지 깨끗하고 서늘한 바람은 들판에 불어들며, 꾀꼬리 노랫소리 희미해져 가고 매미는 앞서감(죽음)을 다투며, 가을바람 스산하고 그 풍경 적막하네. 흰 연꽃은 찬 연못가에서 시들어 가고 붉은 여뀌 옛 언덕에 활짝 피어나며, 울타리에는 황금 국화가 금빛을 터뜨리고 모래밭에는 이슬이 구슬처럼 드리우며, 계수나무에서는 향기 나부끼고 나뭇잎은 서리 맞아 시들다. 요임금 때처럼 벼농사는 풍년이요, 순임금 때처럼 촌 노인은 태평성대를 노래하누나. 여러 선덕先德[220]께서 이루신 태평성대가 이미 이와 같으니 산승이 다시금 중언부언 설하고 게송을 읊을 필요가 있겠는가!" 법좌에서 내려왔다.

上堂云, "節屆秋則, 積雨霽於天地, 新凉入於郊墟, 鶯歌已老, 蟬嘒爭先, 秋風蕭索, 秋景蕭條. 白蓮已謝於寒塘, 紅蓼正開於古岸, 籬邊黃菊披金, 汀沙白露垂珠, 巖桂飄香, 木葉醉霜. 堯年而禾稼豊登, 舜日而野老謳歌. 諸禪德大平事業, 旣然如是, 山僧何須重說偈言!" 下座.

32. 공자의 효와 석가의 효

법좌에 올라앉아 말했다.[221] "조사 문하에 불법이란 있지 않으니, 선법당善法堂[222]에서 인의仁義를 말하지 말라. 비록 그러하기는 하나 일이란 한 쪽으로 치우치는 법이 없다. '아아, 부모님이시여, 이 몸을 낳느라 고생하셨네.'[223]라는 구절을 듣고 그 깊은 은혜에 보답하고자 하나 하늘처럼 넓고 끝이 없구나. '(부모로부터 받은) 이 몸을 감히 손상하고 다치게 해서는 안 된다.'²²⁴라고 하였으니, 이는 노나라 공자의 효이다. '삼계에서 생사 윤회하는 가운데 은애恩愛를 끊지 못하니, 은애를 버리고 무위無爲에 드는 것이 진실로 은애에 보답하는 길이다.'²²⁵ 그런 까닭에 우리 대각세존大覺世尊은 설산에서 고행하고 마가다국에서 깨달음을 얻어 도리천에 올라 어머니를 위해 법을 설하셨으니, 이는 석가모니의 효이다. 대해탈을 얻고 대신통을 발휘해 손에는 석장錫杖을 들고 손바닥에는 용우龍盂²²⁶를 받쳐 들고 지옥문에 이르러 뛰어나게 살펴 찾아 그 어머니를 뵙고는 한량없이 슬피 우셨으니, 이는 목련존자의 효이다. 이 납승의 효는 어떠한가?" 잠깐 침묵하다가 말했다. "산승은 이제까지 천당에도 올라가지 못하고 지옥에도 들어가지 못하였으니 선법당에서 보왕좌에 올라 어머니를 위해 법을 설함으로써 그 고생하신 은혜에 보답하고자 한다. 말해 보라! 내 어머니는 지금 어디에 계신가?" 이내 말했다. "내 어머니는 생전에 선연善緣을 갖추셨으니 부처에게 물어볼 필요도 없이 반드시 천계에 나셨으리라. 인간 세상에서의 장수는 고금에도 드문 일인데, 90세에서 1년이 모자라셨다." 법좌에서 내려와 "대중을 번거롭게 하오마는 향 한 개비를 살라 산승이 어머니 은혜에 보답하는 것을 도와주시오. 산승의 어머니께서 무슨 까닭에 대중들 번거롭게 향을 사르게 하시겠는가? 동쪽 집에 일이 나니 서쪽 집에서 슬퍼한다는 말을 모르는가!²²⁷"라 하고는 손으로 가슴을 치며 "아이고, 아이고!" 하였다.

上堂云, "祖師門下, 佛法不存, 善法堂中, 仁義休說. 然雖如是, 事無一向. 竊聞'哀哀父母, 生我劬勞.' 欲報深恩, 昊天罔極. '髮膚身體, 不敢毁傷.' 此魯仲尼之孝也 ; 輪轉三界中, 恩愛不能斷, 棄恩入無爲, 眞實報恩者. 故我大覺世尊, 雪山苦行, 摩竭成道, 往忉利天, 爲母說法, 此釋迦之孝也. ; 得大解脫, 運大神通, 手擎金錫, 掌托龍盂, 詣地獄門, 卓然尋省, 見其慈母, 悲泣無量, 此目連之孝也. 作麼生是衲僧之孝也?" 良久云, "山僧今日不上天堂, 不入地獄, 於善法堂中, 登寶王座上, 爲母說法, 以答劬勞. 且道! 我母即今在什麽處?" 乃云, "我母生前足善緣, 無勞問佛定生天. 人間上壽古今少, 九十春秋減一年." 下座, "敢煩大衆, 燒一炷香, 以助山僧報恩. 旣是山僧之母, 爲什麽却煩大衆燒香? 不見道東家有事, 西家助哀!" 以手搥胷云, "蒼天蒼天!"

33. 학 다리는 길고 오리 다리는 짧다

법좌에 올라앉아 말했다. "사람마다 갖추고 있고 낱낱의 존재에 원만하게 이루어져 있거늘 어찌 노승의 말을 의심하는가? 노승은 오늘 어쩔 수 없어 형세들에게 결정적인 전기가 되는 한마디 말(一轉語)을 들려주겠다. 듣기를 원하는가? 여러 형제들이여, 학 다리는 길고 오리 다리는 짧으며,[228] 감초는 달고 황련은 쓰다. 이렇게 한 말이 대중들 마음에 흡족한가?" 법좌에서 내려왔다.[229]

上堂云, "人人具足, 箇箇圓成. 爭怪得老僧? 老僧今日事不獲已, 便與兄弟擧唱一轉語. 還願樂麽? 諸兄弟, 鶴脛長鳧脛短, 甘草甛黃蓮苦. 恁麽道, 還愜衆慈麽?" 下座.

34. 하나의 할

법좌에 올라앉아 대중을 돌아보며 말했다. "하나의 할로 손님과 주인을 나누고 관조와 작용을 한꺼번에 시행한다." 할을 한 번 크게 내지르고 말했다. "이 하나의 할에 손님과 주인이 뚜렷이 나뉘었는가? 비춤을 먼저

하고 작용을 나중에 하였는가? 비춤과 작용을 동시에 하였는가? 비춤과 작용을 동시에 하지 않았는가? 이렇게 이해한다면 임제의 종풍은 매몰되어 사라질 것이며, 이렇게 이해하지 않는다면 어떻게 헤아리겠는가?"[230]

"어떤 것이 비춤을 먼저 하고 작용을 나중에 하는 것입니까?" "임제가 먼저이고 덕산이 나중이다."[231] "어떤 것이 작용을 먼저 하고 비춤을 나중에 하는 것입니까?" "덕산이 먼저이고 임제가 나중이다." "어떤 것이 비춤과 작용을 동시에 하는 것입니까?" "임제와 덕산이 뼈와 썩은 살로 돌아갔다." "어떤 것이 비춤과 작용을 동시에 하지 않는 것입니까?" "그대는 소상瀟湘으로 향하고 나는 진나라로 향하는 것이다."[232] "이 네 가지 비춤과 작용의 관계를 벗어나 또 다른 기특한 일이 있습니까?" 할을 한 번 크게 내지르고 법좌에서 내려왔다.[233]

> 上堂, 顧視大衆云, "一喝分賓主, 照用一時行." 喝一喝云, "此一喝中, 莫是賓主歷然麽? 莫是先照後用麽? 莫是照用同時麽? 莫是照用不同時麽? 若恁麽會, 臨濟宗風平沉而盡, 旣不恁麽, 作麽生商量?" 問, "如何是先照後用?" 云, "臨濟先德山後." 曰, "如何是先用後照?" 云, "德山先臨濟後." 曰, "如何是照用同時?" 答云, "臨濟德山歸骼骴." 曰, "如何是照用不同時?" 答云, "君向瀟湘我向秦." 曰, "離四照用外, 還有奇特事麽?" 師喝一喝, 便下座.

35. 한 글자도 설한 적이 없다

법좌에 올라앉아 말했다. "세존께서는 79년간 세상에 머무시며 360회 법회를 통해 중생의 근기와 성품에 따라 병에 알맞게 약을 주시고, 반만半滿·편원偏圓[234]·권실權實·돈점頓漸[235] 등으로 대장경 전체의 교설을 남김없이 모두 설하셨다. 그런데 어째서 '녹야원에서부터 발제하에 이르기까지의 사이에 한 글자도 설한 적이 없다.'²³⁶라고 하는가?

부처님께서 반야회상에서 모든 법의 공상空相을 설하셨으니, 안이비설신의와 색성향미촉법이 모두 공으로서 일체의 법은 단지 가명假名만 있을 뿐 알맹이는 없다고 하신 말을 모르는가. 그러므로 '한 글자도 설한 적이 없다.'라고 하신 말씀은 참된 말이며 실다운 말이며 속이지 않은 말이다.²³⁷ 반야경에서 부처님께서 '상相이 있는 것은 모두 허망하다.²³⁸ 일체의 유위법有爲法은 꿈·허깨비·물거품·그림자와 같고, 이슬이나 번개와 같으니 마땅히 이와 같이 관찰해야만 한다.'²³⁹라고 하지 않으셨던가! 이와 같이 관찰하는 데 이르러서는 이름도 공이요, 공 또한 얻을 수 없다."

上堂云, "世尊住世七十九年, 三百六十會, 隨衆生根性, 應病與藥, 半滿偏圓權實頓漸, 一大藏敎, 說也說盡. 爲什麼道, '始從鹿野苑, 終至跋提河, 於是二中間, 未曾說一字'耶? 不見佛於般若會上, 說諸法空相, 謂眼耳鼻舌身意色聲香味觸法皆空, 則一切諸法, 但有假名, 無有貞實. 故云, '未曾說一字.' 是眞語者, 實語者, 不誑語者. 如般若經中, 佛不云乎!'凡所有相, 皆是虛妄, 一切有爲法, 如夢幻泡影, 如露亦如電, 應作如是觀.' 到如是觀處, 名字亦空, 空亦了不可得."

36. 정도正道란 무엇인가

법좌에 올라앉아 말했다. "승당 앞 당종²⁴⁰의 종소리 은은하고 법당에서 치는 북소리 성대하다. 삼세의 모든 부처가 종소리와 북소리 울리는 가운데 대법륜을 힘을 다해 굴리셨다. 여러분, 들었는가? 그 안으로 들어가라. 그 안으로 들어가되 색으로 보려 하고 소리로 구하려 한다면²⁴¹ 모두 사도邪道일 뿐이다. 말해 보라! 그렇다면 정도正道란 무엇인가?" 잠깐 침묵하다가 말했다. "그대에게 마다하지 않고 말해 줄 수는 있으나 그대가 믿지 않을까 걱정이로다. 내 눈썹이 몇 가닥이나 남아 있는지 보라.²⁴²" 불자로 선상을 한 번 치고 법좌에서 내려왔다.

> 上堂, "僧堂前撞鐘, 鐘聲隱隱; 法堂上擊鼓, 鼓聲喧喧. 三世諸佛, 盡在鐘鼓聲中, 轉大法輪. 汝等諸人, 還聞麼? 從這裏入. 這裏入, 若以色見聲求, 皆爲邪道. 且道! 作麼生是正道?"良久云, "不辭向你道, 恐汝不信. 看我眉毛有幾莖."以拂子擊禪床一下, 便下座.

37. 시절인연

법좌에 올라앉아 말했다.²⁴³ "백장 회해百丈懷海는 '불성의 도리를 알고자 한다면 그때마다의 시절인연을 관찰해야 한다.²⁴⁴ 시절이 무르익으면 그 불성의 도리는 저절로 드러날 것이다.'²⁴⁵라고 하였다. 봄이 오면 온 나라 곳곳 어디나 봄기운을 띠니 온갖 초목에도 시절인연이 도래하여 저마다 꽃을 피우고 잎을 틔운다. 그 본성에 따라 크거나 작고 모나거나 둥글고 길거나 짧으며, 푸르기도 하고 노랗기도 하며 붉기도 하고 초록이기도 하며, 독한 냄새가 나기도 하고 향기가 나기도 하는 등 일제히 봄기운을 발한다. 그러나 봄이 아니라도 크기도 작기도 하며 모나기도 둥글기도 하며 길기도 짧기도 하며, 푸르기도 노랗기도 하며 붉기도 초록이기도 하며, 독한 냄새나 향기가 나기도 하니 모두 본래 가지고 있는 성품(本有之性)인데 다만 인연을 만나 발한 것일 뿐이다. 그러므로 남악 회양南嶽懷讓 화상은 마조馬祖에게 '그대들이 마음에 관한 법문(心地法門)²⁴⁶을 배우는 것은 종자를 심는 것과 같고, 내가 법의 요체를 설하는 것은 저 하늘에서 내린 은택에 견줄 만하다. 그대의 인연이 합하였으니 그 도가 드러날 것이다.'247라고 하였던 것이다. 그런 까닭에 '성인이 교법을 베푸는 것은 명성을 구해서도 아니고 공을 차지하려고 해서도 아니며, 단지 학인들이 자신의 본성을 보고 부처를 이루도록 하기 위한 것(見性成佛)일 뿐'이라고 하는 것이다."

上堂, "百丈云, '欲識佛性義, 當觀時節因緣. 時節若至, 其理自彰者.' 如春行萬國, 處處同春, 一切草木, 時節因緣到來, 各各開花發葉. 隨其根性, 大小方圓長短, 或靑或黃, 或紅或綠, 或臭或香, 同時發生. 非春能大能小, 能方能圓, 能長能短, 能靑能黃, 能紅能綠, 能臭能香, 皆是本有之性, 遇緣而發耳. 故讓和尙謂馬祖曰, '汝學心地法門, 如下種子, 我說法要, 比彼天澤. 汝緣合故, 當見其道.' 所以云, '聖人設敎, 不求名不代功, 只令學者, 見性成佛而已.'"

38. 구름에 둘러싸이지 않은 산은 없다

법상에 올라앉아 다음 문답을 제기했다. "운문 대사가 어떤 학인에게 물었다. '지금 나한께 공양물을 바치면 나한이 오실까?' 그 학인이 말이 없자 스스로 대신하여 대답했다. '삼문 앞에서 합장하고, 불전 안에서 향을 사른다.'"

(백운 선사가 말했다.) "나라면 이렇게 대답하지 않았을 것이다. 물이란 물은 모두 달을 머금고, 구름에 둘러싸이지 않은 산은 없다. 말해 보라! 운문의 뜻과 같은가, 다른가?" 법좌에서 내려왔다.248

上堂, 擧"雲門大師問僧, '今日供養羅漢, 羅漢還來不?' 其僧無語, 自代云,

'沙'¹⁾門頭合掌, 佛殿裏燒香.' "²⁾ "老僧卽不恁麼. 有水皆含月, 無山不帶雲. 且道! 與雲門, 是同是別?" 便下座.

1) ㉠ '沙'는 '三'의 오기이다. 2) ㉠ 이 뒤에 '師云'이 누락된 것으로 보인다.

39. 본래면목이란 무엇인가

　법상에 올라앉아 말했다.²⁴⁹ "터럭 하나가 거대한 바다를 삼키고, 개자 하나가 수미산을 거두어들인다. '대천세계를 우주 밖으로 내던지고, 수미산을 개자 하나에 거두어들인다.'라는 말도 저 납승의 눈앞에서는 차 마시고 밥 먹는 것과 같은 평상사일 뿐이다. 행각²⁵⁰하는 사람이라면 반드시 가시나무 숲 안을 큰 도량으로 삼아 앉고, 진흙과 물이 뒤섞인 번뇌의 경계에서 본래면목本來面目²⁵¹을 알아차려야 뛰어난 솜씨이다. 말해 보라! 본래면목이란 무엇인가?" 마침내 주장자를 잡고 말했다. "설령 본래면목을 알았다고 하더라도 노승의 주장자에 맞지 않을 수 없을 것이다."²⁵² 법좌에서 내려왔다.

　上堂云, "毛吞巨海, 芥納須彌. 擲大千於方外, 納須彌於芥中, 者衲僧面前, 也是家常茶飯. 行脚人, 須是荊棘林內, 坐大道場, 向和泥合水處, 忍取本來面目, 是好手.¹⁾ 且道! 作麼生是本來面目?"²⁾ 遂拈拄杖云, "直饒見得, 未免老僧拄杖." 便下座.

1) ㉠ '是好手'라는 말은 『黃龍慧南語錄』에는 없고, 그 앞의 '忍'은 '認'으로 되어 있으나 의미는 서로 통한다. 2) ㉠ '是本來面目'이 『黃龍慧南語錄』에는 '見得'으로 되어 있다.

40. 네 가지 비방

법좌에 올라앉아 말했다. "'모든 부처님들께서 세상에 나타나신 까닭은 바로 일대사인연을 세상에 실현하고'[253] 불지견佛知見을 열어 보여 깨닫게 하고자 해서이다. 그런데 어찌하여 세존께서는 '내 차라리 법을 설하지 않고 속히 열반에 드는 것이 나으리라.'[254]라고 하신 것일까? 중생에게 불성이 있다고 설하여도 불법승을 비방하는 것이요, 중생에게 불성이 없다고 설하여도 불법승을 비방하는 것[255]이 되기 때문이다. '불성이 있다'고 하면 집착이라는 구실로 비방하고 '불성이 없다'고 하면 허망이라는 구실로 비방한다.

예컨대 '불성이 있다'고 하면 증익방增益謗에 해당하고, '불성이 없다'고 하면 손감방損減謗에 해당하며, '불성이 있기도 하고 없기도 하다'고 하면 상위방相違謗에 해당하며, '불성이 있지도 않고 없지도 않다'고 하면 희론방戱論謗에 해당한다.[256] 법을 설하지 않으려 했던 것은 중생에게 해탈할 기약이 없기 때문이었고, 법을 설하려고 했던 것은 중생이 표면적인 말에 얽매여 분별을 일으키기 때문이었으니, 이익은 적고 손실은 많다. 그런 까닭에 '내 차라리 법을 설하지 않고 속히 열반에 드는 것이 나으리라.'라고 하신 것이다." 법좌에서 내려왔다.

上堂云,"'諸佛出世, 皆爲一大事因緣, 出現於世.' 開示悟入佛之知見. 爲甚麼世尊云, '我寧不說法, 疾入於涅槃'耶? 說衆生有佛性, 亦謗佛法僧 ; 說衆生無佛性, 亦謗佛法僧. 若言有佛性, 名執着謗 ; 若言無佛性, 名虛妄謗. 如云, 說佛性有, 則增益謗 ; 說佛性無, 則損減謗 ; 說佛性亦有亦無, 則相違謗 ; 說佛性非有非無, 則戱論謗. 始欲不說, 衆生無解脫之期, 始欲說之, 衆生又隨語生解, 益少損多. 故云, '我寧不說法, 疾入於涅槃.'"便下座.

41. 예전 그대로

해제일에 법좌에 올라앉아 말했다.[257] "비목毗目 선인이 선재동자의 손을 잡자 선재는 그 즉시 자신의 몸이 티끌처럼 무수한 불국토를 지나왔음을 보았고, 그 손을 놓자 완연히 예전 그대로 본래 있던 곳에 있게 되었다.[258] 노승은 오늘까지 여러 형제들과 이곳에서 도량 밖으로 나가지 않고[259] 안거를 하였는데, 이렇게 안거를 마치는 날이 되고 보니 완연히 예전 그대로이구나. 또한 선재동자는 예전 그대로의 곳으로 티끌처럼 무수한 부처님을 하나로 거두어 돌아갔으니, 대중도 예전 그대로의 곳에서 하안거 석 달 90일 동안의 일을 모두 거두어 자취가 남지 않도록 하라. 알겠는가?[260] '끝없는 불국토의 경계에서는 자신과 남 사이에 터럭 끝만큼의 간격도 없고, 십세의 고금은 처음부터 끝까지 현재의 찰나를 떠나지 않는다.'[261] 또 '하나의 털끝에 모든 세계를 감추고 개자(겨자)씨 하나에 수미산을 거두어들인다.'라고 한다. 대천세계를 우주 밖으로 내던지고 수미산을 개자 하나에 거두어들이는 것 모두 우리가 늘 할 수 있는 본분상의 능력이며 다른 사람의 수단을 빌리는 것이 아니다.[262]" 법좌에서 내려왔다.

解制上堂云, "毗目仙人, 執善財手, 善財卽見自身過微塵數佛刹, 及其放手, 宛然依舊, 當在本處. 老僧今日, 與諸兄弟, 爰於此處, 結足安居, 及其解夏, 宛然依舊. 且善財依舊處, 微塵諸佛, 含攝有歸; 大衆依舊處, 三月九旬, 歛收無跡. 還知麼? '無邊刹境, 自他不隔於毫端; 十世古今, 始終不離於當念.' 又 '毛端藏刹海, 芥子納須彌.' 擲大千於方外, 納須彌於芥中, 皆吾輩之常分, 非假於他術也." 下座.

42. 행각行脚이란

자자일自恣日²⁶³에 법좌에 올라앉아 말했다. "이제 해제일을 맞아 때는 초가을 늦여름이다. 장맛비 개어 온 천지 깨끗하고 서늘한 바람은 들판에 불어들며, 꾀꼬리 노랫소리 희미해져 가고 매미는 앞서감(죽음)을 다투며, 가을바람은 푸른 하늘에 부채 바람처럼 시원하게 불고 더위는 사방 들판에 잦아들었으며, 뜰의 풀에는 이슬이 맺혔고 시냇가 풀은 안개를 머금었다. 요임금 때처럼 벼농사는 풍년이요, 순임금 때처럼 촌 노인은 태평성대를 노래하네.²⁶⁴ 제방으로 유력遊歷하는 선객들 동으로 서로 길 떠나는데, 허리에는 가벼운 봇짐 둘러 묶고 손에는 짧은 지팡이 짚었네. 물가 소나무 아래에 머물러도 구애될 것이 없고 모든 속박으로부터 벗어나 여유롭게 거니니, 자재하여 이느 곳을 가든지 풍류를 값싸게 팔리라.²⁶⁵

비록 그러하나 앞길에 홀연 어떤 사람이 나타나 '행각하는 일이란 무엇입니까?'라고 묻는다면 눈 밝은 사람²⁶⁶ 앞에서 어떻게 답할 것인가? 깨달음을 얻은 사람이라면 만에 하나도 의심 따위 없겠지만 입문한 지 얼마 되지 않은 후학이라면 자세히 살펴야만 할 것이다. 동산 양개洞山良价가 읊은 송을 듣지 못했는가.

> 절대 다른 사람을 쫓아다니며 찾지 말지니,
> 아득하여 나의 진면목과는 거리가 멀도다.
> 내 이제 누구에게도 얽매이지 않고 홀로 가니,
> 곳곳에서 그와 만난다네.
> 그는 이제 바로 나 자신이나,
> 나는 더 이상 그가 아니라네.
> 마땅히 이렇게 알아야,
> 비로소 여여如如한 진실과 하나 되리라.²⁶⁷

이 본분사를 알아차리려면 대단히 세밀하게 살펴야만 하리라."

自恣日, 上堂云, "時當解制, 秋初夏末. 積雨霽於天地, 新凉入於郊墟, 鶯歌已老, 蟬螿爭先, 秋風乍扇於長空, 暑氣潛消於四野, 庭莎露滴, 溪草含煙. 堯年而禾穀豊登, 舜日而野老謳歌. 遊方禪客, 東去西去, 腰束輕包, 手携短藤. 水邊松下, 去住無拘, 解脫逍遙, 自在隨方, 賤賣風流. 雖然如是, 前程忽有人問, '作麼生是行脚事?' 明眼人前, 如何祇對? 若是所得之人, 萬一無疑, 後學初心, 要須甚細. 不見洞山云, '切忌從他覓, 迢迢與我踈. 吾今獨自往, 處處得逢渠. 渠今正是我, 我今不是渠. 應須恁麼會, 方得契如如.' 承當這个事, 大須甚細."

43. 취모검을 들듯이

결제일에 대중에게 말했다. "여러 형제들이여, 이제 여기에까지 와서 고요함을 함께하며 결제 석 달 90일 동안 도량 밖으로 나가지 않고 안거하는 인연으로 모였으니 기필코 등한히 하지 말고 각자 힘써 노력해야 하리라. 취모검을 들고 칼날을 드러내어 물들고 무젖은 망령된 생각(妄情)을 완전히 베어 없애고, 참되고 바른 공부를 하여 '안으로는 망념을 극복하는 공부에 부지런히 힘쓰고 밖으로는 쟁론을 벌이지 않는 덕을 넓히도록 하라.'[268]

'시방에서 이곳에 함께 모여, 사람마다 무위의 도를 배우네. 이곳은 부처를 뽑는 선불장選佛場[269]이니, 마음 비우면 급제하여 돌아가리라.'[270]라는 바로 그 뜻이다. 이렇게 한 말이 대중 마음에 흡족한가?" 잠깐 침묵하다가 말했다. "세 단계 거친 폭포 거슬러 올라 용으로 승천할 때 대지를 진동시키는 천둥소리로다."[271]

結制, 示衆云, "諸兄弟, 旣來這裏, 同甘闃寂, 三月九旬, 禁足安居緣會, 決不等閑, 宜各勉力. 提擧吹毛露刃劒, 盡除妄染情習下, 浔眞正功夫, 內勤克念之功, 外弘不諍之德. 所謂'十方同共聚, 介介學無爲. 此是選佛場, 心空及第歸.' 還愜衆慈麽?" 良久云, "化龍三級浪, 震地一聲雷."

44. 정혼과 불성이 같은가, 다른가

법좌에 올라앉아 말했다. "세존께서는 '모든 중생이 사대四大를 자기 몸의 상相이라 잘못 알고 있고, 육진六塵의 그림자를 자기 마음의 상이라고 착각하고 있다.'[272]라 하셨고, 조사는 '눈에 있을 때는 본다 하고 귀에 있을 때는 듣는다 하며, 코에 있을 때는 향을 판별한다 하고 혀에 있을 때는 맛을 안다 하고, 손에 있을 때는 움켜잡는다 하며 발에 있을 때는 돌아다닌다고 한다. 아는 자는 이것을 불성이라 부르지만 모르는 자는 정혼精魂이라고 부른다.'라고 하셨다.

그대들은 무엇이라 부르겠는가? 말해 보라! 정혼과 불성이 같은가, 다른가?"[273] 잠깐 침묵하다가 말했다. "두 법(불성과 정혼)이 모두 공이어서 상이 없음을 알아야 하리라."[274]

上堂, "世尊云, '一切衆生, 妄認四大爲自身相, 六塵緣影爲自心相.' 祖師云, '在眼曰見, 在耳曰聞, 在鼻辨香, 在舌知味, 在手執捉, 在足運奔. 識者喚作佛性, 不識者喚作精魂.' 諸仁者, 喚作什麼? 且道! 精魂與佛性, 是同是別?" 良久云, "要知二法空無相."

45. 세존의 삼매를 가섭은 알지 못하였고 가섭의 삼매를 세존은 알지 못하셨다

법좌에 올라앉아 말했다. "옛사람이 말하기를, '세존께서 가섭만 알도록 하신 것은 마치 다른 곳에 비를 내린 것과 같았다.'[275]라고 하였다. 그러나 세존의 삼매를 가섭은 알지 못하였고 가섭의 삼매를 세존은 알지 못하셨으니, 가섭만 세존의 삼매를 알지 못한 것일 뿐 아니라 세존도 알지 못하셨다. 무슨 까닭인가?[276] 『원각경』에 '실상實相 중에는 실로 보살도 없고 여러 중생도 없다. 무슨 까닭인가? 보살이나 중생이나 모두 헛것에서 나온 변화(幻化)이니 그 환화는 사라지는 것이기 때문에 증득할 깨달음도 없다. 비유하자면 마치 눈이 눈을 보지 못하는 것과 같으니, 본성은 본래 평등한데 평등하지 못한 까닭은 중생이 미혹하고 전도되어 (온갖 환화를) 송두리째 없애 버리지 못하고, 멸하고 멸하지 못함에 대해 허망한 온갖 작용을 펼치며 차별의 견해를 드러내기 때문이다. 여래의 적멸을 그대로 따른다면 실로 적멸도 없고 적멸한 자도 없다.'[277]라고 하였으니, 이 외에 별다른 도리란 있지 않기 때문이다. 또한 '향상하는 유일한 길은 어떤 성인도 전하지 못하거늘, 배우는 이들이 몸을 괴롭혀 가며 애쓰는 꼴이 마치 원숭이가 물에 비친 달그림자를 잡으려는 짓과 같다.'[278]는 그 뜻이다."

上堂, "古人云, '世尊迦葉知, 猶如餘處雨.' 然世尊三昧, 迦葉不知; 迦葉三昧, 世尊不知, 非但迦葉不知世尊三昧, 世尊不知. 何以故? 如圓覺經云, '於實相中, 實無菩薩及諸衆生. 何以故? 菩薩衆生, 皆是幻化, 幻化滅故, 無取證者. 比如眼根不自見眼, 性自平等, 無平等者, 衆生迷倒, 未能除滅,[1] 於滅未滅, 妄功用中, 便現差別. 若得如來寂滅隨順, 實無寂滅及寂滅者.' 更無第二故也. 如云, '向上一路, 千聖不傳, 學者勞形, 如猿捉影.'"

1) ⓔ『圓覺經』(T17, 917a14)에는 '滅' 뒤에 '一切幻化'가 더 있다.

46. 경전을 꿰뚫어 보는 눈

법좌에 올라앉아 말했다.[279] "경전을 보려면 반드시 경전을 꿰뚫어 보는 눈(看經眼)이 있어야 한다.[280] 여러분에게 묻겠다. 경전을 꿰뚫어 보는 안목이란 무엇인가? 어떤 노숙[281]이 경전을 보고 있을 때 학인이 '경전을 꿰뚫어 보는 눈은 어떤 것입니까?'라고 묻자 그 노숙이 주먹을 꼿꼿이 세웠다는 일화를 예로 들어 보자. 저 노숙이 이렇게 드러낸 경계를 살펴보면 험준[282]하기 이를 데가 없다. 그렇다면 어떻게 이해해야 할까? 간경안看經眼이라 부르자니 또한 주먹이기도 하고, 주먹이라 부르자니 또한 간경안을 잃어버리게 되고 만다.[283] 이러한 궁지에 이르면 무엇을 판단의 기준으로 의지할 것인가? 만약 분별하여 밝혀낸다면 '종일토록 말을 해도 한 글자도 내뱉은 적이 없고, 종일토록 밥을 먹어도 한 톨의 쌀도 씹은 적이 없으며, 종일토록 옷을 입고 있어도 한 오라기의 실도 걸친 적이 없다.'[284]라고 한 말이 진실임을 비로소 믿게 될 것이다. 이와 같이 믿으면 간경안이 분명해질 뿐 아니라, 그 결과로 얻는 공덕까지도 생각하여도 알 수 없고 말로도 표현할 수 없을 정도로 클 것이다. 만일 그렇지 못하다면 산승이 다시 형제들에게 자세한 설명을 달아 주겠다. 학인이 지닌 한 권의 경전은 삼천대천세계와 그 분량이 같지만 반드시 총명한 지혜를 가진 사람의 청정한 눈이라야 분명하게 알 수 있다." 법좌에서 내려왔다.

上堂云, "看經須具看經眼. 且問諸人, 作麼生是看經眼? 只如有一老宿看經次, 有僧乃問, '如何是看經眼?' 老宿堅起拳頭. 看他老宿恁麼用處, 直得嶮峻. 且作麼生領會? 若喚作看經眼, 又是拳頭; 若喚作拳頭, 又失却看經眼. 到這裏, 如何支[1)]準? 若辨明得出, 方信'終日說, 未曾道着一字; 終日喫飯, 未曾咬破一粒米; 終日着衣, 未曾掛着一縷絲.' 如是信得, 非唯看經眼分明, 乃至所獲功德, 不可思議. 其或未然, 山僧更爲兄弟, 下介注脚. 學人一卷經, 量等三千界, 須是聰慧人淨眼悉明見." 便下座.

1) ㉮ '攴'은 '支'의 오자이다.

47. 하나의 그 무엇

　법좌에 올라앉아, 단월(시주)이 불상을 장엄한 것을 경찬慶讚하여 말했다. "옛사람이 말하기를, '하나의 그 무엇이 말로 표현하기 이전에 벌거벗은 알몸을 모조리 드러내었으니, 하늘과 땅을 뒤덮고 소리와 색을 자유자재로 부린다. 황면노자는 이 결정적인 하나의 소식²⁸⁵을 얻고서 〈도솔천을 떠나기도 전에 이미 왕궁에 강림하였고, 모태에서 태어나기도 전에 중생제도를 벌써 마쳤다.〉'²⁸⁶라고 하였다.²⁸⁷

　그대들에게 묻겠다. 석가노자가 이 결정적인 하나의 소식을 얻고서 어떻게 형상을 장엄하였는가? 여기에서 알 수 있다면 단월이 아미타불과 팔대보살을 장엄할 때에 최초의 일념을 일으킨 경계를 알 수 있을 것이다. 그것은 그렇고, 단월이 장엄하겠다는 최초의 일념을 일으키지 않았을 때에는 불보살은 또 어디에 계셨을까? 무명無明이라는 굴속에서나 환화처럼 실체가 없는 몸뚱이에서 기괴한 짓거리 따위는 하지 마라. 이 경계에서 석가노자가 어찌해야 했을까를 묻지 마라.

　다만 곧바로 최초의 일념을 알아차려서 '도솔천을 떠나기도 전에 이미 왕궁에 강림하였다.'는 말도 옳지 않고, '모태에서 태어나기도 전에 중생제도를 벌써 마쳤다.'는 말도 옳지 않으며, 형상을 장엄한 것도 옳지 않고, 최초의 일념도 옳지 않으며, 최초의 일념을 알아차렸다는 것도 옳지 않다²⁸⁸는 것을 안 연후에라야 단월은 석가노자를 만나 볼 자격이 있을 것이다. 말해 보라! 처음부터 끝까지 죄다 옳지 않다고 했는데, 어디에서 서로 만나 볼 수 있겠는가? 알겠는가? 이렇게 깊은 마음을 가지고서 무수한 국토를 받드는 것을 부처님의 은혜에 보답한다고 한다." 한소리 크게 내지르고 법좌에서 내려왔다.

上堂, 檀越裝佛, 慶讚云, "古人道, '有一物, 聲前露裸裸, 蓋天蓋地, 蓋色騎聲. 黃面老子, 得這一着子云,〈未離兜率, 已降王宮, 未出母胎, 度人已畢.〉' 敢問諸人, 只如釋迦老子, 得底一着字, 作麽生裝塑耶? 這裏見得出, 便見得大檀越莊嚴彌陁八大菩薩, 最初一念起處. 只如大檀越, 末¹⁾起莊嚴最初一念, 佛菩薩, 又在什麽處? 切忌向無明窠窟裏, 幻化空身殼子裏捏怪. 到這裏, 莫問釋迦老子如之若何. 但直下了却最初一念, 未離兜率, 已降王宮也不是 ; 未出母胎, 度人已畢也不是 ; 裝塑底也不是 ; 最初一念也不是 ; 了却最初一念也不是, 然後檀越人, 却與釋迦老子, 相見有分. 且道! 旣是從頭至末, 俱不是了, 又向什麽處相見? 還委悉麽? 將此深心奉塵刹, 是則名爲奉佛恩." 喝一喝, 下座.

1) ㉘ '末'은 '未'의 오자이다.

48. 정오에 삼경을 알리는 종

법좌에 올라 할을 한 번 내지르고 말했다. "하나의 할로 손님과 주인을 나누고, 관조와 작용을 한꺼번에 시행한다.²⁸⁹ 이 말에 담긴 뜻을 알고자 하는가? 정오에 삼경을 알리는 종을 치는 격이로다.²⁹⁰ 그렇다면 하나의 할을 발하기 이전에는 손님과 주인으로 나뉘었는가? 나뉜 뒤에는 어느 것이 손님이고 어느 것이 주인인가?²⁹¹ 여기에서 흑백을 명백히 가려낼 수 있다면 손님은 처음부터 끝까지 손님 역할을 하고 주인은 처음부터 끝까지 주인 역할을 한다는 그 경지일 것이다.²⁹² 그것은 그렇고, 손님은 손님이 아니고 주인은 주인이 아니라면 이 하나의 할은 어디에 귀착되는가? 막야검을 빼어 들고 바른 법령을 남김없이 시행하여 태평성세에 어리석은 자를 해치우라.²⁹³" 법좌에서 내려왔다.

上堂, 一喝云, "一喝分賓主, 照用一時行. 要會介中意? 日午打三更. 只如一喝未發已前, 還有賓主也無? 旣分之後, 那箇是賓? 那箇是主? 者裏辨緇素得出, 賓則始終賓, 主則始終主. 只如賓不是賓, 主不是主, 且一喝, 落在什麽處? 橫按鏌鎁全正令, 大平寶宇斬癡頑." 便下座.

49. 대장경은 어디에서 온 것인가

단월이 대장경을 나누어 줌에 소참 법문을 하였다. "석가노자께서는 '녹야원에서 시작하여 마지막 발제하에 이르기까지 그 사이에 한 글자도 설한 적이 없다.'²⁹⁴라고 하셨다. 말해 보라! 그렇다면 단월이 오늘 대중에게 대장경을 전독轉讀해 줄 것을 청하였는데 그 대장경은 어디에서 온 것인가? 부처님의 말씀이라고 한다면 부처를 비방하는 것(謗佛)이요, 여래께서 설하신 말씀이 없다고 한다면 대장경을 비방하는 것(謗經)²⁹⁵이니, 누가 이를 분명히 분별해 내겠는가? 여기에서 속속들이 밝혀낼 수 있다면 석가노자의 궁극의 뜻을 알 수 있을 것이며, 그 궁극의 뜻을 알았다면 경전을 꿰뚫어 보는 안목을 갖춘 것이다. 말해 보라! 경전을 꿰뚫어 보는 안목이란 무엇인가? '눈썹 아래 한 쌍의 밝고 푸른 혜안으로 경전을 볼 일이지, 어찌 쇠가죽으로 된 책가위가 뚫어지도록 읽어야만 하겠는가!'²⁹⁶"라 하였다. 법좌에서 내려왔다.

檀越散藏小叅云, "釋迦老子道, '始從鹿野苑, 終至跋提河, 於是二中間, 未曾說一字.' 且道! 只如今日檀越, 請衆所轉藏經, 從甚麽處得來? 若言佛說, 即爲謗佛; 若言如來無所說, 卽爲謗經, 還有人辨得出麼? 若向這裏 覰得澈去, 便知釋迦老子落處, 旣知落處, 便具看經眼目. 且道! 作麼生是 看經眼? 云, '眉底一雙寒碧眼, 看經那得透牛皮!'" 下座.

50. 무엇을 부처라 할 것이며 무엇을 조사라 할 것인가

대중에게 말했다. "옛날 조사들의 말씀은 도대체 어떤 일을 위한 것인 가?**297** 산승이 오늘 어쩔 수 없이 그대들에게 말해 주겠다. 세상 전체가 깨끗하게 밝디밝아 실오라기 하나도 걸림이 없거늘, 그 어떤 것이 그대들 의 조건이 되고 대상이 되겠는가! 만약 바늘 끝만큼이라도 그대들을 갈라 놓거나 가로막는 것이 있다면 나에게 집어 와 보라. 무엇을 부처라 하고 무엇을 조사라 할 것이며, 무엇을 산하대지와 일월성수라 할 것이며, 무 엇을 사대·오온이라 할 것인가? 비록 이와 같다고는 하지만, 말해 보라! 어떤 도리에 근거하여 이렇게 말한 것일까? 부대사傅大士**298**가 '눈앞의 참 된 대도는 알아보면서도, 가느다란 터럭은 보지 못하니 대단히 신기하구 나. 만법은 마음과 어떻게 구분되고 마음은 만법과 무엇이 다르겠는가! 그렇거늘 어떤 이유로 애써 되풀이해 경전의 뜻을 찾는가!'라고 한 말을 알지 못하는가. 그대들은 입에서 나오는 그대로 내뱉으며 이곳에서 함부 로 말하지 마라. 대단한 선기禪機를 지닌 자라야만 할 것이다."

示衆云, "從上來人, 且是箇什麼事? 山僧如今, 抑不得已, 且向諸人道. 盡 大地皎皎底, 無一絲毫, 有甚麼物, 與汝爲緣爲對! 若有針鋒許, 與汝爲隔 爲碍, 與我拈將來. 喚甚麼作佛, 喚什麼作祖, 喚甚麼作山河大地日月星 宿, 將什麼爲四大五蘊? 然雖如是, 且道! 據箇什麼道理, 便恁麼道? 不見 傅大士云, '若識目前眞大道, 不見纖毫也大奇. 萬物何殊心何異! 何勞更用尋經義!' 汝等莫趁口快, 向這裏亂道. 須是箇漢, 始得."

51. 무심無心의 공덕

　　대중에게 말했다. "산승은 이전에 강남과 강북²⁹⁹을 돌아다니며(遊歷)³⁰⁰ 선지식이 있기만 하면 법을 묻기 위해 친견하지 않은 적이 없었다. 이 모든 선지식 중 어떤 이는 조주趙州의 무자無字,³⁰¹ 어떤 이는 만법귀일萬法歸一,³⁰² 어떤 이는 부모로부터 태어나기 이전의 얼굴(父母未生前面目),³⁰³ 어떤 이는 마음을 일으켜 밖의 대상을 관조하고 마음을 거두어 안을 관조하는 방법, 어떤 이는 마음을 맑게 하여 선정禪定에 들어가는 것³⁰⁴ 등의 가르침을 내려 주었지만 결국은 근본적으로 다른 주장은 없었다.

　　마지막에는 하무산 천호암의 석옥 노화상을 찾아가 친견하고 여러 날 동안 곁에서 시봉하며 다만 무념無念이라는 진실한 종지만 배웠을 뿐인데, 여래께서 지시한 최상의 미묘한 도를 원만하게 깨달았다.³⁰⁵ 이 도는 유심有心으로도 구할 수 없고 무심無心으로도 얻을 수 없으며, 언어로도 이르지 못하고 침묵으로도 통할 수 없다.³⁰⁶ 그러므로 '말을 해도 잘못이고 침묵해도 잘못이니, 침묵과 말을 모두 넘어서야 길이 있다. 노승은 이 경계에 이르면 다만 입 구멍이 좁아질 뿐이다.'³⁰⁷라고 한 것이다. 이 네 구절을 대하고 더 이상 마음을 쓸 여지가 없어야³⁰⁸ 비로소 이 본분의 소식을 듣고 공부할 만하다. 부처님께서는 '세간과 출세간의 공덕 중 무심의 공덕만 한 것이 없으니, 그것이 가장 뛰어나 생각으로도 포착할 수 없고 말로도 표현할 수 없다(不可思議).'³⁰⁹라고 하셨다.

　　다음 이야기를 모르는가!³¹⁰ 석가노자께서 반야회상에서 문수사리보살에게 물으셨다. '그대는 부사의삼매不思議三昧에 들어갔는가?' 문수보살이 말했다. '그렇지 않습니다. 세존이시여, 제가 생각으로도 포착할 수 없고 말로도 표현할 수 없는 부사의의 경지에 들면 생각하거나 말할 수 있는 마음을 찾아볼 수 없거늘, 어떻게 부사의삼매에 들어갔다고 말할 수 있겠습니까? 제가 처음으로 불도를 성취하겠다는 마음을 일으키고 이 삼매에 들어가고자 했을 때를 지금 생각해 보면, 진실로 마음에 어떤 차별된 생각[311]도 없이 삼매에 들어갔습니다. 마치 활쏘기를 배울 때 오랫동안 익히면 정교해져 그 뒤에는 비록 무심하게 하여도 오랫동안 익혔기 때문에 화살을 쏘기만 하면 모두 적중하는 것과 같습니다. 저 또한 이와 같았으니, 처음에 부사의삼매를 배우면서 마음을 하나의 대상에 묶어 두고 이렇게 오랫동안 익히다가 성취하자 어떤 차별된 생각도 없이 항상 삼매와 하나가 되었습니다.'

이러한 경지에 이르러야 비로소 '용龍은 항상 선정禪定에 들어 있으니[312] 선정에 들어 있지 않은 순간이 없다.'라고 말할 수 있다. 그런 까닭에 부처님이 설하신 무심無心의 공덕은 대단히 뛰어나고, 비교할 대상이 없을 뿐이다. 여기서 말하는 무심은 세간의 흙이나 나무나 기와나 돌이 아무것도 느끼지 못하는 것과 같은 무심이 아니다. 시작할 때 조금이라도 차이가 나면 나중에는 천 리의 차이로 멀어지게 되리니, 곰곰이 깊이 생각하고 또 곰곰이 생각하지 않을 수 없다."

示衆云, "山僧頃年, 遊歷江南江北, 但有善知識, 無不叅見. 是諸善知識, 誨示於人, 或以趙州無字, 或以萬法歸一, 或以父母未生前面目, 或以擧心外照·攝心內照, 或以澄心入定, 終無異說. 末上尋叅霞霧山天湖菴, 石屋老和尙, 許多日侍立左右, 只學得箇無念眞宗, 圓悟如來無上妙道. 此道, 不可以有心求, 不可以無心得, 不可以言語造, 不可以寂默通. 故云, '語也錯黙也錯, 寂語向上有路在. 老僧到這裏, 只是口門窄.' 則此四句, 無用心處, 方始可以提撕此箇消息. 佛言'世出世間功德, 無如無心功德, 最大而不可思議.' 不見釋迦老子, 在般若會上, 問文殊師利菩薩云, '汝入不思議三昧否?' 文殊云, '不也. 世尊, 我卽不思議, 不見有心能思議者, 云何而言 入不思議三昧? 我初發心, 欲入此定, 如今思惟, 實無心想而入三昧. 如人 學射, 久習則巧, 後雖無心, 以久習故, 箭發皆中. 我亦如是, 初學不思議三 昧, 繫心一緣, 若久習成就, 則更無心想, 常與定俱得.' 到這介田地, 方始 可說, '那加常在定, 無有不定時.' 所以佛說, 無心功德, 直是殊勝, 直是無 較量處. 今說無心, 非如世間土木瓦石, 頑然無知之無心. 差之毫氂, 失之 千里, 不可不諦審思之, 諦思之."

52. 모두 적정寂靜하므로 삼매는 아니다

대중에게 말했다. "예로부터 여러 조사들이 사람들을 가르친 방편은 갠 지스강의 모래알만큼이나 무수하다. 육조 혜능 대사는 '바람이 움직이는 것도 아니고, 깃발이 움직이는 것도 아니다. 당신들의 마음이 움직이는 것이다.'[313]라고 하였으니, 이 최상의 심인心印이요 미묘한 법문[314]을 우리 조사 문하의 선객들은 어떻게 이해하고 있는가? 바람도 깃발도 움직인 것이 아니고 그대들 마음이 망령되게 움직였다는 말인가? 바람도 깃발도 치워 없애지 말고 바람과 깃발이 움직이는 바로 그 현상에서 통해야 한다 는 말인가? 일에 의탁하여 도리를 드러내고 사물에 의지하여 마음을 밝 힌 것인가? 만물은 본래 한가한데 사람 스스로 분주하게 분별한 것인가? 색 그대로 공이요 공 그대로 색이라는 말인가? 바람도 깃발도 움직인 것 이 아니니 반드시 미묘하게 이해해야 한다는 말인가?

이러한 견해들은 조사의 뜻과 전혀 아무 관계가 없다.[315] 이와 같은 견 해들이 맞지 않다면 어떻게 해야 조사의 뜻에 들어맞을 것인가? 승가난 제僧伽難提[316] 존자와 동자의 다음 문답[317]을 들어 보지 못하였는가! 승가 난제 존자가 바람에 요령이 흔들리는 소리를 듣고 물었다. '요령이 소리를 낸 것이냐, 바람이 소리를 낸 것이냐?' 동자가 '바람도 요령도 소리를 낸 것이 아니고 제 마음이 소리를 낸 것일 뿐입니다.'라고 하였다. 이에 '바람도 요령도 소리를 낸 것이 아니라면, 마음은 또한 무엇이란 말이냐?'라고 물으니, 동자는 '모두 적정寂靜하므로 삼매는 아닙니다.'라고 하였다. 조사가 말했다. '훌륭하다, 훌륭해! 나의 도를 이을 자가 네가 아니라면 누구이겠느냐!'

또 법안 문익法眼文益 선사가 말했다. '옛 성인들이 갖가지 경계를 드러내었지만 그 모두가 자신의 마음을 드러낸 것일 뿐이다. 대중이여, 다만 이렇게 이해할 뿐이니, 친밀하게 전한 이 말씀보다 특별히 더 친밀한 것은 없다.'[318] '모든 법은 본래부터 항상 스스로 적멸한 상相이로다',[319] '모든 법은 본래부터 적멸하여 움직임이 없다',[320] '억지로 하지도 않고 아무 할 일도 없는 경지이니 고요하여 움직이시 않는다.'[321]라는 등의 밀을 알지 못하는가! 그러므로 '모두 고요하지만 삼매는 아니다.'라고 한 것이다."

示衆云, "從上列祖, 爲人方便, 數如恒沙. 且初六祖能大師云, '不是風動, 不是幡動. 仁者心動.' 是無上心印法門, 我等祖門下客, 合作麽生會? 若言風幡不動, 汝心妄動邪? 若言不撥風幡, 就風幡處通取耶? 托事現理, 付物明心耶? 萬物本閑, 唯人自鬧耶? 若言色卽是空, 空卽是色耶? 若言非風幡動, 應須妙會麽? 如是所解, 與祖師意, 有甚交涉. 旣不如是, 且祖師意, 作麽生合好去? 不見僧伽難提尊者, 因風吹鈴鳴, 乃問, '鈴鳴邪? 風鳴邪?' 童子答曰, '非風鈴鳴, 我心鳴耳.' 祖曰, '非風鈴鳴, 心復誰乎?' 童子曰, '俱寂靜故, 非三昧也.' 祖曰, '善哉善哉! 繼我道者, 非子而誰!' 又法眼禪師云, '古聖所見諸境, 唯見自心. 大衆, 但恁麽會, 別無親於親處.' 不見 '諸法從本來, 常自寂滅相.' 又 '諸法從本來, 寂滅無所動.' 又 '無事無爲, 寂然不動.' 故云, '俱寂靜, 故非三昧也.'"

53. 일정한 법이 없다

대중에게 말했다. "『금강경』에 '아뇩다라삼먁삼보리라 부를 만한 일정한 법(定法)³²²이란 없으며, 여래께서 설하셨다고 할 만한 법도 실로 없다.'³²³라 한 말은 최상승最上乘을 추구하려는 마음을 일으킨 자를 위하여 설하신 말씀이다. '일정한 법이 없다(無有定法)'는 것은 무슨 뜻인가? 옛사람이 말하였다. '이것은 바로 영묘한 본체를 드러낸 것이다. 영묘한 본체는 위로는 꼭대기가 없고 아래로는 바닥이 없으며, 가로로는 끝이 없고 가운데로는 처할 곳이 없다. 이미 처할 그 가운데의 세계도 없는데 어찌 좌우상하가 있겠는가! 공적空寂(본체)이라고 말하고자 하나 드넓은 허공과는 같지 않고, 차별상과 작용(相用)이라고 말하고자 하나 인연으로부터 일어나지도 않고, 지견知見이라고 말하고자 하나 분별과는 다르며, 완고함이라고 말하고자 하나 목석과는 다르며, 깨달음이라고 말하고자 하나 본래의 깨달음과는 같지 않고, 밝음이라고 말하고자 하나 일월 등의 밝음과는 같지 않다.'³²⁴

세간이나 출세간에서 견줄 만한 하나의 그 무엇도 없기 때문에 '일정한 법이 없다'라고 한 것이다. 그러므로 『법계도』에도 '이름도 상도 일체를 넘어섰다.'³²⁵라고 한 것이다. 또한 조사가 말하지 않았던가! '마음도 아니고 부처도 아니며 중생도 아니다.'³²⁶ 또 '그대의 본성은 드넓은 허공과 같아서 끝도 없고, 모나거나 둥긂도 크거나 작음도 없으며, 상하나 장단도 없고, 푸르거나 누르거나 붉거나 흼도 없으며, 선악이나 화내고 기뻐함도 없고, 시비나 범성도 없으며, 머리와 꼬리나 뒤와 앞도 없다.'³²⁷라고 하였다.

여러분은 알겠는가? 여기에서 현묘하고 미세한 이치를 속속들이 꿰뚫어 알 수 있는 자가 있다면 단계를 밟아 올라가지 않고도 단번에 뛰어 여래의 지위로 곧바로 들어갈 것이다. 그러므로 『금강경』에 '참된 말을 하시는 분, 실다운 말을 하시는 분, 여법한 말을 하시는 분, 진실과 다르지 않은 말을 하시는 분, 속이지 않는 말을 하시는 분'³²⁸이라 하여 다섯 가지 요점을 가지고 밝힌 것이니 대단히 은밀한 뜻이 담겨 있다. 그대들은 속히 정신을 차려야 하리라, 속히 정신을 차려야 하리라."

示衆, "金剛經云, '無有定法, 名阿耨多羅三藐三菩提, 實無有法, 如來可說者,' 爲發最上乘者說也. 然無有定法, 意旨如何? 古人云, '此正顯靈妙之體. 若是靈妙之體, 上無其頂, 下無其底, 傍無邊際, 中無當處. 旣無當中, 焉有東西上下! 欲言空寂, 不似大虛 ; 欲言相用, 不從緣起 ; 欲言知見, 異於分別 ; 欲言頑嚚, 異於石木 ; 欲言其覺, 不同醒悟之初 ; 欲言其明, 不同日月之類.' 世出世間, 了無一物可比, 故云, '無有定法.' 故法界圖云, '無名無相絶一切.' 又祖不云乎, '不是心不是佛不是物.' 又云, '汝之本性, 猶若大虛, 無有邊畔, 無方圓大小, 無上下長短, 無靑黃赤白, 無善惡嗔喜, 亦無是非凡聖, 亦無頭尾背面.' 汝等諸人, 還知麽? 若人到這裏, 能洞澈玄微者, 不歷階梯, 一超直入如來地. 故經云, '是眞語者, 實語者, 如語者, 不異語者, 不誑語者.' 亦引五眼, 所見明之, 深有密義. 汝等諸人, 要須快着精彩, 快着精彩."

54. 도를 배우지 않는다면 물 한 방울도 소비할 자격이 없다

대중에게 말했다. "이 일³²⁹이 만약 언어의 구절에 달려 있는 것이라고 한다면 삼승십이분교³³⁰에 어찌 언어가 없단 말인가?³³¹ 그런데 무슨 까닭에 세존께서는 복잡하게 얽힌 언어의 보금자리를 뚫고서 다만 꽃을 들어 보이셨으며,³³² 달마대사는 인도로부터 와서 문자를 세우지 않고 사람의 마음을 곧바로 가리켜 본성을 보고 성불하도록 하고 교설의 틀을 벗어나 별도의 방법으로 전하였는가?³³³

다음 문답을 모르는가! 아난이 가섭에게 물었다. '세존께서 금란가사[334]를 전한 것 말고, 별도로 어떤 법을 전했습니까?' 가섭이 '아난아!' 하고 부르자 아난이 '예!' 하고 응답했다. 가섭이 말했다. '문 앞에 세워둔 찰간[335]을 쓰러뜨려라!' 한편에서 부르는 소리가 분명했고 그에 호응한 대답도 딱 들어맞았으니,[336] 이것이 바로 교설의 틀을 벗어나 별도의 방법으로 전하는 교외별전教外別傳의 소식이다. 아난은 30년 동안 부처님의 시자 노릇을 하였음에도 많이 듣고 아는 지혜만을 추구하였기 때문에 부처님께서 꾸짖으며, '네가 천 일 동안 배운 지혜가 하루 동안 도를 배우는 것만도 못하다. 만약 도를 배우지 않는다면 물 한 방울도 소비할 자격이 없을 것이다.'[337]라고 말씀하셨다. 이것 또한 교외별전의 본보기이니, 그대들은 유념하도록 하라."

示衆云, "此事, 若在言句上, 三乘十二分敎, 豈是無言語? 何故世尊, 葛藤窠透但拈花? 祖師西來, 不立文字, 直指人心, 見性成佛, 教外別傳? 不見阿難問迦葉, '世尊傳金襴外, 別傳何法?' 迦葉召阿難, 阿難應諾. 迦葉云, '倒却門前刹竿着!' 喚處分明應處眞,[1) 此是敎外別傳底消息. 阿難三十年爲佛侍者, 只爲多聞智慧, 故如來呵嘖云, '汝千日學慧, 不如一日學道. 若不學道, 滴水也難消, 滴水也難消.'[2) 此亦別傳底榜樣也, 汝等善思念之."

1) ㉠ '眞'은 '親'과 통한다. 2) ㉠ '滴水也難消'는 연문衍文이다.

55. 『금강반야바라밀경』

대중에게 말했다.[338] "『금강반야바라밀경』은 당사자의 눈앞에 드러나 있는 일념의 견고한 반야라는 미묘한 마음을 곧바로 가리키고 있다. 이 경전이 어찌 600권본 『반야경』으로 모두 주해하지 못하는 정도에 그치겠는가! 대장경 전체의 교설로도 (이 경전을) 주해하지 못한다.

동인도 국왕이 27조 반야다라般若多羅 존자에게 재齋에 참석할 것을 청하여 왔을 때의 일화이다.[339] 왕이 물었다. '다른 사람들은 모두 경전을 독송하였는데 존자께서는 어찌하여 독송하지 않습니까?' 조사가 말했다. '노승은 숨을 들이쉴 때도 음계陰界 중 어디에도 머물지 않고, 숨을 내쉴 때도 갖가지 대상 어느 것에도 물들지 않으면서 항상 이와 같이 경전 백천만억 권을 독송하고 있습니다.'[340]

이는 학인의 한 권 경전 분량이 삼천대천세계와 같다는 말이다. 말해 보라! 제가諸家에서 갖가지로 주해하여 어떤 제목을 지었는가? 아무 상관 없다. 게송으로 읊었다.

　　반야바라밀이여, 이 경전은 소리도 색도 넘어섰으니,
　　식識으로도 분별할 수 없고, 지혜로도 알 수 없네.
　　한역에서도 말을 잘못 옮겼고, 범어로도 억지로 이름을 붙인 것이로다.
　　무슨 까닭에 마음이라 해도 옳고, 억지로 이름 붙여 부처라 해도 옳다고 하는가!
　　칭호일 뿐인저!
　　발 걷어 올리자 가을 달 밝고, 창문 열자 새벽 공기 맑구나.
　　만일 이와 같이 알아차린다면, 제목의 뜻[341] 매우 분명해지리라.[342]"

示衆云, "金剛般若波羅密經者, 直指當人現前一念堅固般若妙心也. 此經豈止六百般若, 不可詮註! 直使一大藏敎, 亦詮註不得. 故東印土國王, 請二十七祖般若多羅尊者內齋. 王乃問, '諸人盡轉經, 爲什麼尊者不轉經?' 祖曰, '老僧, 入息不居陰界, 出息不涉衆緣, 常轉如是經百千萬億卷.' 此謂

學人一卷經量等三千界. 且道! 諸家種種註解, 屬何題目? 且了沒交涉. 頌曰,
'般若波羅密, 此經非聲色,
不可以識識, 不可以智通.
華言謾翻譯, 梵語强爲名.
何故心亦是, 强名佛亦是!
稱乎耳! 捲箔秋光冷, 開窓暑氣淸. 若能如是會, 題目甚分明.'"

56. 무쇠와 같은 사람

대중에게 말했다. "예전에 이문화李文和[343] 도위가 석문의 자조 온총慈照蘊聰[344] 선사에게서 참구하여 임제의 종지를 깨닫고 게송을 읊었다.

도를 공부하려면 반드시 무쇠와 같은 사람이라야 하니,
손대는 것마다 마음 분명해지리라.
곧바로 최상의 깨달음을 낚아채고,
어떤 시비에도 얽혀 들지 마라.[345]

참으로 옳구나, 이 말이여! 달마가 곧바로 가리킨 요체도 여기에서 벗어나지 않는다. 곧바로 가리킨 바로 이 마음(直指底心)에는 더 이상 갖가지 현묘한 이해나 뜻으로 모색할 길은 없다. 평상시 그대로 특별히 도모할 일이 없는(平常無事) 마음일 뿐, 천기天機(하늘로부터 받는 본래적인 기능)는 본래 펼쳐져 있으니 구애됨도 없으며 머무름도 없다. 천지와 덕을 나란히 하고 일월과 밝음이 합하며 털끝만큼의 모난 생각도 용납하지 않으나 드넓게 트여 모든 것에 통하니, 무심無心·무위無爲·무사無事와 하나가 된 경지이다. 자그마한 개자만큼이라도 주체와 객체를 내세운다면 시비에 가로막히고 장애가 되어 영원토록 훤히 꿰뚫어 이해하지 못할 것이다.[346] 이문화 도위가 비록 속세의 사람이기는 하나 완연히 장부의 뜻을 가지고 있구나. 속세의 유자도 오히려 이와 같이 말하는데 하물며 납자는 어떠해야 하겠는가! 그대들은 마땅히 이 말씀을 본분사로 삼아 하루 중 어느 때나 몸과 마음에 대한 속박을 모두 내던져 버리고 단지 스스로 무심하면 자연히 하늘과 땅을 뒤덮을 만한 기세로 곳곳 어디에서나 성취하리라, 곳곳 어디에서나 성취하리라."

示衆, "昔李文和都尉, 叅石門慈照聰禪師, 悟臨濟宗旨, 有偈曰,
'學道須是鐵漢, 着手心頭便判.
直趣無上菩提, 一切是非莫管.'
誠哉是語也! 達磨直指之要, 無出此也. 只這直指底心, 更無許多玄解義路. 只是平常無事之心, 天機自張, 無拘無執, 匪住匪着. 與天地齊德, 日月合明, 無容立毫髮見刺, 唯蕩蕩然大通之, 契合無心無爲無事. 若立纖芥能所, 是非卽隔导, 永不通透. 都尉雖是俗漢, 宛有丈夫之志. 俗儒尙曰如是, 況衲子乎! 汝等當事斯語, 二六時中, 放捨身心, 但自無心, 自然盖天盖地, 觸處現成, 觸處現成."

57. 하안거를 맺으면서

하안거를 맺으면서 대중에게 말했다. "행각하며 수행하는 이들은 무엇보다도 먼저 모든 대상에 대한 집착을 그치고 만사에 상대되는 이견二見을 내는 생각을 그쳐야 한다. 선善과 불선不善, 세간과 출세간 등 모든 법에 대한 분별을 다 놓아 버려야 한다.[347] 하물며 비구가 하안거를 맺는 것이 그 기간 동안 여기저기 돌아다녀서는 안 된다는 금족禁足의 계율만을 말하는 것이겠는가! 금족뿐만 아니라 금신禁身해야 하며, 금신뿐만 아니라 금구禁口해야 하며, 금구뿐만 아니라 금심禁心해야 한다.³⁴⁸ 사대四大가 본래 공이고 오음五陰은 실재하는 실체가 아니며³⁴⁹ 몸과 마음 등의 본성이 본래 모두 공이니, 어떻게 출입을 금하겠는가! 여기에서 바르게 가려낼 수 있다면 정해진 격에서 벗어난 뛰어난 수행자(出格高士)라 하겠지만, 가려내지 못한다면 일상의 행동 하나하나가 모두 목숨을 해치는 일이 될 뿐이리라. 참!"

結夏, 示衆云, "行脚高士, 須要先歇諸緣, 休息萬事. 善與不善, 世與出世間, 一切諸法, 並皆放下. 而況比丘結夏, 謂之禁足! 非唯禁足, 亦要禁身 ; 非但禁身, 亦要禁口 ; 非唯禁口, 亦要禁心. 然四大本空, 五陰非有, 身心等性, 本來皆空, 如何禁制! 若於此辨得出, 可謂出格高士, 若未得出, 擧足下足, 總是傷殘性命矣. 叅!"

58. 출가란 무엇인가

대중에게 말했다. "고암高巖³⁵⁰ 화상은 '부모님께서는 그대의 육신을 길러 주시고, 스승과 벗은 그대의 뜻을 성취하도록 해 주셨으니, 굶주림과 추위에서 벗어나고, 조세와 부역의 수고로움을 면하였다. 이러한데 정진하지도 않고 도업을 성취하지도 못한다면 훗날 무슨 면목으로 부모님과 스승과 벗을 만나 볼 수 있겠는가!'라 하셨으니, 이 말씀은 일월과 광영을 다툴 만한 말씀이라 할 만하구나.

출가란 고요함을 구하고 즐거움을 얻기 위한 것이 아니다. (출가란) 배우기 어려운 것을 배우고, 행하기 어려운 것을 행하며, 참기 어려운 것을 참으며, 버리기 어려운 것을 버리는 것이다. 세속의 인연과 얽혀 있는 번거로운 일들을 놓아 버리고, 인人·아我의 분별을 단번에 지우며, 집중해 정신을 차리고, 조사의 뜻을 면밀하게 들며, 깨달음을 성취해야 할 근본으로 삼아야 한다. 그러나 또한 깨달음을 구하는 마음만을 가지고서 깨달을 날이 저절로 이르기를 기다려서는 안 되며 혼침昏沈과 산란散亂이 침범하도록 해서는 안 된다.[351] 오로지 진실한 공부를 하여 진실한 경지에 이르도록 힘쓰면 홀연히 (깨달음에 이르러) 탄성이 터져 나오며 비로소 상응하는 결과가 있게 될 것이다.

선겸善謙[352] 선사가 대중에게 말했다. '사량 분별하며 헤아리는 것도 결단코 옳지 않으며, 온갖 감각 지각으로 판단하는 것도 결단코 옳지 않으며, 일상의 행동거지를 닦는 수행만도 결단코 옳지 않으며, 문답과 언어문자에서 궁구하는 것도 결단코 옳지 않다. 이러한 네 가지 방도마저 모두 끊어 버리고 옛사람의 공안을 들고서 부지런히 쉬지 않고 정신을 집중하여 힘쓴다면 홀연히 탄성이 터져 나오고 온몸에서는 땀이 흘러나오며 한 단계 오르게 하는 관문의 핵심을 뚜렷이 꿰뚫고 대자유의 경지를 얻어 불조와 손을 맞잡고 함께 길을 가게 되리니, 부지런히 힘쓸진저!'[353]"

示衆, "高巖和尙云, '父母養汝身, 師友成汝志, 無飢寒之迫, 無征役之勞. 於此不精進, 不成道業, 他日有何面目, 見父母師友乎!' 此語可與日月爭光. 盖出家, 非爲求淸閑取快活也. 難學能學, 難行能行, 難忍能忍, 難捨能捨. 放下世緣, 頓忘人我, 猛着精彩, 密提祖意, 以悟爲則. 又不得將心待悟, 勿令昏散. 但用眞實工夫, 到眞實地, 忽然噴地一聲, 始有相應分. 善謙禪師, 示衆云, '思量分別, 決定不是 ; 見聞覺知, 決定不是 ; 行住坐臥, 決定不是 ; 問答語言, 決定不是. 且絶此四箇路頭, 提古人公案, 孜孜管取, 忽然噴地一聲, 通身汗流, 透澈向上關捩子, 得大自在, 便可與佛祖, 把手共行, 勉諸!'"

59. 원래부터 옛날 그대로의 자기

대중에게 말했다. "요즘 도를 공부한다는 사람들이 대부분 총명하고 영리한 지혜에 쫓겨 다니며 넓게 배우고 많이 알아 둠으로써 이야깃거리나 벌고자 하는 행태는 마치 누에가 고치를 만들어 스스로 그것에 얽히고 스스로 속박되는 것과 같다. 그들 대부분은 분별 의식(情識)에 치우쳐 헤아리며 언어의 덫을 버리지 못한다.354 그런 이유 때문에 끝내는 흙덩이를 쫓아가는 개의 신세355가 되어 마음의 근원을 환하게 밝히지 못하는 것이다. 그것은 『원각경』에서 '사유분별에 얽매인 마음으로 여래의 원만한 깨달음의 경계를 헤아리는 것은 마치 반딧불을 가지고 수미산을 태우려 하지만 결코 불을 붙일 수 없는 것과 같다.'356라고 한 경우와 다르지 않다.

그대들이 다만 굳고 강인한 의지를 일으키고 어디에도 의존하지 않는 빼어난 생각을 펼치며 걸음을 물려 자기 자신에게로 가까이 다가가 진실하게 공부함으로써 곧바로 안락의 극치에 이른다면 비로소 조금이나마 근본과 상응할 것이다. 만일 그렇지 못하다면 하루 어느 시각에나 어금니를 단단히 물고 등뼈를 꼿꼿이 세우고서 마음마다 다른 생각이 들어올 틈이 없이 어느 찰나에도 화두를 잊지 않아야 번잡한 세속의 경계를 고요한 참선 중에 밝히고, 고요한 참선 중의 문제를 번잡한 세속의 경계에서 알아차려서 갑자기 폭발하듯 한번에 타파되는 순간357 비로소 원래부터 옛날 그대로의 자기358라는 사실을 알게 될 것이다.

어떤 사람은 '달마대사가 인도로부터 와서 문자를 세우지 않고, 사람의 마음을 곧바로 가리켜, 본성을 보고 성불하도록 하였으며, 교설의 틀을 벗어나 별도의 방법으로 전했다.'라는 소리를 듣고, '달마대사는 마음 밖에 별도로 전수하거나 깨달을 수 있는 하나의 법을 가지고 왔다.'라고 생각한 끝에 마음 밖에서 법을 찾으려 한다. 그러나 그는 마음이 곧 법이고 법이 곧 마음이어서 마음을 가지고 다시 마음을 찾을 수 없다는 사실을 전혀 모르고 있는 것이다.³⁵⁹ 옛사람이 읊은 다음 게송을 모르는가!

청풍루清風樓에 공양하러 갔다가,
바로 이날 평생의 안목이 활짝 열렸으니,
보통년普通年에 달마가 멀리서 건너왔으나,³⁶⁰
총령葱嶺³⁶¹에서 한 법도 가지고 오지 않았음을 알았네.³⁶²"

示衆云, "今時學道人, 多爲聰明利智所使, 廣學多聞, 以資談柄, 如蠶作繭, 自縈自縛. 多在情識邊卜度, 不能忘筌. 所以遂成逐塊, 不能洞明心源. 如圓覺經云, '有思惟心, 測度如來圓覺境界, 如取螢火, 燒須彌山, 終不能着.' 汝等但興決烈之志, 開特達之懷, 退步就己, 用眞實功夫, 直造大安樂之地, 始有少分相應. 若不恁麼, 於十二時中, 咬定牙關, 堅起脊梁骨, 心心無間, 念念不忘, 鬧裏底靜中明, 靜裏底鬧中薦, 驀然噴地一下, 方知元來舊時人. 有人聞'達磨西來, 不立文字, 直指人心, 見性成佛, 敎外別傳.' 將謂'達磨, 心外別有, 一法將來, 可傳可授, 可取可證.' 遂將心外覓法. 殊不知, 心卽是法, 法卽是心, 不可將心, 更求於心. 不見古人云, '淸風樓上赴官齋, 此日平生眼豁開, 方信普通年遠事, 不從葱嶺付將來.'"

60. 자기 마음속으로부터

대중에게 말했다.
"옛사람이 읊은 게송이다.

만법은 마음과 어떻게 구분되고 마음은 만법과 무엇이 다르겠는가!
그렇거늘 어떤 이유로 애써 되풀이해 경전의 뜻을 찾는가?

마음 자체는 본래 갖가지 분별이 전혀 없으니,
지혜로운 자는 다만 배움을 넘어선 자리만 밝힐 뿐이다.³⁶³

그러므로 여러 형제들이여! 경전의 교설을 살필 필요도 없고, 도를 수행하거나 부처님께 예배할 필요도 없으며, 육신을 불사르고 뼈를 달구는 공양을 할 필요도 없다. 설령 삼세의 모든 부처님께서 제시한 십이분교十二分敎를 다 깨달아 이해하여서 사자좌師子座³⁶⁴에 걸터앉아 거침없이 흐르는 물과 같이 유창한 말솜씨를 구사하며 빽빽이 모인 사람들에게 현묘한 법을 널리 설하여 구름으로 덮어 주고 비를 내려 주는 것과 같은 그 은혜에 감득하여 하늘에서는 꽃비가 내리고 온 대지는 황금으로 변하며 돌들조차도 고개를 끄덕이며, 더하여 백천 가지 삼매를 얻고 헤아릴 수 없이 많은 미묘한 뜻을 이해하는 경지에까지 이르더라도 일념으로 번뇌가 없는 업(無漏業)을 닦는 것만 못하다. 총명한 분별로는 업을 대적할 수 없고, 메마른 지혜로는 생사를 벗어나지 못한다.³⁶⁵

그러므로 옛사람은 '만약 분별에 얽매인 아주 작은 생각이라도 잊지 못한다면 인천人天의 인과³⁶⁶에 속박되는 잘못을 벗어나지 못하니, 그들 모두 반드시 돌아가며 다른 윤회에 떨어지게 되고 말리라.'³⁶⁷라고 했던 것이다. 천경 초남千頃楚南³⁶⁸ 선사가 다음과 같이 한 말을 모르는가! 그는 '여러 불제자들이 설령 삼세 부처님들의 교설을 이해하여 병에서 물이 쏟아지듯이 유창하게 설법하고 백천 가지 삼매를 얻었더라도 일념으로 번뇌가 없는 도(無漏道)를 닦아 저 인천의 인과에 속박되는 잘못에서 벗어나는 것만 못하다.'³⁶⁹라고 했다. 만일 여러 형제들이 나중에 그 언젠가 근본적인 가르침(宗敎)을 널리 드날리고자 한다면 하나하나가 모두 자기 마음속으로부터 흘러나와 하늘과 땅을 뒤덮을 정도가 되어야³⁷⁰ 곳곳 어디에서나 그것을 실현할 수 있을 것이다."

示衆, "古人云, '萬法何殊心何異! 何勞更用尋經義? 心王本自絶多知, 智者只明無學地.' 然則諸兄弟! 不用看經敎, 不用行道禮拜, 不用燒身煉骨. 設使解得三世諸佛, 十二分敎, 踞師子座, 瀉懸河之辯, 對稠人廣說妙法, 如雲如雨, 感得天花落地, 地變黃金, 群石點頭, 及解得百千三昧, 無量妙義, 不如一念修無漏業. 且聰明不能於敵業, 乾慧未免於生死. 故古人云, '若一毫情念未忘, 未免人天因果繫縛, 盡須輪墜.' 不見千頃楚南禪師曰, '諸子設使解得三世佛敎, 如瓶注水, 及得百千三昧, 不如一念修無漏道, 免被人天因果繫絆.' 若也諸兄弟, 他時後日, 播揚宗敎, 一一從自己胸襟流出, 盖天盖地, 觸處現成矣."

61. 마음 그대로가 곧 부처

대중에게 말했다. "그대들은 나에게 와서 무엇을 구하려 하는 것인가? 그대들이 성불하고자 하면 일체의 어떤 불법도 배울 필요 없으니, 오직 구하지도 않고 집착하지도 않는(無求無着)[371] 도리만 배우면 될 뿐이다. 구함이 없으면 마음이 일어나지 않고 집착함이 없으면 마음이 소멸하지 않으니, 일어나지도 않고 소멸하지도 않는 경계가 바로 부처이다.[372] 그런데 그대들은 어찌하여 마음 그대로가 곧 부처요 부처 그대로가 곧 마음임을 알지 못하고 부처로써 다시 또 부처를 찾으며 강서로 호남으로 또 이렇게 돌아다니는가? 여우가 의심하고 또 의심하듯이[373] 남의 집을 찾아다니며 구하는가! 급급히 내달리는 모습이 마치 목마른 사슴이 아지랑이를 쫓아가는 것과 같으니, 언제나 그것과 하나가 될 수 있겠는가![374]

노승은 50년 전에 도처에서 한 마리 물소가 우리에 새끼줄로 매여 있는 것을 지켜보았는데, 어쩌다가 풀밭에라도 들어가면 바로 고삐를 잡아 끌고 돌아와 남의 밭작물을 훼손한 적이 없다. 순하게 길들여진 지 오래되어 이제 저 노지백우露地白牛로 변화하여 항상 눈앞에 있으면서 종일토록 분명히 나타나 있으나[375] 마치 아무것도 모르는 어리석은 사람처럼 몸과 마음의 의식 작용은 토목과 같이 움직이지 않고, 보고 듣는 것도 장님이나 귀머거리와 같아 보고 들은 것에 흔들리지 않는다. 그대들 도력道力이 아직 충실하지 못하다 해도 우리에 새끼줄로 매어 남의 밭작물을 훼손하지 못하도록 한다면 자기의 본분사를 명백하게 밝히지 못할까 걱정하지 않아도 될 것이다."

示衆云, "汝等諸人, 就我求覓介什麽? 汝若欲成佛, 一切佛法, 總不用學, 唯學無求無着. 無求則心不生, 無着則心不滅, 不生不滅卽是佛. 汝等爲甚麽, 不知心卽是佛, 佛卽是心, 將佛覓佛, 江西湖南又伊麽去? 一狐疑了一狐疑去, 却傍他門戶求覓! 馳走忽忽, 如渴鹿趁陽焰, 何時得相應去! 老僧五十年前, 在在處處, 只看箇一頭水牯牛, 牢捉繩頭, 一廻落草去, 驀鼻曳將回. 不曾犯人苗稼. 調伏已久, 如今變作箇露地白牛, 常在面前, 終日露逈逈地, 如癡如兀, 身心如土木, 聞見似盲聾. 汝諸人, 苟道力未充, 牢捉繩頭, 不令犯他苗稼, 不患自己事不明白也."

62. 진실한 참학參學이란

대중에게 말했다. "참학參學[376]하는 일이란 무엇일까? 참학이란, 문화問話[377]를 배우는 것이 결코 참학은 아니며, 간화諫話[378]를 배우는 것도 반드시 참학이라 할 수 없고, 대어代語[379]를 배우는 것이 결코 참학은 아니며, 별어別語[380]를 배우는 것도 반드시 참학이라 할 수 없고,[381] 경전의 교설을 살피는 것이 결코 참학은 아니며, 논론을 짓고 소疏를 궁구하는 것도 반드시 참학은 아니고, 이곳저곳을 돌아다니며 선지식의 가르침을 받는 것이 결코 참학은 아니며, 시끄러움을 피하고 고요함을 구하는 것도 반드시 참학은 아니고, 또한 마음을 일으켜 밖의 대상을 관조하거나 마음을 맑게 하여 묵묵히 관조하는 것[382]이 결코 참학은 아니다. 만일 이와 같은 일들에 대하여 그대가 언제 어디서나 막힘없이 통하고 걸림 없이 도달한다 하더라도 참학하는 일과는 전혀 상관이 없다. 그러므로 '총명한 분별로는 업을 대적할 수 없고, 메마른 지혜로는 생사를 벗어나지 못한다.'[383]라고 하는 것이다.

만약 진실하게 참학하는 자라면 참선은 반드시 진실한 참선이어야 하고 깨달음도 반드시 진실한 깨달음이어야 한다. 그렇다면 진실한 참선과 진실한 깨달음(實叅實悟)이란 무엇인가? 하루 어느 시각이나 어떤 행위 양상에서도 생사윤회에서 해탈하고자 하는 일대사一大事를 목표로 붙들고 사유 분별하는 심의식心意識을 여읜 채, 범부와 성인이라는 분별에서 벗어나 참구하고, 분별하는 마음도 없고(無心) 억지로 하는 행위도 없는(無爲) 도를 배워서 면밀히 이를 수행하고 언제나 망념 없이 항상 뚜렷하게 깨어 있으며 무엇에도 의지하지 않고 깊고 고요한 경지에 이른다면 자연히 도道와 하나가 될 것이다. 옛사람이 '분별하는 마음이 없어야 비로소 본래인本來人[384]을 볼 수 있다.'[385]라고 한 말을 모르는가!"

示衆云, "夫叅學事作麼生? 叅學者, 不必學問話, 是叅學也; 不必諫話, 是叅學也; 不必代語, 是叅學也; 不必學別語, 是叅學也; 不必看經敎, 是叅學也; 不必造論討疏, 是叅學也; 不必遊州獵縣, 是叅學也; 不必避喧求靜, 是叅學也; 亦不是擧心外照, 澄心默照, 是叅學也. 若於如是等事, 任你七通八達, 於叅學事, 了沒交涉. 故云, '聰明不能敵業, 乾慧未免生死.' 若也眞實叅學者, 叅須實叅, 悟須實悟, 始得. 且作麼生是實叅實悟耶? 於二六時中, 四威儀內, 以生死大事爲念, 離心意識, 叅出凡聖路, 學以無心無爲, 綿密養之, 常常無念, 常常不昧, 了無依倚, 到冥然地, 自然合道. 不見古人云, '無心方見本來人.'"

63. 행각行脚이란

대중에게 말했다.³⁸⁶ "여러 형제들이여, 이제 말세에 맞닥뜨려 성현의 자취는 감춰져 삿된 법만 치성하게 늘어나고³⁸⁷ 불법은 쇠하여 끊어지니 사람들은 게으름만 늘고 밖으로만 치달리며 구하는구나. 사방의 형제들이 여기에서 하안거를 지내는가 하면 또 저기에서 동안거를 지내고, 거기에 더하여 북으로는 오대산을 찾아가 문수보살에게 예배하고 남으로는 낙가산을 찾아가 관음보살에게 예배하며 서로는 아미산을 찾아가 보현보살에게 예배하고 동으로는 금강산을 찾아가 법기보살에게 예배한다. 이와 같이 흐르는 물처럼 바삐 돌아다니며 공연히 보시물만 축내고 헛되이 세월을 허비하면서도 수행하고 있다(行脚)고 생각한다. 이러한 무리들이 하는 짓이란 막대기를 휘둘러 달을 따려는 것³⁸⁸과 같으니 본분사와는 전혀 아무 관계도 없다. 이런 식으로 수행하러 돌아만 다닌다면 이름만 비구일 뿐 실제 비구로서의 본분은 전혀 없는 것이다.

누군가 '행각하는 일이 무엇이냐?'고 물어 오면 그저 눈이나 껌벅이면서 입을 열지도 못한다. 그저 마음 내키는 대로 시간이나 보내고 있을 뿐이니 설령 도리를 깨달은 사람이 있다 해도 극히 적은 수일 뿐이다. 중도를 깨우치는 법도와 도리로 들어가는 문은 알지도 못하면서 많이 들어 아는 것만 헛되이 흉내 내어 익히고 아견我見만 늘리면서도 세간의 잇속에서 영원히 벗어났다고 생각한다.³⁸⁹ 또는 납의를 걸친 수행자로서 산으로 둘러싸이고 강을 낀 고요한 수행처(空閑)에서 몸가짐을 절제하고 때에 맞게 먹되 부드럽고 맛난 음식³⁹⁰은 멀리하며 수행을 성취한 이들(上流)을 가벼이 여기니, 그 결과 마음의 번뇌는 없애지도 못하고 이치와 지혜도 밝히지 못하여 부질없이 늙도록 이룬 것도 없이 박복한 업만 짓고 만다. 훗날 염라대왕이 밥값을 계산하여 그 대가를 치르게 할 때[391]에 이르러서야 노승이 그대들에게 말해 주지 않았다고 말하지 마라. 그대들이 들으려는 마음이 없다면 나도 어찌할 도리가 없을 뿐이다."

示衆云, "諸兄弟, 今當末運, 賢聖隱伏, 邪法增熾, 佛法衰弊, 人多懈怠, 向外馳求. 四方兄弟, 這邊過夏, 那邊經冬, 又復北去五臺禮文殊, 南去洛迦禮觀音, 西去峨眉禮普賢, 東去金剛禮法起. 如是波波浪走, 徒消信施, 虛喪光陰, 以爲行脚. 如此之流, 正如掉棒打月, 於本分事, 有甚交涉. 若恁麽行脚, 名字比丘, 都無實事. 問着行脚事, 但眼眨眨而開口不得. 只管取性過時, 設有悟理之人, 有一箇半介. 不知悟中之則, 入理之門, 枉學多聞, 增長我見, 便謂永出世利. 又有衲衣在空閑, 巡山傍水, 節身時食, 去於輕軟, 輕忽上流, 致使心漏不盡, 理智不明, 空到老而無成, 作薄福德業. 他日閻王老子, 打筭飯錢之時, 莫道老僧不與你說. 汝若不聽, 吾末[1]如之何也已矣."

---
1) ㉠ '末'은 '未'의 오기이다.

64. 지말枝末을 좇지 마라

대중에게 말했다. "그대들 각자 지혜의 빛을 스스로에게 돌이켜 비추어 반드시 본원本源에 도달하고자 하되 그 지말枝末은 좇지 마라. 조사께서도 '본원을 얻기만 하면 그 지말은 저절로 이른다.'[392]라고 하지 않으셨던가! 영가 현각永嘉玄覺은 '곧바로 근원에 도달하는 것(생사윤회의 근원을 즉시 절단하는 것)은 부처님이 인가하신 법이니, 잎이나 따고 가지나 찾는 일은 나는 하지 않으리라.'[393]라고 하였다.

그대들이 본원에 이르고자 한다면 본심本心을 깨닫기만 하면 되니, 본심이란 원래 일체 세간과 출세간의 갖가지 모든 법의 근본이요 만법의 근원이므로 '법성法性'이라고도 하며, 중생의 가장 큰 근본이므로 '여래장의 장식(如來藏藏識)'이라고도 하고, 모든 부처의 본원이므로 '불성佛性'이라고도 하며, 보살만행菩薩萬行의 근원이므로 '심지心地'라고도 한다.

그러므로 『범망경』 「심지법문품」에 '모든 부처의 본원이요 보살도를 행하는 근본이요 대중 불자들의 근원이다.'394라고 한 것이다.395 이 마음을 떠나서는 부처도 없고 이 마음을 떠나서는 법도 없다. 마음 그대로가 부처이니 부처로써 부처를 구하지 말며, 마음 그대로가 법이니 법으로써 법을 구하지 마라. 부처와 법이 다른 두 가지가 아니니, 승보僧寶 또한 그러하다."

示衆云, "汝等諸人, 各自廻光返照, 要須達本, 莫逐其末. 祖不云乎, '但得本其末自至.' 故永嘉云, '直截根源佛所印, 摘葉尋枝我不能.' 汝等若欲達本, 唯了本心, 本心元是一切世間出世間種種諸法之根本, 是萬法之源, 故曰法性 ; 亦是衆生之大本, 故曰如來藏藏識 ; 亦是諸佛本源, 故云佛性 ; 亦是菩薩萬行之源, 故云心地. 故梵網心地法門品云, '是諸佛之本源, 行菩薩道之根本, 是大衆諸佛子之根源' 離此心無佛, 離此心無法. 心卽是佛, 不可將佛求佛 ; 心卽是法, 不可將法求法. 佛法無二, 僧寶亦然."

65. 공에 떨어지지 않을까 의심하지 말고, 공에 떨어지는 것 또한 싫어하지 마라

대중에게 말했다.396 "방거사龐居士는 '다만 존재하는 모든 현상을 공空으로 보기 바랄 뿐, 결코 없는 것을 진실로 존재하는 것이라 여기지 마라!'³⁹⁷라고 말했다. 이 두 구절을 깨닫기만 한다면 일생 동안 공부할 일을 모두 마칠 것이다. 그러므로 법은 본래 법이 아니고 마음 또한 마음이 아니기에 마음과 법이 모두 공인 것이 바로 참된 실상이다. 그러나 요즘 도를 배운다는 이들 대부분은 공에 떨어지지 않을까 두려워한다. 이와 같은 견해를 일으키는 자들은 옛 성인의 방편을 잘못 알고서 병을 약이라 집착한다. 그들은 공도 본래 공이 아니며 오로지 하나의 참된 법계일 뿐이라는 것을 전혀 모르는 것이다.³⁹⁸

그러므로 방거사는 또한 '그대들은 공에 떨어지지 않을까 의심하지 말고, 공에 떨어지는 것 또한 싫어하지 마라.'³⁹⁹라고 했던 것이다. 만약 이 한 구절의 뜻을 간파한다면 끝없는 악업과 무명이 바로 그 자리에서 얼음이 녹고 굽지 않은 기와가 부서지듯이 사라질 것이다. 부처님께서 설하신 대장경의 교설 또한 이 한 구질에 대한 해설일 뿐이니, 공이란 깨달음의 본체이기 때문이다."

示衆, "老龐公云, '但願空諸所有, 愼勿實諸所無!' 只了得這兩句, 一生叅學事畢. 以故法本無法, 心亦無心, 心法兩空, 是眞實相. 而今學道之人, 多怕落空. 作如是見者, 錯認古聖方便, 執病爲藥. 殊不知, 空本無空, 唯一眞法界耳. 故龐公亦云, '汝勿嫌落空, 落空亦不惡.' 若覷破這一句字,¹⁾ 無邊²⁾惡業無明, 當下冰消瓦解. 如來所說一大藏敎, 亦註解這一句, 空是覺體故也."

1) ㈜ '字'는 『大慧語錄』 권23(T47, 908b20)에 '子'로 되어 있는 것이 맞다. 2) ㈜ 『大慧語錄』 권23(T47, 908b21)에는 '無邊' 앞에 '破'가 붙어 있다.

66. 무위無爲의 실상實相

대중에게 말했다.⁴⁰⁰ "세존께서 꽃을 들어 보이시고 가섭이 미소 지어 응답한[401] 뒤로 오늘날에 이르기까지 대대로 반복하여 전해지고 등불에서 등불로 끊임없이 이어진 교외별전의 일을 그대들 조사 문하의 선객禪客들은 어떻게 이해하고 있는가? 그대들이 만약 이해하고자 해도 별달리 도리는 없다. 가령 지금의 대지와 허공, 밝은 태양과 어두운 구름, 모든 산하와 국토 등의 모든 유위법有爲法들이 다 함께 분명하게 드러나 있는 것과 같이 무위無爲의 실상實相 또한 이와 같다. 공겁空劫 이전부터 지금에 이르기까지 눈앞에서 원만히 밝고 환하게 비추며 시방 전체를 막힘없이 뚫어 안도 없고 밖도 없으며, 옛날부터 지금까지 변함없이 이어지며 단절도 없고 소멸도 없이 마주하고 분명히 나타날 뿐 아니라 약간의 차별도 없으니, 다시 누구에게 전하겠는가? 이것이 바로 영산靈山[402]에서 부처님께서 가섭에게 법을 전한 본보기이다.

여러 형제들이여! 한순간에 이해해야 한다. 시간을 헛되게 보내지 말고, 신도의 보시를 헛되게 낭비하지 마라! 그대들이 만약 위로 네 가지 큰 은혜[403]에 보답하고자 한다면, 마땅히 도를 보는 안목을 명백히 하여 함께 해탈문으로 들어가야 한다."

示衆云, "自世尊拈花, 迦葉微哭, 迄至于今, 轉轉相承, 燈燈相繼, 敎外別傳底事, 汝等祖門下客, 且作麼生會取? 汝若要會, 別無道理. 只如如今大地虛空, 日明雲暗, 一切山河國土, 諸有爲法, 皆悉明現, 乃至無爲實相, 亦復如是. 自空劫已前, 直至如今, 合下圓明朗照, 洞徹十方, 無內無外, 亘古亘今, 無斷無滅, 對現分明, 並無絲毫差別, 更付阿誰? 此是靈山付囑榜樣. 諸兄弟! 一時會取好. 莫虛喪光陰, 莫虛消信施! 汝若要上報四重恩, 應須道眼明白, 共入解脫門, 始得."

67. 세존께서 꽃을 들어 보이신 뜻

대중에게 말했다. "세존께서 영산회상에서 꽃을 들어 보이시자 인천人天의 백만억 대중이 모두 어리둥절했지만 오로지 대가섭만은 어김없이 알아듣고 파안미소를 지었다.⁴⁰⁴

말해 보라! 가섭이 어김없이 알아들은 사안은 무엇일까? '부처님께서는 말씀에 집착하지 않고 말씀하셨고, 가섭은 듣는 것에 집착하지 않고 들었다.'⁴⁰⁵라거나 '부처님에게는 은밀한 말씀이 있었고, 가섭은 그것을 덮어서 가리지 않았다.'⁴⁰⁶라고 한 말과 같다고 생각하지 마라. 세존께서 또한 '나에게 정법을 꿰뚫어 보는 눈이 있으니 그것을 마하가섭에게 전한다.'⁴⁰⁷라고 하신 말씀은 무슨 뜻일까?

비록 그렇다고는 하지만 나는 '영산에서 부처님은 달에 대하여 말씀하셨지만, 조계 혜능慧能은 달을 직접 가리켰다.'⁴⁰⁸라고 말하리라."

示衆云, "世尊, 於靈山會上拈花, 人天百萬億大衆, 悉皆罔措, 唯大迦葉親聞, 破顔微哂. 且道! 迦葉親聞底事, 作麽生? 不可道'如來不說說, 迦葉不聞聞.' 且如'如來有密語, 迦葉不覆藏.' 世尊亦云, '吾有正法眼藏, 付囑摩訶迦葉.' 又作麽生? 然雖如是, 我道'靈山話月, 曹溪指月.'"

68. 배고프면 밥 먹고 졸리면 자노라

대중에게 말했다. "옛사람은 종지를 깨우친 다음, 깊은 산속 으슥한 계곡에서 바위 동굴에 은거하며 하늘만 응시하고 인간 세상의 일은 한꺼번에 잊은 채 품은 생각을 그대로 펼치면서도 번뇌 망상을 완전히 그쳤다.⁴⁰⁹ 바다가 변하여 뽕나무 밭이 되거나 세월이 어떻게 흘러가거나 상관하지 않았으니, 그해에 윤달이 있는지도 몰랐고 그 달이 큰달인지 작은 달인지도 몰랐다. 사계절도 구별하지 못했거늘 여덟 절기⁴¹⁰를 어떻게 알았겠는가? 다만 사방의 산들이 연출하는 푸른 봄빛과 시든 가을빛을 바라보며, 배고프면 먹고 졸리면 자고, 추울 때는 불을 쪼이고 더우면 서늘한 곳으로 갔다. 오늘은 자유자재로 움직이며 마음 가는 대로 맡겨 두고, 내일은 마음 가는 대로 맡겨 두고서 자유자재로 움직였던 것이다.⁴¹¹ 온갖 볼품없고 형편없는 꼴을 하고서 이렇게 세월을 보냈으니, 이러한 경계가 되어야 비로소 도를 품었다(道懷)고 하며,⁴¹² 또한 그것은 모든 기교를 잊는 근본이기도 한 것이다.

나찬 화상懶瓚和尙⁴¹³의 말을 모르는가!

> 복잡하게 얽힌 세상일이여! 산 풍경만 못하구나.
> 푸른 소나무가 해를 가리고, 맑은 계곡물은 아득히 흐른다.
> 산 구름을 장막으로 삼고, 밤에 뜬 달을 등불로 삼으며,
> 등나무 아래 누워 돌덩이를 베개로 삼는다.
> 천자에게도 굽히지 않으니, 어찌 왕과 제후를 부러워하랴!
> 삶과 죽음에 근심이 없거늘, 다시 무엇을 걱정하랴!
> 물에 비친 달그림자는 형체가 없으나, 나는 늘 편안할 뿐이라네.
> 배고프면 밥 먹고 졸리면 자노라.
> 어리석은 사람들은 나를 비웃겠지만, 지혜로운 사람이라면 그 뜻 알리라.
> 어리석고 무딘 것이 아니라 법의 본체가 그러한 것이라네.
> 꼼짝하지 않고 일없이 앉았어도, 봄이 오면 초목은 저절로 푸르리라.⁴¹⁴"

示衆云, "古人得意之後, 向深山幽谷, 高棲巖上, 目視雲漢, 頓忘人世, 放

懷履踐, 大休歇去. 一任海變桑田, 從他兎走鳥飛, 不知年之餘閏, 不知月
之大小. 四時不分, 八節那知? 但見四山靑靑黃黃, 飢來喫食困來眠, 寒時
向火熱乘凉. 今日騰騰任運, 明日任運騰騰. 百醜千拙, 且恁過時, 如斯之
境, 方稱道懷, 亦乃忘機之本. 不見嬾瓚和尙云, '悠悠世事! 不如山丘. 靑
松蔽日, 碧澗長流. 山雲當幕, 夜月爲燈. 臥藤蘿下, 塊石枕頭. 不朝天子,
豈羨王侯! 生死無慮, 更復何憂! 水月無容,¹⁾ 我常只寧. 飢來喫食, 困來打
眠. 愚人哂我, 智乃知焉. 不是癡頑, 法體如然. 兀然無事坐, 春來草自靑.'"

1) ㉠ '容'은 '形', '影' 등과 통한다.

69. 실천 수행의 가치

대중에게 말했다.⁴¹⁵ "옛날의 노숙은 마음의 눈이 밝지 못하면 바른 지
견을 가진 사람에게 화급히 나아가 바로잡으셨다. 하루아침에 마음의 눈
이 환히 밝아지고 나면 이 본분사(此事)를 잘 간직하여 잃지 않았으니, 아
무것도 알지도 못하고 이해하지도 못하는 경계⁴¹⁶에 이르러 마치 벽촌의
촌사람이 우직하고 어리석은 듯하였다. 이름도 잊고 속세와의 인연도 끊
은 채 산림에 자취를 감추고서 이삼십 년 동안 살림살이⁴¹⁷를 갖춰 쌓으
며 심식心識을 갈고닦아 가느다란 터럭만 한 지견이나 허물 그리고 도를
해치는 일체의 불선업不善業을 깨끗이 하였다. 고요한 곳에서 수행하며
마음과 몸을 담박하게 하여 견고한 법신을 성취한 후에는 어떤 대상이나
인연을 만나든 또는 색이 되었건 소리가 되었건 일체의 기거동작에서 하
나하나가 모두 막힘없이 자신에게로 귀결되도록 하여 예로부터 투철하게
깨달은 이들이 밟아 간 길과 다름도 없고 차별도 없었다."

示衆云, "上古老宿, 心眼未明, 火急就正知見人而正之. 一旦心眼洞明, 保

任此事. 百不知百不會, 如三家村裏人, 頑然癡兀. 忘名棄世, 晦跡山林, 或二十三十年, 辦累生計, 揩磨心識, 使及之淨盡纖毫知見過患, 及害道一切諸不善業. 怗怗地修行, 枯淡此心此身, 成就堅固法身然後, 逢境遇緣, 若色若聲, 一切施爲動作, 一一須敎宛轉歸自己, 與從上透澈之士, 履踐無二無別."

70. 온종일 말하였지만 한마디도 말한 적이 없다

대중에게 말했다.[418] "여러분이여, 세존께서는 79년간 세상에 머무시며 300여 회나 교법을 설하셨다. 남김없이 모두 설하셨는데, 어째서 '녹야원에서부터 발제하에 이르기까지의 그 사이에 한 글자도 설한 적이 없다.'고 하셨는가? 혀에 뼈가 없는 듯이 자유자재하게 설하셨다는 말인가? 말씀에 심오한 뜻이 메아리처럼 여운이 있었다는 말인가? 말하고 있는 때가 침묵하고 있는 것이요, 침묵하고 있는 때가 말하고 있는 것이라는 말인가?[419]

이러한 도리는 아니다. 운문이 '하루 종일 옷을 입고 있고 밥을 먹어도 한 톨 밥알도 씹지 않았고 한 오라기 실도 걸치지 않았으며, 온종일 말하였지만 한마디도 말한 적이 없다.'[420]라고 한 말을 모르는가! 그대들은 알겠는가? 깨닫지 못한 자들은 방으로 돌아가 참구하라! 방으로 돌아가 참구하라!"

示衆云, "諸仁者, 世尊住世七十九年, 敎談三百餘會. 說也說盡, 爲什麽道'始從鹿野苑, 終至跋提河, 於是二中間, 未曾說一字'耶? 莫是舌頭無骨耶? 言中有響耶? 說時默默時說耶? 不是這介道理. 不見雲門云, '終日着衣喫飯, 未曾咬破一粒米, 未曾掛着一縷絲 ; 終日說話, 未曾說着一字.'

汝等還知麼? 未悟者, 祭堂去! 祭堂去!"

71. 안의 마음과 밖의 경계

대중에게 말했다. "마음은 자상自相[421]이 없어 대상 경계에 의탁하여야 발생한다. 경계의 본성도 본래 공空이기에 마음으로 말미암아 나타난다. 인식 기관(根)과 인식 대상(塵)이 화합한 결과로 있는 듯이 보이지만 마음에 따라 나타난 것일 뿐이다. 안팎을 헤아려 볼 때 무엇이 본체인가?[422] 안의 마음과 밖의 경계는 다만 하나일 뿐임을 알아야 할 것이니, 결코 두 토막[423]으로 나누어 보지 마라.[424]

조사의 다음 말을 모르는가? '대상 경계에는 아름다운 것과 추한 것의 구별이 없으니, 아름다운 것과 추한 것의 구별은 마음에서 일어난다네. 마음에서 억지로 차별된 이름을 붙이지 않는다면, 망령된 분별(妄情)이 어디서 일어나겠는가? 망령된 분별이 일어나지 않는 이상, 진심眞心 그대로 두루 알게 될 것이다.'[425]

그대들은 다음 문답을 기억해 두라. 위산潙山이 앙산仰山에게 물었다.[426] '미묘하고 청정하며 밝은 마음에 대하여 어떻게 이해하고 있는가?' '산하와 대지, 해와 달, 그리고 별들입니다.' '그대는 다만 차별된 현상(事)만 터득했구나.' '화상께서는 조금 전에 무엇에 대하여 물으셨습니까?' '미묘하고 청정하며 밝은 마음이었지.' '그것을 현상이라 불러도 되겠습니까?' '맞다. 맞아!'"

示衆云, "夫心無自相, 託境方生. 境性本空, 由心故現. 根塵和合, 似有緣心. 內外推之, 何是其體? 當知內心外境, 只是一箇, 切忌分作兩橛看. 不見祖師云, '境緣無好醜, 好醜起於心. 心若不強名, 妄情從何起? 妄情旣不起, 眞心任徧知.' 汝等記得, 潙山問仰山, '妙淨明心子, 作麼生會?' 仰山云, '山河大地, 日月星辰.' 潙山云, '汝只得其事.' 仰山云, '和尙適來, 問什麼?' 潙山云, '妙淨明心.' 仰山云, '喚作事得麼?' 潙山云, '如是如是!'"

조사선祖師禪[427]

대혜 종고大慧宗杲 화상의 『종문무고宗門武庫』에 다음과 같이 전한다.[428] "원오 극근圓悟克勤 화상이 오조 법연五祖法演 화상을 시봉할 때의 일이다. 때마침 진陳 제형提刑[429]이 사직하고 촉蜀으로 돌아오다가 절을 지나는 길에 도를 물으며 이야기를 나누고 있었다. 오조가 물었다. '제형 당신은 소염小艷[430]의 시를 읽어 본 적이 있습니까? 그중 두 구절이 선지禪旨와 자못 가깝습니다. 곧 〈자주 소옥이를 부르지만 별다른 뜻은 없고, 다만 담 밖에 있는 낭군에게 목소리를 알리고자 할 뿐이라네.〉[431]라는 구절이 그것입니다.' 제형이 '예, 예.' 하고 응답하자 오조가 말했다. '그래도 자세히 살펴야 합니다.' 원오가 '화상께서 제기한 소염의 시를 듣고 제형이 이해했습니까?'라고 묻자 오조는 '그는 다만 목소리의 뜻을 알았을 뿐이다.'[432]라고 하였다. '본래의 글에 〈다만 담 밖에 있는 낭군에게 목소리를 알리고자 할 뿐이다.〉라고 되어 있고, 그도 목소리의 뜻을 알았다고 했는데 어째서 틀렸다고 하십니까?' '달마대사가 서쪽에서 온 뜻은 무엇인가? 뜰 앞의 잣나무!'[433] 니!'[434] 이에 원오가 홀연히 크게 깨닫고 불현듯 밖으로 나갔다가 닭이 난간에 날아 올라가 날개를 퍼덕이며 우는 소리를 듣고 다시 스스로 생각했다. '이것이 어찌 소리가 아니란 말인가?' 마침내 향을 소매에 넣고 방장으로 들어가 자신이 깨달은 내용을 전했다. 오조는 '불조佛祖의 일대사一大事는 보잘것없는 근기와 열등한 지혜로는 이를 수 없다. 내가 너의 기쁨을 도왔구나.'라 하고, 다시 절 안의 노스님들에게 '저의 시자가 조사선을 참구하여 터득했습니다.'라고 두루 알렸다."

또한[435] 향엄 지한香嚴智閑이 "지난해의 가난은 가난이 아니요, 올해의 가난이 진실로 가난이라네. 지난해에는 송곳 꽂을 땅이라도 있었건만, 올해는 송곳조차 없구나."라고 하자 앙산이 말했다. "여래선如來禪은 사형이 이해했다고 인정하겠다. 그러나 조사선祖師禪은 꿈에도 알지 못했다."라고 비판했다. 향엄이 다시 "나에게 하나의 기틀이 있으니, 눈을 깜박거려 그것을 보이노라. 그것을 알아차리지 못하는 사람이 있다면, 특별히 그를 사미沙彌⁴³⁶라고 부르리라."라는 게송 한 수를 들려주자 앙산이 말했다. "기쁘다! 사형이 조사선을 이해했구나."

또한 보지공寶誌公⁴³⁷은 "대도大道는 항상 눈앞에 있다. 비록 눈앞에 있지만 보기 어렵다. 만약 도의 참된 본체를 깨닫고자 한다면, 색과 소리와 언어를 떠나지 마라."⁴³⁸라고 했다. 또한 선덕先德은 "색과 소리도 떠나지 않은 채 부처님의 신통력을 보라."⁴³⁹라고 했고, 또한 "부처가 간 곳을 알고자 하는가? 이 말소리가 바로 그것이다."⁴⁴⁰라고 했다. 이러한 언구들을 살펴보면 곧 그것이 선지禪旨이다. 조사선은 색과 소리와 언어를 떠나지 않는다. 뜰 앞의 잣나무,⁴⁴¹ 삼 세 근,⁴⁴² 마른 똥막대기,⁴⁴³ 신상神像 앞의 술 받침대!⁴⁴⁴ 본분을 깨우친 종사들이 본분에 근거하여 답한 이들 화두는 색과 소리와 언어를 갖추었으니, 이것이 바로 조사선이다. 그러므로 "말을 하려거든 한 구절에 세 구절을 갖추어야 한다."⁴⁴⁵라고 하는 것이다. 가령 어떤 학인이 도오道吾⁴⁴⁶ 선사에게 "달마대사가 서쪽에서 온 뜻은 어떤 것입니까?"라고 묻자 "강남의 이삼월 풍경을 떠올려 보자니, 자고새 우는 곳에 온갖 꽃이 향기로웠다네."⁴⁴⁷라고 대답한 것과 같다. 또한 어떤 학인이 "달마대사가 서쪽에서 온 뜻은 무엇입니까?"라고 묻자 "나른한 봄날⁴⁴⁸ 강산은 아름답고, 봄바람에 화초는 향기롭다."⁴⁴⁹라고 대답했고, 또 "산에 꽃이 피니 비단을 펼쳐 놓은 듯하고, 계곡물은 쪽빛보다 푸르다."⁴⁵⁰라고 했다. 이러한 언구들 모두 조사선에서 색과 소리와 언어를 갖춘 예이다.

종사들 중 어떤 이들은 언어(대화 문답)로써 법을 제시하여 학인들을 가르치는데, 그 예는 다음과 같다. 조주가 어떤 학인에게 물었다. "아침은 먹었느냐?" "먹었습니다." "발우나 씻어라!" 이 말에 그 학인은 깨달았다.⁴⁵¹ 또한 운문 문언雲門文偃이 동산 수초洞山守初에게 물었다. "요즘 어디 있다가 왔는가?" "강서의 사도査渡에서 왔습니다." "하안거는 어디서 보냈는가?" "호남의 보자사普慈寺에 있었습니다." "언제 그곳을 떠났는가?" "8월 25일입니다." "이 밥자루야!⁴⁵² 강서로 호남으로 그렇게 돌아다녔단 말이냐!" 동산이 그 말을 듣자마자 크게 깨달았다.⁴⁵³

　어떤 이들은 말과 소리(대화 문답과 자연의 소리)로써 법을 제시하여 학인들을 가르친다. 현사 사비玄沙師備가 어떤 학인에게 물었다. "흐르는 시냇물 소리가 들리느냐?" "들립니다." "그 안으로 들어가라!"⁴⁵⁴ 또한 경청 도부鏡淸道怤가 어떤 학인에게 물었다. "문 밖에 무슨 소리가 나느냐?" "빗방울 떨어지는 소리입니다." "중생이 전도되어 자신을 잃어버리고 밖의 대상을 좇는구나."⁴⁵⁵

　어떤 이들은 자연의 소리로써 법을 제시하여 학인들을 가르친다. 까마귀가 울고 까치가 시저귀며,⁴⁵⁶ 나귀가 울고 개가 짖는 것⁴⁵⁷ 모두 여래께서 큰 법륜을 굴리시는 소리이다. 또한 제비는 실상實相을 깊이 이야기하고,⁴⁵⁸ 꾀꼬리는 반야般若를 잘 설한다. 또한 "두견⁴⁵⁹이 하늘까지 닿도록 울고도, 피를 토하며 밤새도록 또 우는구나. 원통문圓通門⁴⁶⁰이 활짝 열렸거늘, 무슨 까닭에 하늘과 땅만큼 떨어졌을까?"⁴⁶¹라고 한다.

　어떤 이들은 모습과 소리(色聲)로써 법을 제시하여 학인들을 가르친다. 건추犍椎를 잡거나 불자拂子를 세우고, 손가락을 퉁기거나 눈썹을 찡그리며, 방棒을 휘두르거나 할喝을 내지르는 등 이런 갖가지 작용이 모두 조사선이다. 그러므로 "소리를 들을 때가 깨달을 순간이며, 색을 볼 때가 깨달을 순간이다."⁴⁶²라고 하는 것이다. 영운 지근靈雲志勤이 색을 보고 깨달은 것⁴⁶³과 향엄 지한이 소리를 듣고 깨달은 것,⁴⁶⁴ 그리고 운문 문언이 다리를 다치고 아픔을 참지 못하다가 깨달은 것⁴⁶⁵과 현사 사비가 발가락을 다쳐 통증을 느끼다가 깨달은 것⁴⁶⁶ 등의 기연에 대하여 이름을 붙이자면 결국 하나(조사선)인 것이다.

祖師禪

大慧和尙宗門武庫云, "圓悟勤和尙, 侍立五祖演和尙, 偶陳提刑解印還蜀, 過山中問道, 因語話次. 祖問曰, '提刑曾讀少炎[1]詩否? 有兩句頗近禪旨. 曰〈頻呼小玉非他事, 只要丹郞認得聲.〉' 提刑應諾諾. 祖曰, '且字[2]細看.' 圓悟問曰, '聞和尙擧小炎詩, 提刑會麼?' 祖曰, '他只認得聲去.' 圓悟曰, '本文曰〈只要丹郞認得聲.〉, 他旣認得聲, 爲什麼却不是?' 祖曰, '如何是祖師西來意? 庭前柏樹子! 聻!' 圓悟忽然大悟, 遽出去, 見雞飛上欄干, 鼓翼而鳴, 復自謂曰, '此豈不是聲?' 遂袖香入室, 通所悟. 祖曰, '佛祖大事, 非小根劣智所能造詣. 吾助汝喜.' 復徧請山中耆舊曰, '我侍者, 叅得祖師禪也.'"

又香嚴云, "去年貧未是貧, 今年貧始是貧. 去年有卓錐之地, 今年錐也無." 仰山云, "如來禪, 卽許師兄會. 祖師禪, 未夢見在." 嚴云, "我有一機, 瞬目示伊. 若人不會, 別喚沙彌." 仰山云, "且喜! 師兄會祖師禪."

又寶誌公云, "大道常在目前. 雖在目前難覩. 若欲悟道眞體, 不離色聲言語."

又先德云, "亦不離色聲, 見佛神通力."

又云, "欲知佛去處? 只這語聲是." 此等言句, 看之則禪旨. 祖師禪, 不離色聲言語. 庭前柏樹子, 麻三斤, 乾屎橛, 神前酒臺盤! 本分宗師, 本分答話, 具色聲言語, 正是祖師禪也. 故云, "凡欲下語, 一句具三句." 如僧問道吾, "如何是祖師西來意?" 答曰, "遙憶江南三二月, 鷓鴣啼處百花香." 又僧問, "如何是祖師西來意?" 答云, "遲日江山麗, 春風花草香." 又云, "山花開似錦, 澗水碧於藍." 此等言句, 皆是祖師禪, 具色聲言語. 宗師家, 或以言語示法示人者. 如趙州問僧, "喫粥了未?" 僧云, "喫粥了." 州云, "洗鉢盂去!" 其僧悟去. 又雲門問洞山, "近離什麼處?" 山云, "査渡." 又問, "夏在什麼處?" 山云, "湖南普慈." 又問, "幾時離彼中." 山云, "八月二十五." 門云, "飯袋子! 江西湖南, 又恁麼去也!" 山於言下大悟.

或以言聲示法示人者. 玄沙問僧, "還聞偃溪水聲麽?"僧云, "聞." 沙云, "從這裏入!" 又鏡淸問僧, "門外是什麽聲?" 僧云, "雨滴聲." 師云, "衆生顚倒, 迷己逐物."

或以聲示法示人者. 鴉鳴鵲噪, 驢鳴犬吠, 皆是如來轉大法輪；又鷰子深談實相, 黃鶯善說般若；又蜀魄連霄叫, 血流終夜啼. 圓通門大啓, 何事隔雲泥?

或以色聲示法示人者. 拈搥竪拂, 彈指揚眉, 行棒下喝, 種種作用, 皆是祖師禪. 故云, "聞聲時證時, 見色時證時." 則靈雲從色悟入, 香嚴從聲悟入, 乃至雲門痛脚, 玄沙痛足, 良遂稱名一也.

1) ㉠ '少炎'은 '小艶'이 옳다. 이하 동일하다.　2) ㉠ '字'는 '子'가 옳다.

선과 교를 아울러 논함

우리의 본사本師이신 석가모니불께서 마지막에 영산회상에서 꽃을 들어 대중에게 보이시자 백만억 대중이 모두 어찌할 줄 몰라 하였으나 오로지 대가섭만은 활짝 웃어 보였다. 세존께서 말씀하셨다. "나에게 정법을 꿰뚫어 보는 눈과 열반의 미묘한 마음이 있으니 그것을 대가섭에게 당부하여 맡기노라."**467** 또한 "(부처님께서) 교教의 바닷물은 아난의 입에 쏟아 부었고, 선禪의 등불은 가섭의 마음에 붙였다."**468**라고 했다. 먼저 가섭에게 전하여 초조初祖로 삼았고, 이로부터 인도의 28대 조사와 중국의 6대 조사가 대대로 전승하여 등불에서 등불로 이어졌으니 이들 모두 석가여래의 제자인 것이다. 지금에 이르러서도 오로지 본사의 말씀으로써 대중에게 가르침을 주어 그 말씀을 근거로 도道를 증명하고 법을 드러내어 종지를 밝힐 뿐 밖으로 내달리면서 구하지 않는다. 부처님의 뜻을 직접 전하고 부처님의 종자를 이어서 융성하게 하면 조사의 지위로 들어가더라도 교를 기준으로 삼을 것이니, 어찌 선과 교의 차별이 있겠는가!

그러나 '부처님의 말씀은 마음을 근본으로 삼고, 정해진 문이 없는 것**469**을 법문으로 삼으니'**470** 교는 부처님의 말씀이고 선은 부처님의 마음이다. 그러므로 모든 부처님의 마음과 말씀은 결코 서로 어긋나지 않으니, '한 부처가 다른 부처에게 직접 건네준 것도 이 종지를 건네준 것이며, 한 조사가 다른 조사에게 전해 준 것도 이 마음을 전해 준 것이다.'**471** 각자 다른 이름과 구절을 따르기에 동일하지 않은 듯이 보이지만, 선과 교는 명칭만 다를 뿐 본질은 같으므로 본래 평등하다고 알아야 한다. 왜 그런가?

지극한 경지에 이른 사람**472**은 근기에 적절하게 교를 설하므로 권權과 실實 그리고 돈頓과 점漸의 차별을 나누고, 궁극의 경지에 통달한 사람**473**은 이치와 하나가 되어 말에 대한 집착을 잊으니, 어찌 그에게 부처와 조사 그리고 선과 교의 차이가 있겠는가! 그러므로 "입에 올리면 교라 하고,

마음에 전하면 선이라 한다."⁴⁷⁴라고 하는 것이다. 그 근원에 통달한 자에게는 선도 없고 교도 없지만, 그 갈래를 나누는 자는 선이나 교 중 어느 한편에 집착한다. 몰라서 어두우면 양편 모두 잃고, 어느 한편에 집착하면 양편이 다 상한다. 선과 교를 융합하여 서로 통하게 하면 통하지 못할 것이 없고, 서로 소통시켜 바로잡으면 바로잡지 못할 것이 없으니, 바르거나 바르지 못한 차이는 오로지 사람에게 달려 있는 것이다. 다만 한 찰나에 기틀을 돌리기만 한다면 자연히 만법이 모두 사라져 선과 교의 차별도 전혀 없을 것이다. 그러나 이것은 불사문佛事門⁴⁷⁵ 중에서 방편을 베푸는 것에 불과하다.

만약 납승 문하의 입장에 따른다면, 본래 부처도 없고 중생도 없으며 명名도 없고 상相도 없으니 아무 걸림도 없이 드넓게 펼쳐져 생각과 말의 한계를 훌쩍 넘어설 것이거늘, 무엇을 가지고 선이라 할 것이며 무엇을 가지고 교라 할 것인가?

禪敎通論

我本師釋迦牟尼佛, 於末後靈山會上, 拈花示衆, 百萬億大衆, 悉皆罔措, 唯大迦葉, 破顔微哂. 世尊云, "吾有正法眼藏, 涅槃妙心, 付囑摩訶大迦葉." 又云, "敎海瀉阿難之口, 禪燈點迦葉之心." 首傳迦葉, 以爲初祖, 以此西天四七, 東震二三, 轉轉相承, 燈燈相繼, 皆是釋迦如來弟子. 迄至于今, 唯以本師之語, 訓示徒衆, 因言證道見法明宗, 不外馳求. 親傳佛意, 紹隆佛種, 卽入祖位, 以敎爲指南, 豈有禪敎之別! 然'佛語心爲宗, 無門爲法門', 則敎是佛語, 禪是佛意. 然諸佛心口, 必不相違, 則'佛佛手授, 受斯旨, 祖祖相傳, 傳此心.'各隨名句, 似有差殊, 當知禪敎名異體同, 本來平等. 平等¹⁾何故? 至人隨機說敎, 則分權實頓漸之殊; 達士契理忘言, 則豈有佛祖禪敎之異! 故云, "登之於口, 謂之敎 ; 傳之於心, 謂之禪." 達其源者, 無禪無敎 ; 列其派者, 禪敎各執. 昧之則皆失, 執之則兩傷. 融而通之, 則

無不通 ; 決而正之, 則無不正, 正邪唯在人焉. 但得一念廻機, 自然萬法俱泯矣, 了無禪敎之別. 然此是佛事門中施設. 若據衲僧門下, 本來無佛無衆生, 無名無相, 蕩蕩焉恢恢焉, 逈出思議之表, 喚什麽作禪敎也?

---

1) ㉠ '平等'은 연문衍文이다.

운문 삼구에 대한 풀이[476]

하늘과 땅 전체를 감싸서 덮는 구절 : 하늘과 땅 그 어디에나 있고, 이理와 사事가 원민하게 융합한다.
번뇌 망상의 흐름을 끊어 없애는 구절 : 티끌 하나도 받아들이지 않으니, 조짐과 자취가 전혀 없다.
물결의 흐름을 따르고 쫓아가는 구절 : 자신의 본성을 고수하지 않고, 상황과 조건(緣)에 따라 성립한다.

雲門三句釋
函盖乾坤句 : 普天普地, 理事圓融.
絶斷衆流句 : 不受一塵, 了無朕迹.
隨波逐浪句 : 不守自性, 隨緣成立.

대양 삼구에 대한 풀이[477]

평상시에 어떤 생성도 없는 구절 : 평상심이 도이니,[478] 생성도 없고 소멸도 없다.

미묘하고 깊고 사사로움이 없는 구절 : 미묘한 법은 본래 사사롭게 치우침이 없으나, 그것이 정황에 따라 나타나는 현상(感應)은 생각하여 알거나 말로 표현할 수 없다.

본체가 끝이 없이 밝은 구절 : 신령하고 밝은 본체는 텅 비고 고요하지만, 그로부터 나오는 모래알처럼 헤아릴 수 없이 많은 작용은 끝이 없다.

大陽三句釋

平常無生句 : 平常心是道, 無生亦無滅.

妙玄無私句 : 妙法本無私, 感應難思議.

體明無盡句 : 靈明體空寂, 恒沙用無盡.

나옹 화상의 삼구와 삼전어에 대한 풀이[479]

삼구

　입문구 : 불문으로 향할 때(向時) 좌측에도 떨어지지 않고 우측으로도 기울지 않으며 정면을 향해 들어간다.
　당문구 : 불법을 받들어 행할 때(奉時) 기틀(機)과 지혜(智)가 상응하여 겹겹의 심오한 이치로 깊이 들어간다.
　문리구 : 불법을 깨닫고 그것을 활용할 때(共功時) 마땅히 주인 중의 주인을 깨달아 오랫동안 문 밖으로 나오지 않는다.[480]

懶翁和尙三句與三轉語釋
三句
　入門句 : 向時, 不落左不落右, 正面而入.
　當門句 : 奉時, 機智相應, 深入重玄.
　門裏句 : 共功時, 當證主中主, 長年不出戶.

삼전어 1

　작은 산들의 기세는 어째서 큰 산 가에서 그치는가? : 최상의 법왕法王은 가장 높고 두드러지니, 마치 뭇 봉우리의 기세가 큰 산 가에서 그치는 것과 같다.
　가는 물줄기들은 어째서 큰 물을 이루는가? : 원만한 깨달음의 청정한 성품은 중생의 다양한 종류에 따라 차별되게 응하니, 마치 여러 물줄기가 바다에 이르러 큰 물을 이루는 것과 같다.

밥은 어째서 흰쌀로 만들어지는가? : 심성은 오염되지 않고 본래 원만히 이루어져 있으니, 마치 흰밥이 원래 흰쌀에서 만들어지는 것과 같다.

三轉語
山何岳邊止 : 無上法王最高勝, 如羣峰勢岳邊止.
水何到成渠 : 圓覺淨性隨類應, 如濕流海到成渠.
飯何白米造 : 心性無染本圓成, 如白飯元來米造.

삼전어 2

법왕의 법령[481]은 가장 높고 두드러지니, 마치 온갖 봉우리의 기세가 큰 산 가에 이르러 그치는 것과 같다.

지혜로운 임금의 은혜는 바다와 같이 드넓으니, 땅 밑을 흐르던 지류가 바다에 이르러 큰 물을 이루는 것과 같다.

금세에 이르러 희황羲皇[482]의 치세를 만나니, 구로俱盧[483]보다 많은 밥을 흰쌀로 만드노라.

又
法王法令最高勝, 如千峯勢岳邊止.
聖君德澤如大海, 潛流過海到成渠.
當今世到羲皇上, 飯勝俱盧白米造.

나도 모르는 결에 붓을 들어 쓸데없는 몇 마디 말을 암자의 몇몇 형제에게 제시하다

여러 형제들이여, 이제 이곳에 와서 고요함을 함께하는 인연으로 만났으니 기필코 등한히 하지 말고 각자 힘써 노력해야 할 것이다. 물들고 무젖은 망령된 생각(妄情)을 완전히 쓸어 없애고 기꺼이 인내하며 참되고 바른 공부를 해야 한다. 공자는 "어느 누가 문을 거치지 않고 밖으로 나갈 수 있겠는가! 그런데 어찌하여 이 도를 따르는 자가 없는 것일까!"[484]라고 하였다. 속세의 유자도 오히려 이와 같이 말하는데 하물며 납자는 어떠해야 하겠는가![485] 옛사람들은 이 일대사一大事를 위해 잠도 자지 않고 밥 먹는 것도 잊은 채 목숨을 바쳐 오래도록 부지런히 힘쓴 끝에 비로소 성취하였던 것이다. 세존께서는 설산雪山에서 고행을 하고,[486] 상제常啼보살은 묘향성妙香城의 법용法涌보살을 찾아가 뼈를 부수고,[487] 혜가慧可는 눈 속에서 팔을 끊었으며,[488] 혜능慧能은 돌을 지고서 방아를 찧었던 일화를 모르는가![489] 암두 전활岩頭全豁과 설봉 의존雪峰義存과 흠산 문수欽山文邃는 총림에서 함께 지내며 각자 한 가지 일을 맡아 어떤 사람은 밥을 짓고 물을 긷고 어떤 사람은 밭을 갈고 채소를 재배하였다.[490] 설봉은 아홉 차례나 동산 양개洞山良价의 회하를 찾아가고 세 차례나 투자 대동投子大同의 회하를 찾아갔으니,[491] 가는 곳마다에서 더없이 부지런히 힘썼다.

또한 장경 혜릉長慶慧稜은 15년 동안 일고여덟 개의 부들방석을 닳아 떨어뜨렸고,[492] 영운 지근靈雲志勤은 30년,[493] 용천 경흔涌泉景欣[494]은 40년, 더 나아가 임제 의현臨濟義玄과 덕산 선감德山宣鑑과 백장 회해百丈懷海 화상에 이르기까지 그러하였고, 영명 연수永明延壽는 하루에 108건의 방편을 행하는[495] 등 모두들 조사 문하에 의지한 세월이 대단히 오래였다. 이 더 위없는 최고의 현묘한 도를 어찌 경솔한 마음이나 거만한 마음으로 깨달아 얻을 수 있겠는가![496] 그 종지宗旨를 고취하여 생사대사를 해결하리라는 일념을 가지고 불조의 혜명慧命⁴⁹⁷을 이어 펼쳐 일으켜 뜻을 굳건히 하고 스스로 힘쓰며 목숨마저 내던지고 각고면려하기를 이와 같이 한 뒤에라야 마침내 수행의 공을 이루는 것이니, 이것이 바로 '한 법도 게으르고 나태함에서 생겨난 것은 없다.'⁴⁹⁸는 말일진저!

  그대들 형제들이여, 다행히 한창 혈기 왕성한 때⁴⁹⁹이고 굶주림과 추위에서도 벗어나 있으며 조세와 부역의 노고도 없는데 이런 중에도 부지런히 힘쓰지 않는다면 도업道業을 이루지 못할 것이다. 옛사람을 본받을 모범으로 삼아야 하리니 안연顔淵을 갈망하고 인상여藺相如를 앙모할 것이며, 세월을 허비하지 말며 선조의 유풍을 욕되게 하지 마라. 또한 어떤 나이 어린 사미들은 부처의 가사袈裟를 걸쳐 입고 망령되이 석가의 제자라 칭하며 오계도 수지하지 않고 육근도 깨끗이 하지 않으면서 외람되이 수행승입네 사칭하고 종지宗旨(宗敎)를 덮어 버리는 짓을 하는데, 오늘 이후로는 혹 계율에서 한두 가지 계만 범하더라도 함께 머무는 것을 허락지 않겠다. 혹 서로 쟁론을 벌이고 주먹다짐하며 다투는 자가 있다면 시비곡직是非曲直을 떠나 모두 절에서 쫓아낼 것이다. 그대들은 이미 이곳에 들어왔으니 깨달음을 얻을 기연을 등한히 하지 말라. 각자 한 가지씩의 소임을 맡아 하고, 뜻을 굳건히 하여 스스로 힘쓰며, 목숨마저 내던질 마음으로 더없이 부지런히 하여 끝내 공업을 이룬다면 참으로 다행일 것이다, 다행일 것이다.

因筆¹⁾不覺葛藤如許示同菴二三兄弟

諸兄弟, 旣來這裏, 同甘闃寂緣會, 決不等閑, 宜各勉力. 除去妄染情習, 下得眞正功夫. 孔丘曰, "誰能出不由戶! 何莫由斯道也!" 俗儒尙曰如是, 況衲子乎! 古人爲此一大事, 廢寢忘飡, 捐軀捨命, 久受辛勤, 乃可得成. 不見雪山捨身, 香山敲骨, 立雪斷臂, 負石舂碓! 只如巖頭雪峰欽山, 同歷叢林, 各執一務, 或飯頭擔桶, 或事園種菜. 九到洞山, 三上投子, 凡所至處, 効勤不已. 抑亦陵師十五載, 坐破七八介蒲團, 靈雲三十祀, 涌泉四十年, 乃至 臨濟德山百丈海和尙, 延壽禪師, 一日百八件事, 皆依門, 歲月甚久. 蓋此 無上妙道, 豈可以輕心慢心而趣入哉! 鞠其旨趣, 皆以生死大事爲念, 紹隆 佛祖慧命, 抗志自强, 放捨身命, 勤苦如是, 終成功業者, 所謂無一法, 從懶 墮懈怠中生者歟! 汝等兄弟, 幸自春秋鼎盛, 無飢寒之迫, 無征役之勞, 於 此不勤, 不成道業. 固宜以古爲儔, 希顏慕繭, 莫虛喪光陰, 忝先祖之風. 亦 有年少沙彌, 假佛形服, 妄稱釋子, 五戒也不持, 六根也不淨, 濫厠僧流, 大 懷宗敎, 自今日爲始, 或於戒律, 犯一二戒, 不許共住. 或相爭爭打拳手相 交者, 有理無理, 並皆黜菴. 汝等旣來這裏, 緣不等閑. 各執一務, 抗志自 强, 放捨身命, 效勤不已, 終成功業, 幸甚幸甚.

---

1) ㉑ '筆'은 '筆'의 오기인 듯하다.

망승을 보내며

"60년 세월이 일장춘몽이러니, 행장을 거두어 고향으로 돌아갔네. 말해보라! 어느 곳이 고향인가?" 주장자를 들고 말했다. "해는 서쪽으로 지고, 홍련 향기 연못 가득하네."500

送亡僧

"六十年光一夢場, 收拾行裝返古鄕. 且道! 古鄕在什麽處?" 擧拄杖云, "金鵝西沒處, 紅藕滿池香."

기함[501]

붉은 해는 분명코 서쪽으로 지려니와, 영혼은 어느 곳으로 가는지 알 수 없네.[502] 말해 보라! 이 무상無常한 일은 오지만 온 곳이 없고 가지만 이르는 곳도 없다. 어째서인가? "온 곳도 없고 간 곳도 없으므로 여래라 한다."[503]라는 말을 모르는가! 그러므로 '아는 자는 이를 불성이라 하지만 모르는 자는 이를 정혼情魂(精魂)이라 한다.'[504]

起函

紅輪決定沉西去, 不知魂靈往那方. 且道! 只此無常之事, 來無所從, 去無所至. 是什麼? 不見"無所從來, 亦無所去, 故名如來." 故云, 識者, 謂之佛性; 不識者, 謂之情魂.

하화[505]

햇불을 들고 말했다. "세 가지 인연이 화합하여[506] 이루어진 사대四大가 흩어져 허공으로 돌아갔다. 말해 보라! 어떤 것이 이 침琛 상좌의 주인공인가?" 불을 붙이고 말했다. "이 가운데 달마대사가 서쪽에서 오신 뜻을 알고자 하는 이 있는가? 불 속의 날벌레가 호랑이를 삼켰다."[507] "대중이여, 오늘 땔나무를 나르는 울력을 한 것은 돌아가신 스님을 다비하기 위해서이다. 말해 보라! 그 가운데 불로 살라도 변화하지 않은 것이 있다. 대중이여, 보았는가? 보았는가?" (자신이 말했다.) "'오온이라는 뜬구름은 부질없이 오간다.'[508]라 하였는데, 한 점 신령하고 밝은 것은 살라도 변화하지 않네.[509]"

下火

擧火云, "三緣和合, 成有四大, 分散還空. 且道! 作麽生是琛上座主人公?" 下火云, "箇中欲識西來意? 火裏蟊蟰吞大蟲." "大衆, 今日普請般柴, 只爲亡僧燒化. 且道! 中間有燒不化者. 大衆, 見麽? 見麽?" 云, "五蘊浮雲空去來, 一點靈明燒不化."

홍무 경술년(1370) 9월 15일에 내교(佛敎)의 공부[510] 방편을 여럿 가운데 선별하라는 교지를 받고 어전에 올린 글

제 견해로는 학인들의 공부를 점검하는 방편으로 선사들은 화두話頭를 제시하기도 하고 수어垂語[511]를 하기도 하며 색과 소리와 언어를 활용하기도 합니다.

화두로는 조주의 '무자', '만법귀일' 그리고 '부모미생전면목' 등이 있습니다.[512] 이를 두고 '크게 의심하면 반드시 크게 깨닫는다.',[513] '마음에 의단疑團이 없으면 이리저리 마음으로 헤아리는 길 또한 끊어지지 않는다.'[514]라고 합니다.

수어에는 '정전백수자', '마삼근', '간시궐' 등이 있습니다.[515] 이는 본분종사가 본분에 대해 답한 말(本分答話)들로서 활구活句로 대도의 근본을 설한 예이며, 이것이 바로 조사선인 것입니다.

다음은 색과 소리와 언어로 점검하는 방편입니다. 먼저, 색으로써 법을 제시하여 학인들을 가르친 방편으로는 건추犍槌를 잡거나 불자拂子를 세우는 것,[516] 눈썹을 치켜세우거나 눈을 깜박이는 것,[517] 주먹을 세우는 것,[518] 풀(筆)[519]을 들거나 주장자를 세우는 것[520] 등이 있으며, 영운 지근靈雲志勤이 복숭아꽃을 보고 깨달은 예[521]가 바로 이 경우입니다. 소리로써 법을 제시하여 학인들을 가르친 방편으로는 주장자를 내려치며 할을 하거나 선상을 세 번 두드리거나 솥뚜껑을 세 번 두드리는 것,[522] 시자를 세 번 부른 것,[523] '문 밖에서 무슨 소리가 나느냐' 물은 것,[524] '나지막이 흐르는 시냇물 소리가 들리느냐'고 묻고 학인이 '들린다'고 하자 '그 안으로 들어가라'고 한 예[525] 등이 있으며, 향엄 지한香嚴智閑이 돌조각이 대나무에 부딪혀 난 소리를 듣고 마음을 밝힌 예[526]가 바로 그 경우입니다. 언어로써 법을 제시하여 학인들을 가르친 방편으로는 '밥을 먹었느냐'라는 조주의 물음에 학인이 '먹었다'고 답하자 조주가 '발우나 씻어라'고 말해 주어 그 학인이 깨달은 예[527]가 있습니다. 또 천태 덕소天台德韶 국사가 법안을 곁에서 모시고 있는데 어떤 학인이 법안에게 '조계의 근원에서 흘러나오는 물 한 방울이란 무엇입니까?'라고 묻자 법안이 '이것이 바로 조계의 근원에서 흘러나오는 물 한 방울이다.'라고 답해 줌에 덕소 국사가 언하에 대오하였다는 일화[528]가 있습니다.

또한 대단히 미묘한 방편을 사용한 예가 있으니, 혹은 무심無心으로 혹은 무념無念으로 법을 제시하여 가르친 경우가 그러합니다. 예를 들어 육조 혜능은 '선이라고도 악이라고도 생각하지 않으면 자연히 청정한 마음의 본체에 들어설 것이니 항상 고요하지만 묘용은 갠지스강의 모래알처럼 많을 것이다.'[529]라고 하였습니다. 황벽 희운黃蘗希運[530]은 '도를 배우는 사람이 바로 그 자리에서 무심과 하나가 되지 못한다면 무수히 오랜 겁 동안 수행하더라도 끝내 도를 이루지 못하리라.'[531]라고 하였고, 장졸張拙[532] 상공은 '한 생각도 일어나지 않으면 전체 드러나리라.'[533]라고 하였으며, 이문화李文和 도위는 '곧바로 최상의 깨달음을 낚아채고, 어떤 시비에도 얽혀 들지 마라.'[534]라고 하였습니다.

洪武庚戌九月十五日, 承內敎功夫選取御前呈似言句

據我所見, 驗人功夫者, 或以話頭, 或垂語, 或以色聲言語.

話頭則或趙州無字, 或萬法歸一, 或父母未生前面目. 此如大疑之下, 必有大悟, 如云, '心若無疑, 心路不絶'故也.

垂語則或庭前柏樹子, 麻三斤, 乾屎橛. 此本分宗師, 本分答話, 如活句道得大道本, 此是祖師禪也.

具色聲言語. 以色示法示人, 則或拈槌竪拂, 揚眉瞬目, 竪起拳頭, 擧華擧起杖子, 如靈雲因見桃花悟道是. 以聲示法示人, 則或行杖下喝, 敲禪床三下, 敲鼎蓋三下, 三喚侍者, '門外是什麽聲', '還聞偃溪水聲麽', 僧云, '聞',

沙云, '從這裏入.' 如香嚴擊竹明心是. 以言語示法示人, 則趙州問僧, '喫粥了未?' 僧云, '喫粥了.' 州云, '洗鉢盂去.' 其僧悟去.

又韶國師, 侍側法眼次, 有僧問法眼, '如何是曹源一滴水?' 法眼卽答云, '是曹源一滴水', 國師言下大悟是.

又有最妙一方便, 或以無心, 或以無念. 如六祖云, '一切善惡, 都莫思量, 自然得入, 淸淨心體, 湛然常寂, 妙用恒沙.' 黃蘗云, '學道人, 若不直下無心, 累劫修行終不成.' 張拙相公云, '一念不生全體現.' 李文和都尉云, '直趣無上菩提, 一切是非莫管.'

주

1 입원소설入院小說 : 주지로 취임하는 입원入院의 형식에 따라 삼문·불전·방장·법좌 등의 순서로 돌면서 설한 법문.『禪林象器箋』권9「叢軌類」(禪藏, p.590), "입원 : 득법한 후에 세상에 나와 어떤 절에 처음 들어가는 것이다.(入院 : 出世入某院也.)";『百丈淸規』 권3「入院」(T48, 1125b13), "옛사람들의 입원 절차는 다음과 같다. 허리에 바랑을 두르고 머리에는 삿갓을 쓰고, 산문 앞에 당도하면 쓰고 있던 삿갓을 벗는다. 산문에 들어서면 향을 사르고 법어를 내린다. 승당 앞으로 나아가 바랑을 풀고, 가려진 곳(屛廁 등)에서 손과 발을 씻고 가사를 입는다. 승당에 들어가면 향을 사른 다음 성승聖僧 앞에서 좌구 坐具를 펼치고 삼배를 올리는데, 시봉하며 따르는 제자들도 함께 절을 올린다. 이렇게 하여 괘탑掛搭(掛錫)을 마친다. 불전에 도달하면 향을 사른 다음 법어를 내리며, 좌구를 펼치고 삼배를 올린다. 다음에는 토지당과 조사당에서 향을 사르고 각각의 장소에서 법어를 내린다. 방장에 들어서면 자리를 잡고 앉아 법어를 내린다. 다음으로 주지 취임 후 처음으로 법문을 하고(開堂) 축원한다.(古人, 腰包頂笠, 到山門首下笠, 入門炷香, 有法語. 就僧堂前, 解包, 屛處灌足取衣披搭. 入堂炷香, 聖僧前大展三拜, 參隨人同拜, 掛搭已. 到佛殿, 拈香, 有法語, 大展三拜. 次土地堂祖堂, 炷香, 各有法語. 入方丈, 據室, 有法語. 次第開堂祝聖.)"
2 산문山門 : 절 가장 앞에 세운 정문. 삼문三門이라고도 하는데, 공空·무상無相·무원無願의 삼해탈문三解脫門에 빗대어 해탈에 이르기 위해 들어서는 문이라는 뜻을 상징한다. 주지로 취임하는 입원의 일반적 절차에 따라 첫 번째로 산문에서 법문을 한다.
3 출입出入하는 문을 비유로 삼아 들어가도 들어갈 곳이 없고 나와도 나올 곳이 없는 무출무입無出無入·무내무외無內無外의 선지禪旨를 나타낸 말.
4 중문中門 : 산문과 불전佛殿 사이에 위치한 문.
5 말해 보라(且道) : 앞에서 하던 말을 멈추고, 화두로 전환하거나 문제를 제기할 때 하는 말.
6 이 말 전체와 정확히 일치하는 문헌은 없어서 누구의 말인지 알 수 없다. 다만 "막힘없이 드넓어 밖이 없고, 고요히 텅 비어 안이 없다.(寬廓非外, 寂寥非內.)"라는 구절은 남전 보원南泉普願이 수유茱萸에게 보낸 편지에 나온다.『南泉語要』古尊宿語錄12(X68, 69a21), "남전이 수유에게 '이치는 사事를 따라 다양하게 변화하니 막힘없이 드넓어 밖이 없고, 사는 이를 얻어 하나로 융합하니 고요히 텅 비어 안이 없다.'라는 내용의 편지를 부쳤다.(師寄書與茱萸云, '理隨事變, 寬廓非外 ; 事得理融, 寂寥非內.')" 또한 그 뒤의 구절은 관계 지한灌溪志閑의 말을 인용한 것으로서, 이 법문 전체의 뜻을 잘 드러내고 있다.『聯燈會要』「灌溪志閑章」권10(X79, 95c9), "대중에게 '시방 그 어디에도 벽과 울타리가 없고, 사면 그 어느 편에도 문이 없다. 깨끗한 벌거숭이요 한 점의 때도 없는 알몸 그대로 드러났지만 붙잡을 방법은 전혀 없다.'라 설법하고 법좌에서 내려왔다.(示衆云, '十方無壁落, 四面亦無門. 露倮倮, 赤洒洒, 沒可把.' 便下座.)"
7 보광명전普光明殿 : 비로자나불毘盧遮那佛을 봉안한 법당. 원래 부처님께서 80권본『華嚴經』을 설했던 곳이며, 인도의 마가다국 보리도량菩提道場 옆에 있었던 법당 이름이다. 보광법당普光法堂이라고도 한다.

상권 • 147

8 운문 문언雲門文偃의 법문을 활용한 말이다.『雲門廣錄』권2(T47, 559a15), "나는 평상시에 '모든 소리는 부처님의 소리이고 모든 색은 부처님의 색이니, 세상 전체가 바로 법신이다.'라고 말하여 공연히 불법에 대한 헛된 견해만 일으키고 말았다. 이제는 주장자를 보면 다만 주장자라 부르고 집을 보면 다만 집이라 부를 것이다.(我尋常道, '一切聲是佛聲, 一切色是佛色, 盡大地是法身.' 枉作箇佛法中見. 如今見拄杖但喚作拄杖, 見屋但喚作屋.)"

9 유나維那 : 총림에서 대중의 수행을 감독하고, 절의 여러 가지 소임을 총괄하여 맡아 보는 직책. 독경 때는 경의 제목이나 회향문을 읽는 일 등을 맡아 한다.『百丈淸規』권4 「維那條」(T48, 1132b4)에 그 소임이 상세히 기재되어 있다.

10 전좌典座 : 대중의 식사를 담당하는 직책.

11 상방上方 : 주지가 거처하는 방장. 절에서 가장 높은 곳에 위치하므로 이렇게 부른다.

12 방장方丈 : 사방 일장一丈 길이의 작은 방. 일장은 3m 정도이다. 방장실方丈室 또는 장실丈室이라고도 한다. 선종의 사원에서 주지가 거처하는 방을 일컫는 말로서 함장函丈·정당正堂·당두堂頭 등과 같은 말이다.

13 옷소매를 털며~방장方丈으로 갔다(拂袖便行) : 보통은 있던 자리에서 결연하게 떨치고 떠날 때의 모습을 표현한다. 여기서는 선사로서의 선기禪機를 보여 준 행위 정도로 해석할 수 있다.

14 석두 희천石頭希遷의 〈草庵歌〉에 나오는 구절이다.『景德傳燈錄』권30「石頭和尙草庵歌」(T51, 461c11), "세상 사람들이 머무는 곳에 나는 머물지 않고, 세상 사람들이 좋아하는 곳을 나는 좋아하지 않노라. 암자는 비록 작지만 법계를 모두 머금고 있으니, 방장의 노인은 이 도리를 자세히 안다네.(世人住處我不住, 世人愛處我不愛. 庵雖小含法界, 方丈老人相體解.)"

15 자연각자自然覺者라는 말은『華嚴經』에 나오는 구절이며, 대혜 종고大慧宗杲가 이 말을 간화선看話禪의 안목으로 활용했다. 누구의 가르침에도 의지하지 않고 자연스럽게 스스로 성취한 지혜, 곧 무사지無師智·자연지自然智 등의 맥락과 관련된 말로서 '스스로 깨달은 자'라는 뜻이다.『華嚴經』권5(T10, 24a27), "여래의 궁전은 끝이 없으니, 자연각자가 그 안에 산다.(如來宮殿無有邊, 自然覺者處其中.)";『大慧語錄』권17(T47, 885b25), "(말로 표현할 수 없는) 이 안에서는 세간의 총명한 말솜씨를 한 점도 써먹을 수 없다. 이러한 경지에 도달해야 비로소 몸을 던지고 목숨까지 버린 자재한 경지라 할 수 있다. 그러나 이와 같은 경계는 반드시 당사자가 스스로 증명하고 스스로 깨달아야만 한다. 그런 까닭에『華嚴經』에서도 '여래의 궁전은 끝이 없으니, 자연각자가 그 안에 산다.'라고 한 것이다. 이것이 바로 옛날부터 온갖 성인들이 성취한 대해탈의 법문이다.(這裏, 世間聰明辯才, 用一點不得. 到得恁麼田地, 方是放身捨命處, 這般境界, 須是當人自證自悟始得. 所以華嚴經云, '如來宮殿無有邊, 自然覺者處其中.' 此是從上諸聖大解脫法門.)"

16 6척의 몸 : 석가모니불의 크기를 보통 일장육척一丈六尺이라 하는 말에 따른다.『大智度論』권10(T25, 127c14), "어떤 사람은 부처님의 몸(佛身)이 일장육척이라 주장하고, 어떤 이는 1리나 10리 또는 백천만억 또는 끝도 없이 헤아릴 수도 없어 허공을 가득 채울 정도의 크기라고 주장하기도 한다. 이와 같은 것들을 신밀身密이라 한다.(有人見佛身, 一丈六尺, 或見一里十里, 百千萬億, 乃至無邊無量, 遍虛空中. 如是等名身密.)"

17 수미좌須彌座 : 주지住持가 법당에서 여러 스님들에게 설법하는 자리. 곧 법좌法座를 수미산에 견주어 이르는 말. 수미단須彌壇이라고도 한다.

18 『法華經』권4 「法師品」(T9, 32a21), "대자비를 방으로 삼고, 순하게 인욕하는 마음을 옷으로 삼으며, 제법이 공이라는 이치를 자리로 삼으니, 이에 의거하여 법을 설하리라.(大慈悲爲室, 柔和忍辱衣, 諸法空爲座, 處此爲說法.)"

19 자의紫衣 : 자색의 가사. 자색은 공이 큰 사람에게 하사하는 복장의 색 중에 가장 귀한 복색으로서 측천무후가 법랑法朗에게 하사한 데서 비롯하였다고 한다.

20 『佛眼語錄』古尊宿語錄27(X68, 175b2) 참조.

21 계향戒香 : 오분법신五分法身 하나하나를 들고 향을 사르는 오분법신향五分法身香(또는 五部法身香) 가운데 하나. 나머지 네 가지는 이하의 글에도 나오듯이, 정향定香·혜향慧香·해탈향解脫香·해탈지견향解脫知見香이다. 이 소향행사燒香行事에 의해 만덕의 법신을 성취하므로 심향心香 또는 일심향一心香이라고도 한다. 『壇經』에 부처님의 오분법신을 향에 비유하여 설한 다음과 같은 글이 보인다. 宗寶本『壇經』「懺悔品」(T48, 353c6), "첫째 계향. 자기 마음속에 그릇됨이나 악함이 없고, 질투, 탐욕과 성냄, 위협하여 해치려는 마음이 없는 것을 계향이라 한다. 둘째 정향. 온갖 선하거나 악한 상相을 보고도 자기 마음이 어지러워지지 않는 것을 정향이라 한다. 셋째 혜향. 자기 마음에 장애가 없어 항상 지혜로 자성을 관조하며 어떤 악행도 짓지 않으며 갖가지 선을 닦더라도 그에 집착하지 않으며, 윗사람을 공경하고 아랫사람을 끔찍이 생각하며 외롭고 가난한 이들을 가엾게 여겨 도와주는 것을 혜향이라고 한다. 넷째 해탈향. 자기 마음에 반연하는 마음이 없고 선이라고도 생각지 않고 악이라고도 생각지 않으며 걸림 없이 자재함을 해탈향이라고 한다. 다섯째 해탈지견향. 자기 마음에 이미 반연하는 마음도 없고 선악이라는 분별도 없으며 텅 비어 고요하기만 한 경계에 침몰해 있지도 않으니, 널리 배우고 많이 알아 자신의 본심을 깨닫고 온갖 불도의 이치에 달통하여 지혜의 빛으로 중생제도에 힘쓰며, 나라는 것도 남이라는 것도 없으며 곧장 보리에 이르러 참된 본성을 바꾸지 않음을 해탈지견향이라 한다. 선지식이여, 이 향은 각자 내면에서 훈습할 일이니, 밖에서 구하지 마라.(一, 戒香. 卽自心中, 無非無惡, 無嫉妬, 無貪瞋, 無劫害, 名戒香. 二, 定香. 卽覩諸善惡境相, 自心不亂, 名定香. 三, 慧香. 自心無礙, 常以智慧觀照自性, 不造諸惡, 雖修衆善, 心不執著, 敬上念下, 矜恤孤貧, 名慧香. 四, 解脫香. 卽自心無所攀緣, 不思善不思惡, 自在無礙, 名解脫香. 五, 解脫知見香. 自心旣無所攀緣善惡, 不可沈空守寂, 卽須廣學多聞, 識自本心, 達諸佛理, 和光接物, 無我無人, 直至菩提, 眞性不易, 名解脫知見香. 善知識, 此香各自內熏, 莫向外覓.)"

22 『大般若經』 권387 「不可動品」(T6, 1001c21), "그러나 본성本性이 공이라는 이치는 무너뜨릴 수 없고, 상주常住하는 것도 아니요 단멸斷滅하는 것도 아니다. 왜 그러한가? 본성이 공이라는 이치는 정해진 방위도 처소도 없으며, 이전에 무언가를 따라 온 곳도 없고 앞으로 갈 곳도 없기 때문이다. 이러한 공의 이치를 법주法住라 한다.(然本性空理不可壞, 非常非斷. 所以者何? 本性空理, 無方無處, 無所從來, 亦無所去. 如是空理, 亦名法住.)"

23 변함없는 산처럼~깊고 크시기를 : 수산복해壽山福海라고 한다. 수명이 산처럼 오래고, 복이 바다처럼 드넓기를 기원하는 말.

24 이것(這介) : 저개這箇(者个·者箇)·차개遮箇로도 쓴다. 다른 것 아닌 바로 그것 또는

본래 갖추고 있는 불성 등을 지시하는 말로 쓰인다. '這介' 자리에 '此性' 또는 '此段大事因緣' 등으로 실려 있는 책도 있다.

25 『趙州語錄』古尊宿語錄14(X68, 87c11), "조주가 대중에게 말하였다. '세계가 있지 않았을 때에도 이 성품은 있었으며, 세계가 무너질 때에도 이 성품은 무너지지 않는다.' 학인이 물었다. '이 성품이란 무엇을 말씀하시는 것입니까?' '오온사대이니라.'(師示衆云, '未有世界, 早有此性, 世界壞時, 此性不壞.' 僧問, '如何是此性?' 師云, '五蘊四大.')"; 『大慧語錄』 권17(T47, 884c23), "세계가 있지 않았을 때에도 이 일단의 일대사인연은 이미 있었으며, 세계가 무너질 때에도 이 일단의 일대사인연은 실오라기 터럭 끝만큼도 움직인 적이 없다.(未有世界, 早有此段大事因緣, 世界壞時, 此段大事因緣, 不曾動著一絲毫頭.)"

26 『大慧語錄』 권1(T47, 811b19), "또 향을 사르며 말하였다. '이 하나의 향은 처다보면 눈동자가 마르고 냄새 맡으면 머리가 찢어진다. 귀하게 여기는 사람에게는 사바세계보다 그 값이 더 나가겠지만 천하게 여기는 사람에게는 반 푼의 가치도 없다.(又拈香云, '此一瓣香, 覷著則眼睛枯, 嗅著則腦門裂, 遇貴則價重婆娑, 遇賤則分文不直.')"

27 중생들(萬機) : 다양한 근기根機 또는 그것을 가진 중생을 통틀어서 일컫는 말. 선종에서는 개개의 사람이 처해 있는 온갖 상황이나 마음의 작용을 뜻하기도 한다.

28 참된 깨달음의 경지는 자기 자신이 체득해야 하는 것이지 불조佛祖도 전해 줄 수 없다(千聖不傳)는 의미이다. 『景德傳燈錄』 권16 「上藍令超傳」(T51, 332a26), "'어떤 것이 저, 상람上藍 자신의 본분사입니까?' '온갖 성인에게서도 빌리지 못하거늘 어찌 중생들에게서 구하랴!'(僧問, '如何是上藍本分事?' 師曰, '不從千聖借, 豈向萬機求!')"

29 암두 전활巖頭全豁의 말. 『大慧語錄』 권22(T47, 906b13), 『密菴語錄』(T47, 980a21) 등 참조. 천지를 뒤덮는다는 '개천개지盖天盖地'는 온 천하를 제압한다는 뜻으로 시공을 초월하여 불법이 없는 곳이 없음을 나타낸다. 또는 불법이라는 진리가 현성한 것을 표현하기도 한다. '진시방세계盡十方世界', '진천진지盡天盡地', '보천보지普天普地'라고도 한다.

30 선사先師 : 입적한 스승에 대한 호칭.

31 하늘에 닿을~높은 기개(遼天鼻孔) : 비공요천鼻孔撩天이라고도 한다. 요천撩天은 조천朝天이라고도 하는데 하늘을 향해 있다는 뜻이다. 코가 하늘에 닿을 정도로 높이 솟아 있다는 말로, 기개와 도량이 대단히 높고 큰 상태를 뜻한다. 자부심이 크고 오만한 태도 또는 기세가 대단히 충천하고 자부심에 넘쳐 득의양양한 모습을 형상화한 말이다. 『祖庭事苑』 권1(X64, 319c11), "비공요천 : 요遼 자는 응당 요撩로 쓰는 것이 맞으므로 이 요撩 자를 취하였다. 우러러보는 모양인데, 요遼 자는 멀다는 뜻이므로 맞지 않다.(鼻孔遼天 : 遼當作撩, 撩取也. 昂視之貌, 遼遠也, 非義.)"

32 법을 베풀어 주신 은혜(法乳之恩) : 법이라는 젖을 먹여 주신 은혜. 어머니가 젖을 먹여 자식을 기르고 키우듯이 불조佛祖가 법을 가르쳐 준 은혜를 비유적으로 표현하는 말. 『雪峰語錄』 「刻雪峰語錄緣起」(X69, 70a13), "어리석은 내가 스승이 내려 주신 법을 직접 계승했으니, 넘쳐흐르는 법의 젖을 베풀어 주신 그 은혜 지극하여 갚기 어렵다.(愚蒙, 乃承師付囑, 津津法乳, 恩極難酬.)"

33 향엄 지한香嚴智閑이 깨달음을 얻고서 그 스승 위산 영우潙山靈祐를 찬한 말 중에 나온다. 『景德傳燈錄』 권11 「香嚴智閑傳」(T51, 284a12) 참조.

34 이수산李壽山(?~1376) : 고려 말 문신. 도순문사都巡問使로 여진족女眞族을 평정하였으며, 1365년 삼사우사三司右使를 거쳐 삼사판사三司判事에 올랐다. 신돈辛旽에 의해 정적政敵으로 한때 숙청된 적도 있으나, 공민왕 사후에 우왕을 옹립하려는 세력에 반대하여 공양왕으로부터 그 충의를 인정받았다.
35 백추白槌 : 법문을 시작하기 전에 건추犍槌를 울려서 행사를 알리는데 이러한 의식을 명추백사鳴槌白事라고 한다. 또는 그렇게 알리는 용도로 쓰이는 건추 자체를 백추라 하기도 한다. '白'은 고백告白, '槌'는 율원律院에서 대중에게 정숙을 알리기 위해 치던 건추에서 비롯한 명칭이다.
36 백추를 울리고 의식을 선언하는 뜻에서 하는 일종의 의례적인 말. 『百丈淸規』권3 「開堂祝壽條」(T48, 1126a19), "모든 산문의 상수上首 중에서 백추의 소임을 맡은 스님이 나와 건추를 한 번 울리고 '법석에 앉은 대중이여, 마땅히 제일의를 관찰하시오.'라고 말한다.……설법을 마치면 백추를 담당하는 스님이 다시 건추를 한 번 울리고 '법왕의 법을 자세히 관찰하시오. 법왕의 법은 이와 같습니다.'라고 말한다.(諸山上首, 出白椎, 鳴椎一下云, '法筵龍象衆, 當觀第一義'……結座, 白椎人, 復鳴椎一下, 白云, '諦觀法王法, 法王法如是.')"
37 종지를 설법했다(提綱) : 종지의 핵심을 제기하는 것 또는 불법의 대의를 설법하는 것을 이름.
38 붉게 타는~눈과 같구나(紅爐上一點殘雪) : 그 어떠한 흔적이나 자취도 남기지 않음을 비유하는 말. 몰종적沒蹤跡의 경지를 뜻한다. 『應菴語錄』권5(X69, 523b12), "가사를 정제하고 법좌에 앉으니 보령 화상이 백추를 울리고 '법석에 앉은 대중이여, 마땅히 불법의 근본적인 뜻(第一義)을 꿰뚫어 보시오!'라고 하였다. 응암 담화應庵曇華 선사가 말하였다. '불법의 근본적인 뜻을 논함은 마치 붉게 타는 화로에 떨어진 한 점의 눈과 같아서 듣는 작용은 소리를 넘어서지 못하고 보는 작용은 색을 벗어나지 못한다. 대중 앞에 나아와 의심을 푸는 데 방해될 것이 무엇이리오!'(遂斂衣就坐, 保寧和尙白槌云, '法筵龍象衆, 當觀第一義!' 師云, '若論第一義, 如紅爐上一點雪相似, 若也聽不出聲, 見不超色. 何妨出衆決疑!')"
39 선다객宣茶客 : 선타객先陀客·선타파仙陁婆(禪陀婆·先陀婆)라고도 한다. 상황에 따라 무엇을 지시하고 있는지 잘 아는 사람을 뜻하는 말. 『大般涅槃經』권9(T12, 662b18), "선타파란 하나의 이름에 들어 있는 네 가지 실물을 말한다. 첫째는 소금, 둘째는 그릇, 셋째는 물, 넷째는 말이다. 이와 같은 네 사물의 이름이 하나로 같지만 지혜로운 신하는 이 이름이 무엇을 지칭하는지 잘 안다. 왕이 씻을 때 선타파를 찾으면 물을 바치고, 왕이 음식을 먹을 때 선타파를 찾으면 소금을 바치며, 왕이 식사를 마치고 무언가 마시고 싶어 할 때 선타파를 찾으면 그릇을 바치고, 왕이 유람할 때 선타파를 찾으면 말을 바친다. 이와 같이 지혜로운 신하는 대왕이 내린 네 종류 은밀한 말을 잘 이해한다.(先陀婆者, 一名四實. 一者鹽, 二者器, 三者水, 四者馬. 如是四物, 共同一名, 有智之臣, 善知此名. 若王洗時, 索先陀婆, 卽便奉水 ; 若王食時, 索先陀婆, 卽便奉鹽 ; 若王食已, 欲飮漿時, 索先陀婆, 卽便奉器 ; 若王遊時, 索先陀婆, 卽便奉馬. 如是智臣, 善解大王四種密語.)"
40 석옥 청공이 열반에 들기 전에 지은 게송을 인용하여 한 말. '이구 온보李玖溫甫의 서문' 참조.

41 만수산萬壽山 : 북경 서쪽 이화원頤和園 내에 위치. 원래 이름은 옹산甕山인데, 청 건륭 연간에 이름을 바꾸었다. 남쪽으로는 곤명호昆明湖를 마주하고 있고 산 위에는 불향각佛香閣과 배운전排雲殿 등이 건립되어 있으며 풍경이 수려하기로 이름난 명승지이다.

42 소동파蘇東坡(1036~1101)의 다음 오도송悟道頌 구절을 인용한 것이다. 『續傳燈錄』 권20 「東坡居士傳」(T51, 601b14), "시냇물 소리가 곧 광장설법廣長說法이니, 산 빛인들 어찌 청정법신淸淨法身이 아닐 것인가! 한밤에 팔만사천의 게송을 들었으니, 훗날 어떻게 그것을 사람들에게 제시해 줄까!(溪聲便是廣長舌, 山色豈非淸淨身! 夜來八萬四千偈, 他日如何擧似人!)"

43 모두 그대들이~수 있다 : 정확히 일치하는 것은 아니나, 『圜悟心要』 권하 「示英上人」(X69, 483b24~c2), 같은 책 「示魏學士」(X69, 479a9~14)의 구절과 흡사하다.

44 『首楞嚴經』 권2(T19, 110c21), "선남자들아, 나는 항상 '색과 마음과 모든 대상 경계와 마음에 의해 부림받는 것과 반연하는 모든 법이 다 오직 마음에서 드러난 것'이라고 말해 왔다. 너희 몸과 너희 마음은 모두 미묘하고 밝으며 참으로 정묘한 마음에서 드러난 모습이거늘, 어찌하여 너희들은 본래 미묘하여 원만 융통하고 밝은 마음과 보배처럼 밝고 미묘한 성품을 잃어버리고서는 깨달음 속에서 미혹되었다고 잘못 아는가!……끊임없이 미혹을 마음이라 여기고 미혹은 색신 안에 있다고 결정하면 색신 밖의 산하·허공·내지 등이 모두 미묘하고 밝으며 참된 마음 가운데 있는 것임을 알지 못한다. 비유하자면 맑고 깊은 수많은 대해는 저버리고 오로지 한 물거품의 체體만을 중시해서 그것을 전체 바다라 여기면 너른 바다는 없어져 버리는 것과 같다.(諸善男子, 我常說言, '色心諸緣, 及心所使, 諸所緣法, 唯心所現.' 汝身汝心, 皆是妙明眞精妙心中所現物, 云何汝等, 遺失本妙, 圓妙明心, 寶明妙性, 認悟中迷!……一迷為心, 決定惑為色身之內, 不知色身外, 洎山河虛空大地, 咸是妙明眞心中物, 譬如澄淸百千大海棄之, 唯認一浮漚體, 目為全潮, 窮盡瀛渤.)"

45 다수의 경전과 어록 등에 보이는 상용구.

46 사리闍梨 : 본래 고승대덕을 가리키지만, 선 문헌에서는 스승이 제자를 높여 부르는 말로 '사리'라는 호칭이 빈번하게 쓰인다.

47 협산 선회夾山善會의 법어 등에 보이는 구절. 『聯燈會要』 권21(X79, 179b14) 참조.

48 흥성사興聖寺 : 공민왕의 왕비 노국공주魯國公主의 원당願堂. 백운 경한은 공민왕 17년(1368)에 이 절의 주지로 취임했다고 알려져 있다.

49 훌륭한 명령(休命) : 아름답고 선한 명령. 천자나 신명神明의 뜻. 『周易』 「大有」 "군자는 악을 막고 선을 드날려 하늘의 휴명을 따른다.(君子以遏惡揚善, 順天休命.)" 임금의 명을 받들어 그 뜻을 널리 백성에게 알리고 드높이는 것을 '대양휴명對揚休命'이라고 한다.

50 마지막 한 구절(末後一句子) : 진리를 나타내는 궁극적인 한 구절. 최초의 한 구절, 즉 최초일구자最初一句子·최초구最初句와도 똑같은 뜻이다. 『無門關』13則 「德山托鉢」 (T48, 294c7), "최초구를 안다면, 말후구도 알리라. 그러나 말후구와 최초구여! 그 어느 것도 결정적인 한 구절은 아니로다.(識得最初句, 便會末後句. 末後與最初! 不是者一句.)"

51 황면노자黃面老子 : 부처님을 가리킨다. 황면구담黃面瞿曇·황면노黃面老·황두대사

黃頭大士・황두노黃頭老・황두黃頭 등이라고도 한다. 부처님의 몸은 황금색의 금색신金色身으로 인식되는 까닭에 붙은 칭호이다.
52 『金剛經』(T8, 751c24) 참조.
53 『莊子』에서 비롯된 말이며, 그것을 승조僧肇가 활용하여 만들어 낸 비유이다. 『莊子』「騈拇」 "긴 것이라고 하여 남아돌지 않으며 짧은 것이라고 하여 부족하지 않다. 그러므로 오리 다리가 비록 짧지만 늘이면 괴로워하고, 학 다리가 비록 길지만 자르면 슬퍼하는 것이다.(長者, 不爲有餘;短者, 不爲不足. 是故鳧脛雖短, 續之則憂;鶴脛雖長, 斷之則悲.)";『肇論』「般若無知論」(T45, 154c10), "경에 '모든 법이 다르지 않다'라고 한 말이 어찌 '오리 다리를 늘이고 학 다리를 자르며, 산을 깎아 골짜기를 메운 다음에 서로 다른 점이 없다'고 하는 뜻이겠는가! 진실로 차별된 것들을 다르다고 집착하지 않으므로 비록 달라도 다르다고 여기지 않는 것이다.(經云, '諸法不異者', 豈曰, 續鳧截鶴, 夷嶽盈壑, 然後無異哉! 誠以不異於異故, 雖異而不異也.)" 큰 것은 큰 것대로 작은 것은 작은 것대로 각각의 본분을 간직하고 있으며 대소라는 차별로 구분 지을 수 있는 것이 아니라는 뜻의 '대저대소저소大底大小底小'라는 말과도 통한다.
54 『法華經』권1 「方便品」(T9, 9b10)에 나오는 구절. 앞서 나온 승조의 비유를 들어 보일 때에 운문 언언이 이 구절도 함께 인용했다. 『雲門廣錄』권중(T47, 560b4) 참조. 백운 경한은 전체적으로 운문의 이러한 평가에 기초하고 있다.
55 양기 방회楊岐方會의 말. 『楊岐語錄』(T47, 641c29).
56 지위 없앨(雌黃) : 자황雌黃은 황색의 안료顔料. 옛날에 황색의 종이에 글을 쓰거나 그림을 그릴 때 잘못된 부분을 고치기 위해 지우는 데 사용하던 물품. 이로부터 글이나 시문을 고치는 것 또는 품평・평론하는 것을 뜻하게 되었다.
57 요순堯舜과 같은~이루신 태평성대(堯天舜德) : 요천순일堯天舜日이라고도 하며, 태평성대를 비유한다. 『論語』「泰伯」의 "높디높구나, 오직 하늘이 크거늘 요임금만이 이를 본받으셨네.(巍巍乎, 唯天爲大, 唯堯則之.)"라는 구절에서 요임금이 하늘을 본받아 교화를 행하여 제왕의 크고 훌륭한 덕을 펴고 태평성대를 이루었음을 칭송한 데서 태평성대를 요천堯天이라 일컫게 되었다.
58 도림도림桃林의 들판에~말을 돌려보내어 : 주周 무왕武王이 은나라 주紂를 친 이후에 다시는 전쟁을 하지 않겠다는 뜻에서 전쟁에 사용되던 우마를 모두 풀어놓았다는 고사에서 유래한 말. 『書經』 「武成」 참조.
59 온 백성~밥 먹으니 : 요堯임금 때에 한 노인이 지었다는 〈격양가擊壤歌〉에 "해가 뜨면 일어나 일하고 해가 지면 쉬며, 우물 파서 물 마시고 밭을 갈아 밥 먹으니, 임금의 힘이 나와 무슨 상관있으리오!(日出而作, 日入而息, 鑿井而飮, 耕田而食, 帝力於我何有哉!)"라 한 데에서 유래한 구절이다.
60 다음 책에 이와 비슷한 구절이 보인다. 『金剛般若波羅蜜經破取著不壞假名論』권상 (T25, 890c10), "부처님께서는 '몸이 아닌 것을 몸이라고 하고 몸이 있는 것을 대신大身 (無相身)이라 하지 않는다'라고 하셨다.(佛說非身是名爲身, 非謂有身名爲大身.)" 경전의 이러한 문구를 빌려 무위지치無爲之治를 비유적으로 표현한 것이다.
61 『景德傳燈錄』권29 「梁寶誌和尙大乘讚」(T51, 449b1), "대도는 항상 눈앞에 있건만, 눈앞에 있음에도 보기는 어렵네. 도의 참된 본체를 깨닫고자 한다면 색과 소리와 언어를 피하려 마라. 언어가 곧 대도이니, 번뇌를 끊어 없앨 필요 없다네. 번뇌는 본래 공적한

데, 망령된 생각이 갈마들며 서로 얽어매는 것일 뿐이니라.(大道常在目前, 雖在目前難
覩. 若欲悟道眞體, 莫除色聲言語. 言語卽是大道, 不假斷除煩惱. 煩惱本來空寂, 妄情遞
相纏繞.)"

62 이것은 색이다~참된 본체인가 : 『大慧語錄』권1(T47, 812a28~b2)의 내용과 흡사하다.
63 일할一喝 : 말로는 미칠 수 없는 뜻을 나타내는 한 소리.
64 『老子』14장, "보아도 보이시 않는 것을 이夷라 하고, 들어도 들리지 않는 것을 희希라
하고, 잡아도 얻지 못하는 것을 미微라 한다.(視之不見, 名曰夷 ; 聽之不聞, 名曰希 ; 搏
之不得, 名曰微.)"
65 『宏智廣錄』권4(T48, 38c24), "진공은 공이 아니요 묘유는 실유가 아니다. 이는 삼라만
상이 생성하는 근본이요 이의二儀(陰陽)가 조화하는 모태이다. 어느 한쪽 방위로 그
있는 곳을 지정하여 가리킬 수도 없고 겁의 수로도 그 수명을 다 헤아릴 수 없다.(眞空
不空, 妙有不有. 是萬象生成之根, 卽二儀造化之母. 方隅不可定其居, 劫數不可窮其壽.)"
66 이러한 경계에서~자라야만 한다 : 『雲門廣錄』권상(T47, 552b25~c4)의 상당 법문 내
용과 흡사하다.
67 무엇이라 불러도 잘못인 진퇴양난의 관문을 설정할 때 선사들이 주로 쓰는 문제 제기
의 한 방식이다. 수산 성념首山省念이 죽비를 소재로 제기한 다음의 공안이 널리 알려
져 있다. 『禪門拈頌說話』1331則(H5, 870c19), "수산 성념이 죽비를 집어 들고 어떤 학
인에게 물었다. '죽비라 부르면 그 말에 물들고, 죽비라 부르지 않으면 등지게 된다. 말
해 보라! 무엇이라 불러야 할까?'(首山, 拈起竹篦子, 問僧云, '喚作竹篦卽觸, 不喚作竹
篦卽背. 且道! 喚作什麼?')" 물들거나(觸) 등지는(背) 두 가지를 모두 부정하는 방식으
로 설정한 이러한 화두의 관문을 배촉관背觸關이라 한다. 그러나 모두 내치고 부정하
는 것만이 정답인 것은 아니다. 이 문제는 어디로든 열려 있다. 즉 반대로 죽비라 부르
거나 죽비라 부르지 않거나 모두 옳으며, 백운과 같이 죽비를 다만 죽비라 부르겠다는
견해도 통한다. 선사들은 자신의 안목을 드러내고 펼치거나 상대를 시험하는 수단으
로 공안을 활용할 뿐이며 그 안에 만고불변의 답은 들어 있지 않다.
68 『雲門廣錄』권중(T47, 555c3), "운문이 하루는 주장자를 집어 들고 '교가教家에서는 〈범
부는 진실로 그것을 있다(有)고 여기고, 이승은 분석하여 그것을 없다(無)고 여기며, 연
각은 허깨비와 같이 있는 것(幻有)이라 여기고, 보살은 그 자체를 공이라 여긴다.〉고
한다.'라는 말을 제기하고 다음과 같이 말했다. '나는 주장자를 보고는 다만 주장자라
고 부를 뿐이고 걸을 때는 단지 걸을 뿐이며 앉을 때는 단지 앉아 있을 뿐이니, 어떠한
경우에도 그 자리에서 움직여서는 안 된다.'(師一日, 拈起拄杖擧, '教云, 〈凡夫實謂之有,
二乘析謂之無, 緣覺謂之幻有, 菩薩當體卽空.〉' 乃云, '衲僧見拄杖, 但喚作拄杖, 行但行,
坐但坐, 總不得動著.')"
69 『金剛經』(T8, 752b28) 참조.
70 위의 책(T8, 749a24) 참조.
71 정확히 일치하는 구절은 찾지 못하였으나, 다음의 글과 대의가 통하는 것으로 보인다.
『圓覺經略疏』권상(T39, 544c5), "관찰하는 지혜가 원만하게 밝고 심식이 청정한 자 또
한 이와 같으니, 세간이나 출세간이나 또는 성인이나 범부나 모두 공이라 본다. 공은
깨달음의 본체(覺體)이다. 그러므로 이하의 문구에서 '부처님의 세계를 허공에 핀 꽃과
같이 보고 생사·열반을 지난밤 꿈처럼 보라'고 한 것이다.(觀智圓明心識淨者, 亦復如

是, 見世出世若聖若凡, 一切皆空. 空是覺體. 故下文云, '見佛世界, 猶如空華, 生死涅槃, 猶如昨夢.')"

72 바다와 같이~비추는 지혜(法界海慧) : 바다와 같이 깊고 넓은 법계를 비추는 지혜. 『圓覺經』(T17, 917b7), "바다와 같이 깊고 넓은 법계를 비추는 지혜로 모든 상相을 환히 비춤이 허공과도 같으니, 이를 여래가 원각圓覺의 성품에 수순하는 것이라 한다.(法界海慧, 照了諸相, 猶如虛空, 此名如來隨順覺性.)"; 『圓覺經略疏註』권하(T39, 556b9), "법계해혜 : 법계는 깊고 넓으므로 바다와도 같다. 지혜는 작용이요 법계를 칭량하기 때문에 법계혜라 한다.(法界海慧 : 法界深廣, 故如海也. 慧則是用, 稱法界故, 名法界慧.)"

73 『圓覺經』(T17, 917b2) 참조.

74 망심妄心의 본체는 원래 공(妄體元空) : 망체본허妄體本虛와 같은 말. 『宗鏡錄』권6(T48, 447c24), "묻는다. '망상을 일으킨 마음으로는 원래 자신의 본체가 없음을 깨닫지 못하지만 이제 그 망심이 일어날 때 최초의 상相도 없음을 깨달았다면 참된 깨달음을 온전히 이룬 것인데, 이 참된 깨달음이라는 상도 다시금 망심을 따라 모두 떨쳐 버려야 하는가, 처음부터 다시 건립해야만 하는가?' 답한다. '망으로 말미암아 진을 설하는 것이니 진도 자체의 독립적인 상은 없으며, 진으로부터 망을 일으키는 것이니 망의 본체도 본래 허망한 것이다. 망이 이미 공으로 돌아갔다면 진도 건립하지 않는다.'(問, '不覺妄心, 元無自體, 今已覺悟妄心起時, 無有初相, 則全成眞覺, 此眞覺相, 爲復隨妄俱遣, 爲當始終建立?' 答, '因妄說眞, 眞無自相 ; 從眞起妄, 妄體本虛. 妄旣歸空, 眞亦不立.')"

75 『圓覺經略疏』권상(T39, 529b21), "모든 중생이 청정한 깨달음의 경계에 있으나 진여의 실상에 미혹되어 망령된 경계를 일으켜 망령되이 중생이라 보는 것이다. 그러나 이러한 망심妄心의 본체는 원래 공이어서 온전히 본래 깨달은 마음의 경지일 뿐이다. 망령되이 물들지 않으므로 청정하다고 하는 것이다. 그러므로 논서에서 일체중생이 본래 상주하며 열반에 들어가 있다고 한 것이다.(是諸衆生, 清淨覺地, 迷眞起妄, 妄見衆生. 妄體元空, 全是本覺心地. 妄不能染, 故云清淨. 故論云, 一切衆生, 本來常住, 入於涅槃.)"

76 『楞嚴經』권2(T19, 112b19) 참조.

77 『般若心經』(T8, 848c10) 참조.

78 『證道歌』(T48, 395c19) 참조.

79 주 68 참조.

80 드러난 그대로 온전히 진실이다(覿體全眞) : 온통 드러나 있는 그 자체 그대로 진실하다는 말. 보이는 그대로, 나타나 있는 그대로 진실을 드러내고 있다는 뜻이다. 물물전진物物全眞·물물적체物物覿體·처처전진處處全眞 등과 같은 말이다. 『圜悟語錄』권9(T47, 753c5), "바로 그 자리에서 알아차려 철저히 분명해지고 심지가 또렷해져야 '걷는 것도 선이요 앉아 있는 것도 선이며, 말하거나 침묵하거나 움직이거나 고요한 것 모두가 바른 본체'라 할 만하다. 그러므로 운문은 '화상들이여, 망령되이 생각하지 마라! 산은 산이고 물은 물이며, 승은 승이고 속은 속이다'라 하였고, 또 '주장자를 보고는 다만 주장자라 할 뿐이고 집을 보면 다만 집이라 부를 뿐이다.'라 하였으니, 이를 '드러난 그 모습 그대로 모두 진실하다.'라고 한다.(直下了得, 徹底分明, 心地了了, 可謂'行亦禪, 坐亦禪, 語默動靜, 皆爲正體.' 是故雲門道, '和尙子, 莫妄思! 山是山水是水, 僧是僧俗是俗.' 又道, '見拄杖子但喚作拄杖子, 見屋但喚作屋.' 謂之'覿體全眞.')"

81 『大般涅槃經』 권27 「師子吼菩薩品」(T12, 524c5), "선남자야, 비유컨대 집에 유락乳酪을 가지고 있는 사람에게 어떤 이가 '당신은 소수를 가지고 있느냐?'라고 물음에 '있다'고 하는 것과 같다. 낙酪이 소수는 아니지만 선교방편善巧方便으로 소를 얻을 수 있기 때문에 '소를 가지고 있다'고 답할 수 있는 것이다. 중생 또한 이와 같아서 모두 마음을 가지고 있으니, 이 마음을 가지고 있는 자는 반드시 아뇩다라삼먁삼보리를 이룰 수 있다. 이런 이유에서 나는 항상 '일체의 중생에게 모두 불성이 있다'라고 설한 것이다.(善男子, 譬如有人家有乳酪, 有人問言, '汝有蘇耶?' 答言, '我有.' 酪實非蘇, 以巧方便定當得故, 故言有蘇. 衆生亦爾, 悉皆有心, 凡有心者, 定當得成阿耨多羅三藐三菩提. 以是義故, 我常宣說, '一切衆生, 悉有佛性.')"; 『起信論疏筆削記』 권2(T44, 307a12), "결정성決定性이 평등하다는 것은 삼취오성의 일체 중생에게는 다 여래장심이 있으니 모두 성불한다는 뜻이다. 그러므로 『涅槃經』에 '마음이 있는 자는 반드시 누구나 성불하리라.'라고 하였고, 『圓覺經』에서도 '자성이 있거나 없거나 다 같이 불도를 이룬다.'라고 한 것이다.(定性等者, 三聚五性, 一切衆生, 皆有如來藏心, 總皆成佛. 故涅槃經云, '凡有心者, 定當作佛.' 圓覺云, '有性無性, 齊成佛道.')"

82 『無量壽經宗要』(H1, 558a16), "무상보리심을 발하는 마음이란, 세간의 부귀와 즐거움 및 이승의 열반에 이르기까지 돌아보지 않고, 한결같이 삼신의 깨달음에 뜻을 두는 것이니, 이것을 무상보리심이라 한다.(言發無上菩提心者, 不顧世間富樂, 及與二乘涅槃, 一向志願三身菩提, 是名無上菩提之心.)"; 『無量壽經優婆提舍願生偈註』 권하(T40, 842a17), "이 무상보리심이란 곧 부처가 되고자 하는 마음이요, 부처가 되고자 하는 마음은 중생을 제도하고자 하는 마음이요, 중생을 제도하고자 하는 마음은 중생을 모두 받아들이고 제도하여 불국토에 태어나게 하고자 하는 마음이다. 그러므로 저 안락한 정토에 태어나기를 소원하는 이라면 무상보리심을 발하고자 해야 한다.(此無上菩提心, 卽是願作佛心; 願作佛心, 卽是度衆生心; 度衆生心, 卽攝取衆生, 生有佛國土心. 是故願生彼安樂淨土者, 要發無上菩提心也.)"

83 바로 앞의 구절과 이 구절은 80권본 『華嚴經』 권14 「賢首品」의 게송에 나온다. 『華嚴經』 권14 「賢首品」(T10, 72b17), "무상대보리를 믿어, 보살이 이로써 초발심을 일으키도다. 믿음은 도의 근원이요 공덕의 모태이니, 일체의 온갖 선법善法을 이루어 내리라.……믿음은 보시를 베풀게 하니 마음에 인색함이란 없고, 믿음은 환희의 마음으로 불법에 들게 한다. 믿음은 지혜의 공덕을 늘어나게 하며, 믿음은 기필코 여래지如來地에 이르게 한다.(及信無上大菩提, 菩薩以是初發心. 信爲道元功德母, 長養一切諸善法.……信能惠施心無吝, 信能歡喜入佛法. 信能增長智功德, 信能必到如來地.)"

84 이러한 결정적인~경지를 말한다 : 『大慧語錄』 권22 「示妙智居士」(T47, 904c15~21)의 내용과 흡사하다.

85 양기 방회楊岐方會(992~1049) : 임제종 양기파의 개조. 석상 초원石霜楚圓의 법을 이었다.

86 자명慈明(986~1039) : 석상 초원石霜楚圓을 가리킨다. 광서성廣西省 전주全州 출신. 분양 선소汾陽善昭의 법을 이어받았다.

87 이 일화는 『續傳燈錄』 권25(T51, 636b28), 『五燈會元』 권19(X80, 398c12) 등에는 용문 불안龍門佛眼과 태평연太平演의 문답으로 실려 있다.

88 통 밑바닥이 빠져나가듯이(桶底脫) : 온갖 장애나 번뇌가 통 밑바닥이 빠진 듯이 해소

됨을 비유적으로 표현한 말.

89 『圓覺經略疏』「序」(T39, 523b10), "무릇 혈기를 가진 부류는 반드시 지知가 있고, 지가 있는 부류는 반드시 체體를 함께하니, 이를 '진실로 깨끗하고 분명하게 빼어나며 텅 빈 듯이 꿰뚫고 신령하게 통하며 우뚝하니 홀로 그 무엇에도 의존치 않는 것'이라 한다.……온갖 덕을 통솔하여 완전히 갖추고 어둠을 밝혀 홀로 빛나는 것을 원각이라 하니 그 실체는 모두 일심이다. 이를 등지면 범부요 이를 따르면 성인이며, 이에 미혹하면 생사의 번뇌가 시작되고 이를 깨달으면 윤회가 그친다.(夫血氣之屬必有知, 凡有知者必同體, 所謂, '眞淨明妙, 虛徹靈通, 卓然而獨存者也.'……統衆德而大備, 爍群昏而獨照, 故曰圓覺, 其實皆一心也. 背之則凡, 順之則聖, 迷之則生死始, 悟之則輪迴息.)"

90 보통 '上無片瓦蓋頭, 下無寸土立足'이라는 어구로 쓰인다. 『死心悟新語錄』(X69, 228b13), "위로는 머리를 가릴 기와 한 장 없고 아래로는 발 디딜 땅 한 조각 없으니, 이 사람에게 집이 있는 것일까, 없는 것일까?(上無片瓦遮頭, 下無寸土立足, 此人有家無家?)"

91 이해해도 이럴~이럴 것이니 : 『碧巖錄』19則(T48, 159a20)에도 같은 구절이 보인다.

92 덕산 연밀德山緣密의 말을 활용하여 한 말이다. 대체로는 『碧巖錄』의 내용과 유사하다. 『聯燈會要』권26(X79, 227c17), "대중에게 말했다. '구지 화상은 문답할 일이 있기만 하면 그저 손가락 하나를 세웠다. 추울 때는 온 천하대지가 춥고 더울 때는 온 천하대지가 덥다.'(示衆云, '俱胝和尙, 凡有扣問, 只竪一指. 寒則普天普地寒, 熱則普天普地熱.')"; 『碧巖錄』19則(T48, 159a24), "원명이 말했다. '추울 때는 온 천하대지가 춥고 더울 때는 온 천하대지가 덥다.' 산하대지는 아래로 황천에까지 이르고 삼라만상은 위로 하늘에 통한다. 말해 보라! 이것이 무엇이기에 이렇게 기괴한가?(圓明道, '寒則普天普地寒, 熱則普天普地熱.' 山河大地, 下徹黃泉 ; 萬象森羅, 上通霄漢. 且道! 是什麽物, 得恁麽奇怪?)"

93 석가노자釋迦老子 : 석가모니부처님을 가리킨다. 이름 뒤에 붙이는 '노자'는 존칭의 뜻을 나타낸다. 황면노자黃面老子도 부처님에 대한 또 다른 칭호이며, 유마거사維摩居士를 유마노자維摩老子라 하거나, 염라대왕閻羅大王을 염라노자閻羅老子(『龐居士語錄』 X69, 131b11) 또는 염노자閻老子(『傳心法要』T48, 383b21)라 부르거나, 조주 종심趙州從諗을 조주노자趙州老子(『正法眼藏』X67, 584b16)라 하는 따위가 모두 같은 용법이다.

94 온몸에 눈을~수 없다 : 원오 극근圜悟克勤의 말을 인용한 것이다. 『圜悟語錄』권1(T47, 717b1) 참조.

95 온몸에 눈을~사람이 누구인가 : 『大慧語錄』권2(T47, 816c15), 『碧巖錄』89則「垂示」 (T48, 213c13)의 내용과 흡사하다.

96 근본적인 가르침(宗敎) : '대교大敎'와 같은 말. 종지宗旨, 종승宗乘, 근본 진리를 뜻한다.

97 망아지는 마조 도일馬祖道一(709~788)을 가리킨다. 『馬祖語錄』(X69, 2b2), "처음에 육조 혜능慧能이 남악 회양南嶽懷讓에게 '인도의 반야다라삼장般若多羅三藏이 〈그대의 문하에서 망아지 한 마리가 나와 세상 사람들을 무참하게 짓밟아 버릴 것이다.〉라고 예언했다.'고 하였는데, 그것이 바로 마조를 가리키는 말이었다. 회양의 제자 여섯 명 중에서 오직 마조만이 심인心印을 친밀하게 전수받았다.(初六祖, 謂讓和尙云, '西天般若多羅讖, 〈汝足下出一馬駒, 踏殺天下人.〉蓋謂師也.' 讓弟子六人, 惟師密受心印.)"; 『景德傳燈錄』권5「南嶽懷讓傳」(T51, 240c16)에도 이와 같은 이야기가 실려 있다.

98 언어로 모두~건드리지 않으며 : '십성十成'은 완전한 것을 뜻한다. 말을 다하여 완전함을 얻으려 하면 오히려 그 참됨을 얻지 못한다는 뜻이다. 선문에서는 말로써 다하려는 것을 꺼리고, 전체의 여덟아홉으로써 그 자체를 제시하는 것을 높이 산다.『智證傳』(X63, 177a19), "조동종의 종지는 말로 다 표현하고자 하는 것을 꺼린다. 십분 다 말하고자 하는 것은 범하는 것이다. 범하는 것을 촉휘라고 한다.(洞上宗旨, 語忌十成. 十欲犯. 犯則謂之觸諱.)"

99 『曹洞五位顯訣』 권하「汾陽昭廣智歌」(X63, 212c19)에서는 이것을 동상종洞上宗 곧 조동종曹洞宗의 종지로 서술하고 있다. "혹은 오위五位 혹은 삼로三路를 기틀에 따라 시설하여 자유자재로 자리를 바꾼다. 곧바로 눈앞의 현상을 건드리지 않는 것이 본래의 종지이며, 손을 펼쳐 깊은 종지에 통하면 부처도 없고 조사도 없다. 이상은 조동종을 설한 것이다.(或五位或三路, 施設隨機巧回互. 不觸當今是本宗, 展手通玄無佛祖. 右敍洞上宗.)" 오위는 정중편正中偏・편중정偏中正・정중래正中來・편중지偏中至・겸중도兼中到, 삼로는 조도鳥道・현로玄路・전수展手를 각각 가리킨다.

100 곧바로 보이기도~넘어선 선풍이다 : 분양 선소汾陽善昭가 각 종파의 선풍禪風을 찬미한『十五家宗風歌』의 내용을 축약한 것이다. 이를 토대로 취암 수지翠巖守芝가 각각의 내용을 어느 한 종파에 배대한 것도 포함되어 있다.『汾陽語錄』「廣智歌一十五家門風」(T47, 621a23~b28),『禪林僧寶傳』권16「翠巖守芝傳」(X79, 525b20),『大光明藏』권하(X79, 720b24),『聖箭堂述古』(X73, 453c17) 등에 수록되어 있다.

101 삼생육십겁三生六十劫 : 성문聲聞이 깨달을 때까지 필요한 수행 시기. 최고 빠른 자는 삼생三生이며, 가장 느린 자는 육십겁六十劫의 수행 기간을 경과하여 아라한과阿羅漢果를 얻게 된다.

102 『老子』 39장, "옛날에 일을 얻음이여! 하늘은 일을 얻어 맑고 땅은 일을 얻어 안정되며, 신은 일을 얻어 신령하고 골짜기는 일을 얻어 가득 찼으며, 만물은 일을 얻어 생성하고 임금은 일을 얻어 천하의 우두머리가 되었으니, 이들이 이른 것은 일로 인해서이다.(昔之得一者! 天得一以淸, 地得一以寧, 神得一以靈, 谷得一以盈, 萬物得一以生, 侯王得一以爲天下貞, 其致之一也.)"

103 미세한 티끌 하나에 광대한 우주 세계의 움직임이 드러난다는 의미. '일즉만법一卽萬法, 만법즉일萬法卽一'이라는 화엄의 법계연기法界緣起 사상이 엿보이는 구절을 활용하여 화두로 제시한 말.『碧巖錄』19則(T48, 159a22), "티끌 하나가 일어나자마자 대지 전체가 그 안에 거두어지고, 꽃 한 송이 피자마자 세계 전체가 일어난다. 한 터럭 끝에 있는 사자가 백억 개의 터럭 끝에서 일시에 나타난다.(一塵纔起, 大地全收, 一花欲開, 世界便起. 一毛頭獅子, 百億毛頭現.)"

104 「흥성사 입원소설」 6번 상당 법문 및 주 92 참조.

105 『禪門拈頌說話』552則(H5, 428b9), "무주 금화산 구지 화상은 어떤 물음에나 단지 한 손가락을 세워 들었다. 구지 화상이 입적에 즈음하여 대중에게 말하였다. '나는 천룡의 일지두선을 터득하여 한평생 써먹었지만 다함이 없었다.' 말을 마치고는 입적하였다.(務州金華山俱胝和尙, 凡有詰問, 只堅一指. 師將順世, 謂衆曰, '吾得天龍一指頭禪, 一生用不盡.' 言訖示滅.)" 이 본칙 설화에 공안을 처리하는 관점이 요약적으로 잘 드러나 있다. "그러나 손가락 끝에만 집착하여 전도된다면 흡사 제호를 독약으로 만들어 버리는 꼴과 같을 것이다. 그런 까닭에 현사는 '손가락을 비틀어 꺾어 버렸어야 했

다.'라고 한 것이니, 어떤 사람은 이렇게 하는 말을 듣고서 이를 진실이라 여기는 경우도 있는데 그렇다면 이 사람이야말로 참으로 무지한 자이다. 그렇다면 구지는 무슨 까닭에 '한평생 써먹었지만 다함이 없었다.'라고 한 것일까? 대혜가 '허리에 엽전 십만 꿰미를 차고, 학을 타고 양주에 오른다.'라고 한 말을 모르는가!(若向指頭上著倒, 大似將醍醐作毒藥也. 故玄沙云, '拗折指頭.' 如有人聞伊麼說以爲實, 此他正是無智人也. 俱胝何故, '一生用不盡.' 不見大慧道, '腰纏十萬貫, 騎鶴上楊州.')" 구지가 세워 들곤 했던 한 손가락에 무슨 깊은 의미나 있는 듯이 집착해서도 안 되지만 여기에서 떠나 무조건 부정해서도 안 된다는 데에 공안의 묘미가 있다. 또 본칙 설화의 평석처럼 '구지는 무슨 까닭에 한평생 써먹었지만 다함이 없었다라고 한 것일까?'라는 의문에도 공안의 요점이 담겨 있다. 다만 여기서 백운은 '하나(一)'라는 초점에 맞추어진 법문에 따라 구지의 이 기연을 든 것이다. 마지막 대혜의 말은 재물, 장수, 높은 지위를 탐하던 세 사람의 소망을 일거에 모두 성취하였다는 의미로서 백운이 이 기연을 든 이유가 잘 표현되어 있다. 다음 비마암의 기연도 같은 맥락에서 인용한 것이다.

106 비마암祕魔巖 상우常遇(817~888)가 끝이 둘로 갈라진 나무집게(木叉)를 가지고 있다가 찾아오는 학인들의 목을 잡고 상대를 점검했던 다음 기연을 변형하여 한 말이다. 『頌古聯珠通集』 권21(X65, 601b6), "오대산의 비마암祕魔巖 화상은 항상 나무집게 하나를 지니고 있다가 학인들이 찾아와서 절을 하는 순간 바로 목을 집으면서 말했다. '어떤 마구니가 그대를 출가하게 했으며, 어떤 마구니가 그대를 수행하도록 하였는가? 제대로 말해도 집어서 죽일 것이요, 말하지 못해도 집어서 죽일 것이다. 빨리 말하라, 빨리 말하라!'(五臺山祕魔巖和尙, 常持一木杈, 每見僧來禮拜, 卽扠却頸曰, '那箇魔魅, 敎汝出家, 那箇魔魅, 敎汝行脚? 道得也扠下死, 道不得也扠下死. 速道速道!')" 이 공안의 핵심은 '제대로 말해도 집어서 죽일 것이요, 말하지 못해도 집어서 죽일 것'이라고 하여 상대를 진퇴양난의 지경으로 몰아넣고 있는 대목에 있으나, 여기서는 이러저러한 수단을 쓰지 않고 언제나 하나의 수단으로 점검했던 점에 백운이 초점을 맞춘 것이다.

107 진실한 교법은 일승법一乘法뿐이라는 뜻. 『法華經』 권1 「方便品」(T9, 8a17), "시방 불국토 가운데 오직 일승법이 있을 뿐, 이승도 없고 삼승도 없네. 부처의 방편설은 버릴지니, 단지 가명으로써 중생을 인도하신 것일 뿐이라네. 부처의 지혜 설하고자 모든 부처 세상에 출현하신 것이니, 오직 이 하나의 일만이 진실할 뿐 나머지 이승과 삼승은 참된 것이 아니라네.(十方佛土中, 唯有一乘法, 無二亦無三. 除佛方便說, 但以假名字, 引導於衆生. 說佛智慧故, 諸佛出於世, 唯此一事實, 餘二則非眞.)"

108 『壇經』(T48, 349c9), 『禪門拈頌說話』 110則(H5, 116c15) 참조.

109 이상의 평가는 법안 문익法眼文益의 제자인 천태 덕소天台德韶 선사의 말을 인용하여 약간 변형시킨 형태이다. 『景德傳燈錄』 권25 「天台德韶傳」(T51, 407c10), 『禪林僧寶傳』 권7(X79, 505c23), 『列祖提綱錄』 권11(X64, 82b3) 등에 수록되어 있다. 『景德傳燈錄』, 『列祖提綱錄』 등의 문장은 "바람과 깃발은 움직이지 않고 그대의 마음이 망령되게 움직인다고 생각하지 마라.(莫道風幡不動, 汝心妄動.)"라는 형식으로 되어 있고, 『禪林僧寶傳』에는 "어떤 이들은 바람과 깃발은 움직이지 않고 그대의 마음이 망령되게 움직인다고 말한다.(若言風幡不動, 汝心妄動.)"라는 형식으로 되어 있다.

110 『景德傳燈錄』 권28 「法眼文益傳」(T51, 448b15) 참조. 법안 문익의 이 말을 자칫 오해

하여 결국에는 '마음이 움직인 것'이라고 단정한다면 앞에서 열거한 갖가지 이해 분별로 회귀하는 격이다. 법안의 취지는 어떤 분별도 덧붙이지 않고 자취도 남지 않은 상태에서 혜능의 이 말만이 오롯이 화두로 들려 있어야 한다는 데 있다.

111 이 법문은 『碧巖錄』 6則(T48, 146b27~c5)의 내용, 그리고 "다만 위로는 우러러볼 부처가 있다." 이하의 구절은 위의 구절에 이어서 같은 책 146c8~c14의 내용을 약간 변형한 것이다. 다만 문장에 약간의 첨가된 부분이 있고, 중간의 무업無業 선사의 말은 『碧巖錄』 87則(T48, 212a18)에 실린 내용을 끼워 넣은 것이다.
112 보리수菩提樹 : 부처님께서 마가다국의 부다가야에서 최정각을 성취한 장소에 있었던 나무. 불수佛樹·도수道樹라고도 한다.
113 최정각最正覺 : 최상의 궁극적 깨달음.
114 각수覺樹 : 보리수 아래에서 정각을 이루었으므로 '각수'라 한다. 보리수와 같은 말.
115 마갈제국摩竭提國 : 부처님 재세 시 인도 16대국 중 하나로, 비하르주州 남부를 중심으로 번영했던 왕국. 마가다국摩伽陀國·마갈다국摩羯陀國(摩羯陀國) 등으로 음사하고, 무뇌해국無惱害國·무해국無害國 등으로 한역한다.
116 부처님께서 마가다국에서 성도한 후에 문을 닫고 삼칠일 동안 설법하지 않은 인연을 '마갈엄실摩竭掩室' 또는 '마갈엄관摩竭掩關'이라 한다. 유마거사가 불이不二의 법에 대하여 침묵한 것을 나타내는 '두구비야杜口毘耶'와 함께 침묵을 대표하는 관용구로 쓰인다.
117 인용구는 『法華經』 권1(T9, 10a4 및 9c16)의 구절을 합한 것이며, '삼칠일 동안'이라 한 말은 경전에는 근거가 없는 선종의 상용구이다.
118 제이의문第二義門 : 근본에서 한 단계 떨어진 수준에서 설정하는 다양한 방편. 향상向上의 제일의문第一義門에서 향하向下의 차별문으로 내려와 아직 번뇌 망상에서 벗어나지 못한 사람들을 위하여 그들의 수준에 맞도록 기준을 낮추어서 여러 가지 방편으로 그들의 미혹과 번뇌를 깨뜨리고 제거하여 깨달음의 도로 이끄는 것. 근본 자체인 제일의문第一義門·입리심담入理深談 등과는 상대되는 말이며, 제이기第二機·제이두第二頭·문정시설門庭施設·낙담초落談草·노파심절老婆心切 등과 같은 말이다.
119 사제四諦 : 고집멸도苦集滅道 네 가지의 진실불허眞實不虛한 진리. 사성제四聖諦·사진제四眞諦라고도 한다.
120 무업無業 선사의 말이다. 『景德傳燈錄』 권28 「大達無業傳」(T51, 444b15)에 유사한 의미와 비유가 있다. "부처님들은 세상에 나타나신 적이 없고, 또한 하나의 법도 사람들에게 주지 않았다. 다만 병에 따라 처방을 베풀어 마침내 십이분교가 생기게 된 것일 뿐이니, 그것은 마치 달콤한 과일을 들고 쓴 오이와 바꾸어 준 것과 같았다.(諸佛不曾出世, 亦無一法與人. 但隨病施方, 遂有十二分敎, 如將蜜果, 換苦葫蘆.)"
121 『法華經』 권2 「信解品」(T9, 16b25) 이하에 큰 부자인 장자長者가 집을 나가 타국으로 돌아다니며 가난하게 사는 그의 아들을 유인하기 위하여 스스로 비천한 모습을 하였다는 이야기에 기초한 말이다. 부처님은 아득히 먼 과거에 이미 성불했지만(本) 중생을 제도하기 위하여 그들이 지금 볼 수 있도록 보리수 아래에서 다시 성불하는 모습을 보여 준 것(迹)이라는 『法華經』의 구원성불久遠成佛 사상에 따른다. 『法華玄論』 권1(T34, 368a3), "석가모니부처님은 비록 아득한 과거에 이미 성불했지만 이 중생들

의 근본적인 근기가 장차 성숙하여 실현될 수 있게 하기 위하여 다시 성도하는 모습을 보이신 것이다. 그러므로 경에 '한 성城에 머물며 귀한 신분의 옷을 벗고 낡고 더러운 옷을 입기에 이른다.'라고 한 것이니, 이것을 두고 본본을 숨기고 적迹을 드러내 보이신 은혜라 한다.(釋迦, 雖久已成佛, 爲此衆生大機將熟起故, 更示成道. 是故經云, '中止一城, 乃至脫珍御服, 著垢膩衣.' 謂隱本示迹恩.)"

122 근본적인 한마디(一着子) : 바둑을 둘 때 승부를 결정짓는 결정적인 '한 수'를 가리키는데, 여기서는 이것을 비유로 삼아 '근본적인 한마디 말'을 가리키고 있다.

123 녹야원에서 행한 최초의 법문 곧 초전법륜初轉法輪으로부터 최후에 열반에 드셨던 장소인 발제하를 가리킨다. 발제하는 열반 장소인 사라쌍수 부근을 흐르는 갠지스강의 지류이다.

124 『大乘入楞伽經』권4 「無常品」(T16, 608b15), "그때 대혜보살마하살이 다시 부처님께 아뢰었다. '세존이시여! 세존께서 말씀하시기를 〈나는 어느 새벽에 최고의 정각을 이루었고 또 어느 밤에 열반에 들기까지 그사이에 어떠한 글자도 설하지 않으리라. 이미 설하지도 않았고, 또한 설하지도 않을 것이니 설하지 않아야 바로 불설佛說이니라.〉라고 하셨습니다. 세존께서는 어떤 비밀한 뜻에 근거하여 이와 같이 말씀하신 겁니까?'(爾時, 大慧菩薩摩訶薩, 復白佛言, '世尊! 如世尊說, 〈我於某夜成最正覺, 乃至某夜當入涅槃, 於其中間, 不說一字, 亦不已說, 亦不當說, 不說, 是佛說.〉世尊依何密意, 作如是語?')"; 『楞伽阿跋多羅寶經』권3 「一切佛語心品」(T16, 498c17); 『入楞伽經』권5 「佛心品」(T16, 541c2) 등 참조. 경전에서의 근거는 이러하나 이 뜻을 세존의 말씀으로 수용하고 전파하기 위함이 아니라 선종의 관점에서 주로 문제 제기의 수단으로 상용하는 구절이다. 『白雲守端廣錄』권1(X69, 311b3), 『大慧語錄』권15(T47, 873a16), 『開福道寧語錄』(X69, 329c7), 『兀菴普寧語錄』권상(X71, 7a3) 등에 널리 활용되고 있다. 백운은 이하에서도 이 문장을 자주 언급하고 있는데 특히 '한 글자도 설한 적이 없다.(未曾說一字)'는 데에 백운이 말하고자 하는 뜻이 담겨 있는 것으로 보인다. 이 말을 통해 부처의 교설은 단지 방편상 설해진 것일 뿐으로서 설할 법도 전해 들을 법도 없다는 취지를 전한다. 향상하는 도리 곧 일대사一大事(本分事)를 깨우치는 일은 참구하는 당사자에게 달려 있으며, 모든 분별상을 깨뜨렸을 때 비로소 자신만의 가풍을 드러낼 수 있다고 백운은 본 것이다. 그런 맥락에서 '한 글자도 설한 적이 없다'는 말을 참구할 문제로 곳곳에서 제시하고 있다.

125 칼날에 터럭을 놓고 바람을 불어 잘려 나가는가로 칼날이 섰는지를 시험하는 것을 이른다. 이로부터 예리한 명검을 취모검吹毛劍이라 한다. 선 문헌에서는 어떤 말이나 행위도 받아들이지 않는 본분의 수단을 이로써 표현하기도 한다.

126 지팡이 아래로 2척쯤 내려간 옆에 작은 가지를 휘어지게 하여 물을 건널 때 그 작은 가지의 위치로 물의 깊이를 측정했다고 한다. 『禪林象器箋』권19 物類上 「探水」(禪藏, p.1502), "도충이 말하였다. 주장자 아래 2척쯤에 별도의 작은 가지가 있는데 구부려서 주장자 본체를 휘감아 아래로 늘어뜨린 것을 '탐수探水'라고 한다. 길을 가다 물을 만나면 먼저 주장자를 물속에 넣어서 시험해 보는데 물이 작은 가지의 위나 아래에 이르는 것으로 물의 깊이를 측량한 후에 건넜다. 그런 까닭에 '탐수'라고 부르게 된 것이다. 『碧巖錄』에 '옥의 가치는 불로 시험하고, 금의 단단함은 돌로 시험하고, 칼의 예리함은 털로 시험하고, 물의 깊이는 지팡이로 시험한다.'고 한 말이 바로 이것이

다.……그러나 『祖庭事苑』에 따르면 단지 약한 사람들을 보호하기 위한 것이지 물의 깊이를 재는 용도는 없었던 듯하다.(忠曰. 拄杖下頭可二尺, 別存小枝, 撓纏繞本幹, 向下, 名爲探水. 蓋路行遇水, 則先下杖驗之, 水到小枝上下, 而量其深淺, 然後敢渡, 故名探水. 碧巖錄云, '玉將火試, 金將石試, 劍將毛試, 水將杖試.' 止此, 是也.……依此, 只爲護細弱也, 無復探水之用耳.)"

127 『碧巖錄』23則(T48, 164a25) 참소.

128 납승衲僧 : 납자衲子라고도 한다. 납의衲衣를 입은 스님이라는 말. 납의는 누덕누덕 기운 옷으로, 낡은 헝겊을 모아 빨아서 바늘로 기운 옷이다. 조사선에서는 본분을 철저하게 추구하는 수행자라는 의미를 내포한다.

129 『應菴曇華語錄』권7(X69, 536b8), "도인의 마음은 그 곧음이 현악기 줄과 같고 어디에서나 하늘 끝까지라도 닿을 듯한 기세의 장검과 같으니, 세간의 부귀·교만·사치나 오욕과 팔풍 등이 들어설 문이 없고, 명리·시비나 사생·구유도 붙들어 가두어 두지 못한다. 이러한 경지에 이를 수 있다면 이것이 바로 황면노자의 목숨 그 자체를 얻은 시절인 것이다.(道人之心, 其直如絃, 在在處處, 若倚天長劍, 世間富貴驕奢, 五欲八風, 入作無門, 名利是非, 四生九有, 籠罩不住. 得到這田地, 便是取黃面老子命根時節也.)"; 『禪家龜鑑』(H7, 636a18), "모든 부처님께서는 활등처럼 설하셨고 조사들은 활시위처럼 설하셨다.(諸佛說弓, 祖師說絃.)"

130 『圜悟語錄』권11(T47, 765c20), "이것이 바로 납승가이다. 손을 내밀어 중생의 근기에 따라 교화하며 사람들에게 일상의 수행 방법을 가르쳐 그들 스스로 깨닫고 실천할 수 있도록 하며, 온갖 성인이 그를 찾아도 찾지 못하고 온갖 천신들이 꽃을 바치려 해도 바칠 길이 없으며 마구니와 외도가 몰래 엿보려 해도 엿보지 못하도록 한다. 두루 돌아다니다 돌아와도 시방 어디에도 장애가 없으며 찰나마다 두루 잘 대응하여 과거와 미래라는 대립적 견해도 끊었다.(此猶是衲僧家. 垂手應機爲人邊行履, 若使他獨照獨運, 乃至千聖覓他不著, 諸天捧華無路, 魔外潛觀不見. 周旋往返, 十方無礙, 一念普應, 前後際斷.)"

131 여기에는 암두와 약산의 문답으로 실려 있으나, 『景德傳燈錄』권14 「藥山惟儼傳」(T51, 311b16), 『禪門拈頌說話』325則(H5, 281b24) 등에는 약산과 석두 희천石頭希遷의 문답으로 되어 있다.

132 『禪門拈頌說話』325則(H5, 282c1) 본칙 설화에서는 이 말에 대해 "애써 하지도 않고(無爲) 더 이상 할 일도 없는(無事) 경계에 의지하려 하다가는 넘어지니 그것을 고려하여 대응한 말이다.(無爲無事處靠到, 看他支對也.)"라고 평석하였다.

133 『景德傳燈錄』권14 「藥山惟儼傳」(T51, 311b24)에는 "從來共住不知名, 任運相將只麼行. 自古上賢猶不識, 造次凡流豈可明."과 같이 실려 있다. '서로 얼굴을 마주하고도 누군지 알지 못하고, 함께 이야기하고도 이름을 알지 못한다.(相逢不相識, 共語不知名.)'는 상용구의 맥락과 통한다. 눈에 보이는 그대로일 뿐 덧붙일 필요가 전혀 없는 평온무사한 소식을 뜻하기도 하고, 일상적으로 마주치는 현상임에도 그것을 알아볼 수 있는 안목이 없음을 뜻하기도 하는데, 이 경우에는 전자의 뜻에 가깝다. 『臨濟語錄』(T47, 501c13), "차라리 아무 일 없어서 서로 얼굴을 마주하고도 누군지 알지 못하고 함께 이야기 나누었으나 이름도 알지 못함만 못하다.(不如無事, 相逢不相識, 共語不知名.)"

134 보통 향상일로向上一路와 짝을 이루어 '향상하는 한길은 어떤 성인도 전하지 못한다.(向上一路, 千聖不傳.)'는 구절로 쓰인다. 부처와 조사가 스스로 깨달은 경지(自證)는 말이나 문자로는 미칠 수 없는 것이므로 누구도 이것을 전할 수 없다는 뜻으로 실참실구實參實究해야 함을 말한다. 『汾陽無德語錄』권상(T47, 601c24), "학인이 물었다. '향상하는 유일한 길은 어떤 것입니까?' '어떤 성인도 전하지 못한다.'(問, '如何是向上一路?' 師云, '千聖不傳.')"; 『楊岐方會語錄』(T47, 644b3), "향상하는 유일한 길은 어떤 성인도 전하지 못하거늘, 배우는 이들이 몸을 괴롭혀 가며 애쓰는 꼴이 마치 원숭이가 물에 비친 달그림자를 잡으려는 짓과 같다.(向上一路, 千聖不傳, 學者勞形, 如猿捉影.)"

135 두 곳에서의 문답이 섞여 제시되어 있다. 『雲門廣錄』권상(T47, 545c4), "'향상하는 유일한 길은 어떤 것입니까?' '9 곱하기 9는 81이다.'(問, '如何是向上一路?' 師云, '九九八十一.')"; 같은 책, 권중(T47, 558a8), "동산洞山이 '부처의 경지 이상으로 향상하는 일이 있음을 알아야 한다.'고 한 말에 대해 학인이 물었다. '부처의 경지 이상으로 향상하는 일이란 어떤 것입니까?' 동산이 말했다. '부처의 경지도 아니다.' 운문은 이 말에 대하여 '이름을 붙일 수도 없고 형상으로 나타낼 수도 없다. 그런 까닭에 부처의 경지도 아니라고 한 것이다.'라고 평가하였다.(擧洞山云, '須知有佛向上事.' 僧問, '如何是佛向上事?' 山云, '非佛.' 師云, '名不得狀不得. 所以言非.')"

136 불성은 현상의 저편에 초월하여 존재하는 것이 아니라 그 시기에 드러나 있는 구체적인 대상들 속에 있다는 『涅槃經』의 설에 기초한 말이다. 곧 '시절형색時節形色을 관찰해야 한다.'라고 한 말에 근거한다. 『大般涅槃經』권26(T12, 777a3), "우유 중에 수락酥酪이 있는 것과 같이 중생과 불성의 관계 또한 이와 같다. 불성을 알고자 한다면 마땅히 시절의 형색을 관찰해야 한다. 그러므로 나는 '일체중생이 모두 불성을 가지고 있어서 진실로 허망하지 않다.'라고 설한다.(乳中有酪, 衆生佛性, 亦復如是. 欲見佛性, 應當觀察時節形色, 是故我說, 一切衆生, 悉有佛性, 實不虛妄.)"

137 이상의 구절은 조사선의 상용구로서 『圜悟語錄』권8(T47, 749b5), 『大慧語錄』권6(T47, 835c25), 『續傳燈錄』권31 「鳳棲慧觀傳」(T51, 684b22), 『嘉泰普燈錄』권15 「圓通秀章」(X79, 383a5) 등에 나오며 대체로 법문을 시작하는 도입부에 나온다.

138 이 부분은 『禪林僧寶傳』권2 「雲門文偃傳」(X79, 496b2)의 "如月臨衆水, 波波頓見而月不分. 如春行萬國, 處處同至而春無跡. 蓋其妙處, 不可得而名狀."이라는 구절을 따르고 있다. 문장의 앞뒤 순서가 다를 뿐 내용은 거의 같다. 이것은 저자 혜홍惠洪이 운문 문언雲門文偃을 찬미한 말이다.

139 부끄러움을 무릅쓰고(不惜眉毛) : 눈썹을 아끼지 않는다는 말. 불법을 잘못 이해하여 말하면 눈썹과 수염이 모두 떨어진다는 설에 따른다. 잘못 말하거나 보잘것없는 견해를 담은 한마디일지라도 피력한다는 뜻으로 쓰인다. 또는 말을 아끼지 않는다 혹은 부끄러움을 무릅쓴다는 말로 결정적인 말을 할 때 겸손하게 표현하는 상용구이다.

140 『從容錄』54則(T48, 262a12)에 나오는 구절.

141 연등불燃燈佛 : 과거세에 석가모니불이 인행할 때 수기를 주었던 부처님. 제화갈라提和竭羅·제원갈提洹竭 등으로 음사하고, 등광여래燈光如來·보광불普光佛·정광불錠光佛 등으로 한역한다.

142 『大乘本生心地觀經』권1(T3, 295c18)에 나오는 인연담을 화두로 제시한 법문이다.

"과거세 (부처님이) 마납선인摩納仙人이었던 시기에 머리털을 풀어 헤쳐 연등불께 공양을 올렸다. 이러한 정진의 인연 때문에 8겁 동안 생사의 바다를 뛰어넘었다.(昔爲摩納仙人時, 布髮供養然燈佛, 以是精進因緣故, 八劫超於生死海.)"『禪門拈頌說話』 26則(H5, 38a24)에도 실려 있다. 이 책 본칙 설화에서는 "머리털은 미세한 만행萬行을 비유한 말이고, 진흙탕 길은 번뇌의 음습하고 탁한 기운을 비유한 말이다. 여래는 수행하는 단계에서 미세한 만행을 쌓았기 때문에 번뇌의 음습하고 닥한 기운을 덮을 수 있었다. 이와 같은 공덕을 드러내고자 머리털을 풀어 헤쳐 진흙탕 길을 덮었던 것이다. 번뇌의 음습하고 탁한 기운이 맑아지자 여래의 궁전이 그 자리에 나타났다. 이러한 뜻을 끌어내와서 공안의 뜻으로 삼았다.(髮喩微細萬行, 泥喩煩惱濕濁. 如來因地積集微細萬行, 能掩於煩惱濕濁. 欲表如是功德故, 布髮掩泥. 煩惱濕濁旣淨, 如來宮殿, 當處現前. 引以爲話義.)"라고 평하였다.

143 『楞嚴經』 권3(T19, 119b15) 참조. 『首楞嚴義疏注經』 권3(T39, 872c26), "앞의 구절은 부처님 교화와 같으니 위로는 불도를 구하고 아래로는 중생을 교화하는 자비와 지혜라는 두 마음이다. 그 하나하나에서 묘각妙覺의 밝은 본성을 먼저 깨달아 깊은 이치로부터 생겨나므로 '깊은 마음'이라 한다. 이 두 마음으로 티끌처럼 무수한 불국토에서 펼치는 부처님의 교화를 전승하여 따르니 그것과 둘도 아니고 다르지도 않으므로 '받든다'고 한다. 그다음 구절은 은혜에 대한 보답을 결론지었다.(上句, 同佛化, 上求下化, 悲智二心. 一一先悟妙覺明性, 從深理生, 故名深心. 以此二心, 承順塵刹諸佛化行, 無二無別, 故名爲奉. 下句結報恩.)"

144 『入楞伽經』 권7 「無常品」(T16, 554c3) 참조.

145 『景德傳燈錄』 권12 「道巖傳」(T51, 297a12) 참조.

146 천태 덕소天台德韶(891~972) : 속성은 진陳씨. 법안 문익法眼文益의 법을 이어받았다.

147 『馬祖語錄』(X69, 3b18), "자성은 다르지 않으나 작용이 같지 않을 뿐이다. 미혹한 것이 업식이요, 깨달은 것이 지혜이다. 이理를 따르는 것이 깨달음이요, 사事를 따르는 것이 미혹이다. 미혹하다는 것은 자기의 본심이 미혹한 것이요, 깨달았다는 것은 자기의 본성을 깨달은 것이다. 한 번 깨달으면 영원히 깨달아 더 이상 미혹되지 않으니, 마치 해가 뜰 때 어두움과 함께하지 않듯이 지혜라는 일출은 번뇌라는 어두움과 함께하지 않는다.(性無有異, 用則不同. 在迷爲識, 在悟爲智. 順理爲悟, 順事爲迷. 迷卽迷自家本心, 悟卽悟自家本性. 一悟永悟, 不復更迷, 如日時出不合於暗, 智慧日出不與煩惱暗俱.)"

148 『修心訣』(T48, 1008b10), "자성문이란 다음과 같다. '고요함과 앎(寂知)을 자재하게 운용하면서 원래 스스로 조작하는 일이 없는 것(無爲)이다. 티끌만큼도 대상으로 조작하는 일이 없으니 어찌 대상을 쓸어 없애는 공을 들일 필요가 있겠으며, 한 찰나에도 망정을 일으킴이 없으니 망상의 대상을 잊는 힘도 빌릴 필요가 없다.' 판정한다. '이것은 돈문이며, 자성의 정과 혜에서 벗어나지 않고 평등하게 지니는 것(等持)이다.'(自性門則曰, '任運寂知, 元自無爲. 絶一塵而作對, 何勞遣蕩之功, 無一念而生情, 不假忘緣之力.' 判云, '此是頓門, 簡者不離自性定慧等持也.')

149 이 구절 다음에 두 구절이 생략되었다. 『景德傳燈錄』 권11 「香嚴智閑傳」(T51, 284a14), "움직이는 가운데 옛 도(古路)를 드날리며, 고요한 기틀에 떨어지지 않는다네.(動容揚古路, 不墮悄然機.)"

150 삼십삼천三十三天 : 육욕천六欲天의 하나로서 수미산 꼭대기에 있는 하늘. 도리천忉利天이라고도 한다.
151 동해의 잉어(東海鯉魚) : 선禪의 세계에서 큰 역량을 펼치는 선사禪師를 비유한다. 곧 탁월한 법력을 가지고 자신의 선기禪機를 걸림 없이 발휘하는 선사를 말한다.
152 『雲門廣錄』 권중(T47, 555a3 및 558b23) 두 곳에 실린 내용을 합한 것이다.
153 초명蟭螟 : 전설상의 미세한 벌레의 일종. 모기의 눈썹에 산다고 하며, 초명焦螟이라고도 쓴다. 『抱朴子』 「刺驕」 "초명은 모기 눈썹에 둥지를 틀고 살면서 하늘을 뒤덮는 대붕大鵬을 비웃는다.(蟭螟屯蚊眉之中, 而笑彌天之大鵬.)"
154 마혜수라摩醯首羅 : 대자재천大自在天이라 한역한다. 일체 만물의 주재자. 그가 거처하는 색구경천色究竟天이란 최상품의 사선자四禪者가 태어나는 곳으로 색계色界에서 가장 뛰어난 과보果報이다.
155 성수 법안聖壽法晏의 말. 『續傳燈錄』 권19 「聖壽法晏傳」(T51, 593c19) 참조. 이상의 법문은 그 전체적인 형식과 취지 그리고 비유가 다음의 법문과 유사하다. 『景德傳燈錄』 권26 「光慶遇安傳」(T51, 424c1), "고금에 걸쳐 종지를 전승한 자들이 모두들 '먼지가 우물 밑에서 일어나고, 물결이 산꼭대기에서 친다. 열매를 맺는 허공 꽃이요, 아기를 낳는 석녀로다.'라고 한다. 어떻게 이 말을 이해할 것인가? 소리와 함께 현상을 실어 보내고, 사물 존재에 의지하여 마음을 드러내며, 구절 안에 날카로운 뜻을 감추고, 소리로 나오기 이전에 온전히 드러낸 것일까? 이름만 있고 실체는 없는 것을 특별나게 주장하고 심오하게 이야기한 것일까? 상좌가 스스로 이해한다면 옛사람의 뜻을 알게 될 것이다. 그렇지 못하다면 이미 이와 같이 이해하지 못한 것을 어떻게 이해해야 할까? 상좌여, 이해하고자 하는가? 다만 진흙 소가 걸어가는 곳에서 아지랑이가 물결치고 목마가 울부짖을 때 허공 꽃이 그림자를 떨어뜨리는 광경을 살펴보라. 성인이나 범부나 이와 같으니, 그 도리는 분명하다.(古今相承皆云, '塵生井底, 浪起山頭, 結子空華, 生兒石女.' 且作麼生會? 莫是和聲送事, 就物呈心, 句裏藏鋒, 聲前全露麼? 莫是有名無體, 異唱玄譚麼? 上座自會, 即得古人意旨. 不然, 旣恁麼會不得, 合作麼生會? 上座, 欲得會麼? 但看泥牛行處, 陽焰翻波, 木馬嘶時, 空華墜影. 聖凡如此, 道理分明.)"
156 내 눈썹이~남아 있는지(眉毛有幾莖) : '눈썹이 몇 가닥이나 남아 있을까?'라고 반문하는 말. 불법의 진실을 잘못 이해하여 말하거나 비방하면 눈썹과 수염이 다 떨어진다는 설에 근거하여 던지는 선어禪語. 진실에 어긋나는 언행을 보고서 비판조로 하는 말. 여기서는 백운이 한 말이 진실인지 거짓인지 헤아려 보라는 뜻이다.
157 『信心銘』(T48, 376b24), "둥근 그것은 허공과도 같아, 모자람도 없고 남음도 없다네. 취하거나 버리는 간택 따라, 진실 그대로 드러나지 않네.(圓同太虛, 無欠無餘. 良由取捨, 所以不如.)"
158 서록 본선瑞鹿本先의 다음 법문과 비유나 취지 면에서 유사하다. 『聯燈會要』 권28 「瑞鹿本先章」(X79, 244a22), "깊고 빽빽한 숲과 새들의 지저귐, 푸른 계곡과 물고기의 도약, 조각구름 펼쳐진 하늘, 폭포 소리의 울림! 그대들은 이렇게 수많은 경계의 현상들이 그대들에게 깨달음의 실마리를 보여 준다는 사실을 아는가? 만약 안다면 참구하기 아주 좋을 것이다.(幽林鳥叫, 碧澗魚跳, 雲片展張, 瀑聲鳴咽! 你等還知許多境象, 示汝入處麼? 若也知得, 不妨參取好.)"

159 이 부분은 천태 덕소天台德韶의 다음 법문을 재구성한 것이다. 『景德傳燈錄』 권25 「天台德韶傳」(T51, 409c27), "원숭이의 울음소리와 새의 지저귐, 그리고 초목과 총림에 이르기까지 항상 상좌들이 기틀을 발현하는 데 도움을 주며 한순간도 상좌들을 위해 주지 않은 적이 없으니, 이와 같이 기특한 점이 있는 것이다. 안타깝다, 여러 상좌들이여! 모두들 이 뜻을 궁구한다면 불법이 영원히 세간에 머물도록 함으로써 인간계·천계의 수명과 국왕의 안락과 무사를 더욱 늘리게 될 것이다.(乃至猿啼鳥叫, 草木叢林, 常助上座發機, 未有一時, 不爲上座, 有如是奇特處. 可惜許, 諸上座! 大家究取, 令法久住世間, 增益人天壽命, 國王安樂無事.)"

160 제바달다提婆達多 : 조달調達이라고도 한다. 부처님 재세 시, 부처님께 대적하고 악행을 저지른 비구. 부처님에게서 교단을 빼앗아 장악하고자 하는 욕심을 품었으나 뜻대로 되지 않자 부처님을 해치는 악행을 범하였다. 특히 부처님께서 기사굴산에 계실 때 바위를 굴려 떨어뜨려 그 파편으로 부처님 몸에 상처를 입혀 피를 흘리게 한 죄(出佛身血), 코끼리에게 술을 먹여 사나워진 코끼리로 하여금 부처님을 해치게 하려고 한 죄(放狂象), 제바달다의 죄를 꾸짖는 연화색비구니를 때려죽인 죄(殺蓮華色比丘尼), 부처님의 수행을 모욕하고 승단의 파괴를 꾀한 죄(破和合僧), 독약을 바른 자신의 열 손톱으로 부처님 발을 찔러 부처님을 해하고자 한 죄(十爪毒手) 등 부처님의 가르침을 전면적으로 거역하고 해친 오역죄五逆罪를 저지른 것으로 유명하다.

161 삼선천三禪天 : 색계色界 사선천四禪天 중에서 제3천. 심사尋思가 없는 즐거움을 누린다.

162 중생을 이끄는 위대한 스승(大導師) : 인천人天의 중생을 열반과 보리로 이끄는 스승.

163 『禪門拈頌說話』 17則(H5, 31a9), 『宗門拈古彙集』 권2(X66, 13b14), 『禪林類聚』 권12(X67, 77a23) 등의 공안집公案集에 수록되어 있다. 부처님의 몸에서 피가 나게 하는 등의 오역죄를 지어 지옥에 떨어진 내용은 『大方便佛報恩經』 권4(T3, 148b8) 등에 전하지만, 이 문답은 그것을 소재로 하여 하나의 화두로 창안된 것이다. 『禪門拈頌說話』 17則 본칙 설화(H5, 31b2)에서는 "이 공안의 대의는 선이라면 (부처님이나 조달이나 양편 모두) 속속들이 선이고 악이라면 (양편 모두) 속속들이 악하여, 선을 벗어나서 악이 없고 악을 벗어나서 선도 없다는 것이다.(此話大義, 善到底, 惡到底, 善外無惡, 惡外無善.)"라고 평석하였다.

164 『華嚴經』 권19(T10, 102b1) 참조.

165 이 공안에 대한 백운 경한의 평가는 대혜 종고大慧宗杲의 그것과 유사하다. 『大慧語錄』 권7(T47, 839c12), "벗어날 일이 없고 또한 떨어질 일이 없다면 무엇을 석가노자라 하고, 무엇을 제바달다라 하며, 무엇을 지옥이라 할 것인가? 잘 알겠는가? 스스로 병瓶을 들고 막걸리를 사러 가더니, 도리어 적삼을 입고 나타나 주인 행세를 하는구나.(旣無出分, 又無入分, 喚甚麼作釋迦老子, 喚甚麼作提婆達多, 喚甚麼作地獄? 還委悉麼? 自攜瓶去沽村酒, 卻著衫來作主人.)"

166 이 상당 법문은 『黃龍慧南語錄』(T47, 631c7~23)의 내용과 흡사하다.

167 날마다 쓰면서도 알지 못하고(日用而不知) : 매일같이 쓰고 있으면서도 알지 못한다는 말. 자기가 가지고 노는 물건의 이름도 모른다는 뜻의 농물부지명弄物不知名이라는 말과 같다. 자신의 본분 또는 본래 갖추고 있는 불성을 알지 못하는 어리석음을 뜻한다. 『周易』 「繫辭傳」 上에서 비롯한 말. "일음일양을 도라 하니, 그것을 계속함이 선

이요, 그것을 갖추고 있는 것이 성이다. 어진 이는 이를 보고 인이라 하고, 지혜로운 이는 이를 보고 지라 하지만, 백성들은 날마다 쓰면서도 알지 못한다.(一陰一陽之謂道, 繼之者善也, 成之者性也. 仁者見之, 謂之仁 ; 知者見之, 謂之知 ; 百姓日用而不知.)"

168 유정의 중생은~달라졌기 때문에 : 『新華嚴經論』 권1(T36, 721a6) 참조.

169 오성五性 : 중생의 근기를 다섯으로 나눈 무종성無種性(闡提性), 부정성不定性, 성문성聲聞性, 연각성緣覺性, 보살성菩薩性.

170 『圓覺經』(T17, 921c23), "이 경을 '돈교대승頓敎大乘'이라 한다. 단박에 깨달을 수 있는 근기의 중생은 이 경에서 깨우치고 또한 점차로 수행하여 깨달음을 얻어 가는 일체중생(一切群品)도 받아들여 제도하리니, 비유컨대 큰 바다는 작은 물줄기도 사양치 않아 모기와 등에와 아수라에 이르기까지 그 물을 마시는 자들 모두 충족하게 하는 것과 같다.(是經名爲頓敎大乘, 頓機衆生, 從此開悟, 亦攝漸修一切群品, 譬如大海不讓小流, 乃至蚊虻及阿修羅, 飮其水者, 皆得充滿.)"; 『圓覺經略疏』 권하(T39, 575b20), "'비유컨대 큰 바다는 작은 물줄기도 사양치 않아.'라고 한 말은 점교는 돈교와 괴리가 있으므로 돈문은 반드시 점문을 갖추어야 한다는 뜻이다. '모기와 등에'는 이승이 받아서 간직하는 것을 비유한 말이고, '아수라'는 보살이 받아서 간직하는 것을 비유한 말이다.(譬如大海不讓小流, 謂漸敎則乖頓敎, 頓門必具漸門. 乃至蚊虻, 此喩二乘受持, 及阿脩羅, 此喩菩薩受持.)"

171 『法華經』 권1 「方便品」(T9, 7a20), "이 법은 사량으로 분별하여 이해할 수 있는 대상이 아니니, 제불만이 알 수 있다.(是法非思量分別之所能解, 唯有諸佛乃能知之.)"

172 부처님 형상을~거두어들이는 것 : 『圓覺經』의 내용을 인용하여 설한 것이다. 『圓覺經』(T17, 921a15), "부처님이 세상에 계실 때라면 마땅히 바른 생각으로 대해야 할 것이요, 부처님께서 입멸하신 후라면 형상을 모셔 놓고 마음을 그곳에 두고서 눈은 실제 형상을 본다고 상상하고 바른 기억을 떠올리며 여래께서 세상에 계시던 때와 같이 한다. 갖가지 깃발과 꽃을 달고 삼칠일 동안 시방의 모든 부처님께 머리를 조아리고 명호를 부르며 자비를 구하여 참회를 구한다. 좋은 경계를 만나 마음이 경쾌하고 평안해지리니 삼칠일이 지난 뒤에도 한결같이 상념을 거두어들여야 한다.(若佛現在, 當正思惟, 若佛滅後, 施設形像, 心存目想, 生正憶念, 還同如來常在之日, 懸諸幡花, 經三七日, 稽首十方諸佛, 名字求哀懺悔. 遇善境界, 得心輕安, 過三七日, 一向攝念.)"

173 수월도량水月道場 : 달이 모든 물에 평등하게 비치듯이 평등한 불도가 실현된 도량 또는 모든 곳에 구현되어 있는 도량을 뜻하기도 하고, 물에 비친 달처럼 실체가 없는 허망한 도량이라는 의미로 쓰이기도 한다. 여기서는 후자의 뜻에 가깝게 쓴 것으로 보인다.

174 그림자나 메아리 같은 대중(影響之衆) : 대고중對告衆과 같은 의미. 설법을 듣는 상대. 여기서는 앞의 비유와 마찬가지로 그림자나 메아리처럼 일시적으로 생겼다 사라지며 실체가 없는 대상을 비유한 것으로 보인다.

175 공화만행空花萬行 : 공화는 눈병 등으로 말미암아 나타나는 허공의 꽃. 물에 비친 달(水月)이나 거울에 비친 영상(鏡像) 등과 같이 실체가 없는 존재를 비유한다. 만행은 팔만사천의 세부적인 행위를 뜻하며, 이 또한 실체가 없는 행위로서 이것에 집착해서도 안 된다.

176 꿈속에서 불사를 성취하며(夢中佛事) : 꿈속에서도 생시와 마찬가지로 일대사를 잊

지 않는 것을 말한다.
177 다음 『萬善同歸集』에 실린 송을 인용하였다. 『萬善同歸集』 권3(T48, 992c25), "수월도량을 건립하고, 성공性空 세계를 장엄하며, 허깨비 같은 공양구를 펼쳐 놓고, 그림자나 메아리와 같이 여래를 따르며 공양 올리노라.……거울에 비친 마구니를 항복시키고, 꿈속에서도 불사를 크게 행하며, 한결같이 중생을 널리 제도하여, 적멸의 보리를 함께 증득하리라.(建立水月道場, 莊嚴性空世界, 羅列幻化供具, 供養影響如來.……降伏鏡像魔軍, 大作夢中佛事, 廣度如化含識, 同證寂滅菩提.)"
178 홍주 수료洪州水潦가 마조를 친견하여 '조사서래의祖師西來意'의 뜻을 물었다가 마조에게 가슴을 걷어차이고는 박장대소하며 한 말 가운데 나온다. 『景德傳燈錄』「洪州水潦傳」(T51, 262c10), "대단히 신기하도다! 무수한 삼매와 한량없이 미묘한 뜻을 단지 한 터럭 끝에서 바로 그 근원을 알아차렸네.(大奇! 百千三昧, 無量妙義, 只向一毛頭上, 便識得根原去.)"
179 『景德傳燈錄』 권4 「牛頭法融傳」(T51, 227a18), "무수히 많은 법문 어느 것이나 마음으로 귀착되고, 갠지스강의 모래알처럼 셀 수 없는 미묘한 덕이 모두 마음의 근원에 의존한다. 일체의 계문戒門·정문定門·혜문慧門과 신통 변화를 본래 스스로 갖추고 있으니, 너의 마음을 떠나 있지 않다. 온갖 번뇌와 업장이 본래 공적하고 갖가지 인연과 과보가 모두 몽환과 같으니, 벗어나야 할 삼계도 없고 구해야 할 보리도 없다.(夫百千法門, 同歸方寸, 河沙妙德, 總在心源. 一切戒門定門慧門, 神通變化, 悉自具足, 不離汝心. 一切煩惱業障, 本來空寂, 一切因果, 皆如夢幻, 無三界可出, 無菩提可求.)"; 『眞心直說』(T48, 1003a15) 참조.
180 『圓覺經』(T17, 916a11) 참조.
181 『大慧語錄』 권26(T47, 921b5), "이미 일어날 때를 알고 있다면 바로 이 지해知解가 해탈의 장인 것이요, 생사윤회를 벗어날 경계인 것입니다. 이미 해탈의 장이요 생사윤회에서 벗어날 경계에 있다면 지해도 해도도 그 자리에서 적멸할 것이며, 지와 해가 이미 적멸하다면 지와 해를 알고 있는 당사자도 적멸하지 않을 수 없을 것이요, 보리와 열반 그리고 진여와 불성도 적멸하지 않을 수 없을 것이니, 다시 더 이상 무엇에 장애를 입을 것이며 또 어디에서 깨달음을 구할 필요가 있겠습니까!(既識得起處, 卽此知解, 便是解脫之場, 便是出生死處. 既是解脫之場, 出生死處, 則知底解底, 當體寂滅, 知底解底既寂滅, 能知解者, 不可不寂滅, 菩提涅槃眞如佛性, 不可不寂滅, 更有何物可障, 更向何處求悟入!)"
182 보지공寶志公(418~514) : 남조南朝 때 선사. 보지寶誌(保志·保誌) 또는 지공誌公·보공寶公이라고도 한다. 양 무제가 달마와의 문답에서 달마의 뜻을 알아채지 못하고 보낸 뒤에 양 무제에게 "달마는 관음대사로서 폐하에게 부처님의 심인을 전하였다."라고 일러 준 일화가 전한다. 시호는 광제대사廣濟大師이다.
183 사대思大 : 천태종의 제2조인 남악 혜사南岳慧思(515~577)를 달리 부르는 명칭.
184 하늘만 쳐다보고 있으면(目視雲漢) : 방편의 교화를 펼치지 않고 오로지 본분의 고원한 경계만을 지키며 부처도 조사도 허용하지 않는 입장 또는 그러한 사람을 표현한 말.
185 이 문답에 대해서는 『景德傳燈錄』 권27(T51, 435a14) 참조. 『從容錄』 73則(T48, 256c5), "사대는 '삼세의 모든 부처님을 나의 한입에 남김없이 삼켰으니 어디에 또다

시 제도할 중생이 있겠는가!'라고 말했다. 이는 물 한 방울 샐 틈도 없이 틀어막는 수법이니, 범부의 길도 성인의 길도 모두 끊어진 경계를 나타낸다.(思大云, '三世諸佛, 被我一口吞盡, 何處更有衆生可度!' 此水洩不通, 凡聖路絶也.)"

186 섣달도 다 지나가는데(年窮臘盡) : 12월의 마지막 날. 납臘은 세歲와 같은 뜻.
187 분세分歲 : 섣달그믐에 한 해의 마지막 날을 기념하여 치르는 향연의 일종.
188 노지백우露地白牛 : 각자의 본래면목을 상징한다. 원래『法華經』권2「譬喩品」(T9, 12c13)에서 일승一乘의 묘법妙法을 백우白牛에 비유한 데서 한 점 번뇌의 더러움도 없는 청정한 경계를 비유하는 말로 쓰인다. 노지露地는 사방이 막히지 않고 훤히 드러난 안온한 곳을 이르는 말로서 장애가 사라진 불지佛地를 비유한다.
189 북선 지현北禪智賢의 분세分歲 일화를 화두로 제기한 상당 법문이다.『頌古聯珠通集』권37(X65, 709c8),『建中靖國續燈錄』권3「北禪智賢章」(X78, 657b9) 등에 전한다.
190 시골 마을에서는~춤출 뿐(村家社舞) : 촌가사음村家社飮 · 신가사무神歌社舞라고도 한다. 농사짓는 사람들이 풍년을 기리며 사전社殿에 모여 노래 부르고 춤추는 것으로 태평 무사함을 상징한다.
191 천동 정각天童正覺의 송을 인용하였다.『宏智廣錄』권2(T48, 18c29) 참조.
192 『肇論』「物不遷論」(T45, 151a8) 참조,『肇論疏』권중(X54, 72b20), "'삶과 죽음이 번갈아 사라졌다 나타나고, 추운 계절과 더운 계절이 번갈아 자리를 바꾼다.'라고 한 말은 생사라는 변화가 겨울과 여름이 때에 맞게 운행하는 현상과 같다는 뜻이다. '무엇이건 항상 옮겨 다닌다는 관념이, 사람들이 갖고 있는 보통의 생각'이라 한 말을 푼다. 모든 법은 유동하지만 무위에는 이르지 못한다는 생각은 보통 이하의 사람들도 누구나 알고 있는 관념이라는 뜻이다. 이상으로써 종지를 표방하였다.(夫生死交謝, 寒暑迭遷者, 生死之變, 猶冬夏而時行也. 有物流動, 人之常情者, 唯有法流動, 不及無爲者, 中人以下, 皆共知之. 此是標宗也.)"
193 이 단락까지에서 승조僧肇의 말을 제외한 부분과 이하에서 주장자를 잡고서 "터럭만큼의 간격도 없다."라고 한 부분까지와 마지막에 "섣달그믐 밤도~누가 알랴!"라고 한 말은『虛舟普度語錄』(X71, 92b12~19)의 내용과 흡사하다.
194 티끌 하나에도~될 것이다 : 다음 글의 대의와 통한다.『圓悟語錄』권4(T47, 729b7), "온갖 성인은 같은 길을 밟으며 가지 않았으나 바른 본체를 우뚝하니 드러내었고, 모든 현상은 가려진 것이 없으니 미묘한 작용이 항상 진실하다. 법은 법의 흐름을 따르니 두루 펼쳐지지 않는 곳이 없고, 마음은 마음의 작용을 따르니 두루 미치지 않는 곳이 없다. 위로는 잡고 올라갈 수단이 끊어지고, 아래로는 내던질 자신의 몸마저 없다면 사람마다 꺼지지 않는 광명이 눈앞에 발하여져 각각이 어디에도 걸림 없이 또렷이 드러나리니, 하나의 티끌 속에 부처의 국토가 나타나고 터럭 끝에 앉아서도 대법륜을 굴릴 수 있을 것이다. 굴려도 굴림에 집착하지 않으니 모든 것이 자연스럽게 굴러가고, 몸을 드러내도 몸에 얽매이지 않으니 어느 곳에서나 몸 아닌 것이 없다.(千聖不同轍, 正體獨露 ; 萬象無所覆, 妙用常眞. 法隨法行, 無處不遍 ; 心隨心用, 無處不周. 若能上絶攀仰, 下絶己躬, 放出人人常光目前, 各各獨露, 便可以於一塵中, 現寶王刹, 坐毛端裏, 轉大法輪. 以無轉而轉, 卽一切皆轉, 以無身現身, 一切處無不是身.)"
195 가섭을 초조로 하여 대대로 이어져 보리달마에 이르기까지 28대 조사가 있었다는 설은 801년(정원 17) 성립된 선종 최초의 전등록『寶林傳』에서 완성되었고, 그 뒤의 전

등록들도 대체로 이 설을 따르고 있다.
196 전체적인 내용과 구성이 『黃龍慧南語錄』(T47, 634b18~27)의 내용과 흡사하다.
197 식識으로도 분별할~없는 것이다 : 선 문헌에서 상용하는 어구로서 공안을 제기하는 문답에서 활용하기도 한다. 『注維摩詰經』권9「阿閦佛品」(T38, 411a17), "지혜로도 알 수 없고 식識으로도 분별할 수 없다 : 승조가 말한다. '지혜와 식의 발생은 차별상 안에서 일어나지만, 법신은 상이 없으므로 지혜와 식으로 미칠 수 있는 대상이 아니다.' 도생이 말한다. '이미 이것과 저것이 구별되는 경계에 있지 않고, 또한 이것과 저것을 가르는 분별로도 접근할 수 없거늘 어찌 지혜로 알고 식으로 분별하여 그렇다고 말할 수 있겠는가!'(不可以智知, 不可以識識 : 肇曰, '夫智識之生, 生於相內, 法身無相故, 非智識之所及.' 生曰, '旣不在此彼, 又不以此彼, 豈可以智知識識言其爾哉!')"; 『大慧語錄』권18(T47, 889a10), "진실한 이치는 지혜로도 알 수 없고 식識으로도 분별할 수 없다.(蓋眞實之理, 不可以智知, 不可以識識.)"
198 『圜悟心要』권하「示蔣待制」(X69, 482a6), "이 하나의 본분사는 천상계와 인간계의 모든 중생으로부터 불조에 이르기까지 모두 이 힘을 입은 것입니다. 다만 뭇 중생은 그것을 온축하고 있으면서도 우매하여 헛되이 생사의 굴레에 빠지는 것이고, 불조는 이를 통달하여 깨달음조차 뛰어넘은 것입니다. 미혹과 깨달음이 다르다고는 하나 그 부사의함은 같습니다. 그런 까닭에 불조께서 깨달음을 곧바로 지시하여 주신 것은 모든 중생 각각이 자기기 본래 원만히 구족하고 있는 청정하고 미묘하며 밝은 참된 마음을 또렷이 깨달아 다시는 번뇌 망상과 이리저리 헤아리며 분별하는 지견을 남겨 두지 않도록 하기 위해서였던 것입니다.(此段事, 天人群生, 至於佛祖, 皆承威力. 但以群靈, 雖蘊此而冥昧, 枉受沈溺 ; 佛祖, 達此而超證. 迷悟雖殊, 其不思議一也. 是故佛祖開示直指, 莫不令一切含靈, 各各獨了自己本來圓具清淨妙明眞心, 更不留如許塵勞妄想計念知見.)"
199 슬하의 한~자비심을 내고(極愛一子地) : 또는 줄여서 '일자지一子地'라고도 한다. 평등하고 자비로운 마음으로 모든 중생을 자신이 낳은 단 하나의 자식처럼 여기는 계위를 가리킨다.
200 도움을 청하지도~돕는 친구(不請友) : '불청친우不請親友'・'불청승우不請勝友'라고도 한다. 중생이 요청하지 않아도 언제나 중생을 도와주므로 불보살을 이와 같이 부른다.
201 글줄의 행간이나~문자나 헤아리면서(尋行數墨) : 또는 심항수묵尋行數墨이라고도 읽는다. 글귀에만 매달려 몰두하느라 참된 의미를 놓친다는 뜻.
202 평상시 그대로~못할 것이다 : 『圜悟心要』권하「示英上人」(X69, 483b23~c3)의 내용과 흡사하다.
203 이 구절은 관계 지한灌溪智閑의 말로서 『雲門廣錄』권하(T47, 574c19), 『雪竇語錄』권2(T47, 679c24) 등에 널리 인용되고 있다.
204 『雲門廣錄』권중(T47, 560b16) 참조.
205 『景德傳燈錄』권1「佛陀難提傳」(T51, 208c11) 참조.
206 『法眼語錄』(T47, 592b19) 참조.
207 운문을 평가한 법안의 말에 대해 백운이 다시 자신의 비판적 견해를 더한 것이다. 운문이 세존을 부정한 뜻만 보고 그 속에 담긴 긍정의 뜻은 간과했다는 말이다. 다름 아

닌 비판이야말로 공안의 터전임을 단적으로 보여 주는 예이다. 금산 요원金山了元은 이 세존의 기연을 두고 연이어 가해진 비판들에 대해 다음과 같이 말했다. 『禪門拈頌說話』2則(H5, 8c13), "나, 금산이 말하겠다. '사마귀는 (매미를 잡으려고) 앞에서 뛰는데 참새가 그 뒤를 쫓고, 장원莊園에 활을 멘 사람은 사냥하느라 서리에 옷 젖는 줄을 모른다. 누군가 이 말을 바르게 점검해 낸다면, 나 역시 방망이 30대를 맞을 잘못이 있으리라.'(金山道, '螗蜋前頭走, 黃雀續後隨, 園中挾彈漢, 不覺露濕衣. 有人檢點得, 金山, 也有三十棒分.')" 세존을 사마귀에, 그것을 잡고자 하는 참새를 운문에, 또 그 참새를 노리는 사냥꾼을 법안에 빗대었다. 하지만 이들 모두를 비판한 금산 자신의 견해도 그대로 긍정해서는 안 된다는 뜻을 밝혔다. 선사들은 '나라면 그렇게 말하지 않겠다.(山僧卽不恁麼)' 또는 '그렇게 하지 않았을 것이다.(山僧卽不然)'라는 말을 꺼내 들며 자신의 견해가 해법인 듯이 내놓지만 이 또한 다른 사람에게 비판받을 소재로 제공하는 것일 뿐이다. 그 어떤 탁월한 안목에서 가해진 비판일지라도 다시금 비판의 장에 오르지 않는다면 그 공안은 생명력을 잃고 화두는 사구死句로 떨어지고 말기 때문이다. 확정된 결론과 경직된 관념으로 공안을 간직한다면 이미 공안으로서의 생명은 멈춘 것이고, 이는 곧 선사로서의 선기가 무뎌지고 꺾였다는 방증이기도 하다.

208 이 상당 법문은 내용이나 구성 면에서 투자 의청投子義靑의 어록에 실린 것과 흡사하다. 『投子義靑語錄』권상(X71, 735b22~c4) 참조.

209 왕충王充의 말에서 유래한 말로 태평성대를 뜻한다. 『論衡』 "바람은 나뭇가지를 흔들지 않고 비는 흙덩이를 깨지 않으니, 닷새에 한 번 바람 불고 열흘에 한 번 비 내리네.(風不鳴條, 雨不破塊, 五日一風, 十日一雨.)"

210 경림瓊林: 아름다운 나무들로 이루어진 숲. 불국토나 선경의 아름다운 경치를 형용하는 말로도 쓴다.

211 요지瑤池: 궁궐 안에 있는 아름다운 연못. 전설상에 곤륜산昆侖山에 있었다는 연못을 뜻하기도 하는데 서왕모西王母가 살았다고도 한다.

212 어류御柳와 옥전玉殿은 버드나무와 궁궐을 아름답게 칭하는 말이다.

213 건화문建化門: 교화하기 위하여 방편으로 설정한 문. 어떤 방편도 용납하지 않는 본분사本分事의 입장과는 상대되는 뜻이다.

214 물어도 옳고~것이 아니다: 『建中靖國續燈錄』권12 「東林常總章」(X78, 713c20~23)의 내용과 흡사하며, 중간중간에는 『眞心直說』의 구절이 섞여 있다. 『眞心直說』「眞心妙體」(T48, 1000a24), "규봉 종밀이 말했다. '마음은 텅 비어 미묘하고 순수하며 환히 빛나고 신령하게 밝으니, 가는 것도 없고 오는 것도 없어 삼제三際에 모두 신명하게 통하며, 안도 아니고 바깥도 아니어서 시방을 환하게 통하며, 사라지도 않고 생겨나지도 않으니 어찌 사산四山(생로병사)인들 이를 해칠 수 있으리오!'(圭峯云, '心也者, 沖虛妙粹, 炳煥靈明, 無去無來, 冥通三際, 非中非外, 洞徹十方, 不滅不生, 豈四山之可害!')"; 『圓覺經略疏』권상「序」(T39, 524a18~20) 참조.

215 오늘 지극한~편히 쉬십시오: 『建中靖國續燈錄』권9 「覺海若沖章」(X78 695a23~b2)의 내용과 흡사하다.

216 『碧巖錄』82則(T48, 208a26), "대룡 지홍大龍智洪에게 학인이 물었다. '색신은 부서져 없어지니 무엇이 견고한 법신입니까?' '산에 핀 꽃은 비단을 펼쳐 놓은 듯하고 시냇물은 쪽빛처럼 맑다.'(僧問大龍, '色身敗壞, 如何是堅固法身?' '山花開似錦, 澗水湛如

藍.)"; 『頌古聯珠通集』 권35(X65, 696a24) 참조.
217 학인이 달마대사가 서쪽에서 온 뜻을 묻자 조주가 동지에 일양一陽이 생한다고 답한 문답을 소재로 용문 청원龍門淸遠이 읊은 송에 나오는 구절. 『頌古聯珠通集』 권20(X65, p.599b8) 참조. 『人天眼目』 권6(T48, 331b18), "'법신이란 무엇입니까?' '버드나무에는 황금빛 새싹이 돋아나고 배나무에는 흰 눈 같은 꽃이 피어난다.'('如何是法身?' '柳色黃金嫩, 梨化白雪香.')"
218 『請益錄』 권상(X67, 473c20), "손님이 주인에게 말하니 맑은 바람이 밝은 달을 털어내는 격이요, 주인이 손님에게 말하니 밝은 달이 맑은 바람을 비추는 격이다.(賓向主說, 則淸風拂白月 ; 主向賓言, 則白月照淸風.)"
219 『玄沙廣錄』 권하(X73, 19b19), "법좌에 올라앉아 제비가 지저귀는 소리를 듣고 '실상을 깊이 이야기하고, 법의 요체를 잘 설하는구나.'라고 한 뒤 법좌에서 내려왔다.(上堂, 聞燕子叫云, '深談實相, 善說法要.' 便下座.)"
220 선덕先德 : 깨우친 도가 높아 후대의 본보기가 되는 앞서간 인물. 고인古人 · 선배先輩 · 고덕古德 등과 같은 말이다.
221 이 상당 부분은 『建中靖國續燈錄』 권14 「興化紹淸章」(X78, 730c2~16)의 내용과 거의 흡사하다. '興化'라 자칭한 부분을 '衲僧', '山僧' 등으로 바꾼 부분 외에 다르지 않다.
222 선법당善法堂 : 제석천이 거처하는 수미산 정상의 희견성喜見城 안에 있는 설법처. 제석천이 설법을 행힌다고 하는 강당을 가리킨다.
223 『詩經』 「小雅」 〈蓼莪〉에 나오는 구절.
224 『孝經』에 나오는 구절.
225 『盂蘭盆經疏孝衡鈔』 권상(X21, 524b10), "故律頌云, 流轉三界中, 恩愛不能捨, 棄恩入無爲, 眞是報恩者."
226 용우龍盂 : 나제가섭那提迦葉은 석존에게 귀의하기 전에 불을 섬기는 외도(事火外道)였다. 어느 날 석존이 그들이 있는 곳으로 찾아가 머물기를 청하였는데, 그들은 석존을 화룡火龍이 살고 있는 석굴에 묵게 하였다. 밤에 화룡이 불을 토하며 석존을 해치려 하자 석존은 자비심을 일으켜 삼매화三昧火를 드러내셨고, 화룡은 이를 피하려다 석존의 발우가 청량하고 광대하므로 그 속에 몸을 숨겼다. 이를 본 나제가섭은 오백 제자와 함께 석존에 귀의했다고 하는 고사가 전한다. 여기서는 지옥 불을 끄는 발우라는 의미와 함께 '자비심'을 상징하는 뜻으로 쓰인 것으로 보인다.
227 '동가인사東家人死 서가인조애西家人助哀'라는 상용구로 흔히 쓰인다. 동쪽 집 사람이 죽었는데 서쪽 집 사람이 슬프게 운다는 말로 아무런 보람 없는 일을 뜻한다.
228 차별성 그대로 진실이라는 이치를 나타낸다. 『肇論新疏』 권중(T45, 220a29), "모든 법의 차별을 뜻한다. 오리 다리는 짧고 학 다리는 긴 것과 같다. 그러나 본성은 공空이 아닌 것이 없으며 공이므로 서로 다르지 않으니, 늘이거나 자르거나 깎거나 메우는 등으로 조작한 다음에 평등해지는 것이 아니다.(意云, 諸法差別, 如鳧短鶴長等. 然性無不空, 空故不異, 不待續截夷盈然後平等.)"
229 이 법문은 나한 수인羅漢守仁의 다음 법문과 통한다. 『景德傳燈錄』 권25 「羅漢守仁傳」(T51, 412a22), "나는 여기서 누구에게도 화두를 가려내 준 적이 없으나, 오늘 여러 상좌들에게 한두 칙의 화두를 가려내 주겠다. 듣기를 원하는가? 여러 상좌들이여, 학 다리는 길고 오리 다리는 짧으며, 감초는 달고 황벽은 쓰다. 이렇게 분별한 말이

마음에 흡족한가?(報恩遮裏不曾與人揀話, 今日與諸上座, 揀一兩則話. 還願樂麼? 諸上座, 鶴脛長鳧脛短, 甘草甛黃蘗苦. 恁麼揀辨, 還愜雅意麼?)"

230 이 부분까지는 『建中靖國續燈錄』 권3 「雲蓋志顒章」(X78, 655c15~18)의 내용을 인용한 것이다.

231 『建中靖國續燈錄』 권3 「上方齊岳章」(X78, 656b16~21)에는 "臨濟先鋒, 德山殿後."로 되어 있고, 다음 문답의 답도 "德山先鋒, 臨濟殿後."와 같이 되어 있다.

232 그대는 소상瀟湘으로~향하는 것이다 : 소상瀟湘은 호남성湖南省 부근의 소수瀟水와 상수湘水를 아울러 이르는 말로, 진秦나라보다는 상대적으로 남쪽에 위치해 있다. 이 구절은 당나라 때 정곡鄭谷의 시 〈淮上與友人別〉 중에 마지막 4구이다. 상대는 남쪽의 소상으로, 자신은 북쪽의 진나라로 떠나며 이별의 아쉬움을 노래한 시이다.

233 이 단락은 『建中靖國續燈錄』 권3 「上方齊岳章」(X78, 656b16~21)의 문답을 인용한 것이다. 다만 마지막 물음의 답으로 할喝을 한 것이 아니라, "나이가 들어 봄날 늦도록 자고, 병이 오래되어 산 밖을 나간 지도 오래전이다.(年高春睡晚, 病久出山遲.)"라고 답한 점이 다르다.

234 반만半滿·편원偏圓 : 교리 또는 교설의 우열을 판석判釋하는 용어. 반만은 반자교半字教와 만자교滿字教를 아울러 일컫는 말. 반자는 글자를 생성하는 근본, 즉 자음과 모음을 가리키고, 만자는 이 자음과 모음이 모여 이루어진 문자를 가리킨다. 이에 따라 교설을 통해 아직 완전히 드러내지 않은 가르침을 반자에, 완전히 드러낸 가르침을 만자에 비유한다. 『涅槃經』 권5(T12, 390c29), "반자는 구부경을, 비가라론은 방등대승경전을 가리킨다. 성문들은 지혜의 힘이 없기 때문에 여래께서 그들에게 반자 구부경전을 설하였고, 비가라론인 방등대승은 설하지 않았다.(半字者, 謂九部經, 毘伽羅論者, 所謂方等大乘經典. 以諸聲聞, 無有慧力, 是故如來爲說半字九部經典, 而不爲說毘伽羅論方等大乘.)" 편원은 편교와 원교를 아울러 일컫는 말로서 편교는 편벽된 가르침을, 원교는 일체를 원만하게 구족한 가르침을 뜻한다. 교판의 대상에 따라 반만과 편원으로 어떻게 갈리느냐는 다르지만, 소승과 대승만 놓고 본다면 소승은 반자교이며 편교이고, 대승은 만자교이며 원교이다.

235 권실權實·돈점頓漸 : 권權은 상대방의 근기에 맞추어 시설하는 방편, 실實은 궁극적인 불변의 진실을 말한다. 돈점頓漸은 돈속頓速과 점차漸次라는 뜻이며, 돈오점수頓悟漸修의 줄임말로도 쓰인다.

236 『入楞伽經』 권5 「佛心品」(T16, 541c22)에 '보리를 증득하고 열반에 들 때까지의 사이에 한 글자도 설하지 않았다.'는 문구가 보일 뿐, 위의 구절과 정확히 일치하는 경전의 근거는 보이지 않는다. '한 구절도 설하지 않았다.'는 구절은 여러 전등사서와 공안집 등에서 공안으로 자주 활용되는 소재이다. 『景德傳燈錄』 권12 「道巘傳」(T51, 297a20), 『頌古聯珠通集』 권2(X65, 487a3), 『禪門拈頌說話』 34則(H5, 48b10) 참조.

237 법좌에 올라앉아~앉은 말이다 : 『大慧語錄』 권19 「示妙證居士」(T47, 893c18~27)의 내용과 흡사하다.

238 『金剛經』(T8, 749a23), "존재하는 상들은 모두 허망하다. 만약 모든 상이 상이 아닌 줄 안다면 부처님의 뜻을 알 것이다.(凡所有相, 皆是虛妄. 若見諸相非相, 則見如來.)"; 『金剛經五家解說誼』 권상(H7, 37c19), "눈앞에 정해진 법이 없으니, 눈에 마주치는 것마다 모두 여여한 실상이다. 다만 이와 같이 안다면 곧 부처를 볼 것이다.(目前無法, 觸

目皆如. 但知如是, 卽爲見佛.)"
239 『金剛經』(T8, 757a7), "일체의 유위법은 마치 별·백태·등불·허깨비·이슬·물거품·꿈·번개·구름 등과 같으니 마땅히 이와 같이 관찰해야만 한다.(一切有爲法, 如星翳燈幻, 露泡夢電雲, 應作如是觀.)"
240 당종당종撞鐘 : 범종梵鐘. 대중을 모을 때 쳐서 알리는 종.
241 『金剛經』(T8, 752a17), "색신色身으로써 나를 보려 하거나 음성으로써 나를 찾으려 한다면, 이 사람은 삿된 도를 행하는 자이니 여래의 진면목을 보지 못할 것이다.(若以色見我, 以音聲求我, 是人行邪道, 不能見如來.)"
242 내 눈썹이~있는지 보라 : 주 156 참조.
243 이 상당 법문은 『大慧語錄』권28 「答汪狀元」(T47, 933a1~12)의 내용과 흡사하다.
244 『大般涅槃經』권26(T26, 777a3) 참조.
245 『禪林類聚』권14(X67, 89a12), 『聯燈會要』권7 「潙山靈祐章」(X79, 64a16), 『潙山靈祐語錄』(T47, 577a14) 등 참조.
246 마음에 관한 법문(心地法門) : 대지가 온갖 초목과 곡식의 씨앗을 품어 키워 내듯이 마음이라고 하는 터전에서 일체의 것이 발생하므로 마음을 이 대지에 비유하여 심지心地라고 한다. 심지법문이란 마음을 대상으로 하여 전하는 법문 또는 마음을 깨달은 경계를 전하는 법문 정도의 뜻이다.
247 『景德傳燈錄』권5 「南嶽懷讓傳」(T51, 240c9) 참조.
248 이 상당 법문은 『黃龍慧南語錄』(T47, 638c15)의 법문을 그대로 답습한 것이다. 그런데 이 부분은 운문의 문답이 잘못 인용되어 있다. 운문이 학인에게 물은 것이 아니라 그 반대이다. 어록 편찬상의 착오이거나 황룡의 창안으로 추정된다. 운문이 장향裝香이라 한 것은 향을 사르기 위해 향로香爐에 향을 집어넣는 것이며, 본 어록에서의 소향燒香은 향에 불을 붙여 사르는 의식이다. 『雲門廣錄』의 문답은 다음과 같다. 『雲門廣錄』권상(T47, 552b18), "어떤 학인이 물었다. '지금 나한께 공양물을 바치면 나한이 오실까요?' 운문이 대답했다. '그대가 묻지 않았다면 나 역시 대답하지 않아도 될 터인데.' '스님께서 말씀해 주시기 바랍니다.' '삼문 앞에서 합장하고, 불전 안에서 향로에 향을 넣는다.'(問, '今日供養羅漢, 羅漢還來也無?' 師(雲門)云, '汝若不問, 我卽不道.' 進云, '請師道.' 師云, '三門頭合掌, 佛殿裏裝香.')"
249 이 상당 법문 전체는 『黃龍慧南語錄續補』(T47, 636b12)의 내용과 같다. 다만 "납승의 눈앞에서는" 이전 부분은 "거대한 바다를 마음껏 삼키고 수미산을 뒤집어 세운다.(橫吞巨海, 倒卓須彌.)"라고 약간 달리 되어 있지만 취지는 같다.
250 행각行脚 : 스승을 찾아 이곳저곳 돌아다니며 도를 배우고 수행하는 일. 유섭游涉(遊涉)도 '먼 곳으로 돌아다닌다'는 뜻으로 유력遊歷·유람遊覽과 같은 말이지만 행각과 동일한 맥락으로 쓰인다. 『祖庭事苑』권8(X64, 432c19), "행각 : 행각이란 살던 곳에서 멀리 떠나 세상을 돌아다니며 인정을 벗어나고 속박도 내던지고서 스승과 벗을 찾아다니며 법을 구하여 깨닫는 것이다. 그런 이유로 배움에 특별히 정해진 스승을 두지 않고 두루 찾아 돌아다니는 것을 최선으로 여긴다. 선재동자善財童子가 남쪽으로 선지식을 찾아다녔던 것이나 상제常啼보살이 동쪽으로 법을 배우러 다녔던 것이 모두 옛 성인들의 구법 활동이다. 영가 현각永嘉玄覺이 강과 바다를 건너고(游) 산천을 돌아다니며(涉) 스승을 찾아 도를 묻고 참선했던 일이 어찌 그런 이유가 아니었단 말인

가!(行脚:行脚者, 謂遠離鄕曲, 脚行天下, 脫情捐累, 尋訪師友, 求法證悟也. 所以學無常師, 遍歷爲尙. 善財求求, 常啼東請, 蓋先聖之求法也. 永嘉, 所謂游江海涉山川, 尋師訪道爲參禪, 豈不然邪!)"

251 본래면목本來面目 : 각자가 본래 갖추고 있는 모습. 본래의 자기. 부모미생전면목父母未生前面目, 공겁이전소식空劫已前消息, 천지미개이전天地未開以前, 본지풍광本地風光 등과 같은 말. 宗寶本『壇經』(T48, 349b24), "혜능이 말했다. '선이라고 생각하지도 말고, 악이라고 생각하지도 마라. 바로 이럴 때 혜명 상좌의 본래면목은 어떤 것인가?'(慧能云, '不思善, 不思惡. 正與麼時, 那箇是明上座本來面目?')"

252 어떤 훌륭한 결과를 성취하더라도 주장자로 맞을 잘못을 모면하지는 못한다는 뜻. 『續傳燈錄』권33「退菴休傳」(T51, 696c29), "설령 어디로나 자유롭게 통한다고 할지라도 산승의 주장자에 맞지 않을 수 없을 것이다.(直饒七穴八穿, 未免山僧拄杖.)"라는 형식은 조사선에서 최종적 성과도 허용하지 않는 일반적 방식이다.

253 『法華經』권1「方便品」(T9, 7a21) 참조.
254 위의 책(T9, 9c16) 참조.
255 『大般涅槃經』권36「迦葉菩薩品」(T12, 580b14), "선남자야, 일체중생에게 불성이 있다고 결정하거나 불성이 없다고 결정하여 말하는 자가 있다면 이는 또한 불법승을 비방하는 자라 하겠다.(善男子, 若有說言一切衆生, 定有佛性, 定無佛性, 是人亦名謗佛法僧.)"

256 앞에 제시된 이 네 가지 언어 형식을 '비방하는 네 가지 말(四謗)'이라 한다. 『攝大乘論釋』권12(T31, 244a1), "모든 보살은 일체법一切法을 분별하지 않으며 위없는 보리에 이르기까지도 분별하지 않는다. 어째서인가? 모든 법은 말로 나타낼 수 없기 때문이다. 말로 나타낼 수 없는 것을 억지로 말로 나타내는 것을 '희론'이라 한다. 여기에는 네 가지가 있으니 이를 '사방四謗'이라 한다. '유有'라 하면 증익방增益謗, '무無'라 하면 손감방損減謗, '유이기도 하고 무이기도 하다'라고 하면 상위방相違謗, '유도 아니고 무도 아니다'라고 하면 희론방戱論謗에 해당한다.(諸菩薩不分別一切法, 乃至不分別無上菩提. 何以故? 諸法無言說故. 於無言說中强立言說, 故名戲論. 言說有四種, 卽是四謗. 若說有卽增益謗, 若說無卽損減謗, 若說亦有亦無卽相違謗, 若說非有非無卽戲論謗.)"

257 선재동자가 친견한 53선지식 가운데 비목 선인과의 인연을 소재로 한 상당 법문. 『華嚴經』권64「入法界品」(T10, 345c20) 참조.
258 『禪門拈頌說話』74則 본칙 설화에서는 다음과 같이 평석하였다. 『禪門拈頌說話』74則(H5, 83b6), "본래 있는 곳을 떠나서 별도로 화장세계가 있는 것은 아니며, 화장세계를 떠나서 별도로 본래 있는 곳도 없다. 곧 평상의 경계와 부사의한 세계(화장세계)는 하나의 길로 함께 간다.(非離本處, 別有華藏世界, 非離華藏世界, 別有本處, 所謂平常不思議, 一途而行.)"

259 도량 밖으로 나가지 않고(結足) : 금족禁足과 같은 말. 안거 기간 동안 외출을 금하는 규정이다.
260 해제일에 법좌에~하라. 알겠는가 : 불안 청원佛眼淸遠의 해하解夏 상당 내용과 흡사하다. 『龍門佛眼語錄』古尊宿語錄27(X68, 177c9~13) 참조.
261 이통현李通玄의 설. 『新華嚴經論』권1(T36, 721a18) 참조.

262 『注華嚴法界觀門』「裴休序」(T45, 683c13), 『大慧語錄』권18(T47, 887a7) 등에 나오는 구절.
263 자자일自恣日 : 자자는 '수의隨意'라고도 한다. 하안거 마지막 날에 행하는 의식으로서 안거 기간 동안의 서로의 잘못을 기탄없이 제기하여 참회하고 복을 닦는다.
264 가을바람은 푸른~태평성대를 노래하네 : 『建中靖國續燈錄』권6 「北禪慧雲禪院昇禪師章」(X78, 678b2~4)의 상당 내용과 일치한다.
265 풍류를 값싸게 팔리라(賤賣風流) : 고아한 덕을 이해하기 쉽게 설하는 것.
266 눈 밝은 사람(明眼人) : 사물의 도리에 정통하여 밝게 보고 아는 능력을 갖춘 사람. 명안종사明眼宗師라고도 한다.
267 『禪門拈頌說話』680則 본칙 설화에서는 다음과 같이 평석하였다.『禪門拈頌說話』680則(H5, 519c6), "'그는 이제 바로 나 자신이나'라는 것은 그림자가 그림자가 아니라고 생각한다는 뜻이다. '나는 더 이상 그가 아니라네.'라는 것은 귀천을 분별하고 존비를 나눈다는 뜻이다. '마땅히 이렇게 알아야, 비로소 여여如如한 진실과 하나 되리라.'라는 것은 물에 비친 그림자 그대로가 진면목이란 뜻이다.(渠今正是我者, 當影不是影也. 我今不是渠者, 分貴賤辨尊卑也. 應須伊麼會云云者, 卽影而眞也.)"『洞山良价語錄』(T47, 520a20), 『景德傳燈錄』권15「洞山良价傳」(T51, 321c21) 참조.
268 『緇門警訓』권1「潙山大圓禪師警策」(T48, 1042b29)에 나오는 구절.
269 선불장選佛場 : 부처를 뽑는 시험장. 불조佛祖에 걸맞은 스승을 뽑는 자리. 선불장은 승당僧堂·선당禪堂·좌당坐堂 등을 달리 부르는 이름이기도 하다.
270 방거사龐居士의 게송. 방거사가 마조 도일馬祖道一에게 '만법萬法과 짝이 되지 않는 사람'에 대하여 물었다가 '한입에 서강의 물을 모두 들이켜면 말해 주겠다'라고 한 대답에서 깨달음을 얻고 지은 게송이다.『聯燈會要』권6「龐蘊居士章」(X79, 55b20) 참조.
271 등용문登龍門의 의미를 빌려 표현한 말. 등용문은 줄여서 용문이라고도 하며 우禹임금이 이것을 조성했다고 하여 우문禹門이라고도 하는데, 스승이 제자를 단련하고자 설정한 관문關門을 상징한다.『碧巖錄』7則(T48, 147c18), "세 단계 거친 폭포 거슬러 올라 잉어는 용이 되어 사라졌건만, 어리석은 사람 한밤에 연못물을 퍼내고 있네.(三級浪高魚化龍, 癡人猶戽夜塘水.)"
272 『圓覺經』(T17, 913b21), "모든 부처님께서는 본래 인지因地에서 일으키시어 모두 원만히 비추는 청정한 깨달음의 상에 의지하여 영원히 무명을 끊고 불도를 이루셨다. 무명이란 무엇인가? 선남자야, 모든 중생이 무시이래로 갖가지 상에 전도된 것이 마치 길을 잃은 사람이 사방의 방위를 잘못 착각하는 것과 같다. 사대四大를 자기 몸의 상相이라 잘못 알고 있고 육진六塵의 그림자를 자기 마음의 상이라고 착각하니, 비유하자면 저 병든 눈으로 허공의 꽃이나 제이월을 보는 것과 같다.(一切如來, 本起因地, 皆依圓照淸淨覺相, 永斷無明, 方成佛道. 云何無明? 善男子, 一切衆生, 從無始來, 種種顚倒, 猶如迷人四方易處. 妄認四大爲自身相, 六塵緣影爲自心相, 譬彼病目見空中華及第二月.)"
273 바라제존자婆羅提尊者와 이견왕異見王 간의 문답에 나오는 말. 이견왕이 '불성은 어디에 있는가?'라고 묻자 바라제는 '바로 지금 작용하고 있는데 왕 자신이 보지 못할 뿐'이라고 하였고, 왕이 다시 '몇 곳에서 작용하는가?' 묻자 바라제는 '여덟 곳'이라며

다음과 같이 답했다. 『景德傳燈錄』 권3 「菩提達磨傳」(T51, 218b18), "태에 있을 때는 신身이라 하고 세상에 나와서는 사람이라 하고, 눈에 있을 때는 보고 귀에 있을 때는 들으며, 코에 있을 때는 향을 판별하고 혀에 있을 때는 말을 하고, 손에 있을 때는 움켜쥐고 발에 있을 때는 돌아다닙니다. 두루 나타내면 갠지스강 모래알처럼 많은 세계를 모두 갖추고, 거두어들이면 티끌 하나에 있습니다. 아는 자는 이것이 불성임을 알지만 모르는 자는 정혼精魂이라고 부릅니다.(在胎爲身, 處世名人, 在眼曰見, 在耳曰聞, 在鼻辨香, 在口談論, 在手執捉, 在足運奔. 遍現俱該沙界, 收攝在一微塵, 識者知是佛性, 不識喚作精魂.)" 낭야 혜각瑯瑘慧覺은 마지막 구절을 "중생이라 불러서도 안 되고 불성이라 불러서도 안 된다.(亦不喚作衆生, 亦不喚作佛性.)"라고 하였다. 『聯燈會要』 권12 「瑯瑘慧覺章」(X79, 111c8) 참조.

274 『禪門拈頌說話』 104則 본칙 설화에서는 위의 바라제존자의 말을 듣고 왕이 도리를 깨우쳤다고 한 부분에 대해 다음과 같이 평석하였다. 『禪門拈頌說話』 104則(H5, 112c17), "'마음에 깨달음을 얻었다'는 것은 불성을 깨달은 것인가? 정혼을 깨달은 것인가? 정혼을 떠나서 불성을 깨닫는다면 깨달음이 아니며, 깨닫는 불성이 있다고 한다면 또한 깨달음이 아니다.(心卽開悟者, 悟得佛性耶? 悟得精魂耶? 離精魂而悟佛性, 非開悟也, 又有開悟地佛性, 亦非開悟也.)"

275 앙굴마라央掘魔羅의 게송 중에 이와 비슷한 구절이 보인다. 『央掘魔羅經』 권2(T2, 529b15), "가섭만 알도록 하시니, 마치 다른 곳에 비를 내린 것 같네. 그러므로 세상에 부처가 없으면, 중생은 스스로를 구제하지 못하니, 여래를 직접 뵙고서야, 해탈을 얻는다네.(但令迦葉知, 猶如餘處雨. 是故世無佛, 衆生不自度, 面覩諸如來, 然後得解脫.)"

276 『聯燈會要』 권12 「瑯瑘慧覺章」(X79, 111b23), 『天聖廣燈錄』 권15(X78, 493a2), 『住廬山歸宗語錄』 古尊宿語錄43(X68, 286c22) 등에 보인다.

277 『圓覺經』(T17, 917a10~16) 참조.

278 주 134 참조.

279 응암 담화應菴曇華의 법문에도 약간의 문장 출입이 있을 뿐 동일한 내용이 수록되어 있다. 다만 마지막에 "자세한 설명을 달아 주겠다."라고 한 이후에 "비로자나불의 청정한 세계가 삼천대천세계에 가득 찼다.(毗盧遮那淸淨海, 充滿三千與大千.)"라고 한 구절만 다르다. 『應菴曇華語錄』 권6(X69, 530c19) 참조.

280 운문 문언雲門文偃의 말. 『雲門廣錄』 권하(T47, 572c3), "운문 선사가 학인이 경전을 읽고 있는 모습을 보고 말했다. '경전을 보려면 반드시 경전을 꿰뚫어 보는 눈이 있어야 한다. 등롱과 노주에도 대장경의 교설이 조금도 부족하지 않다.' 주장자를 잡아 들고서 말했다. '대장경의 교설이 모두 주장자 끝에 있거늘, 다른 어디에서 한 점이라도 남은 것을 볼 수 있겠는가? 교설을 모두 펼쳤느니라. 이와 같이 나는 들었으니, 시방의 국토와 드넓게 터져 어디에나 있는 모래알처럼 무수히 많은 세계가 모두 그것이다.(師因見僧看經, 乃云, '看經須具看經眼, 燈籠露柱, 一大藏敎無欠少.' 拈起拄杖云, '一大藏敎, 總在拄杖頭上, 何處見有一點來? 展開去也. 如是我聞, 十方國土, 廓周沙界.')"

281 노숙老宿 : 노년숙덕老年宿德의 줄임말. 나이가 많고 덕망이 높은 수행자. 장로長老·존숙尊宿·노덕老德·기숙耆宿 등이라고도 한다. 『翻譯名義集』 권1(T54, 1074c14), "체비리體毘履는 노숙이라 한역한다.(體毘履, 此云老宿.)"

282 험준險峻 : 가파르고 높이 치솟은 산을 오르기 힘든 것과 같이 분별할 방법을 찾기

어렵다는 뜻.

283 석림 행공石林行鞏 선사가 이 공안에 대하여 『五燈會元續略』 권3(X80, 502b20)에 "등지고(背) 물드는(觸) 양편으로 나누지 못하는 경계와 분별의 기미가 나타나기도 전에 관조의 작용을 잃는 순간을 마주하면, 허공도 꿰뚫거늘 어찌 문드러진 쇠가죽에 그치겠는가!(背觸難分處, 機先失照時, 虛空也穿透, 何止爛牛皮!)"라고 한 평가는 간경안이라고도 부르지 못하고 주먹이라고도 부르지 못하는, 온전히 실현된 화두가 궁지窮地를 가리킨다.

284 『雲門廣錄』 권상(T47, 545c29), 『傳心法要』(T48, 384a12) 등에 나오는 말.

285 결정적인 하나의 소식(一着子) : 일착一着(一著)이라고도 한다. 원래는 바둑 용어로서, 승부의 요처에 두는 '결정적인 한 수'를 가리킨다. 선종에서는 스승이 제자에게 향상하는 결정적인 한마디를 해 주는 것을 가리킨다. 그때그때마다 핵심을 찌르는 말이나 행위를 나타낸다.

286 세존이 직접 이러한 말을 한 것은 아니다. 『禪門拈頌說話』 1則 본칙 설화에서는 다음과 같이 평석하였다. 『禪門拈頌說話』 1則(H5, 5c16), "이 공안은 『華嚴經』 「離世間品」에 제시된 십종미세취十種微細趣의 문장을 받아들여 화제話題로 삼은 것이다.(此話, 華嚴經離世間品, 十種微細趣散文, 述而爲詮(話)也.)" 공안집과 어록 등에서 이 구절을 공안으로 삼아 제시한 예는 무수히 많다.

287 하나의 그~라고 하였다 : 대혜 종고大慧宗杲가 욕불시중浴佛示衆에서 제기한 말과 흡사하다. 다만 "末後一句子"를 "有一物"로 바꾼 점이 다르다. 『大慧語錄』 권8(T47, 842c8) 참조.

288 그대들에게 묻겠다~옳지 않다 : 단월 장자명張子明이 불상을 장엄하고 청한 소참 법문에서 응암 담화應菴曇華가 말한 내용과 유사하다. 『應菴曇華語錄』(X69, 532a12~21) 참조.

289 『圓悟語錄』 권17(X66, 118b19), 『宗鑑法林』 권22(X66, 419a22) 등에 임제 의현臨濟義玄의 말로 실려 있다.

290 정오에 삼경을~치는 격이로다(日午打三更) : '한밤에 뜨는 샛별인 명성이 대낮 오시에 나타나다.(明星當午現)'라는 말이나, '한밤에 해가 뜨고 정오에 한밤중을 알리는 신호가 울린다.(半夜日頭出, 日午打三更)', '한낮에 달이 비추다.(日午月照前)'라는 등의 말과 같은 맥락이다. 분별이나 사려를 초월한 세계의 소식을 뜻한다. 『五家正宗贊』 권2(X78, 592a7), "임제의 삼현삼요, 사료간 그리고 하나의 할에 손님과 주인이 나뉘고 관조와 작용을 동시에 행한다는 말에 담긴 뜻을 알고자 하는가? 정오에 삼경을 알리는 종을 치는 격이로다.(臨濟三玄三要, 四料揀, 一喝分賓主, 照用一時行, 要會箇中意? 日午打三更.)"

291 『大慧語錄』 권3(T47, 821c12), "법좌에 오르니 학인이 예배하고 일어나 문득 할을 함에 대혜도 할을 하니 학인이 대중의 자리로 돌아갔다. 대혜가 말했다. '한 수가 모자랐다.' 이내 '하나의 할로 손님과 주인을 나누니 관조와 작용을 한꺼번에 시행한다고 하였으니, 이 말에 담긴 뜻을 알고자 하는가? 정오에 삼경을 알리는 종을 치는 격이로다. 말해 보라! 조금 전 그 학인의 할과 산승의 할에서 어떤 할이 손님이요 어떤 할이 주인이며, 어떤 할이 관조요 어떤 할이 작용인가? 여기에서 분변해 낸다면 삼천대천세계에서 독보적인 자라 인정하겠지만 그렇지 못하다면 발우 안에서는 결코 수저

를 잃어버리지 않도록 하라.'고 하고 다시 할을 한 번 크게 내질렀다.(上堂, 僧禮拜起便喝, 師亦喝, 僧歸衆. 師云, '猶欠一著在.' 乃云, '一喝分賓主, 照用一時行, 要會箇中意? 日午打三更. 且道! 適來這僧一喝, 與山僧一喝, 那箇是賓, 那箇是主, 那箇是照, 那箇是用? 於此辯得, 許爾大千獨步, 其或未然, 鉢盂裏切忌失却是箸.' 復喝一喝.)"

292 『聯燈會要』 권11 「首山省念章」(X79, 103b17), "손님은 처음부터 끝까지 손님 역할을 하고 주인은 처음부터 끝까지 주인 역할을 하니, 손님에는 두 가지 손님이란 없고 주인에는 두 가지 주인이란 없다. 두 손님과 두 주인이 있다면 두 경우 모두 눈먼 놈이리라.(賓則始終賓, 主則始終主, 賓無二賓, 主無二主. 若有二賓二主, 只是兩箇瞎漢)"; 『頌古聯珠通集』 권17(X65, 578a8), "손님은 처음부터 끝까지 손님 역할을 하고, 주인은 처음부터 끝까지 주인 역할을 하네. 결연히 소매를 떨치고 거짓 가려내면, 예전 그대로 저절로 화두가 들릴 것이다. 화두 다시 들리고, 백암당에 꽃비가 내리리라.【月菴善果의 頌】(賓則始終賓, 主則始終主, 拂袖辨譌訛, 依前還自擧. 還自擧, 栢巖堂上雨花雨.【月菴果】)"

293 선교방편善巧方便을 시행하여 중생을 제도한다는 뜻. 『人天眼目』 권1(T48, 303b20), 『五家宗旨纂要』 권상(X65, 259a11) 등에 당나라 때 임제종 스님인 극부克符의 시로 실려 있다. 『圜悟語錄』 권1(T47, 716b11), "방행도 학인을 가르치는 좋은 수단이요, 파주도 학인을 가르치는 좋은 수단이다. 막야검을 빼어 들고 바른 법령을 남김없이 시행하여, 태평성세에 어리석은 자를 해치우라.(放行爲人好, 把住爲人好. 橫按鏌鎁全正令, 太平寰宇斬癡頑)"

294 「홍성사 입원소설」 10번과 35번 상당 법문 참조.

295 부처님의 말씀이라고~비방하는 것(謗經) : 대주 혜해大珠慧海와 어느 좌주의 문답에서 대주가 한 말이다. 『金剛經』 강설에 능하다고 답한 좌주에게 대주가 던진 물음으로서 등져서도 안 되고 물들어서도 안 된다는 배촉관背觸關 형식의 공안으로 활용되고 있다. 『景德傳燈錄』 권6 「大珠慧海傳」(T51, 247a4), 『頌古聯珠通集』 권12(X65, 546a2), 『禪門拈頌說話』 271則(H5, 248b5) 참조.

296 천동 정각天童正覺의 송에 나오는 구절. 『宏智廣錄』 권2(T48, 18c16), 『頌古聯珠通集』 권6(X65, 507b8) 참조.

297 「홍성사 입원소설」 3번, 7번 상당 법문에서 제기한 내용을 총체적으로 가리키고 있는 말로 보인다. 이 말 다음의 "세상 전체가 깨끗하게 밝디밝아"라고 한 부분부터 "무엇을 사대·오온이라 할 것인가?"라고 한 부분까지 이들 상당 법문의 내용과 동일하다.

298 부대사(善慧大士)가 아니라 포대布袋 화상의 송이다. 『景德傳燈錄』 권27 「布袋和尙傳」(T51, 434b12), "若覩目前眞大道, 不見纖毫也大奇. 萬法何殊心何異, 何勞更用尋經義."

299 강남과 강북 : 중국 장강長江을 중심으로 남쪽 일대를 강남이라 하고, 북쪽 일대를 강북이라 한다.

300 돌아다니며(遊歷) : 행각行脚과 같은 뜻.

301 조주趙州의 무자無字 : 조주가 제시한 공안. '개에게도 불성이 있느냐?'라는 물음에 조주가 '없다(無)'라고 답한 공안. 『趙州語錄』 古尊宿語錄13(X68, 81a4) 참조.

302 만법귀일萬法歸一 : 조주가 제시한 공안. 차별된 만법은 하나의 평등한 근원으로 귀착된다는 말. '모든 법은 하나로 돌아가는데(萬法歸一) 그 하나는 어디로 돌아가느냐?'

라는 물음에 조주가 '내가 청주에 있을 때 베적삼 한 벌을 지었는데, 그 무게가 일곱 근이었다.(我在靑州, 作一領布衫重七斤.)'라고 답한 공안.『趙州語錄』古尊宿語錄13 (X68, 83a23) 참조.

303 부모로부터 태어나기 이전의 얼굴(父母未生前面目) : 본래면목本來面目과 같은 말이며, 자기 본분의 소식을 나타내는 선종의 일반적인 어구이다. 어떤 언어나 사유의 방식으로도 나타내거나 알아차릴 수 없는 경지를 가리킨다. '부모미생이진父母未生以前', '부모미생시소식父母未生時消息'이라고도 한다.

304 마음을 일으켜~들어가는 것 : 이 방법은 북종선北宗禪의 선법禪法으로 간주된다. 신회神會가 이것을 비판의 대상으로 제기하면서 널리 알려지게 되었다.『壇語』(神會和尙遺集, p.239), "혜慧가 발휘될 때는 정定이 없고, 정에 들어가면 혜가 없다. 이와 같이 아는 자는 번뇌를 벗어나지 못한 것이다. 마음을 고요히 하여 선정에 들어가고, 마음을 멈추어 청정함을 살피며, 마음을 일으켜 밖의 대상을 관조하고, 마음을 거두어 들여 안에서 깨닫는 것 등은 해탈을 성취한 마음이 아니라 이 또한 법에 속박된 마음이므로 마음을 쓰는 온당한 방법이 아니다.(慧時則無定, 定時則無慧. 如是解者, 皆不離煩惱. 凝心入定・住心看淨・起心外照・攝心內證, 非解脫心, 亦是法縛心, 不中用.)"

305 이어지는 "이 도는 유심有心으로도 구할 수 없고"라는 구절부터 마지막까지의 법문은 그 중간에 인용된 하당 의단下堂義端의 말을 제외하고는『大慧語錄』권22「示張太尉」(T47, 905c23~906a9)의 내용과 일치한다.

306 보령 인용保寧仁勇, 원오 극근圜悟克勤, 대혜 종고 등으로 이어지며 두루 활용되는 구절이다.

307 남전 보원南泉普願의 제자 하당 의단의 말을 약간 바꾸었다.『景德傳燈錄』권10「下堂義端傳」(T51, 276b29), "어느 날 스님이 대중에게 '말은 비방이고 침묵은 거짓이니 침묵과 말을 모두 넘어서야 길이 있다. 노승은 입 구멍이 좁아 그대들에게 말해 줄 수 없다.'라고 한 뒤 곧 법당에서 내려왔다.(一日, 師謂衆曰, '語是謗寂是誑, 寂語向上有路在. 老僧口門窄, 不能與汝說得.' 便下堂.)"

308 더 이상~여지가 없어야(無用心處) : 모든 분별이 떨어져 나가서 어떤 대상에 대해서나 마음이 작용할 여지가 없는 상태. 간화선에서 공부하는 데 최적의 조건으로 제시하는 말이다.『禪林僧寶傳』권23「黃龍慧南傳」(X79, 536c9), "만일 내가 그대로 하여금 이와 같이 궁구하며 찾다가 '마음을 쓸 수 없는 곳에 이르러' 스스로 알고 스스로 수긍하도록 하지 않는다면 내가 그대를 매몰시키는 결과가 될 것이다.(若不令汝如此究尋, '到無用心處', 自見自肯, 吾卽埋沒汝也.)";『大慧語錄』권19「示智通居士」(T47, 893b22), "세간의 일을 배울 경우에는 마음 쓰는 것이 충분하지 못하면 배움이 제대로 이루어지지 않습니다. 그러나 출세간의 법을 공부함에는 우리가 마음을 쓸 여지가 전혀 없습니다. 마음을 써서 추구하려고 하자마자 천 리 만 리의 거리로 멀어져서 본래의 목표와 전혀 상관이 없게 될 것입니다. 비록 이러하지만 마음을 쓸 여지가 없고, 모색할 수도 없으며, 힘을 붙일 도리가 없는 경계에서 바로 힘을 붙이십시오!(學世間事, 用心不到, 則學不成 ; 學出世間法, 無爾用心處, 纔擬用心推求, 則千里萬里, 沒交涉矣. 雖然如是, 無用心處, 無摸索處, 無著力處, 正好著力!)"

309 이 구절과 일치하는 경전적 근거는 없으며, 바로 이어서 제시한『文殊般若經』의 부사의삼매不思議三昧가 지니는 취지를 미리 암시한 것이다. 또한『大般若經』권507(T7,

587b27)에도 유사한 맥락이 있다. "세간과 출세간의 공덕과 진기한 보배는 이것에 의지하여 나타나지 않는 것이 없기 때문이다. 선현아, 마땅히 알아라! 깊고 깊은 반야바라밀다의 거대한 보배 창고 중에는 생성과 소멸, 오염과 청정, 취하는 것과 버리는 것 등의 차별에 대하여는 말할 약간의 법조차도 없다. 왜 그런가? 이 중에는 생성하거나 소멸하고, 오염되거나 청정하게 되며, 취하거나 버릴 수 있는 법이 없기 때문이다.(世出世間功德珍寶, 無不依此而出現故. 善現當知! 甚深般若波羅蜜多大寶藏中, 不說少法, 有生可滅, 有染可淨, 有取有捨. 所以者何? 此中, 無法可生可滅, 可染可淨, 可取可捨.)"

310 『文殊般若經』권하(T8, 729b27) 참조.

311 마음에 어떤 차별된 생각(心想) : 『文殊般若經』에는 '心相'으로 되어 있다. 생멸生滅·염정染淨·취사取捨 등 차별로 형성된 관념이 상相 또는 상想이다.

312 용龍은 항상~들어 있으니(那伽常在定) : '나가(nāga)'의 한역어는 용龍이며, 코끼리(象)·불래不來 등으로도 한역한다. 불보살·아라한 등을 용·코끼리에 비유하고, 그들이 성취한 깨달음은 선정禪定 곧 삼매에 의지하므로 이렇게 의미가 확장되었다. '상재정常在定'은 '행주좌와行住坐臥 등 모든 행위 양태에서 항상 삼매에 들어 있다.'라는 뜻이다. 『翻譯名義集』권2(T54, 1087c7), "『本行集經』에서 부처님을 용이라 하면서 '세간의 애착을 모두 멀리 여의었고, 온갖 속박을 풀어서 벗어났으며(解脫), 모든 번뇌가 이미 사라졌으므로 용이라 한다.'(T3, 834c13)라고 하였다. 그러므로 '용은 항상 선정에 들어 있으니, 선정에 들어 있지 않은 순간이 없다.'라고 하는 것이다.(本行集經, 稱佛爲龍者, '謂世間有愛皆遠離之, 繫縛解脫, 諸漏已盡, 故名爲龍.' 故曰, '那伽常在定, 無有不定時.')"; 『中阿含經』권29(T1, 608c14), "용의 행동거지는 어느 것이나 삼매이니, 앉는 것도 삼매요 눕는 것도 삼매이다. 용은 어느 때나 삼매에 들어 있으니 이 것을 가리켜 '용의 변함없는 법(龍常法)'이라 한다.(龍行止俱定, 坐定臥亦定, 龍一切時定, 是謂龍常法.)"

313 주 108, 109 참조.

314 『禪林僧寶傳』권7 「天台德韶傳」(X79, 505c23)에는 "是爲無上心印, 至妙法門."이라고 되어 있다. 번역은 이에 따랐다.

315 육조 혜능~관계가 없다 : 『禪林僧寶傳』권7 「天台德韶傳」(X79, 505c23~506a5)의 내용과 흡사하다.

316 승가난제僧伽難提 : 전등사傳燈史의 인도 28조 중 17조.

317 『景德傳燈錄』권2 「僧伽難提傳」(T51, 212b20), 『傳法正宗記』권3(T51, 729b29) 참조.

318 『景德傳燈錄』권28 「法眼文益傳」(T51, 448b14), "무심히 넘길 문제로 여기지 마라. 권하건대, 옛 성인의 자비의 문에 의거해야 하리라. 옛 성인들이 갖가지 경계를 드러내었지만 그 모두가 자신의 마음을 드러낸 것일 뿐이다. 육조는 '바람이 움직이는 것도 아니고, 깃발이 움직이는 것도 아니며, 그대들의 마음이 움직이는 것이다.'라고 했으니, 다만 이 말 그대로 이해해야 할 것이다. 친밀하게 전한 이 말씀보다 특별히 더 친밀한 것은 없기 때문이다.(莫將爲等閑. 奉勸且依古聖慈悲門好. 他古聖所見諸境, 唯見自心. 祖師道, '不是風動幡動, 仁者心動.' 但且恁麼會好. 別無親於親處也.)"

319 『法華經』권1 「方便品」(T9, 8b25), "모든 법은 본래부터 항상 스스로 적멸한 상이로다. 불자로서 누구나 이 도리를 수행하면 내세에는 성불하리라.(諸法從本來, 常自寂滅相. 佛子行道已, 來世得作佛.)"

320 『圓覺經略疏』권상(T39, 535a17), "항상 움직이지 않으므로 일체법이 고요하여 가거나 오지 않는다고 한 것이니, 이미 간 것도 아니고 아직 오지 않은 것도 아니며 현재 일어나는 것도 아니기 때문이다. 그러므로 부처님께서도 '모든 법은 본래부터 적멸하여 움직임이 없다.'라 하였고, 『法華經』에서도 '항상 스스로 적멸한 상'이라 한 것이다.(常不動故, 一切法寂不來去也, 非已去非未來非現起故. 故法句云, '諸法從本來, 寂滅無所動.' 法華亦云, '常自寂滅相.')"

321 『周易』「繫辭傳」, "역易에는 억지로 생각하고 행하는 것이 없다. 고요하여 움직이지 않다가 감응하여 마침내 천하의 일에 통한다.(易無思也, 無爲也. 寂然不動, 感而遂通, 天下之故.)"

322 일정한 법(定法) : 상주불변하는 가르침. 이에 반해 일정하게 결정되어 있지 않은 법을 부정법不定法이라 하는데, 이는 또 무상법無常法·차별법差別法이라고도 한다. 정법과 부정법을 소재로 한 문답을 소재로 공안으로 활용하기도 한다. 『建中靖國續燈錄』권28(X78, 813b2)에 그 문답이 처음 보이며, 『頌古聯珠通集』권2(X65, 484c21), 『禪門拈頌說話』13則(H5, 22c21) 등에 공안으로 제기되어 있다.

323 『金剛經』(T8, 749b12), "'수보리야, 너의 생각은 어떠하냐? 여래가 아뇩다라삼먁삼보리를 얻었느냐? 여래가 설한 법이 있느냐?' '제가 부처께서 설하신 뜻을 이해하기로 아뇩다라삼먁삼보리라고 할 만한 정법도 없으며 또한 여래께서 설하셨다고 할 만한 정법도 없읍니다. 왜 그러한가 하면 여래께서 설하신 법은 취할 수도 없고 설할 수도 없으며, 법도 아니고 법이 아닌 것도 아니기 때문입니다. 무슨 까닭에 그러한가 하면 모든 성현께서는 모두 무위법으로 차별상을 드러내시기 때문입니다.'(須菩提, 於意云何? 如來得阿耨多羅三藐三菩提耶? 如來有所說法耶? 須菩提言, '如我解佛所說義, 無有定法, 名阿耨多羅三藐三菩提, 亦無有定法, 如來可說. 何以故? 如來所說法, 皆不可取, 不可說, 非法, 非非法. 所以者何? 一切賢聖, 皆以無爲法而有差別.')"

324 『圓覺經略疏』권중(T39, 558c27~559a5) 참조.

325 『華嚴一乘法界圖』(H2, 1a), "법성法性은 원융하여 다른 상이 없으며, 모든 법은 움직임 없이 본래 고요하다. 이름도 없고 상도 없으며 일체를 넘어섰으니, 오직 증득한 지혜로 아는 것이지 다른 분별로 알 수 있는 경계 아니라네.(法性圓融無二相, 諸法不動本來寂. 無名無相絶一切, 證智所知非餘境.)"

326 마조 도일馬祖道一이 "卽心卽佛"이라 한 말에 대하여 남전 보원南泉普願이 제기한 말. 『頌古聯珠通集』권10(X65, 533c17), 『禪門拈頌說話』226則(H5, 225a13) 참조.

327 『壇經』(T48, 350a22~25) 참조. '汝之本性, 猶若大虛.'가 '心量廣大, 猶如虛空.'으로 되어 있으며, 이하 구절의 앞뒤 배열이 다르고 문자의 출입은 있으나 내용은 대동소이하다.

328 『金剛經』(T8, 750b27~28) 참조.

329 이 일(此事) : 가장 시급하고 근본적인 바로 이 일. 곧 '일대사一大事' 또는 '본분사本分事'.

330 삼승십이분교三乘十二分教 : 부처님의 교설 전체.

331 운문 문언雲門文偃의 말. 『雲門廣錄』권상(T47, 545c24) 참조.

332 부처님께서 꽃을 들어 보이고 가섭이 미소 지은 염화미소拈花微笑를 가리킨다. 교외별전의 취지를 나타내는 대표적인 선종의 설화이다. 동시에 이것은 가섭을 인도 전

법의 초조初祖로 내세우는 조통설祖統說의 근거가 되었다. 선 문헌으로서는 『聯燈會要』 권1(X79, 14a6~8)에서 '완성된' 형태로 만들어졌다.

333 불립문자不立文字·직지인심直指人心·견성성불見性成佛·교외별전教外別傳. 이 네 구절이 선종의 종지를 나타내는 말로 온전히 짝이 되어 나타난 것은 『祖庭事苑』 권5(X64, 379a2)라는 것이 정설이다.

334 금란가사金襴袈裟: 금란가사는 선종사적으로 불법을 정통으로 계승한 자에게 전한다는 뜻을 지닌다. 『景德傳燈錄』 권1 「釋迦牟尼佛傳」(T51, 205c3)에 따르면, 부처님께서 금루승가리의金縷僧迦梨衣를 가섭에게 전해 주면서 자씨불慈氏佛(彌勒佛)이 세상에 출현할 때까지 잘 간직하도록 당부했다고 한다.(復告迦葉, '吾將金縷僧迦梨衣, 傳付於汝, 轉授補處, 至慈氏佛出世, 勿令朽壞.') 또한 같은 책 『摩訶迦葉傳』(T51, 206b5)에 "가섭이 승가리의를 지니고 계족산雞足山에 들어가 미륵불이 세상에 출현하기를 기다렸다.(持僧伽梨衣, 入雞足山, 候慈氏下生.)"라고 하는 기사들이 그러한 풍속의 근거가 되었다.

335 찰간刹竿: 조사의 법이 있다는 것을 표시하기 위하여 절 문 앞에 세워 두는, 깃발을 건 장대.

336 『禪門拈頌說話』 81則 본칙 설화에서는 다음과 같이 평석하였다. 『禪門拈頌說話』 81則(H5, 88c11), "'아난아 하고 부르자 아난이 예 하고 응답한 것'은 이전의 성인들이 법을 드러내는 방편은 비록 다양했지만 부르고 응답한 그것이 가장 법에 잘 들어맞았음을 보여 준다. 불렀던 심경이 분명했고 응답한 마음도 진실했다고 하겠다. '문 앞의 찰간을 쓰러뜨려라'라고 한 것은······여기서는 '쓰러뜨려라'고 하였으니 법을 전한 일도 없고 받은 일도 없다는 뜻이다.(召阿難阿難應諾者, 先聖示法, 方便雖多, 喚應最親切. 則喚處分明, 應處眞也. 倒却門前刹竿着者,······今云倒却著, 則無傳無得也.)"

337 달마대사는 인도로부터~없을 것이다: 『傳心法要』(T48, 384a6)의 내용을 인용한 것이다.

338 이 시중의 전체 내용은 『禪門拈頌說話』 97則(H5, 98a2), "崇寧琪, 心經注法曰~"에 실린 내용과 흡사하다. 『心經注法』은 정확히 어떤 책을 가리키는지 알 수 없다.

339 『頌古聯珠通集』 권6(X65, 507a24), 『宗門拈古彙集』 권4(X66, 29a1), 『禪門拈頌說話』 97則(H5, 98a2) 참조.

340 『禪門拈頌說話』 97則 본칙 설화에서는 다음과 같이 평석하였다. 『禪門拈頌說話』 97則(H5, 99b4), "'항상 이와 같이(如是) 경전을 독송한다.'는 것은 상황에 적합하지 않음이 없기 때문에 여여라 하고 이치가 이와 같지 않음이 없기 때문에 시是라 한다. 또한 더 이상 위가 없는 이 마음은 이심전심以心傳心을 근본으로 하여 마음에서 마음으로 이어 가므로 글자의 뜻을 들어서 '이와 같은(如是)'이라 한 것일 뿐이다. '경經'이란 어느 한 대장경이 중생에게 더할 나위 없이 널리 이익을 주는 데까지 이른다는 뜻에서 든 말이다.(常轉如是經者, 事無不是曰如, 理無不如曰是. 又惟此無上心, 宗以心傳心, 心心相續故, 擧義而言如是而已. 經者, 有一大經卷, 至普饒益衆生也.)"

341 '금강반야바라밀경'이라 제목을 붙인 뜻.

342 『禪門拈頌說話』 97則에 실린 숭령기崇寧琪의 송은 다음과 같다. 『禪門拈頌說話』 97則(H5, 98b20), "반야바라밀이여! 이 경은 색과 소리가 아니네. 한역에서도 말을 잘못 옮겼고, 범어에서도 억지로 이름 붙였다네. 발 걷어 올리자 가을 달 밝고, 창문 열자

새벽 공기 맑구나. 만일 이와 같이 알아차린다면, 제목의 뜻 매우 분명해지리.(般若波羅蜜! 此經非色聲. 唐言謾翻譯, 梵語强安名. 卷箔秋光冷, 開窓曙氣淸. 若能如是會, 題目甚分明.)"

343 이문화李文和 : 송 태종의 부마駙馬이자『天聖廣燈錄』의 편자인 이준욱李遵勗을 가리킨다.

344 자조 온총慈照蘊聰(965~1032) : 주석했던 산 이름을 붙여 서문 온총石門蘊聰, 곡은 온총谷隱蘊聰이라고도 한다. 출가한 후에 백장 도상百丈道常에게서 참구하였고, 후에 수산 성념首山省念의 인가를 받았다. 그 밖에도 대양 경연大陽警延, 지문 사계智門師戒 등을 두루 찾아다니며 참구하였으며 1006년에는 양주襄州 석문산石門山에 머무르다 1020년에 곡은산谷隱山 태평흥국선사太平興國禪寺로 옮겼는데 대중 1천 명이 운집하였다고 한다. 시호는 자조慈照이며, 이준욱李遵勗이 비문을 지었다. 어록에『石門山慈照禪師鳳巖集』이 있다.

345 이 부분까지는『大慧語錄』권19「示淸淨居士」(T47, 890c14~17)의 내용과 흡사하다. 대혜는 "광명의 종자로 마음의 기틀을 발동하는 데 도움이 된다고 할 만하다.(可以爲光明種子發機之助也.)"라고 평하였다.

346 평상시 그대로~못할 것이다 : 권상 25번 상당 법문 말미의 내용과 유사하다.

347 백장 회해百丈懷海의 다음 말과 대의가 통한다.『景德傳燈錄』권6「百丈懷海傳」(T51, 250a17), "학인이 물었다. '대승의 돈오법문이란 어떤 것입니까?' '그대들은 우선 모든 대상에 대한 집착을 그치고 만사에 상대되는 이견二見을 내는 생각을 그쳐야 한다. 선善한 것과 선하지 않은 것, 세간과 출세간 등 모든 법에 대하여 기억에 담아 두지 말고, 그것을 대상으로 삼아 망상을 피우지 말며, 몸과 마음에 대한 속박을 모두 내던져 버리고 자재하도록 하면 마음은 목석과 같이 분별할 여지가 없어지고 마음이 갈 곳이 없어져 허공처럼 확 트일 것이니, 지혜라는 해가 저절로 드러나 구름 걷히고 해가 나타나는 것과 같으리라.'(僧問, '如何是大乘頓悟法門?' 師曰, '汝等先歇諸緣, 休息萬事. 善與不善, 世出世間, 一切諸法, 莫記憶, 莫緣念, 放捨身心, 令其自在, 心如木石, 無所辯別, 心無所行, 心地若空, 慧日自現, 如雲開日出.)"

348 『慈受懷深廣錄』권1(X73, 107b18), "하안거를 맺으면서 법좌에 올라앉아 말했다. '금족禁足뿐만 아니라 금구禁口해야 하며, 금구뿐만 아니라 금수禁手해야 하며, 금수뿐만 아니라 금심禁心해야 한다. 금심하되 금구하지 않으면 날마다 부처의 추함을 불평할 것이요, 금구하되 금수하지 않으면 미혹함이 눈썹에 주름지게 할 것이요, 금수하되 금심하지 않으면 죄과가 깊어질 것이다. 금족하고 금구하면 개미가 먹이를 물고 달려가는 것 같을 것이요, 금구하고 금수하면 늘어진 수양버들이 모르는 사이 왼쪽 팔꿈치에서 돋아날 것이요, 금수하고 금심하면 대지가 온통 황금으로 변하리라. 하안거를 잘 보내고자 한다면 이렇게 이중으로 풀어낸 말을 자세히 살펴야 하리라. 산승이 이렇게 한 말은 흡사 겨울에 손 트지 않도록 하는 약과 같다.'(結夏上堂云, '不唯禁足, 亦乃禁口 ; 不唯禁口, 亦乃禁手 ; 不唯禁手, 亦乃禁心. 禁心不禁口, 日日嫌佛醜 ; 禁口不禁手, 累及眉頭皺 ; 禁手不禁心, 罪過轉彌深. 禁足更禁口, 蟻子銜椀走 ; 禁口更禁手, 垂楊生左肘 ; 禁手更禁心, 大地是黃金. 要得一夏安樂, 細看兩重註脚. 山僧恁麽說話, 大似不龜手之藥.')"

349 달마대사가 입적에 즈음하여 도부道副·니총지尼總持·도육道育·혜가慧可 등 네 명

의 제자에게 각자 자신의 견해를 말해 보라 하였을 때, 도육이 '사대는 본래 공이고 오음五陰은 실재하는 실체가 아니니, 제 견해로는 실정에 들어맞는 하나의 법도 없습니다.'라고 하였고 이에 달마는 '너는 나의 뼈를 얻었다.'라고 한 문답이 전한다.『景德傳燈錄』권3「菩提達磨傳」(T51, 219c3) 참조.『投子語錄』古尊宿語錄36(X68, 235c3), "'어떤 것이 법왕의 주인이란 뜻입니까?' '사대는 본래 공이고 오음은 실재하는 실체가 아니다.'(問, '如何是法王主?' 師云, '四大本空, 五陰非有.')"

350 고암高巖 : 고암高菴 또는 고암高庵으로 쓰기도 한다.
351 이 부분까지는 무견 선도無見先覩가 한 말의 내용과 크게 다르지 않다.『無見先覩語錄』권상「示自省新戒」(X70, 582b20~c1),『禪林寶訓』권2(T48, 1026c5~10),『列祖提綱錄』권14(X64, 108c3~6) 참조.
352 선겸善謙 : 개선 도겸開善道謙 또는 겸선謙禪이라고도 한다. 원오 극근圜悟克勤을 찾아가 참학하여 깨달음의 계기를 얻었다고 한다.『續傳燈錄』권32「開善道謙傳」(T51, 688b23),『聯燈會要』권17「開善道謙章」(X79, 152b11) 참조.
353 대체로『無見先覩語錄』권상「示道昌禪人」(X70, 582c6~9)에 실린 내용과 다르지 않다. "옛사람의 공안(古人公案)"이라 한 부분이 이 책에는 구체적으로 '조주趙州의 무자無字' 공안으로 제시되어 있는 점이 다르다.『指月錄』권32(X83, 765b4~8) 참조.
354 여기까지는 무견 선도無見先覩의 법어에서 인용하였다.『無見先覩語錄』권상「示徐提點」(X70, 581b5~7) 참조.
355 흙덩이를 쫓아가는 개의 신세 : 개에게 흙을 던지면 흙덩이를 쫓아가고 그것을 던진 사람을 물지 않는다는 속담에서 나온 말. 말이나 행위에 미혹되어 그것이 나타내는 진실을 파악하지 못한다는 뜻을 비유적으로 나타낸다.『大般涅槃經』권25(T12, 516b13), "모든 범부가 결과만 보고 그 발생의 조건이 되는 인연을 살필 줄 모르니, 마치 개가 자기에게 던져진 흙덩이를 쫓아가고 던진 사람을 쫓아가 물지 못하는 것과 같다.(一切凡夫, 惟觀於果, 不觀因緣, 如犬逐塊, 不逐於人.)"
356 『圓覺經』(T17, 915c24) 참조.
357 번잡한 세속의~타파되는 순간 : 무견 선도無見先覩의 말이며, 그의 조부祖父 단교 묘륜斷橋妙倫의 영향도 보인다.『無見先覩語錄』권상「示顯禪人」(X70, 583a24),『斷橋妙倫語錄』권상(X70, 556c13) 등 참조.
358 원래부터 옛날 그대로의 자기(元來舊時人) : 옛날부터 지금까지 변함없는 그 사람. 본래의 자기 곧 본래면목本來面目과 같은 뜻이다. 수행하여 깨달아도 새롭게 변하는 것이 아니라 예전 그대로라는 뜻을 가진다. 예전과 달라진 현재의 사람을 금시인今時人이라 하는데, 둘 사이에 차별을 두지 않기 때문에 '원래부터'라 한다.『曹山語錄』(T47, 530b1), "원래 옛날 그대로의 사람이지만 옛날에 가던 길로 가지 않을 뿐이다.(元是舊時人, 只是不行舊時路.)"
359 달마대사는 마음~있는 것이다 :『傳心法要』(T48, 380c7)의 내용을 취했다.
360 보통 7년(526)에 달마대사가 중국에 들어왔다는 설에 기초한 말. 남천축으로부터 바다를 건너 중국 광주에 도착했다는 기록에 따른다.
361 총령葱嶺 : 입적한 뒤 달마를 웅이산熊耳山에 매장했는데 동위사東魏使 송운宋雲이 총령에서 신 한 짝을 들고 서쪽으로 가는 달마를 만났다고 보고하여 관을 열어 보았더니 신 한 짝만이 남아 있었다는 일화가 전한다.『景德傳燈錄』권3「菩提達磨傳」

(T51, 220b4) 참조.
362 월산 사내越山師奀가 민왕閩王의 초청으로 청풍루에서 마련한 재齋에 가서 앉아 있다가 햇빛을 보고 활연히 깨달은 소식을 전한 게송. 『景德傳燈錄』권19「師奀鑒眞傳」(T51, 356a14) 참조.
363 포대布袋 화상의 게송 중 일부. 『景德傳燈錄』권27(T51, 434b13), 『五燈會元』권2(X80, 68a22) 등 침조.
364 사자좌師子座 : 불조佛祖가 앉아서 설법하는 자리. 예좌猊座라고도 한다. 『大智度論』(T25, 111b2), "이는 부르기를 사자라 하는 것이지 실제의 사자는 아니다. 부처님은 사람 중의 사자와 같은 지위이므로 부처님이 앉는 곳은 평상이건 맨바닥이건 모두 사자좌라 한다.(是號名師子, 非實師子也. 佛爲人中師子, 佛所坐處, 若床若地, 皆名師子座.)"; 『一切經音義』권36(T54, 546a14), "사자좌란 진리의 수레바퀴를 굴리는 사람(설법하는 사람)이 앉는 자리로서 세속에서는 고좌高座라고 한다.(師子座者, 轉法輪人所坐之座, 俗名高座.)"
365 분주 무업汾州無業의 말에 기초한다. 『景德傳燈錄』권28「大達無業傳」(T51, 444c17), "총명한 분별로는 업을 대적할 수 없고, 메마른 지혜로는 괴로움의 수레바퀴를 벗어나지 못한다.(且聰明不能敵業, 乾慧未免苦輪.)" 메마른 지혜란 간혜乾慧를 말한다. 『大乘義章』권14(T44, 755c12), "비록 지혜가 있지만 선정禪定의 물에 의해 윤택함을 얻지 못했으므로 간혜라 한다. 또한 이러한 견해에서 아직 이치의 물(理水)을 얻지 못한 것을 또한 간혜라 한다.(雖有智慧, 未得定水, 故云, 乾慧. 又此事觀, 未得理水, 亦名乾慧.)"
366 인천人天의 인과 : 육도윤회六道輪廻 중 사람으로 태어나는 것과 하늘에 태어나게 되는 것의 인과관계. 비록 인계人界와 천계天界가 지옥·축생·아귀·아수라 등 다른 윤회 방식보다 상대적으로 낫다고 해도 이것 역시 근본적인 속박에서 벗어나지 못한 것이다.
367 정확히 일치하지는 않으나 대체로 다음 글과 의미가 통한다. 『景德傳燈錄』권28「大達無業傳」(T51, 444c24), "임종에 이르러서도 터럭 끝만큼이라도 범부와 성인이 다르다는 망상분별이 없어지지 않고 미세한 먼지만큼이라도 사념이 사라지지 않았다면 그 남은 염념을 따라 생사를 받게 될 것이다.(臨終之時, 一豪凡聖情量不盡, 纖塵思念未忘, 隨念受生.)"
368 천경 초남千頃楚南(813~888) : 복건성 민중閩中 출신. 황벽 희운黃檗希運의 법을 이어받았다. 회창會昌 연간에 파불破佛을 만나 임야에 숨어 지내다 배휴裵休의 부름을 받고 강소성 고소姑蘇의 보은사報恩寺에 20여 년 머무르다 후에는 보림사寶林寺, 지형산支硎山, 절강성 항주杭州의 천경산千頃山 등에 머물렀다. 887년 전왕錢王의 부름을 받고 궐내에 들어가 법을 설하고 자의紫衣를 하사받았다.
369 『景德傳燈錄』권12「千頃楚南傳」(T51, 292c3) 참조.
370 나중에 그~정도가 되어야 : 암두 전활巖頭全奯의 말. 『頌古聯珠通集』권28(X65, 649b14), 『大慧語錄』권22(T47, 906b13), 『密菴語錄』(T47, 980a21) 등 참조.
371 구하지도 않고 집착하지도 않는(無求無着) : 구하지도 않고 집착하지도 않는 것. 불도를 실천하는 가장 근본적인 주제 중 하나이다.
372 그대들이 성불하고자~바로 부처이다 : 『傳心法要』(T48, 381a6~8)의 내용을 인용하

였다.

373 여우가 의심하고 또 의심하듯이(狐疑) : 의심이 많은 여우에 빗대어 의심이 많은 것 또는 그러한 사람을 이르는 말.『漢書』「文帝紀」안사고顔師古 주注에 "여우라는 짐승은 그 본성이 의심이 매우 많아서 매양 얼음이 언 강을 건널 때마다 물이 흐르는지 귀 기울여 듣고 확인하고서야 건넌다. 그래서 의심이 많은 사람을 '호의狐疑'라고 부르게 되었다.(狐之爲獸, 其性多疑, 每渡冰河, 且聽且渡. 故言疑者而稱狐疑)"라고 한다.『碧巖錄』21則(T48, 162b23), "마치 여우가 의심이 많아 빙판 위를 갈 때에 물소리가 나는지 들어 보고 소리가 나지 않아야 비로소 강을 건너는 것과 같다. 공부하는 사람으로서 여우가 의심하고 또 의심하듯이 한다면 언제 평온해질 수 있겠는가!(如野狐多疑, 氷凌上行, 以聽水聲, 若不鳴方可過河. 參學人, 若一狐疑了一狐疑, 幾時得平穩去!)"

374 『景德傳燈錄』권9「長慶大安傳」(T51, 267c1), "그대들 모두 나를 찾아와 무엇을 구하는 것인가? 성불하고자 한다지만, 그대 자신이 부처인데도 도리어 남의 집을 찾아다니는구나. 급급히 내달리는 모습이 마치 목마른 사슴이 아지랑이를 쫓아가는 것과 같으니, 언제나 그에 상응하는 결과를 얻으리오!(汝諸人總來就安求什麽? 若欲作佛, 汝自是佛而却傍家走. 忽忽如渴鹿趁陽焰, 何時得相應去!)"

375 한 마리~나타나 있으나 : 다음 글에서 인용하였다.『景德傳燈錄』권9「長慶大安傳」(T51, 267c6), "나는 위산에 있던 30년 동안 위산의 밥을 먹고 위산의 똥을 누었을 뿐 위산의 선禪을 배우지 않았다. 다만 한 마리 물소를 지켜보았으니 그것이 길에서 벗어나 풀숲으로 들어가면 곧장 끌고 나오고, 남의 논밭을 침범하면 채찍질하여 조복시켰을 뿐이다. 이렇게 길들이기 오래되어 기특하게도 사람의 말을 알아듣게 되어 지금은 한 마리 노지백우露地白牛로 변하여 항상 눈앞에 있으면서 종일토록 분명히 나타나 있으나 쫓아도 가지 않는다.(安在潙山, 三十年來, 喫潙山飯, 屙潙山屎, 不學潙山禪. 只看一頭水牯牛, 若落路入草, 便牽出, 若犯人苗稼, 卽鞭撻調伏. 旣久可憐生受人言語, 如今變作箇露地白牛, 常在面前. 終日露逈逈地, 趁亦不去也.)"

376 참학參學 : 참선하고 도를 배운다는 뜻의 참선학도參禪學道를 줄여서 부르는 말.

377 문화問話 : 전해지는 이야기나 공안에 대하여 질문하는 것. 대답하는 것은 답화答話라 한다.

378 간화諫話 : 간화揀話와 같다. 공안 또는 화두의 시비를 가려내어 자신의 견해를 밝히는 것.

379 대어代語 : 질문을 받은 사람이 대답하지 못할 경우에 그를 대신하여 질문을 던진 사람이 대답하는 말. 또는 어떤 문답으로 이루어진 공안에서 한편의 대답이 없을 때 후대에 그 공안을 제기한 선사가 대신하여 답하는 경우도 대어라고 한다.

380 별어別語 : 다른 선사들이 나눈 문답 중에서 이미 대답한 내용과는 별도로 자신의 견해로 대답하는 것. 그 질문에 대하여 직접적으로 현장에서 대답하는 것은 아니지만, 전해진 문답을 새롭게 구성함으로써 자신의 선기禪機를 드러내는 방법이다. 대어와 별어를 아울러 써서 '대별代別'이라고도 한다.

381 여기까지는 참학에 대한 서록 본선서록本先瑞鹿先의 말을 인용한 것이며, 그 이후도 일부는 그대로 인용하고 일부는 같은 맥락으로 백운 경한이 활용한 것이다. '불필不必' 다음에 '학學'이라는 글자가 생략된 형태이며, 서록의 말에는 '미필未必'로 되어 있다.『景

德傳燈錄』권26「瑞鹿本先傳」(T51, 426b18~c3) 참조.
382 마음을 일으켜~관조하는 것 : 주 304 참조.
383 총명한 분별로는~벗어나지 못한다 : 주 365 참조.
384 본래인本來人 : 타고난 그대로 어떤 조작도 가하지 않은 사람. 수행한다고 청정하게 변하지도 않고 번뇌에 휩싸였다고 오염되지도 않는 본질을 가진 사람을 가리킨다. 본래면목本來面目과 같은 말이나.
385 정확히 일치하는 문구는 찾을 수 없으나 다음 글을 참조할 만하다. 『闢妄救略說』권2(X65, 126b6), "5조 제다가提多迦가 미차가彌遮迦에게 법을 부촉하며 전법게를 주었다. '본래 갖추고 있는 심법心法에 통달하면, 법도 없고 법 아닌 것도 없네. 온전히 깨달아도 깨닫지 않았을 때와 같으니, 마음도 없고 법도 없노라.' '온전히 깨달아도 깨닫지 않았을 때와 같다'라고 한 말은 본래인을 가리킨 것이 아니겠는가! 그러므로 '마음도 없고 법도 없다'라고 한 것이니, 본래인 외에 별도로 무슨 심법의 광대함이 있겠는가! 6조 미차가가 바수밀婆須蜜에게 법을 부촉하며 전법게를 주었다. '마음이 없어서 얻을 수 있는 것도 없으니, 얻었다고 하면 법이라 할 수 없네. 마음이 마음 아님을 깨닫는다면, 비로소 마음과 심법을 진실로 알리라.' '마음이 마음 아님을 깨닫는다면'이라 한 말은 본래인을 가리킨 것이 아니겠는가! 그러므로 '비로소 마음과 심법을 진실로 알리라'라고 한 것이니, 일체의 사물과 현상이 모두 본래인이요 본래의 심법이 아니겠는가!(又如五祖付彌遮迦曰, '通達本法心, 無法無非法. 悟了同未悟, 無心亦無法.' 據'悟了同未悟', 非指本來人而何! 故曰, '無心亦無法', 又豈於本來人外, 別有心法廣大乎! 六祖付婆須蜜偈曰, '無心無可得, 說得不名法. 若了心非心, 始解心心法.' 據'若了心非心', 非本來人而何! 故曰, '始解心心法', 又非塵塵盡是本來人, 爲本心法乎!)"
386 이 시중示衆의 내용과 의미는 운문 문언雲門文偃의 상당 법문과 대체적으로 일치한다. 『景德傳燈錄』권19「雲門文偃傳」(T51, 357c27~358a7), 『雲門廣錄』권상(T47, 548c8~16) 참조.
387 『圓覺經』(T17, 920a28) 참조.
388 막대기를 휘둘러~따려는 것(掉棒打月) : 부질없는 짓을 뜻한다. 당치도 않은 방법으로 깨달음에 이르고자 하는 어리석음 또는 어떤 수단으로도 접근할 수 없는 경지를 비유하기도 한다.
389 중도를 깨우치는~벗어났다고 생각한다 : 분주 무업汾州無業의 말을 인용한 것이다. 『景德傳燈錄』권28「汾州無業傳」(T51, 444c14) 참조.
390 부드럽고 맛난 음식(輕軟) : 식삼덕食三德의 하나. 식삼덕은 부처님과 스님들에게 공양하는 음식에 갖추어야 할 세 가지 덕이다. 나머지 두 가지는 정결淨潔과 여법如法이다.
391 염라대왕이 밥값을~할 때 : '반전飯錢'은 밥값을 뜻하는 말. 수행자가 제대로 수행하지 못하면 죽은 다음에 염라대왕이 그에게 수행 기간 동안 얻어먹은 밥값을 갚으라고 할 날이 온다(索飯錢有日在)고 한다. 『碧巖錄』66則(T48, 196c7), "이런 잘못된 행각이나 하고 돌아다닌다면 염라대왕이 그대에게 밥값을 내라고 따질 것이다.(似恁麽行脚, 閻羅老子問爾, 索飯錢在.)"
392 『景德傳燈錄』권7「大梅法常傳」(T51, 254c2) 참조.
393 『證道歌』(T48, 395c21) 참조.

394 『梵網經』권2(T24, 1004b4) 참조.
395 그대들이 본원에~한 것이다 : 이 부분은 『都序』권상(T48, 399a29~b5)의 내용을 인용한 것이다. 『景德傳燈錄』권13 「圭峯宗密傳」(T51, 306a20~24) 참조.
396 이 시중은 『大慧語錄』권23 「示陳機宜」(T47, 908b16~b22)의 내용과 동일하다. 다만 방거사의 구절에 대한 배치를 달리했고, 끝부분에 "공이란 깨달음의 본체"라고 한 구절을 덧붙인 정도의 차이가 있을 뿐이다.
397 입적을 앞두고 친구인 절도사 우적于頔이 문병 왔을 때 남긴 임종게臨終偈. 『景德傳燈錄』권8(T51, 263c15), 『龐居士語錄』권상(X69, 134b11) 등 참조.
398 『大慧語錄』권23(T47, 908b18)에는 "그들은 공도~모르는 것이다."라고 한 말이 "대단히 애처롭다.(深可憐愍)"라고 되어 있다.
399 정확히 일치하는 구절은 없지만, 『龐居士語錄』권중(X69, 137c10), "공에 떨어지는 것을 두렵다고 생각하지 말고, 공을 얻는 것 또한 싫어하지 마라.(莫道怕落空. 得空亦不惡.)"라는 구절을 대혜가 약간 변형한 것으로 보인다.
400 『景德傳燈錄』권25 「天台德韶傳」(T51, 409b23)의 내용에 기초한다.
401 세존께서 꽃을~지어 응답한 : 주 332 참조.
402 영산靈山 : 부처님이 설법하시던 곳. 일반적으로 영취산靈鷲山이라 한다. 중인도 마가다국 왕사성王舍城의 동북쪽에 위치한 산이다. 산 모양이 독수리(鷲) 머리와 같고 독수리가 많이 서식하므로 붙여진 이름이다.
403 네 가지 큰 은혜(四重恩) : 『大乘本生心地觀經』권2(T3, 297a12)에는 "부모은父母恩·중생은衆生恩·국왕은國王恩·삼보은三寶恩", 『正法念處經』권61(T17, 359b14)에는 "모은母恩·부은父恩·여래은如來恩·설법사은說法師恩" 등으로 되어 있다.
404 2권본 『大梵天王問佛決疑經』(X1, 418c18)과 1권본 『大梵天王問佛決疑經』「拈華品」(X1, 442a7)에 이 이야기가 수록되어 있지만 이것은 선종의 설화가 유행한 뒤에 그것을 경전에도 근거 짓기 위하여 만들어 낸 위경僞經이다.
405 여기까지는 『景德傳燈錄』권18 「玄沙師備傳」(T51, 346a6)의 내용과 일치한다.
406 운거 도응雲居道膺의 문답에 보인다. 『景德傳燈錄』권17 「雲居道膺傳」(T51, 335c2) 참조.
407 『聯燈會要』에 이 말의 완성된 형태가 다음과 같이 전한다. 『聯燈會要』권1(X79, 14a6), "세존께서 영산회상에서 꽃을 들어 대중에게 보이시니 대중이 모두 말이 없었으나, 오직 가섭만이 파안미소를 지었다. 세존께서 말씀하셨다. '나에게 정법을 꿰뚫어 보는 눈, 열반의 현묘한 마음, 형상을 벗어난 진실한 상, 미묘한 법문이 있다. 문자에 의존하지 않고 교설 밖에 별도로 전하니 그것을 마하가섭에게 부촉하노라.'(世尊, 在靈山會上, 拈花示衆, 衆皆默然, 唯迦葉, 破顏微笑. 世尊云, '吾有正法眼藏, 涅槃妙心, 實相無相, 微妙法門. 不立文字, 敎外別傳, 付囑摩訶迦葉.')" 주 332 참조.
408 이 역시 위의 말에 이어지는 현사 사비玄沙師備의 법문을 축약한 것이다. 현사의 원문은 다음과 같다. 『玄沙語錄』권상(X73, 32b1), "부처님께서 '나에게 정법을 간직한 눈이 있으니 그것을 마하가섭에게 전하노라.'라고 하신 것을 나는 달에 대하여 말씀한 것과 같다고 생각하고, 조계 혜능이 불자를 꼿꼿이 세운 것은 또한 달을 가리키는 손가락과 같은 것이라고 본다.(且如道, '吾有正法眼, 付囑大迦葉.' 我道猶如話月, 曹谿竪拂子, 還如指月.)"

409 『圜悟心要』卷下始(X69, 487a19), "옛사람은 종지를 깨우친 다음, 깊고 후미진 바위 동굴이나 띠풀로 엮은 집이나 석실에서 번뇌 망상을 완전히 그친 채 품은 생각을 그대로 펼치며 명예도 잊고 이익도 버리고서 세상일에는 관심을 두지 않았다.(古人得意之後, 向深巖僻洞, 茅茨石室, 大休大歇, 放懷履踐, 忘名棄利, 與世不相關涉.)"

410 여덟 절기(八節) : 입춘立春, 춘분春分, 입하立夏, 하지夏至, 입추立秋, 추분秋分, 입동立冬, 동시冬至.

411 오늘은 자유자재로~움직였던 것이다 : 〈了元歌〉에 나오는 구절. 숭악 혜안崇岳慧安의 법제자인 복선 인검福先仁儉은 득법한 후에 시골 마을과 저잣거리를 이리저리 돌아다녀 등등화상騰騰和尙이라고도 불렸는데,〈了元歌〉를 지어 임운등등任運騰騰의 경지를 노래하였다. 『景德傳燈錄』 권30「騰騰和尙了元歌」(T51, 461b13) 참조.

412 서암 영각瑞岩永覺의 법문과 같은 기조이다. 『續傳燈錄』 권14(T51, 562a17), "납승의 본분에 따른다면 사계절도 구별하지 못했을 것인데, 여덟 절기를 어떻게 알았겠는가? 바위 동굴에 은거하며 나왔다 사라졌다 거두었다 펼쳤다 하며 바다가 변하여 뽕나무 밭이 되거나 세월이 어떻게 흘러가거나 상관하지 않았다. 이불이 따뜻해지면 비로소 봄이 온 줄 알았고, 시든 잎이 섬돌에 휘날리는 모습을 보고서야 가을빛을 제대로 알았다. 이와 같은 경계가 되어야 비로소 도를 품었다고 한다.(若據衲僧分上, 四時不別, 八節安知? 高棲巖上, 出沒卷舒, 一任桑田海變, 從他兔走烏飛. 布衾煖處始知春, 黃葉飄階委秋色. 如斯境界, 方稱道懷.)"

413 나찬 화상懶瓚和尙 : 당나라 때 스님 명찬明瓚. 숭산 보적嵩山普寂(651~739)의 법을 이은 뒤 남악南岳(湖南省) 형산衡山에서 특별히 하는 일 없이 살았다. 신통력이 뛰어나 신승神僧으로도 불렸지만, 대중이 울력을 하고 있어도 동참하지 않고 빈둥거리며 지내는 등 평소 탈속하고 나태한 모습 때문에 '나찬'이라 불리게 되었다. 다른 사람들이 먹다 남긴 음식을 먹으며 지냈다고 하여 '나잔懶殘'이라고도 불린다. 시호는 대명선사大明禪師이다.

414 〈南嶽懶瓚和尙歌〉의 일부이다. 『景德傳燈錄』 권30(T51, 461c3) 참조. "배고프면 밥 먹고~그러한 것이라네."라는 구절은 이 책 p.461b21의 내용이 삽입된 것이다. 『佛祖歷代通載』 권14(T49, 606c4) 참조. 마지막 두 구절은 억지로 애써 무엇인가 하지 않아도 시절에 따라 흐르고 변화하는 자연의 이치를 통해 무사無事·무심無心의 경계를 표현하였다. '춘래초자청春來草自靑'은 '춘래초자생春來草自生'으로도 많이 쓰인다.

415 『應菴曇華語錄』 권9「示曇禪人」(X69, 547a4~11)의 내용과 유사하다.

416 아무것도 알지도~못하는 경계(百不知百不會) : 모든 분별이 떨어져 나간 경지를 표현한 말. '백불百不'은 강한 부정을 나타낸다.

417 여기서 '살림살이(生計)'는 음식이나 세간 등을 가리키는 말이 아니라, 자신만의 독자적인 선기禪機 또는 수단을 뜻한다. 그런 의미에서 활계活計, 별유생애別有生涯, 본분초료本分草料 등의 말과도 통한다. 『禪門拈頌說話』 16則(H5, 28b13), "만일 상서로운 짐승 기린과 같이 걸출한 사람이라면 반드시 자기 자신만의 살림살이를 가져야 한다.(若是瑞獸麒麟, 須別有箇生涯處, 始得.)"; 『圜悟語錄』 권14「示華藏明首座」(T47, 777c14), "만일 본색本色을 추구하는 진정한 수행자라면 남들이 남긴 분별을 넘어서고 견해도 벗어나 자신만의 살림살이를 가져야 하는 법이다.(若是本色眞正道流, 要須超情離見, 別有生涯.)"

418 「홍성사 입원소설」 35번 상당 법문과 비슷한 내용이다.
419 『證道歌』(T48, 396b14), "침묵하고 있는 때가 말하고 있는 것이요, 말하고 있는 때가 침묵하고 있는 것이다.(默時說說時默.)"; 『禪門拈頌說話』 125則(H5, 133b14), "범천기 梵天琪의 주석은 다음과 같다. 침묵할 때의 설법이란 침묵할 때도 항상 설법한다는 말이다.……설법할 때의 침묵이란 대장경의 모든 가르침이 부처님의 입으로 설해진 것이기는 하지만 또한 부처님께서는 어떠한 글자도 설하신 적이 없다는 말이다. 그러므로 경전에서 '처음 성도한 새벽부터 마지막 열반에 드신 발제하에 이르기까지 사이에 어떠한 글자도 설하신 적이 없다.'라고 하였다. 말해 보라! 결국 설한 가르침이 있는 것인가, 없는 것인가?(琪注云, 默時說者, 即是默時常說也.……說時默者, 一大藏敎, 金口所說, 未曾說一字. 故經云, '始從成道夜, 終至拔提河, 於是二中間, 未曾說一字.' 且道! 畢境是有所說, 無所說也?)"
420 무엇에도 구애되거나 속박되지 않는 상태를 일상사를 빌려 역설적으로 표현한 말. 『雲門廣錄』 권상(T47, 545c29), "종일 일에 대하여 말해도 입술과 이빨에 걸어 둔 적이 없고 한 자도 말한 적이 없으며, 종일 옷을 입고 있고 밥을 먹어도 한 톨 밥알도 입에 대지 않았고 한 오라기 실도 걸친 적이 없다. 비록 이러하지만 문으로 들어가기 위한 말에 불과하며 모름지기 실참實參하여 이와 같이 터득해야 한다.(終日說事, 未嘗挂著脣齒, 未曾道著一字 ; 終日著衣喫飯, 未曾觸著一粒米, 挂著一縷絲, 雖然如此, 猶是門庭之說, 須是實得與麽始得.)"
421 자상自相 : 다른 것과 구별되는 자신만의 독립적 특징. 다른 것과 공유하는 특징인 공상共相과 대칭된다.
422 이상은 『圓覺經略疏』 권상(T39, 540c23~25)의 내용을 인용하였다.
423 두 토막(兩橛) : 나무토막을 두 개로 나눈 것. 유무, 시비, 선악 등 모든 상대적인 것을 비유적으로 나타낸다. 여기서는 인식 기관(根)과 인식 대상(塵), 내심內心과 외경外境, 아름다운 것과 추한 것 또는 좋음과 나쁨, 산하대지山河大地와 묘정명심妙淨明心 등을 열거하며 이 상대적인 대상들이 다르지 않음을 말하고 있다.
424 『大慧語錄』 권21 「示妙淨居士」(T47, 901a8) 참조.
425 4조 도신道信의 말. 『景德傳燈錄』 권4 「牛頭法融傳」(T51, 227b1) 참조.
426 『潙山語錄』(T47, 579b19)에 나오는 문답. 묘정명심妙淨明心은 『楞嚴經』 권1(T19, 109a6)에 나오는 용어이다. 이 마음을 근본적인 이치로 설정하고, 구체적인 차별 현상인 사사를 대비시켜 궁극적으로 두 가지가 다른 것이 아니라는 취지로 유도하고 있는 문답이다.
427 조사선祖師禪 : 이 부분은 조사선의 특징이 잘 드러나는 소재를 모아 백운 경한이 간명하게 평가를 붙인 형식의 글이다. 원론적인 교설에 의존하지 않고 소리와 색과 언어 등으로 종지를 구체화하고, 감각적 통로로 깨달음에 이르는 사례들을 중심으로 다루고 있다.
428 『宗門武庫』(T47, 946a25) 이하의 내용.
429 제형提刑 : 지방에서 형벌이나 옥사獄舍의 일을 맡아보던 관직명. 송나라 때의 관직명으로서 '제점형옥사提點刑獄司'를 줄여서 이르는 말이다. 오늘날의 법무부 부장과 같은 직위이다.
430 소염小艶 : 소염小豔으로도 쓴다. 꽃봉오리가 막 터져 산뜻하고 고운 꽃송이를 뜻한다.

431 양귀비楊貴妃가 담 밖에 있는 애인 안녹산安祿山에게 자신의 목소리라도 전하기 위해 "소옥아, 소옥아!" 하고 몸종의 이름을 부른다는 뜻이다. 소옥이 달려가 보지만 매번 별일이 없어 어리둥절할 뿐이다. 조사선에서 쓰는 언어의 본질적 기능 또는 간화선看話禪의 화두가 지니는 전략적 특징을 나타내기 위한 비유이다. 화두의 말뜻 자체를 그대로 받아들이면 소옥이 양귀비의 부름에 속은 것과 같은 결과가 된다. 화두는 어떤 분별도 용납되지 않고, 지시하는 어떤 뜻도 담기지 않은 경계로 유도하는 말이 될 때 비로소 활구活句로서의 효용을 얻게 된다. 소염의 시 앞의 두 구절은 다음과 같다. "저 큰 저택의 아름다운 정취도 화폭에 담지 못하니, 낭군 없는 허전한 방 깊은 곳에서 슬픈 정감을 펼치노라.(一段風光畵不成, 洞房深處暢予情.)"

432 진 제형은 그 목소리가 지시하는 어떤 숨은 내용이 진짜 있는 것으로 오해했다는 뜻. 곧 그 목소리가 소옥을 부른 것이 아니라 안녹산에게 들리도록 했다는 뜻이고, 제형은 이렇게 알았으나 오해라는 말이다. 선지禪旨의 비유로 볼 때 그 목소리는 안녹산에게 전한 것도 아니고 그 밖의 어떤 지시 대상도 없기 때문이다.

433 뜰 앞의 잣나무(庭前柏樹子) : 조주 종심趙州從諗의 화두.『趙州語錄』古尊宿語錄 13(X68, 77c1), "그때 어떤 학인이 물었다. '달마대사가 서쪽에서 온 뜻은 무엇입니까?' '뜰 앞의 잣나무니라.' '화상께서는 경계를 가지고 지시하지 마십시오.' '나는 경계를 가지고 지시한 것이 아니다.' '달마대사가 서쪽에서 온 뜻은 무엇입니까?' '뜰 앞의 잣나무니라.'(時有僧問, '如何是祖師西來意?' 師云, '庭前柏樹子.' 學云, '和尙莫將境示人.' 師云, '我不將境示人.' 云, '如何是祖師西來意?' 師云, '庭前柏樹子.')"

434 니聻 : 따져 묻거나 앞의 말을 강조하고 주의를 환기하기 위하여 끝부분에 여운으로 남기는 소리.

435 이하는『景德傳燈錄』권11「仰山慧寂傳」(T51, 283b3),『潙山語錄』(T47, 580b28) 등에 수록되어 있다. 초의 의순草衣意詢(1786~1866)은『禪門四辨漫語』「二禪來義」(H10, 827a2)에서 "이 문답이 두 가지 선禪의 명칭과 뜻을 분명하게 나눈 유래이다.(此二禪所以分曉名義之始也.)"라고 평가했다.『潙山語錄』(T47, 580c4)에 "현각玄覺은 '말해 보라! 여래선과 조사선은 나눌 수 있는가, 나누지 못하는가?'라고 말했고, 장경 혜릉長慶慧稜은 '한꺼번에 눌러앉아 버려라!'라고 했다.(玄覺云, '且道! 如來禪與祖師禪, 是分不分?' 長慶稜云, '一時坐却!')"라고 했는데, 이러한 평가는 이 내용 자체를 하나의 화두로 수용하면서 여래선과 조사선도 화두의 소재로 활용한 것일 뿐, 의미상으로 구분한 것은 아니다.

436 사미沙彌 : 7세 이상 20세 미만으로서 출가하여 십계十戒를 받았지만 아직 구족계具足戒를 받지 못하여 정식으로 비구比丘가 되지 못한 남자 수행자.

437 보지공寶誌公 : 주 182 참조.

438『景德傳燈錄』권29「梁寶誌和尙大乘讚」(T51, 449b1) 참조.

439『華嚴經』권23(T10, 121c14) 참조.

440 부대사傅大士(善慧大士)의 말이다.『善慧大士錄』권3(X69, 115c18) 참조.『雪竇語錄』권1(T47, 671b27), "현사 사비玄沙師備가 말했다. '대단한 부대사여! 밝디밝고 신령한 마음(昭昭靈靈)이 있다고 오인하였을 뿐이로구나.' 설두 중현雪竇重顯이 핵심을 집어내어 말한다. '현사는 풀을 쳐서 뱀을 잠에서 깨우려 한 것이다.'(玄沙云, '大小傅大士! 只認得箇昭昭靈靈.' 師拈云, '玄沙也是打草蛇驚.')" 현사는 사람들이 부대사의 말을 들

고 '말소리가 곧 부처'라는 식으로 일면적으로 생각할 것을 우려하여 '밝디밝고 신령한 마음이 있다'고 집착하는 생각을 깨우쳐 주려 한 것이다. 다시 말해서, 말소리 자체가 부처 또는 마음이라고 생각하는 것 또한 부대사의 뜻이 아니라는 경계이다. 설두도 '말소리'를 '부처가 간 곳'으로 귀착시키는 일면적 방식을 다시 부각하여 부정함으로써 그 몽상에서 사람들을 깨워 준 것이다.

441 뜰 앞의 잣나무(庭前柏樹子) : 주 433 참조.

442 삼 세 근(麻三斤) : 동산 수초洞山守初(910~990)의 화두.『洞山守初語錄』古尊宿語錄38(X68, 246b11), "'부처란 무엇입니까?' '삼 세 근이니라.'(問, '如何是佛?' 師云, '麻三斤.')"

443 마른 똥막대기(乾屎橛) : 운문 문언雲門文偃의 화두.『無門關』21則「雲門屎橛」(T48, 295c6), "운문에게 어떤 학인이 물었다. '부처란 무엇입니까?' '마른 똥막대기!'(雲門因僧問, '如何是佛?' 門云, '乾屎橛!')"

444 신상神像 앞의 술 받침대(神前酒臺盤) : 경조 현자京兆蜆子의 화두.『景德傳燈錄』권17「京兆蜆子傳」(T51, 338b3), "화엄 휴정華嚴休靜이 현자 선사를 꼭 붙들고 물었다. '달마대사가 서쪽에서 온 뜻은 무엇인가?' 현자가 재빠르게 대답했다. '신상神像 앞의 술 받침대이다.'(靜把住問曰, '如何是祖師西來意?' 師遽答曰, '神前酒臺盤.')"『禪門拈頌說話』922則(H5, 666a24)에는 신상 앞의 술 받침대에 대하여 "어떤 맛도 없이 대답한 말(無味答話也)"이라 하였는데, 몰자미沒滋味한 화두라는 뜻이다.

445 운문 문언을 평가하는 말로 자주 등장하는 어구이다.『碧巖錄』14則(T48, 154c9), "운문은 평소 한 구절에 반드시 삼구를 갖추었으니, 함개건곤구·수파축랑구·절단중류구가 그것이다. 놓아주었다 거두어들였다 하며 자연스럽게 기특한 묘미를 발휘하고 단칼에 잘라 버리듯이 명쾌한 수단을 써서 사람들로 하여금 지적인 분별로 헤아리지 못하도록 한다.(雲門尋常一句中須具三句, 謂之函蓋乾坤句, 隨波逐浪句, 截斷衆流句. 放去收來, 自然奇特, 如斬釘截鐵, 敎人義解卜度他底不得.)"; 같은 책, 27則(T48, 167c19), "저 운문은 한 가지를 들어 세 가지를 밝히고, 세 가지를 들어 한 가지를 밝히는 수단을 쓴다는 것을 알아야 한다. 그대가 만약 운문의 세 구절에서 터득한다면 뒤통수에 박힌 번뇌 망상이라는 화살을 뽑을 수 있을 것이다. 운문은 한 구절 중에 반드시 세 구절을 갖추었으니 함개건곤구·수파축랑구·절단중류구가 자연스럽게 딱 들어맞았다.(須會他擧一明三, 擧三明一. 爾若去他三句中求, 則腦後拔箭. 他一句中須具三句, 函蓋乾坤句, 隨波逐浪句, 截斷衆流句, 自然恰好.)"

446 도오道吾 : 도오 종지道吾宗智·도오 원지道吾圓智라고도 부른다.

447 전거를 알 수 없다. 풍혈 연소風穴延沼의 말로 알려져 있으며, 앞 구절은 "늘 강남의 3월 풍경을 기억한다.(長憶江南三月裏)"라고 표현한 예가 더 많다.『景德傳燈錄』권13「風穴延沼傳」(T51, 303b22),『大慧語錄』권10(T47, 853c27),『密菴語錄』(T47, 969a1),『虛堂語錄』권2(T47, 999a7) 등 참조.

448 나른한 봄날 : 지일遲日은 낮이 길고 해가 늦게 진다는 말로 봄날을 가리킨다.『詩經』「小雅」〈出車〉, "봄날 해 길어지니 초목은 무성하고 꾀꼬리(鶬鶊)는 꾀꼴꾀꼴 우네.(春日遲遲, 卉木萋萋, 倉庚喈喈.)"

449 두보杜甫의 시 〈絶句〉에 나오는 구절. 3, 4구는 "얼었던 땅 녹고 제비 날며, 따뜻한 모래사장에서 원앙은 조누나.(泥融飛燕子, 沙暖睡鴛鴦.)"이다.『金山退菴道奇禪師

語』續古尊宿語要6(X68, 508a10), 『如淨語錄』권상(T48, 122b2), 『介石智朋語錄』(X69, 793b16), 『五燈全書』권49 「雪巖祖欽章」(X82, 153a5) 등에 나오지만, 본 어록과 같은 문답 형식은 아니다.

450 대룡大龍의 화두. "색신色身은 부서져 없어지는데 견고한 법신法身이란 어떤 것입니까?(色身敗壞, 如何是堅固法身?)"라는 질문에 대한 대답이다. 『碧巖錄』82則(T48, 208a26) 참조.

451 『趙州語錄』古尊宿語錄14(X68, 84c4) 참조.

452 밥자루야(飯袋子) : 자신의 본분을 모르고 밥만 축내는 쓸모없는 수행자라는 비판의 말.

453 『景德傳燈錄』권23 「洞山守初傳」(T51, 389b13), 『雲門廣錄』권하 古尊宿語錄18(X68, 118a7), 『洞山守初語錄』古尊宿語錄38(X68, 252b6) 등 참조.

454 『景德傳燈錄』권18 「玄沙師備傳」(T51, 347a29), 『玄沙廣錄』권상(X73, 5a7) 등에 따르면, 질문한 학인은 경청 도부鏡淸道怤이다.

455 『景德傳燈錄』권18 「鏡淸道怤傳」(T51, 349c12), 『碧巖錄』46則(T48, 182b19) 등 참조.

456 『續傳燈錄』권25 「香山道淵傳」(T51, 641b16), "술집들과 어물전 하나하나가 보배가 있는 장소요, 까마귀 울음소리와 까치 지저귐 하나하나가 진리를 전하는 소리이다.(酒市魚行, 頭頭寶所 ; 鴉鳴鵲噪, 一一妙音.)"

457 『圜悟語錄』권12(T47, 768a25), "하루 어느 시각에나 눈에 들어오고 귓전에 울리는 것들, 종소리와 북소리 그리고 나귀가 울고 개가 짖는 것에 이르기까지 이 본분의 소식이 아닌 것이 없다.(二六時中, 眼裏耳裏, 乃至鐘鳴鼓響, 驢鳴犬吠, 無非這箇消息.)"

458 현사 사비玄沙師備의 말. 주 219 참조.

459 두견(蜀魄) : 『祖庭事苑』권5(X64, 382c16), "촉백은 두견(杜宇)이다. 『華陽國志』에 '두견이라는 새는 그 크기가 까치만 하고, 그 소리는 슬퍼서 입에서 피를 토하는 듯하다.'라고 하였다.(蜀魄, 卽杜宇也. 華陽國志云, '鳥有名杜宇者, 其大如鵲, 其聲哀而吻有血.')"

460 원통문圓通門 : 걸림 없이 모든 것을 포용하고 낱낱의 존재들이 막힘없이 서로 통하는 세계.

461 천의 의회天衣義懷의 게송. 『嘉泰普燈錄』권2(X79, 298b14), 『續傳燈錄』권6(T51, 501c26) 참조. '血流'는 '鷄鳴' 또는 '鷄鳩'로 되어 있다.

462 『達磨大師悟性論』(X63, 6c14), "다만 찰나 찰나 어느 순간에도 망상을 일으키지 않는다면 살아서는 무여열반을 증득할 것이요, 죽어서는 무생법인에 들 것이다. 눈으로 색을 보아도 색에 물들지 않고 귀로 소리를 들어도 소리에 물들지 않는다면 이것이 모두 해탈인 것이다. 눈이 색에 집착하지 않는다면 눈이 곧 선문禪門이요, 귀가 소리에 집착하지 않는다면 귀가 곧 선문인 것이다.(但念念之中, 不得妄想, 則生證有餘涅槃, 死入無生法忍. 眼見色時, 不染於色 ; 耳聞聲時, 不染於聲, 皆解脫也. 眼不著色, 眼爲禪門 ; 耳不著聲, 耳爲禪門.)"; 『佛眼語錄』 「示禪人心要」 古尊宿語錄34(X68, 225b20), "깨달음이란 깨달음의 주체와 그 대상을 끊어 버린 것이니 별도의 현묘한 이치가 있는 것이 아니며 평상시에 매일 하는 그대로일 뿐이다. 예컨대 색을 볼 때가 깨달을 순간이며 소리를 들을 때가 깨달을 순간이다.(證者, 絶能所也, 非別有玄理在, 尋常日用處, 如見色時是證時, 聞聲時是證時.)"; 『少室六門』(T48, 371c16) 참조.

463 『潙山語錄』(T47, 580c14), "영운이 위산 문하에 있을 때 복숭아꽃을 보고 도를 깨우치

고는 게송을 지었다. '30년 동안 검객을 찾아다니는 동안, 얼마나 많은 잎이 떨어지고 다시 새 가지가 돋았던가! 복숭아꽃을 한 번 보고 알아차린 다음부터, 지금에 이르기까지 더 이상 의심이 남아 있지 않노라.'(靈雲, 初在潙山, 因見桃花悟道, 有偈云, '三十年來尋劍客, 幾回落葉又抽枝! 自從一見桃華後, 直至如今更不疑.')"

464 『景德傳燈錄』 권11 「香嚴智閑傳」(T51, 284a9), "어느 날 산에서 초목을 베다가 던진 돌조각이 대나무에 부딪혀 나는 소리를 듣고는 문득 웃는 순간 확연히 깨달았다.(一日, 因山中芟除草木, 以瓦礫擊竹作聲, 俄失笑間, 廓然省悟.)"

465 『碧巖錄』 6則(T48, 145c16), "목주睦州는 평소 학인을 대할 때에 문지방을 넘어서자마자 바로 멱살을 움켜쥐고는 '말해 보라! 말해 보라!'라고 하였으며 머뭇머뭇하며 말하지 못하면 바로 밀쳐 내면서 '진나라의 탁력찬같이 쓸모없는 놈이로다.'라고 하였다. 운문이 목주를 만나러 간 지 세 차례 되었을 때의 일이다. 문을 두드리자마자 목주가 '누구냐?'고 물었다. '문언文偃입니다.' 하고 문을 열고 들어서자마자 목주는 운문의 멱살을 움켜쥐고는 '말해 보라! 말해 보라!'라고 하였다. 운문이 머뭇거리자 곧바로 (목주가 그를) 문 밖으로 밀쳤는데 (운문이 미처 발을 떼어 다 나오지 못하여) 한쪽 발이 문지방 안쪽에 그대로 있던 상황에 목주가 문을 급하게 닫는 바람에 운문의 다리가 문틈에 끼어 부러지고 말았다. 운문이 아픔을 참지 못하고 소리소리 지르다가 홀연 크게 깨쳤다.(尋常接人, 纔跨門便搊住云, '道! 道!' 擬議不來, 便推出云, '秦時轢鑽.' 雲門凡去見, 至第三回. 纔敲門, 州云, '誰?' 門云, '文偃.' 纔開門便跳入, 州搊住云, '道! 道!' 門擬議, 便被推出門, 一足在門閫內, 被州急合門, 拶折雲門脚. 門忍痛作聲, 忽然大悟.)"

466 『從容錄』 81則(T48, 279b19), "세상에 전해지는 말에 따르면, 현사는 거처하던 산을 떠나지 않았고 보수保壽는 강을 건너 다른 곳으로 가지 않았다고 한다. 현사는 떠나다가 넘어져 발가락을 다치고는 한탄하며 생각했다. '이 몸은 실재하지 않는 것인데 고통이 어디서 온단 말인가? 이 몸과 이 고통은 궁극적으로 발생하지 않는다. 그만두자, 그만둬! 달마대사는 동토(중국)에 오지 않았고 2조 혜가慧可도 서천(인도)에 가지 않았다.' 마침내 가던 길에서 돌아와 『楞嚴經』을 보다가 깨달았다.(世傳, 玄沙不出嶺, 保壽不渡河. 因蹶傷足指, 歎曰, '是身非有, 痛自何來? 是身是苦, 畢竟無生. 休休! 達磨不來東土, 二祖不往西天.' 遂廻, 復因閱楞嚴而發明.)"; 『正法眼藏』 권2(X67, 607a24) 참조.

467 주 407 참조.
468 『禪門寶藏錄』 「序文」(H6, 469c2) 참조.
469 정해진 문이 없는 것(無門) : 구체적인 상황과 근기에 따라 교설을 달리하는 방편문方便門을 가리킨다.
470 마조 도일馬祖道一의 말. 『景德傳燈錄』 권6 「馬祖道一傳」(T51, 246a8)에 『楞伽經』의 글을 인용하는 형식으로 되어 있다. 4권본 『楞伽經』 전체가 「一切佛語心品」으로 구성되어 있지만 정확하게 이와 일치하는 구절은 없다. 그래서 대혜 종고는 "이 두 구절은 모두 마조가 경의 근본 취지를 가리킨 말이며 경의 말 자체는 아니다.(此二句, 皆馬祖指經大旨, 非經語也.)"라고 했던 것이다. 『正法眼藏』 권1(X67, 573b5) 참조.

471 『宗鏡錄』 권1(T48, 417c2) 참조.
472 지극한 경지에 이른 사람(至人) : 보통은 노장이나 도가에서 범속凡俗을 초탈하여 도

상권 • 195

의 극치에 이른 사람을 일컬으나 여기서는 교教의 본질을 꿰뚫은 사람이라는 뜻으로 쓰였다.

473 궁극의 경지에 통달한 사람(達士) : 선禪의 종지를 체득한 사람.

474 『華嚴論節要』「序」(H4, 768a6), "세존이 말로 설하신 것이 교이고, 조사가 마음을 전한 것이 선이다. 부처와 조사의 마음과 입이 결코 서로 어긋나는 것이 아니니 어찌 근원을 궁구하지 않을 수 있으리오!(世尊說之於口, 卽爲敎 ; 祖師傳之於心, 卽爲禪. 佛祖心口, 必不相違, 豈可不窮根源!)"

475 불사문佛事門 : 불법을 펼치기 위하여 다양한 차별의 방편을 베푸는 입장. 반면 어떤 분별도 허용하지 않는 무차별의 궁극적 경지는 '실제이지實際理地'라 한다. 『臨濟語錄』(T47, 502a16), "가령 여러 선문의 선사들은 '육도만행을 불법으로 삼는다.'라고 말한다. 나는 '이것은 진리를 장엄하는 문이며 불법을 펼치기 위한 문에 불과할 뿐 불법 자체는 아니다.'라고 말한다.(祇如諸方說, '六度萬行, 以爲佛法.' 我道是莊嚴門, 佛事門, 非是佛法.)" ; 『天童遺落錄序』(T48, 133b27), "불조는 이렇게 말한다. '실제이지는 본래 언어의 차별된 표현을 벗어나 있다.' 그러나 불사문 중에서 중생을 위하여 자비를 베풀면 비록 유위有爲는 아니지만 또한 말이 전혀 없는 것도 아니다.(夫佛祖道, '實際理地, 本離言語相.' 然佛事門中, 爲物垂慈, 則雖非有爲, 又非無語.)" ; 『天聖廣燈錄』 권19 「廬山護國章」(X78, 517a9), "실제이지에서는 하나의 티끌도 용납하지 않지만, 불사문에서는 하나의 법도 버리지 않는다.(實際理地, 不受一塵 ; 佛事門中, 不捨一法.)"

476 엄밀히 말하면 운문 문언雲門文偃(864~949)의 제자 덕산 연밀德山緣密이 제시한 삼구에 대한 풀이이다. 삼구는 '삼종어三種語'라고도 하며, 선禪의 종지를 세 구절의 시로 간명하게 드러낸 것이다. 이 운문 삼구의 각 구절에 백운 경한이 또 하나의 시를 붙여 그 뜻을 해석한 것이다. 운문은 ① 하늘과 땅 전체를 감싸서 덮고(函蓋乾坤), ② 한눈에 핵심을 헤아리며(目機銖兩), ③ 모든 인연과 교섭하지 않는다(不涉萬緣) 등의 세 구절의 뜻을 어떻게 깨달을 수 있는지 문제로 제시했다. 이에 대해 덕산 연밀은 자신의 안목에 입각하여 함개건곤函蓋乾坤·절단중류截斷衆流·수파축랑隨波逐浪 등의 삼구로 바꾸어 확정했다. 첫 번째 구절은 진리 그 자체, 두 번째 구절은 번뇌 망상을 끊는 것, 세 번째 구절은 구체적인 현상의 조건에 알맞게 펼치는 적절하고 자유자재한 활용을 나타낸다. 『人天眼目』 권2 「三句條」(T48, 312a7) 참조.

477 대양 경현大陽警玄(943~1027)이 세 구절로 요약한 종지에 대한 풀이. 대양 삼구는 '명안 삼구明安三句'라고도 한다. 『五燈會元』 권14(X80, 288b10) 참조.

478 『馬祖語錄』(X69, 3a13), "평상심이 도이다. 평상심이란 무엇인가? 조작이 없고, 옳으니 그르니 하는 분별도 없으며, 취하거나 버리는 마음도 없고, 완전히 사라졌다(斷)거나 영원히 변함이 없다(常)거나 하는 관념도 없으며, 범부와 성인을 차별하지 않는 마음이다.(平常心是道. 何謂平常心? 無造作, 無是非, 無取捨, 無斷常, 無凡無聖.)"

479 나옹의 삼구는 불문佛門에 입문하여 깨달음에 이르기까지를 세 단계로 나눈 것이며, 분양 선소汾陽善昭가 학인의 다섯 가지 질문에 대해 대답한 구절(入門句·門裏句·當門句·出門句·門外句) 중 세 가지를 선별한 것이다. 백운 경한은 이 삼구에 대하여 조동종의 공훈오위功勳五位(向·奉·功·共功·功功) 중 향向·봉奉·공공共功 등 세 가지를 선별하여 활용했다. 『人天眼目』 권6 「汾陽五門句」(T48, 329a10) 참조. 삼전어란 깨달음의 결정적 전기가 되는 세 가지 뜻을 세 가지 비유를 들어 밝힌 것이며, 이에

대한 백운 경한의 두 가지 풀이가 있다. 『懶翁語錄』에도 「入門三句」와 「三轉語」를 소재로 한 글이 실려 있다.

480 오랫동안 문~나오지 않는다(長年不出戶) : 동산의 오위五位 가운데 정중래正中來를 비유적으로 표현한 말. 『洞山語錄』(T47, 508c26), "동산洞山이 물었다. '주인 중의 주인이란 어떤 것입니까?' 용산龍山이 대답했다. '오랫동안 문 밖으로 나오지 않는다.'(師曰, '如何是主中主?' 山曰, '長年不出戶.')"

481 법왕의 법령 : 법왕인 부처님께서 지엄한 법령과 같이 내리는 근본적인 진리. 언어나 행위로 드러내기 이전의 경계, 어떤 수단으로도 알 수 없는 경지, 한 치의 분별도 허용치 않는 조사선의 종지 등을 나타낸다. 문수 백추文殊白椎의 화두와 관련된 술어이다. 부처님께서 사자좌에 오르자마자 문수보살이 건추를 울려 대중에게 "법왕의 법은 이와 같다.(法王法如是)"라고 하자 부처님께서 아무 말씀도 없이 사자좌에서 내려오신 이야기를 화두로 삼은 내용이다. 『碧巖錄』 92則(T48, 216b18) 참조. 『佛眼語錄』古尊宿語錄34(X68, 219c4), "부처님께서 사좌자에 오르시고 문수보살이 건추를 울려 대중에게 알리니, 법왕이 내려 주신 법령에 어떻게 응답할 것인가? 늙어 꼬부라진 문수보살이 억지로 머리를 내밀고 나와, 부처님을 등에 업고서 여전히 섬길 만하다고 하니, 지금껏 천고의 세월 동안 시끄럽게들 재잘거리는구나.(世尊陞座, 文殊白槌, 法王法令若爲酬? 潦倒文殊强出頭, 負累釋迦猶可事, 至今千古鬧啾啾.)"

482 희황羲皇 : 복희씨伏羲氏를 가리킨다. 복희는 삼황三皇 중 한 사람으로서 희황이라 불린다. 8괘卦를 처음으로 만들었으며, 또 그물을 만들어 백성들에게 고기 잡는 기술을 가르쳤다고 한다. 여기서는 태평성대를 이끈 인물로 상징된다.

483 구로俱盧 : 인도 고대의 척도. 구로사俱盧舍·구루사拘髏賒 등으로 음사하고, 역성譯聲·명환鳴喚 등으로 의역한다. 소의 울음소리 또는 북소리가 들리는 거리, 또는 사람들이 모여 사는 마을에서 수행처까지의 거리를 가리킨다.

484 『論語』 「雍也」에 나오는 구절.

485 『圓覺經略疏』 권하(T39, 568b10), "'말세의 중생이 이와 같은 사람을 본다면 응당 목숨을 아끼지 말고 공양해야 한다.'라고 하였으니, 이를테면 설산에서 사신捨身하겠다고 한 것이나 묘향성의 법용보살을 찾아뵙고자 뼈를 부순 것과 같은 예이다. 유가의 경전에서도 온 힘을 다해 부모를 섬기고 신명을 바쳐 임금을 섬기라 하거늘, 하물며 불법을 닦음에야 어떠해야 하겠는가!('末世衆生見如是人, 應當供養不惜身命.' 如雪山捨身香城破骨之類. 儒典尙令竭力事父致身事君, 何況爲法!)"; 『圓覺經大疏釋義鈔』 권12(X9, 731a21), "『圓覺經略疏』에서 '설산에서 사신捨身하겠다'라 한 일화는 『涅槃經』에, '묘향성의 법용보살을 찾아뵙고자 뼈를 부수었다'는 일화는 『大般若經』에 나오며, '유가의 경전에서도~'라 한 말은 『論語』의 '부모를 섬기되 그 힘을 다하고 임금을 섬기되 신명을 바쳐야 한다.'라고 한 말을 가리킨다.(疏卽雪山捨身者, 涅槃經, 香城敲骨者, 大品般若, 疏儒典尙令者, 論語云, 事父母能竭其力, 事君能致其身.)"

486 "세존께서는 설산雪山에서 고행을 하고" 이하 부분부터는 『圜悟心要』 권4 「示詔副寺」(X69, 490a10~b18)의 내용을 기초로 취하였다. 세존이 과거세에 설산에서 수행하신 일을 가리킨다. 과거세에 보살행을 할 당시에 제석천에게 반게半偈를 듣고자 자신의 몸을 제석천에게 바치기로 약속한 고사에 근거한다. 이때 나찰羅刹로 변한 석제환인釋提桓因이 "모든 현상(行)은 무상하니 생겨났다가는 없어지는 법이다.(諸行無常,

是生滅法.)"라 읊은 게송을 듣고는 나머지 구절을 마저 청하며 말해 준다면 몸을 공양하겠다(汝但具足說是半偈, 我聞偈已, 當以此身, 奉施供養.)라고 하여 "생겨났다가 소멸하는 법이 없어지고 나면, 고요함이 즐거움이리라.(生滅滅已, 寂滅爲樂.)"라는 두 구절을 들었다고 한다. 이를 '야차설반게夜叉說半偈' 또는 '설산반게雪山半偈'라고 한다. 『大般涅槃經』 권14 「聖行品」(T12, 450a12~451a1) 참조.

487 상제보살이 반야바라밀다를 구하기 위해 법용보살이 머물고 있다는 묘향성 안의 궁전을 찾아가면서 법용보살에게 공양할 재물을 마련하기 위해 몸을 팔고자 한 일. 제석帝釋이 상제보살의 이러한 진심을 시험하기 위해 소바라문小婆羅門으로 변하여 상제보살의 몸을 사겠다고 하자 상제보살은 날카로운 칼로 자신의 왼팔을 찔러 피를 내고 오른쪽 넓적다리 살을 베어 냈으며 뼈를 부수어 골수를 꺼내 주고는 심장마저 꺼내 주려고 하였다.(申右手執取利刀, 刺己左臂令出其血, 復割右髀皮肉置地, 破骨出髓與婆羅門, 復趣牆邊欲剖心出.) 이를 본 한 장자의 딸이 제석의 정체를 알아보고 상제보살을 만류하였고, 상제보살에게 감화받아 자신의 재물을 공양하여 법용보살을 함께 찾아갔다고 한다. 『大般若經』 권398 「常啼菩薩品」(T6, 1063a4~c4) 참조. 공양의 의미를 밝히며 상제보살의 일화를 든 『梵網經菩薩心地品下略疏』 권4(X38, 720b12~16) 참조. 세존과 상제보살의 일화를 함께 제기하고 있는 예로는 『圓覺經疏鈔隨文要解』 권12(X10, 147c5~17) 참조. 『證道歌註』(X63, 278c20), "분골粉骨이란 상제보살이 향성에서 반야바라밀다를 배우고자 할 때의 일화에서 나온 말이요.······쇄신碎身은 석가모니께서 수행하실 때에 온몸을 바쳐 반게를 구하고자 한 일화에서 나온 말이다.(粉骨者, 如常啼菩薩, 於香城學般若時也.······碎身者, 如釋迦因中, 捨全身求半偈也.)"

488 혜가慧可가 달마 앞에서 자신의 팔을 잘라 구도의 의지를 보인 일화. 『景德傳燈錄』 권3 「菩提達磨傳」(T51, 219b11~20) 참조.

489 혜능慧能이 처음 5조 홍인弘忍을 찾아갔을 무렵에 방앗간에서 8개월여를 주야로 쉬지 않고 절구를 찧었던 일화. 몸무게가 나가지 않아 허리에 돌덩어리를 매달고 찧었다고 한다. 宗寶本 『壇經』(T48, 349a12), 『景德傳燈錄』 권3(T51, 222c14) 참조.

490 『請益錄』 권2(X67, 496c5), "예주 흠산 문수 선사는 대단히 자애롭고 용모가 아름다우며 담론을 잘하였다. 항상 재봉 가위와 눈금자를 가지고 바느질을 익혀 대중과 함께 옷을 만드는 일을 하였다. 설봉은 항상 칠통과 나무 주걱을 놓지 않고 행주를 두르고는 대중을 위해 반두 소임을 맡아보았으며, 암두는 항상 호미를 들고 대중을 위해 밭일을 하는 소임을 맡아보았다. 함께 유력하였고 해를 거듭하여 두 사람은 기연이 덕산의 법에 계합하였고, 흠산만이 동산 양개의 법을 이었다.(澧州欽山文邃禪師, 大慈受業, 美容容, 善譚論. 常以剪刀星尺針線隨身, 與衆裁縫. 雪峰常以漆桶木杓護布隨身, 爲衆作飯頭;巖頭常以把钁隨身, 爲衆治蔬圃. 相與遊方, 積歲二人緣契德山, 欽山獨嗣洞山.)"

491 설봉 의존雪峰義存이 조금의 흔들림이나 굽함 없이 면밀하고 착실하게 깨달음을 궁구한 일화에서 나온 말. 이를 가리켜 '삼등구상三登九上', '삼도구지三到九至', '삼등구지三登九至', '삼도투자구상동산三到投子九上洞山'이라고 한다. 세 차례 투자산으로 대동을 찾아갔고 아홉 차례 동산에 올라 양개를 찾아 법을 물었으나 기연이 계합하지 못하다가 후에 법형法兄 암두 전활岩頭全豁과 함께 예주澧州의 오산鰲山(湖南省

常德縣 북쪽에 위치)을 지나다 암두와의 문답에서 깨달음을 얻었다고 한다. 『雪峰語錄』 권2 「年譜」(X69, 87a12~18), 『聯燈會要』 권21(X79, 184a9~10) 참조.

492 장경 혜릉이 10여 년이 되도록 하루같이 좌선하여 부들방석 일고여덟 개를 닳아 떨어뜨렸다고 하며, 이를 '장경포단長慶蒲團', '좌파칠개포단坐破七箇蒲團' 등이라 일컫는다. 이로부터 밤낮으로 참선하며 불도에 정진하는 것을 비유하여 파포단破蒲團이라 한다. 『圜悟語錄』에는 설봉 의존과 현사 사비를 오가며 15년을 참구하였다 하고, 『五燈會元』에는 20년간 참구하였다고 한다. 『圜悟語錄』 권9(T47, 753c14~16), 『五燈會元』(X80, 152c15~21) 참조.

493 『介石智朋語錄』(X69, 785b5), "영운 지근은 30년 동안 더 이상 의심이 남아 있지 않은 경지에 대해 말할 줄만 알았을 뿐, 복숭아꽃이 눈앞에 있음은 알지 못했다.(靈雲三十年, 只道得箇不疑, 未曾識桃花面在.)"

494 용천 경흔涌泉景欣 : 천주泉州 선유僊遊 출신. 백운산白雲山에서 수행하다가 석상의 가르침을 받아 깨닫고 난 이후로 단구丹丘 용천난야涌泉蘭若에 거하였다.

495 『佛祖統紀』 권43(T49, 395a9), "오월왕 전홍숙錢弘俶이 연수 선사에게 영명사【지금의 전당 정자사】에 주석할 것을 청하였다. 연수 선사는 매일 108가지 일을 가르쳤는데, 학인들이 물어오면 마음을 근본으로 삼고 깨달음을 준거로 삼으라고 하였다.(吳越王俶, 請延壽禪師, 主永明寺【今錢唐淨慈寺】. 師日課一百八事, 學者參問, 以心爲宗, 以悟爲則.)"; 『初學記』(X63, 730a14), "불도에 정진하는 사람은 삼승 십지뿐 아니라 백행을 아울러 수행하였으니 모두 도업을 이루는 것을 돕기 위해서였다. 이를테면 연수 선사가 날마다 108건의 방편을 행한 경우와 같다.(精進之人, 除此三乘十地之外, 兼修百行, 皆爲助道. 如壽禪師, 一日行百八件方便等也.)"

496 『圜悟心要』 권4 「示詔副寺」(X69, 490b3), "남악 회양南嶽懷讓은 조계 혜능慧能 휘하에 있은 지 8년 만에야 비로소 '하나의 그 무엇이라고 말해도 딱 들어맞지 않습니다.'라고 말하였고, 장경 혜릉은 설봉에게로 가서 15년 동안 좌선하며 부들방석을 일곱 개나 닳아 떨어뜨렸고, 영운 지근은 30년, 용천 경흔은 40년, 덕산과 임제에 이르기까지 모두 조사 문하에 의지하여 오랜 세월 참구하였다. 이 도는 온갖 성인들도 전하지 못한 미묘한 도인데, 어찌 경솔한 마음이나 거만한 마음으로 깨달음에 들 수 있겠는가! 영가 현각은 '분골쇄신해도 그 은혜 갚기에 부족하나, 한 구절(活句)를 진실로 깨달으면 다른 무수한 구절을 꿰뚫으리라.'라고 하였다.(如讓祖之於曹溪八年, 始道得箇說似一物即不中 ; 稜祖至雪嶺十五載, 坐破七箇蒲團 ; 靈雲三十年, 涌泉四十祀, 德山臨濟, 皆依師門, 歲月甚久. 蓋此道迺千聖不傳之妙, 豈可以輕心慢心而趣入哉! 永嘉云, '粉骨碎身未足酬, 一句了然超百億.')" ; 『宗範』 권상(X65, 301a21), "향림 징원香林澄遠은 40년 동안 한 분만을 본받았고, 용천은 40년을 한곳에 안주하지 않고 찾아다녔으며, 남전은 18년 동안 꾸준히 공부하였으니, 옛사람 중에 이처럼 끊임없이 실천하지 않은 분이란 없다. 어떤 인연이나 경계를 마주하든지 항상 마음에 간직하고 부지런히 참구하지 않은 이가 없다.(香林四十年方一片, 涌泉四十年尙自走作, 南泉十八年能作活計, 古人無不如此密踐履. 但逢緣遇境, 無不管帶.)" ; 『圜悟心要』 권2 「示良蘆頭禪人」(X69, 465a14~18)의 내용도 예로 든 선사의 일화는 다르나 같은 맥락이다.

497 혜명慧命 : 육신(色身)이 음식물로써 생명을 유지하듯이 법신法身은 지혜를 생명으로 삼는다는 뜻에서 법신의 지혜를 생명에 비유한 말.

498 『石屋珙禪師語錄』권상(X70, 662b24) 참조.
499 한창 혈기 왕성한 때(鼎盛) : 장년 곧 삼사십 대를 가리킨다.
500 『無文道璨語錄』권4「題蓮社題名集」(X69, 816b14), "고향은 십항하사처럼 무수한 세계 밖에 있는 것이 아니니, 고향으로 돌아가려고 하는 자만이 알 수 있을 뿐이라네. 시방 어디도 문 없이 활짝 열려 있으니, 고향은 과연 어디에 있는가?……해는 서쪽으로 지고 금상金相이 현전하니 고향의 주인이요, 홍련 꽃 피어나고 물 맑고 모래 깨끗하니 본래 집에서 이전부터 해 오던 일이라네.(故鄕不在十恒河沙外, 惟懷歸者能知之, 然十方無壁落, 故鄕果安在?……落日沈西, 金相現前, 鄕關主人也 ; 紅藕放花, 水淸沙白, 故家舊業也.)"
501 기함起凾 : 기감起龕이라고도 한다. 묘소로 관을 들어 옮기는 것. 이 의식을 기감불사起龕佛事라고 한다.
502 『禪門拈頌說話』248則(H5, 235a19), "반산 보적盤山寶積 선사가 하루는 절을 나섰다가 만가를 부르는 상두꾼이 요령을 흔들며 '붉은 해는 틀림없이 서쪽으로 지려니와 혼령은 어디로 가는지 모르겠네.'라고 하자 막하幕下에서 상주가 '아이고! 아이고!' 하며 곡하는 소리를 듣고는 뛸 듯이 기뻐하며 돌아가 마대사에게 (이 이야기를 전하고) 인가를 받았다.(師又一日出門, 見挽歌郞振鈴云, '紅輪決定沈西去, 未委魂靈往那方.' 幕下孝子哭云, '哀哀!' 師身心踊悅, 歸求馬大師印可.)" ; 『蓮邦詩選』「淨土詩」(X62, 812a7), "붉은 해는 틀림없이 서쪽으로 지려니와, 혼령은 어디로 가는지 모르겠네. 반산이 깨달은 경계는 별다른 것이 아니니, 상주는 알고 보면 맏아들이었다는 사실이라네.(紅輪決定沈西去, 未審魂靈在那方, 盤山悟處非他物, 孝子原來是大郞.)" 이미 드러나 있는 익숙하고 명백한 사실을 새롭게 보게 된 경계를 읊었다.
503 『金剛經』(T8, 752b3~5) 참조.
504 바라제파라제의 송에 나오는 구절.『景德傳燈錄』권3「菩提達磨傳」(T51, 218b22), "아는 자는 이것이 불성임을 알지만 모르는 자는 정혼精魂이라고 부릅니다.(識者知是佛性, 不識喚作精魂.)"
505 하화下火 : 하거下炬·병거秉炬라고도 한다. 횃불을 들어 다비茶毘(火葬)한다는 뜻을 나타내는 장례 의식. 본래는 횃불을 사용해야 하나, 일반적으로는 횃불 모양으로 나무를 깎아 붉은색을 칠하거나 붉은색 종이로 횃불 모양을 본떠 사용하기도 한다.『禪林象器箋』권14「秉炬條」(禪藏, p.1068) 참조.
506 세 가지 인연이 화합하여(三緣和合) : 삼사화합三事和合이라고도 한다. 부친과 모친 그리고 중음中陰(乾闥婆)의 세 인연이 화합해야 사람이 세상에 태어나는 조건이 된다고 한다.『大般涅槃經』권34「迦葉菩薩品」(T12, 566b28), "세 가지 인연이 화합하여 이 몸을 받았으니, 첫째는 아버지요 둘째는 어머니요 셋째는 중음이다. 이 세 가지 인연이 화합하여 이 몸을 얻은 것이다.(三事和合, 得受是身, 一父, 二母, 三者中陰. 是三和合, 得受是身.)"
507 『柏堂雅和尙語』續古尊宿語要5「爲僧下火」(X68, 492b14), "33년을 꿈속이라는 집에 살다가, 이제 꿈에서 깨어나 공이라는 집으로 돌아왔네. 설령 허공의 체와 딱 들어맞는다 하더라도, 예전 그대로 꿈속일 뿐이리라. 꿈속에서도 또렷또렷한 구절, 어떻게 전할까! 부끄러움을 무릅쓰고 자취를 가리켜 보이노라. 구름 사이로 목마는 바람에 애타게 울고, 불 속의 날벌레는 호랑이를 삼켰다.(三十三年居夢宅, 而今夢破宅還空,

直饒合得虛空體, 未免依前在夢中. 惺惺句, 若爲通! 不惜眉毛爲指蹤. 雲間木馬嘶風急, 火裏蜘蟟呑大蟲.)"

508 『證道歌』(T48, 395c11), "오온의 뜬구름은 부질없이 오고 가며, 삼독의 물거품은 헛되이 일어났다 가라앉았다 하는구나.(五陰浮雲空去來, 三毒水泡虛出沒.)"

509 『丹霞子淳語錄』 권상(X71, 758b20), "망승을 다비하며 말했다. '출가자여, 쉬지 마라. 종일토록 바쁘게 다비할 대 얽어 놓았으나, 떠나보내는 방법 대단히도 보잘것없네. 눈으로 보고 귀로 들으니 어찌 두려워하지 않겠는가! 백골이 낭자하니 어찌 뿌리리오! 울력으로 나른 땔나무는 다비하는 불을 태우는 데 쓸 것이다. 말해 보라! 그 가운데 불로 살라도 변화하지 않은 것이 있는가? 여러 선덕이여, 뭉게뭉게 피어나는 흰 구름은 공연히 오가고, 아득히 높은 저 맑은 하늘은 꿰맨 흔적 하나 없구나. 흠향歆饗하소서.'(爲亡僧下火云, '出家兒, 無休暇. 終日忙忙空搆架, 臨行一著太區區. 眼見耳聞爭不怕! 百骸狼藉撒奚爲! 普請般柴用燒化. 且道! 中間有燒不化者麼? 諸禪德, 白雲靉靆空去來, 渺邈淸虛無縫罅. 尙饗.)"

510 공부功夫 : '工夫'로도 쓴다. 수행에 전심전력을 다해 정진하는 것. 공안 참구나 좌선 수행 모두에 두루 쓰이는 말.

511 수어垂語 : 스승이 학인들에게 가르침을 내리는 것. 시중示衆·수시垂示·수계垂誡 등과 같은 뜻이다. 『禪林象器箋』 권11 「垂說類」(禪藏, pp.841~843) 참조.

512 주 301, 302, 303 참조.

513 원오 극근圜悟克勤(1063~1125)과 대혜 종고大慧宗杲(1089~1163)가 주로 했던 말이다. 『大慧語錄』 권17(T47, 886a28) 참조. 여기에서 의심이란 어떤 대상을 믿지 못하거나 이리저리 사량 분별하는 마음의 작용이 아니라, 화두에 대한 갖가지 분별이 사라질 때까지 불태워 없애는 화로 같은 기능을 하는 핵심적 작용을 말한다. 안팎의 모든 현상을 화두 하나에 통일시켜 의심덩어리로 만들고 다른 생각은 전혀 끼어들지 못하게 만든다는 뜻에서 이러한 의심을 '의단疑團'이라 한다. 『禪家龜鑑』에는 몽산 덕이蒙山德異의 말로 되어 있으나 『禪家龜鑑』 외의 다른 책에서는 몽산이 말했다는 근거를 찾아볼 수 없다. 『禪家龜鑑』(H7, 636c14), "몽산이 말했다. '참선하는 수행자가 어떤 말과 구절이 되었건 의심하지 않는다면 이는 가장 근본적인 병통이다.' 또 '크게 의심하면 반드시 크게 깨닫게 된다.'라고 하였다.(蒙山云, '參禪者, 不疑言句, 是爲大病.' 又云, '大疑之下, 必有大悟.')"

514 『天目明本雜錄』 권2 「示海東淵首座」(X70, 731c22), "예로부터 부처와 조사들 모두 이 의심으로 말미암으셨던 것이다. 의심이 그치지 않는다면 자연히 이리저리 마음으로 헤아리는 길 또한 끊어질 것이요, 망정은 소멸되고 지해 분별은 민절되며 주객을 구분하는 생각도 단절되어 모르는 새 홀연히 상응하리니, 바로 이때가 의정이 타파된 때이다. 옛사람 중에 화두를 궁구하고 공안을 참구하는 것을 저버린 예는 없다.(從上佛祖, 皆從此疑. 疑之不已, 自然心路絶, 情妄消, 知解泯, 能所忘, 不覺忽然相應, 便是疑情破底時節也. 在前古人也, 不曾去看話頭參公案.)"

515 주 441, 442, 443 참조.

516 건추犍槌를 잡거나~세우는 것(拈槌竪拂) : 스승이 제자를 지도할 때 흔히 쓰던 수단. 법문을 시작하기 전에 건추犍槌를 울려서 행사를 알리는 의식을 백추白椎라 하고 법문을 마치면서 행하는 의식은 결추結椎라 한다. 시작을 알리는 건추를 울리고 나서는

'법석에 앉은 대중이여, 마땅히 제일의를 관찰하시오.(法筵龍象衆, 當觀第一義.)'라 하며 마칠 때에는 '법왕의 법을 자세히 관찰하시오, 법왕의 법은 이와 같습니다.(諦觀法王法, 法王法如是.)'라고 하는데, 이는 『華嚴經』권4 「世主妙嚴品」(T10, 21b4), "그대는 마땅히 법왕을 관찰하라! 법왕의 법은 이와 같으니라. 색상(화신)이 끝이 없어서 세간 어디에나 두루 나타나노라.(汝應觀法王! 法王法如是. 色相無有邊, 普現於世間)"라는 구절에 근거한 말이다. 선사들은 건추를 울리거나 잡는 행위를 문답의 소재로 활용하기도 하는데 그 일례로 방거사와 단하 천연丹霞天然의 문답을 참조할 만하다. 『龐居士語錄』 권상(X69, 131c11~16) 참조. 불자를 세워 가르침을 전한 예로는, 육조 혜능慧能이 불자를 세우고서 '보이는가?'라고 물은 문답(『祖堂集』 권3 「慧能章」 K45, 249a17), 청원 행사靑原行思와 석두 희천石頭希遷의 문답에서 청원이 석두에게 '어디서 오는가?'라고 묻자 석두가 '조계에서 오는 길'이라 답함에 청원이 불자를 세우고서 '조계에도 이것이 있는가?'라고 한 문답(『景德傳燈錄』 권5 T51, 240b13~18), 백장 회해百丈懷海가 마조 도일馬祖道一을 다시 찾아가 서로 불자를 세워 보이면서 나눈 문답(『碧巖錄』 11則 T48, 151c2~8), 어떤 학인이 영운 지근靈雲志勤에게 '부처가 세상에 나타나지 않았을 때는 어떠하냐?'고 물었을 때도 '세상에 나타난 후에는 어떠하냐?'고 물었을 때도 모두 불자를 세워 보인 일화(『聯燈會要』 권10 X79, 91b18~19) 등이 대표적이다.

517 눈썹을 치켜세우거나~깜박이는 것(揚眉瞬目): 평상시에 언제 어디서나 일어나는 작용 또는 미세한 마음의 작용을 비유한다. 마조 도일이 양미순목의 방편을 써서 약산 유엄藥山惟儼을 깨달음에 이르게 한 공안이 유명하다. 이를 '마조양미순목馬祖揚眉瞬目·대적양미순목大寂揚眉瞬目'이라고 한다. 『馬祖廣錄』(X69, 5a24~b5) 참조.

518 주먹을 세우는 것: 귀종 지상歸宗智常이 '달마가 서쪽에서 온 뜻(祖師西來意)'에 대해 물어 온 이발李渤(?~831)에게 주먹을 들어 보인 귀종수기권두歸宗豎起拳頭 공안이 대표적이다. 『禪門拈頌說話』 261則(H5, 244a3), 『宗鑑法林』 권11(X66, 353a16~19) 참조.

519 『楞嚴經摸象記』(X12, 505a5), "이 율筆 자를 사람들이 흔히들 필연筆硯의 필로 쓰는데 잘못이다. 필筆은 대나무에서 만들어진 것이고 율筆은 풀에서 나온 것으로서 필筆의 음은 필畢이고 이 글자의 음은 위委이다. 율筆은 초목에서 꽃이 피어 나오는 풀대이다. 그러므로 '초목과 풀대와 같은 것'이라 한 말은 뜻이 대단히 분명하여 의심할 만한 점이 조금도 없다.(此筆字, 人多作筆硯之筆, 訛也. 筆從竹, 筆從草, 彼音畢, 此音委. 筆者, 草木華始生也. 故曰, '若草木及筆' 文義極明無可疑者.)"

520 주장자를 세우는 것: 이 예는 일일이 헤아릴 수 없을 만큼 많으나 일례만 들면 다음 상당 법문이 참조할 만하다. 『天聖廣燈錄』 권20 「東禪秀章」(X78, 527b4), "동선수東禪秀 선사가 법상에 올라앉아 주장자를 집어 들고 '미륵부처님께서는 선봉에 서고 석가모니부처님은 불전 뒤에 계시나, 두 부처님 모두 나의 주장자 끝에 있다. 여러분은 보았는가?'라고 하였다.(師上堂, 拈起拄杖云, '彌勒先鋒, 釋迦殿後, 總在祖峯拄杖頭上, 儞諸人, 還見麼?')"

521 『景德傳燈錄』 권11 「靈雲志勤傳」(T51, 285a23), 『聯燈會要』 권10(X79, 91a16) 참조.

522 『景德傳燈錄』 권7 「歸宗智常傳」(T51, 256a2), "다시 말했다. '가라! 여기에는 그대가 마음 쓸 여지가 없다.' '학인을 깨닫도록 할 방편이 어찌 없겠습니까!' '관음보살의 신

묘한 지혜의 힘이라야 세간의 고통을 구제하리라!' '관음보살의 신묘한 지혜의 힘이란 어떤 것입니까?' 귀종이 솥뚜껑을 세 번 두드린 뒤 '들리는가?'라고 묻자 '들립니다.'라고 함에 귀종은 '나는 어찌하여 들리지 않지?'라고 하였다. 이에 학인이 아무 말이 없자 귀종이 때려 쫓았다.(又云, '去! 無汝用心處.' 僧云, '豈無方便門令學人得入!' 師云, '觀音妙智力, 能救世間苦.' 僧云, '如何是觀音妙智力?' 師敲鼎蓋三下云, '子還聞否?' 僧云, '聞.' 師云, '我何不聞?' 僧無語. 師以棒趁下.)"

523 남양 혜충南陽慧忠 국사가 세 번 시자를 부르고 시자가 세 번 응답한 일화가 있다. 이로부터 선종에서는 시자를 가리켜 '삼응三應'이라 부르기도 한다. 『景德傳燈錄』권5 「南陽慧忠傳」(T51, 244a24~26) 참조.

524 설봉 의존雪峰義存의 법을 이은 경청 도부鏡淸道怤가 한 학인에게 '문 밖에서 무슨 소리가 나는가?'라고 물은 문답에서 비롯한 공안. 이를 '경청우적성鏡淸雨滴聲'이라 한다. 『碧巖錄』46則(T48, 182b19), "경청이 학인에게 물었다. '문 밖에서 무슨 소리가 나는가?' '빗방울 소리입니다.' '중생이 전도되어 자기를 잃어버리고 객관 경계를 좇는구나.' '화상께서는 무엇이라고 하시겠습니까?' '하마터면 나를 잃어버릴 뻔했다.' '하마터면 나를 잃어버릴 뻔했다는 말씀은 어떤 뜻입니까?' '속박된 몸에서 벗어나기는 그래도 쉽지만 드러난 현상 그대로를 말하기는 어렵다.'(鏡淸問僧, '門外是什麼聲?' 僧云, '雨滴聲.' 淸云, '衆生顚倒, 迷己逐物.' 僧云, '和尙作麼生?' 淸云, '洎不迷己.' 僧云, '洎不迷己意旨如何?' 淸云, '出身猶可易, 脫體道應難.')"

525 경청 도부가 현사 사비玄沙師備와의 문답에서 깨달음을 얻은 인연. 『景德傳燈錄』권18 「玄沙師備傳」(T51, 347a28~b1), 『玄沙語錄』권중(X73, 34c24~35a1) 참조.

526 주 464 참조.

527 주 451 참조.

528 『景德傳燈錄』권25 「天台德韶傳」(T51, 407b23), 『聯燈會要』권27(X79, 237c2) 참조.

529 宗寶本 『壇經』(T48, 360a13), 『景德傳燈錄』권5 「慧能傳」(T51, 236a21) 등 참조.

530 황벽 희운黃蘗希運 : 당나라 때 스님. 복건성福建省 복주福州 민현閩縣 출신. 백장 회해百丈懷海에게서 현지玄旨를 얻었다. 제자에 임제 의현臨濟義玄이 있다. 배휴裵休가 집록集錄한 법어집에 『傳心法要』가 있다. 시호는 단제선사斷際禪師이다.

531 『傳心法要』(T48, 380b1~4) 참조.

532 장졸張拙 : 오대五代 송초宋初 때의 거사居士. 선월대사禪月大師 덕은 관휴德隱貫休(832~912)의 지시를 받고 석상 경저石霜慶諸를 찾아가 깨달음을 얻었다고 한다.

533 『聯燈會要』권22 「秀才張公拙章」(X79, 190b14), "석상 경저가 물었다. '그대의 성은 무엇인가?' '성은 장씨이고 이름은 졸입니다.' '뛰어난 면모 찾다가 결국 찾지 못하더니 그 졸렬한 꼬라서니는 어디서 왔는가?' 공이 그 말을 듣자마자 깨우침이 있어 게송 한 수를 지었다. '광명이 고요하게 무수한 세계 두루 비추니, 범부와 성인과 모든 중생이 함께 내 가족이로다. 한 생각도 일어나지 않으면 전체 드러나지만, 육근이 조금이라도 움직이면 번뇌의 구름에 가려진다네. 번뇌 끊으려 하면 거듭 병이 늘어나고, 깨달음으로 나아가려 하면 이 또한 잘못이로다. 온갖 인연 그대로 따르고도 걸림이 없으면, 열반도 생사도 모두 허공에 핀 꽃과 같으리라.'(霜問, '秀才何姓?' 公云, '姓張名拙.' 霜云, '覓巧了不可得, 拙自何來?' 公言下有省, 乃述偈云, '光明寂照徧河沙, 凡聖含靈共我家. 一念不生全體現, 六根纔動被雲遮. 斷除煩惱重增病, 趣向眞如亦是邪. 隨

順世緣無罣礙, 涅槃生死是空華.)"
534 「흥성사 입원소설」 56번 시중 참조.

백운화상어록 하권
| 白雲和尚語錄 卷下 |

시자 석찬 기록 侍者 釋璨 錄

지정 신묘년(1351) 5월 17일에 백운 선사가 호주 하무산 천호암에 이르러 석옥 화상께 여쭌 문제

"화상께 여쭙니다. 어떤 학인이 제게 '육조 혜능이 〈바람이 움직이는 것도 아니고, 깃발이 움직이는 것도 아니다. 당신들의 마음이 움직이는 것이다.〉라고 한 뜻이 무엇입니까?' 하고 물었습니다. 이렇게 물었을 때 저는 참된 마음은 모든 곳에 두루 있다[1]고 알아 곧바로 '모든 상相이 전적으로 자기 마음'이라고 답했습니다. 이렇게 답해 준 이 뜻이 진실한지 진실하지 못한지 스승께서 자비로운 마음으로 의심을 풀어 주십시오." "참된 마음은 움직이지 않는다."

또 물었다. "경전에 '존재하는 상들은 모두 허망하니, 만약 모든 상相이 상이 아닌 줄 안다면 부처님의 뜻을 알 것이다',[2] '모든 현상(行)은 무상하니 일체가 공空인 이치가 여래의 대원각大圓覺이다',[3] '모든 현상은 무상하니, 생겨났다가는 없어지는 법이로다. 생겨났다가 소멸하는 법이 없어지고 나면, 고요함이 즐거움이리라',[4] '모든 법은 본래부터 항상 스스로 적멸한 모습일세.[5] 이 법이 법의 위치에 머무니 세간의 차별상도 변함없이 머문다',[6] '신구의 삼업 항상 청정하며, 모든 현상과 국토 또한 그러하다. 이와 같은 지혜 가진 이를 보현이라 하니, 나도 그와 더불어 모두 동등하기를 바라네.'[7]라 합니다. 이러한 구절에 의거해 마음을 비추어 관찰해 보건대, '모든 법이란 오로지 참된 마음이 드러난 것'일 뿐임을 깨닫고 나면 모든 것이 허깨비 같은 꿈이나 그림자와 같을 것입니다. 이 뜻이 진실합니까, 진실하지 못합니까? 스승께서는 멀리서 온 제자를 가엾이 생각하시어 마음의 의심을 풀어 주십시오." "상相에 집착하지 않는 것이 좋으리라."

또 물었다. "어떤 학인이 조주에게 '개에게도 불성이 있습니까?'라고 묻자 조주가 '없다'라고 하였는데, 모든 법이 법마다 각각 자성이 없이 오로지 하나의 성품이기 때문에 조주가 '없다'고 한 것입니까? 아니면 이 일(此

事)이 물속에 녹아 있는 짠맛이나 오색단청에 숨어 있는 아교 성분과 같아[8] 분명 있기는 있지만 그 형체는 보이지 않기 때문에 '없다'라고 한 것입니까? 아니면 조주가 '없다'라고 한 말은 유무의 무도 아니요 허무의 무도 아닌 바로 온전히 살아 있는 하나의 무라는 뜻이지 스승께서 의심을 풀어 주십시오." 스승은 말없이 있다 결단하고 게송을 주었다.

    8천여 리 되는 길을, 찾아와 존안을 뵈었네.
    근본 삼매를 빌려, 마음 지극히 편안해지기를.
    하늘의 달 오롯이 빛나니, 그 빛 만상의 밝음 삼키네.
    예나 지금이나 오로지 한 빛으로 빛나니, 밝고 묘하여 이름 붙일 수 없네.

至正辛卯五月十七日 師詣湖州霞霧山天湖庵 呈似石屋和尙語句

學人諮和尙, "有僧問我, '六祖云, 〈不是風動, 不是幡動. 仁者心動.〉義旨如何?' 恁麼問來時, 弟子卽知眞心徧一切處, 答直諸相全是自心. 便恁麼道, 此義眞耶非眞耶, 願師慈悲決疑." 師見云, "眞心不動." 又問, "經云, '凡所有相, 皆是虛妄, 若見諸相非相, 卽見如來.' 又云, '諸行無常一切空, 卽是如來大圓覺.' 又云, '諸行無常, 是生滅法. 生滅滅已, 寂滅爲樂.' 又云, '諸法從本來, 常自寂滅相. 是法住法位, 世間相常住.' 又云, '身口意業恒清淨, 諸行利土亦復然. 如是智慧號普賢, 願我與彼皆同等.' 據此等頌, 照心觀時, 了見諸法唯是眞心所現, 皆如幻夢影像. 此義眞耶非眞耶? 乞師愍念遠來, 決擇心疑." 師見云, "莫着相好." 又, "僧問趙州, '狗子還有佛性也無?' 州云, '無.' 者一切諸法, 各無自性, 唯是一性故, 州云無邪? 若是此事, 如水中鹽味, 色裏膠精, 決定是有, 不見其形, 故云無邪? 若然則趙州無字, 不是有無之無, 不是虛無之無, 正是一介活無字也, 願師決疑." 師默決呈偈曰,八千餘許里, 來爲謁尊顏.
願借本三昧, 令心究竟安.
獨耀天心月, 光吞萬相明.
古今唯一色, 淸白妙難名.

백운 선사가 계사년(1353) 정월 17일에 하무산 기행을 기록하고 암자의 몇몇 형제에게 보이다〔불각선사에 계시면서 쓰신 글이다.〕

이별한 이래 8천 리로 멀리 떨어져 이제 해도 바뀌어 새봄이 되었다. 지난해 임진년(1352) 정월 상순에 천호암에 계신 스승을 다시 찾아가 아침저녁으로 부지런히 마음속 의심을 여쭈어 풀었다.

음력 정월 12일[9]에 무심·무념의 참된 종지에 은밀히 계합하여 선상을 내려가 삼배하고 자리에 그대로 서 있자 스승께서 물으셨다. "그대 마음이 기쁜 듯한데 어떠한가?" 내가 바로 "대단히 기쁩니다."라고 하자 스승께서도 바로 다그쳐 물으셨다. "어떤 도리를 깨달았기에 그대 마음이 기쁜 것인가?" 내가 또 "어떻게 마음이 질로 기쁜 줄 알겠습니까!"라고 하자 스승께서 당부의 말씀을 하셨다. "내가 그대의 기쁨을 도와주리라. 그대 마음이 기쁘면 나 또한 기쁘고, 내가 또한 기쁘면 시방의 모든 불보살께서도 기뻐하고 기뻐하며 또 기뻐하시리라." 이와 같이 세 번 설해 주시고 세 번 거듭 찬탄의 말씀을 해 주심에 내 마음의 의심이 돌연 얼음이 녹듯이 풀리고 무심·무상의 참된 종지를 깊이 믿게 되어 이틀 밤을 더 머무르며 진실하고 간절하게 마음을 터놓고 말씀을 나누었다.

음력 정월 대보름날에 존안을 눈물로 이별하고 나서 절에서 내려와 배를 탔는데 순풍을 만나 사흘 만에 일찌감치 휴휴선암休休禪菴에 이르렀다. 이때에 홍건적이 도처에서 마구 소란을 피워 뱃길도 육로도 모두 막히고 거취가 어려워져 배회하였다. 1월 동안 휴휴선암에서 객식구로 지내다가 2월 그믐날에 대창大倉에서 배를 타고 3월 보름에 바다를 건너 3월 스무이틀날(念二) 뭍에 올라 본국으로 들어왔다. 4월 8일에 성문을 나와 성 남쪽 문 밖으로 30여 리쯤 가니 '성각性覺'이라는 한 정사精舍가 있었다. 스승을 찾아다니며 법을 묻기도 지쳐 이 절에 머무르며 주장자도 꺾어 버리고 봇짐(袱子)¹⁰도 내려놓았다. 아침 점심으로 죽반을 먹으며 참선하고 염송하며 크고 작은 일을 대중을 따라 하며, 대중 속에 몸을 숨기고 마음의 자취를 드러내지 않으며, 행동거지에 조금의 어지러운 짓도 일으키지 않고 말을 함에는 사람들을 놀라게 할 만한 말을 하지 않았다. 하루 어느 시각에나 사위의四威儀 안에서 무심과 무위를 조금의 끊어짐도 없이 빈틈없이 들고서 수행하고 또 수행하였다.

계사년(1353) 정월 17일 낮에 좌선하고 있으려니 자연스럽게 영가 현각 永嘉玄覺 대사의 『증도가』 가운데 "망상을 쓸어 없애지도 않고 진리를 구하지도 않노니, 무명의 진실한 성품 그대로 불성이요, 허깨비같이 허망한 육신 그대로가 법신이로다."¹¹라는 구절이 떠올랐다. 생각이 여기에 미쳐 그 말을 깊이 음미하니 홀연 바로 무심하게 되어 일념도 일어나지 않고 앞과 뒤의 경계도 끊어져¹² 무엇에도 전혀 의지할 것 없이 깊고 고요한 경지에 이르렀다. 문득 삼천대천세계가 온통 하나로 밝게 드러나니 바로 그 온전한 자기의 심신이 하나로서 몸 밖에 별도의 아무것도 없이¹³ 산하와 대지, 명·암, 색·공, 범·성 그리고 심·신의 구별이 깨끗이 사라져 저절로 온통 평등해졌다. 평등하고 원만하게 밝으면서 모두 뒤섞여 있어 마음을 애써 쓰는 일 없어도 온전한 본체가 고스란히 드러나 꼭대기부터 밑바닥까지 꿰뚫고 고금을 모두 넘어섰다. 본래 움직인 것도 없으며 지금에야 비로소 고요해진 것도 없으니, 평등하고 또 평등하여 처음부터 본래 다르지 않았다.¹⁴

이 일(此事)은 말이나 구절에 달려 있는 것도 아니고 대상과 주관 모두에서 멀리 벗어나 안팎에도 있지 않고 중간에도 있지 않으니, 참되고 변함없는 실상이 몸통째 남김없이 드러나 고요하고 흔들림 없지만 미묘한 작용은 갠지스강의 모래와 같이 무수함을 깊이 믿게 되었다. 또한 스승의 은혜가 부모의 은혜보다 더하니 산악처럼 무겁고 바다처럼 깊음을 알게 되었다. 그때에 만약 내게 '무념無念'이라는 참된 종지를 가르쳐 주시지 않았다면, 어찌 오늘 이렇게 크게 해탈할 수 있었으랴!

'무심無心'이라는 한 구절은 그 모든 것의 궁극이니,[15] 스승과 제자 간의 인연을 결코 등한히 해서는 안 되리라. 어찌하면 우러러 그 큰 은혜에 보답할 수 있을 것인가? 뼈가 가루가 되고 몸이 부서지도록 있는 힘을 다한다 해도 은혜를 갚을 수 없으리라. 내 이미 이와 같이 이 무심의 이치를 통달하고 또한 이처럼 체달하였으니, 아직 깨닫지 못한 이들에게 전해 주고 권면하여 그들이 나와 같이 증득하게 되기를 바란다. 여러 형제들이여, 조금 전에 이와 같이 도를 깨달아 들어간 인연을 설하였는데, 그 뜻을 잘 알겠는가? '이 깊은 마음으로 티끌처럼 무수한 불국토를 받드니, 그것을 가리켜 부처님 은혜에 보답한다고 한다.'[16]

師於癸巳正月十七日 記霞霧山行 示同菴二三兄弟【在佛覺禪寺述】

自從別來, 路隔八千, 星霜已換, 又一年春. 去年壬辰正月上旬, 再造天湖師傅身邊, 勤意旦夕, 諮決心疑. 上元前三十有三日, 密契無心無念眞宗, 下床三拜, 依位而立, 師卽問曰, "汝心如何莫有喜否?" 我卽答曰, "心大歡喜." 師卽徵問, "得何道理, 汝心歡喜?" 我又答曰, "知他如何心自歡喜!" 師卽囑曰, "吾助汝喜. 汝心歡喜, 吾亦歡喜, 吾亦歡喜, 十方諸佛菩薩, 歡喜歡喜歡喜." 如是三說三復嗟歎, 卽我心疑, 頓然氷釋, 深信無心無上眞宗, 更留二宿, 欵欵論心. 上元燈夕, 泣別尊顔, 下山上舩, 來得順風, 三日早到休休禪菴. 時有紅頭, 隨處橫閙, 水旱路塞, 去住難便徘徊. 一月, 客食休休, 二月月盡, 發船大倉, 三月月半, 渡海而來, 三月念二, 上岸入國. 四月八日, 又出城門, 城南門外三十許里, 有一精舍, 名曰性覺. 倦於叅問, 寓居此寺, 拗折拄杖, 放下複子. 粥飯禪誦, 精麤隨衆, 潛藏衆底, 不露心跡, 行不動塵, 語不驚人. 二六時中, 四威儀內, 無心無爲, 綿綿密密, 養去養來. 至於癸巳正月十七日午, 端坐自然思念永嘉大師證道歌中, "不除妄想不求眞, 無明實性卽佛性, 幻化空身卽法身." 念到這裏, 深味其言, 忽正無心,不生一念, 前後際斷, 了無依倚, 到冥然地. 驀爾明見三千世界, 都盧是箇, 一箇自己, 身心一如, 身外無餘, 山河大地, 明暗色空凡聖, 身心泯然, 自盡平等. 平等圓明混成, 無心力用, 全體現成, 透頂透底, 超今邁古. 本無所動, 今無始寂, 平等平等, 無始本異. 深信此事, 不在言句, 迥脫塵根, 不在內外, 不在中間, 體露眞常, 湛然凝寂, 妙用恒沙. 又信師恩過於父母, 重如山岳, 深如大海. 當時若不誨示於我, 無念眞宗, 何有今日大解脫事! 無心一句, 迥超百億, 師資緣會, 決不等閑. 何以仰報莫大之恩? 粉骨碎身, 未足爲酬. 我旣如是, 達此無心, 亦能如是, 轉勸未悟, 願令未悟, 亦如我證. 諸兄弟, 適來恁麼說入道因緣, 還委悉麼? 將此深心奉塵刹, 是卽名爲報佛恩.

지정 갑오년(1354) 6월 초나흗날에 법안 선인[17]이 강남 호주 하무산의 천호암에서 석옥 화상의 사세송을 모셔 왔다. 14일에 백운 선사가 해주 안국사에서 재를 베풀고 설하셨다

사세송辭世頌은 이러하다.

> 백운을 사고 맑은 바람은 팔았더니,
> 가산은 온통 흩어져 뼈가 시리도록 가난하구나.
> 한 칸의 띠풀 집은 남겨 두었으니,
> 떠나려는 이 순간 병정동자에게 전해 주노라.[18]

선사께서 향을 사르고 말씀하셨다. "오늘 우리 스승의 재를 베풀었노라. 대중이여, 스승께서 오셨는가? 말해 보라! 오셨는지 오지 않으셨는지를 무엇으로 증험할 수 있을까?" 곧 다시 "백운을 샀으니 비를 몰고 이르실 것이며, 맑은 바람을 팔았으니 얼굴에 불어오시리니, 대중이여 이로써 증험을 삼으라." 하시고 결정지어 말씀하셨다. "길을 열어라, 길을 열어라, 우리 스승께서 오셨다." 이와 같이 축향[19]하니 그 즉시로 비가 물동이를 기울인 듯이 내리더니 이튿날 오후에야 그쳤다. 올해는 봄부터 7월에 이르도록 크게 가물었는데, 이 비로 풍년이 들었다.

선사께서 사세송의 핵심을 짚어 말씀하셨다. "스승께서는 평소 꼿꼿하신 성품에 안목은 사해를 내려다볼 만큼 높고 기개는 제방을 압도하셨다. 40여 년간 산림에 자취를 감추고 그림자조차 산문 밖을 나가지 않게 하며 확고하고 빈틈없이 수행하며 일찍이 다른 사람들과 모여 지내며 일언반구도 한 적이 없으신데, 어째서 입멸에 즈음하여 한바탕 어리석은 말씀을 하신 것일까? 그러하다고는 하지만 이 결정적 소식은 선사께서 임종 시

에 요충이 되는 통로를 단단히 지키고[20] 활구活句를 온전히 있는 그대로 다 제시해 보이신 것이다. 대중이여, 절박한 마음으로 핵심을 참구해야 할 것이다. 말해 보라! 어떤 것이 궁극적인 한 구절인가?" 결정지어 말했다. "바람이 불어도 들어가지 못하고 물로 씻어도 젖지 않는다.[21] 천지를 환히 비추고 고금의 진실을 밝혀 드러내도다. 깨끗한 벌거숭이요 한 점의 때도 없는 알몸 그대로 드러났지만 붙잡을 방법은 전혀 없다."

예를 행하는 법식을 마친 뒤에 축언 회향하며 말씀하셨다. "궁극적인 한 구절은 말로 표현하기 이전에 벌거벗은 알몸을 모조리 드러내었으니, 하늘을 덮고 땅을 덮으며 색과 소리를 마음대로 부린다. 황면노자께서는 이 결정적인 하나의 소식을 얻고서 '도솔천을 떠나기도 전에 이미 왕궁에 강림하였고, 모태에서 태어나기도 전에 중생제도를 벌써 마쳤다.'라고 하셨다. 또한 예로부터 모든 성현이 이 결정적인 하나의 소식을 얻고서 왕궁에 강림하여, 모태에 머물다 모태에서 나오시어 출가하여 성도하고 마구니를 항복시키고 법륜을 굴리신 후에 열반에 드시는 것[22]을 차례대로 나타내 보여 주신 것이다. 대중이여, 예로부터 모든 성현이 이와 같은 법[23]을 깨닫고 이와 같이 나타내 보이셨다. 나 또한 오늘 이와 같이 법을 설한 것은 다만 이와 같은 법으로써 돌아가신 석옥 노화상을 받들고, 열반에 드신 길을 장엄하기 위해서이다. 엎드려 바라건대, 선사께서는 자성만을 고수하지 마시고 시방의 무수히 많은 국토에서 색신삼매色身三昧를 두루 나타내시어 예로부터의 다른 모든 성현들과 함께 부사의해탈不思議解脫 경계에 드소서. 그리운 마음이 이와 같습니다."

갑오년(1354) 6월 초나흗날, 법안法眼 선인이 하무산에서 배를 타고 바다를 건너와 (석옥 화상의) 편지 한 통을 제자인 나[24]에게 건네주었다. 내가 무릎을 꿇고 받아서 자세히 펼쳐 보니, 나의 스승이신 하무산 천호암의 석옥 노화상께서 열반에 들기 전에 세상과 작별하며 지은 게송(辭世頌)이었다. 그 게송은 다음과 같다.

백운을 사고 맑은 바람은 팔았더니,

가산은 온통 흩어져 뼈가 시리도록 가난하구나.

한 칸의 띠풀집은 남겨 두었으니,

떠나려는 이 순간 병정동자에게 전해 주노라.[25]

    내가 두 번 세 번 거듭 읽으며 그 뜻을 자세히 궁구해 보니, 이는 선사께서 세상과의 인연이 이미 다함에 교화를 거두고 입적 즈음하여 한평생 쌓아 두었던 맑은 바람[26]을 나에게 법게法偈로 전하여 주신 것이라. 아, 하늘이 나를 돕지 않으시는구나! 법의 깃발은 꺾이고 법의 대들보는 부러졌으며, 법의 바다는 마르고 법의 등불은 꺼졌다. 이렇기는 하지만, 대중이여! 이것은 선사께서 마지막으로 친밀하게 전하신 소식이다. 여러분, 정신을 바짝 차려라, 정신을 바짝 차려라! 대중이 특별히 도모할 일이란 없다. 나도 본래 구하고자 하는 마음은 없었으나,[27] 가섭으로부터 점차적으로 이어져 내려온 황면노자의 정법안장[28]과 최상의 법보가 오늘 자연스럽게 나에게 이르렀다.

    그러나 나는 제자로서 자못 그것을 감당할 수 없을 것 같다. 왜 그런가? 달마대사로부터 대대로 이어지다가 분양 선사에게까지 전수되었는데, 분양은 세 종류의 사자를 비유로 든 구절을 다음처럼 제시했다.[29] "첫째는 종지도 넘어서는 남달리 뛰어난 눈을 가진 사자이고, 둘째는 눈썹을 나란히 하고 같은 길을 밟아 가는 사자이며, 셋째는 그림자나 메아리와 같이 남을 모방만 할 뿐 진실하지 못한 사자이다.[30] 종지도 넘어서는 남달리 뛰어난 눈을 가진 학인의 경우, 그 견해가 스승을 뛰어넘으니 종지를 전수받을 자격이 있으며,[31] 이 자가 바로 종초種草[32]이다. 눈썹을 나란히 하고 같은 길을 밟아 가는 학인의 경우에는 그 견해가 스승의 수준과 같아서 스승의 덕을 반으로 깎아 먹으니, 전수받을 자격이 없다." 분양 화상은 본래 순수하고 바르며 큰 역량을 지니고 있어서 옛사람들도 "이와 같다."라고 그 말에 동감했던 것이다. 하물며 말법의 오탁악세五濁惡世[33]에 열등한 근기와 얄팍한 지혜로 그림자나 메아리처럼 남들을 그대로 따르기나 하는 진실하지 못한 학인들로서 허세를 부리는 여우 도깨비 같은 무리들[34]이야 언급할 가치가 있겠는가! 나처럼 지혜롭지 못한 자가 또한 어찌 최상의 법왕이 전하는 최상의 법보法寶를 전수받을 자격이 있겠는가! 내가 쌓은 덕과 행위를 헤아려 보면 보여 줄 만한 덕도 없고 훌륭한 행위도 없다. 행위는 행위를 억지로 꾸미지 않는 행위여야 하고, 마음은 마음에 집착이 없는 마음이어야 하며, 상념은 상념을 조작하지 않는 상념이어야 하고, 말은 말에 걸리지 않는 말이어야 하며, 수행은 수행에 얽매이지 않는 수행이 되어야 하거늘, 내가 어찌 최상의 법보를 전수받을 자격이 되겠는가! 법보의 은혜를 전수받기를 바라는 것은 그래도 내가 받아들일 수 있는 일이지만, 법왕의 진실한 아들로서 인가받는 것은 옳지 않다.[35]

그러나 옛사람은 "그가 장부라면 나 또한 그렇거늘 어찌 스스로 경멸하며 비굴하게 물러날 것인가!"[36]라 하였고, 또한 부처님께서는 "나의 이 법은 상념을 조작하지 않는 상념을 하고, 행위를 억지로 꾸미지 않는 행위를 하며, 말에 걸리지 않는 말을 하고, 수행에 얽매이지 않는 수행을 하는 것이다."[37]라고 하였다. 이와 같은 사람이라야 부처의 종자가 될 자격이 있으니, 스스로 경멸하거나 스스로 속이지 않아야 법을 전수받을 만하다. 그러나 법은 본래 형체가 없고 마음도 본래 흔적이 없으니, 무엇을 전하고 무엇을 받을 것이며, 무엇을 사고 무엇을 팔 것인가? 하하! 깨끗한 벌거숭이요 한 점의 때도 없는 알몸 그대로 드러났지만 붙잡을 방법은 전혀 없다.[38] 비록 이렇다고는 하지만 표현할 수 있는 법도 없고 전할 수 있는 마음도 없다고 말하지 마라. 표현할 수 있는 법이 없다는 말이 바로 법에 대해 설명한 것이며, 전할 수도 없고 받을 수도 없는 그대로가 친밀하게 전하고 친밀하게 받은 것이다. 전할 수도 없고 말로 표현할 수도 없다(無傳無說)는 뜻을 모르는가? 화창한 봄빛이요, 물에 비친 달그림자로다.

현재 이곳과 인도에 찬란하게 꽃 한 송이에 다섯 잎이 열렸다.[39] 게송으로
전한다.

> 세존께서 꽃을 집어 상근기에게 보이시자,
> 금색두타[40]가 활짝 웃어 응답했고,
> 달마는 면벽한 채 영리한 근기를 대했으니,
> 팔을 자른 신광[41]이 눈 속에 서 있었다네.
> 세존과 달마는 말에 집착하지 않고 말했고,
> 가섭과 신광은 들음에 집착하지 않고 들었다.
> 여기서 일물[42]은 아주 분명히 드러나,
> 이와 같이 하늘과 함께하고 땅과 함께한다.
> 하늘이나 땅과 함께하는 형상은 어떤 것인가?
> 어떤 형상이 되었건 일물이 아닌 것은 없다.
> 가지도 않고 오지도 않아 어떤 장애도 없으며,
> 이름도 없고 모양도 없어 일체가 끊어졌다.
> 위음왕불 이전의 시기[43]로 홀로(孤) 넘어서고,
> 공겁空劫 이후의 경계를 홀로(獨) 거닌다.
> 이것을 정법안장·열반묘심이라 하고,
> 또한 본지풍광[44]·본래면목이라고도 한다.
> 이것이 모든 부처님의 아뇩보리[45]이고,
> 이것이 모든 부처님과 조사가 대대로 전한 마음의 등불이다.
> 그러므로 이곳과 인도에,
> 지금 꽃 한 송이에 다섯 잎이 핀 것이다.
> 나의 스승은 먼저 급암 조사[46]를 친견하고,
> 이 삼매와 하나로 들어맞아, 전수되어 온 등불을 받은 다음,
> 신중하고 치밀하게 실천하여 헤아릴 수 없는 경지로 넘어섰으나,

세상에 드러내지 않고 산림에 묻혀서 40년간 살았고,
한마디도 남에게 그 경지를 전하여 알린 적이 없었기에,
아무도 분명히 가려내지 못했다.
나는 임진년(1352) 정월 봄에,
몸소 조실에 들어가 그 지도를 받아 익히고 단련한 끝에,
음력 정월 12일에,
무심이라는 최상의 종지와 빈틈없이 일치했다.[47]
부처를 불리고 조사를 담금질하는 거대한 화로[48]와,
범부를 성인으로 단련하는 지독한 집게와 망치로써,
억겁 동안 쌓았던 나의 전도된 망상을 태우고,
승기[49]의 수행도 거치지 않고 법신을 얻었다.
나도 이제 전법게[50]를 받았으니,
깨닫지 못한 자들에게 가르침을 주어 나와 같이 증득하게 하리라.
깊이 깨달은 이 마음으로 티끌같이 무수한 국토를 받든다면,
이것을 부처님 은혜에 보답하는 것이라 한다.[51]
원하건대 부처님과 조사의 큰 자비심으로,
또다시 미세하게 남은 번뇌를 온전히 제거하시어,
제가 조속히 위없는 깨달음의 경지에 올라,
시방세계에서 도량에 앉도록 해 주시기 바라나이다.
허공의 신[52]은 소멸할지라도,
정혜定慧의 원만하고 밝은 본질은 결코 사라지지 않으리라.

至正甲午六月初四日 禪人法眼 自江南湖州霞霧山天湖庵 石屋和尚辭世
陪來 十四日 師於海州安國寺設齋小說
辭世頌曰,
白雲買了賣淸風, 散盡家私澈骨窮.

留得一間茅草屋, 臨行付與丙丁童.

師拈香云, "今日設我師齋. 大衆, 我師還來否? 且道! 來不來, 以何爲驗?" 便云, "買了白雲拖雨至, 賣了淸風拂面來, 大衆, 以此爲驗." 決云, "開却路, 開却路, 我師來也." 如是祝香, 卽時雨似盆傾, 至翌日午後雨止. 其年自春至夏半, 大旱, 因此雨, 禾穀大登.

師拈辭世頌云, "者介尊慈, 平昔强項, 眼高四海, 氣壓諸方. 四十餘年, 晦跡山林, 影不出山, 穩密履踐, 未嘗有一言半句, 與人湊泊, 爲什麽臨滅之際, 一場瞞盱?[1] 然雖如是, 這箇消息, 先師末後, 把斷要津, 全提活句. 大衆, 急須著眼. 且道! 作麽生是末後一句?" 決云, "風吹不入, 水洒不着. 輝天鑑地, 耀古騰今. 淨裸裸, 赤洒洒, 沒可把." 作法後, 祝言回向云, "末後一句子, 聲前露裸裸, 盖天盖地, 盖色騎聲. 黃面老子, 得這一着子, 道'未離兜率, 已降王宮, 未出母胎, 度人已畢.' 抑亦從上諸聖, 得這一着子, 次第示現, 降王宮, 住胎出胎, 出家成道, 降魔軍, 轉法輪, 入涅槃. 大衆, 從上諸聖, 得如是法, 示現如是. 我今亦說如是法, 只將如是法, 奉爲先師石屋老和尙, 用莊嚴覺路. 伏願先師, 不守自性, 於十方塵塵刹刹, 普現色身三昧, 與他從上諸聖, 入不思議解脫境界. 爲如上緣念."

甲午六月初四日, 禪人法眼, 自霞霧山, 航海而來, 授以一通書予小師. 白雲跪而受, 披而覽, 乃吾師霞霧山天湖庵石屋老和尙, 臨入涅槃辭世頌也. 頌曰,

白雲買了賣淸風, 散盡家私澈骨窮.

留得一間茅草屋, 臨行付與丙丁童.

予小師, 再三披閱, 審詳其義, 乃先師世緣旣畢, 收化歸寂之際, 平生所蘊之淸風, 傳付於我之法偈也. 噫, 天不祐我! 法幢摧法樑折, 法海枯法燈滅. 然雖如是, 大衆! 此是先師末後密付底消息. 諸仁者, 快着精彩, 快着精彩! 大衆不圖. 我本無心, 有所希求, 自迦葉轉轉相承底, 黃面老子, 正法眼藏, 無上法寶, 今日自然而至於我. 余小師, 良難當克. 何也? 自達磨遞代相承,

傳至汾陽, 汾陽示有三種師子句云, "一超宗異目底師子, 二齊肩2)並3)蹋底師子, 三影響不眞底師子. 若超宗異目者, 智過於師, 方堪傳授, 正爲種草也. 若齊肩並蹋者, 智與師齊, 減師半德, 不堪傳授." 汾陽和尙, 本自純正, 有大力量, 古人尙曰, "如是." 況末法五濁惡世, 劣機淺智, 如影響不眞底, 狐魅勢類! 如我無智者, 豈堪傳授, 豈堪傳授,4) 無上法王, 無上法寶也! 忖我德行, 無德可覽, 無行可觀. 行是無行行, 心是無心心, 念是無念念, 言是無言言, 修是無修修, 豈堪傳授無上法寶也! 叨沐猶吾之納, 謬當眞子之職.5) 然古人云, "彼旣丈夫我亦爾, 何得自謾6)而退屈!" 又佛云, "我此法者, 念無念念, 行無行行, 言無言言, 修無修修." 如是之人, 堪爲佛種, 則不可以自輕自謾, 乃可受法也. 然法本無形, 心本無跡, 且傳箇什麽, 得箇甚麽, 買箇什麽, 賣介什麽? 阿呵呵! 淨裸裸, 赤洒洒, 沒可把. 然雖如是, 且莫道, 無法可說, 無心可傳. 無法可說, 是名說法, 無傳無得, 親傳親得. 不見無傳無說? 春容水月. 至今此土與西天, 粲然一花開五葉. 偈曰,

世尊拈花示上機, 金色頭陁破顔笑,

達磨壁面接利根, 斷臂神光雪中立.

世尊達磨不說說, 迦葉神光不聞聞.

於焉一物大分明, 如是同天亦同地.

同天同地作麽形? 作麽形兮無不是.

無去無來無障㝵, 無名無相絶一切.

孤超威音之前, 獨步劫空之後.

是稱正法眼藏涅槃妙心, 亦謂之本地風光本來面目.

是諸佛阿耨菩提, 是諸佛祖轉轉心燈.

是故此土與西天, 至今一花開五葉.

我師首謁及菴祖, 契此三昧受傳燈,

穩密履踐超過量, 晦跡山林四十年,

未曾一言及人知, 是故無人明辨出.

我於壬辰正月春, 躬造室中受熏煉,
上元前三十三日, 密契無心無上宗.
烹佛烹祖大爐鞴, 煅凡煅聖惡鉗鎚,
燒我億劫顚倒想, 不歷僧祇獲法身.
我今亦受傳法偈, 轉敎未悟如我證.
將此深心奉塵刹, 是則名爲報佛恩.
惟願佛祖大慈悲, 希更甚除微細惑,
令我早登無上覺, 於十方界坐道場.
舜若多神可消亡, 定慧圓明終不失.

---

1) ㉠ '瞞旰'은 '顢頇'과 같다. 2) ㉠ '齊肩'이 다른 문헌에는 '齊眉'로 되어 있다. 앞의 것은 어깨를 나란히 한다는 말이며, 뒤의 것은 눈썹을 나란히 한다는 말로 부부가 서로 평등하게 공경하거나 늙을 때까지 함께 살아간다는 뜻이다. 스승과 제자의 경지가 비슷한 수준에 이르렀다는 뜻을 비유한다는 점에서 차이가 없다. 3) ㉠ '丷'은 '共'과 같다. 4) ㉠ '豈堪傳授'라는 구절은 연문衍文으로 보인다. 5) ㉠ '職'은 '印'의 잘못된 표기이다. 『圓覺經略疏』「序文」(T39, 524b26) 참조. 6) ㉠ '謾'은 '輕'의 오기이다.

신묘년(1351)에 지공 화상에게 올린 송

희유하고 희유하니, 부처님께서 세상에 출현하심은 우담화優曇花가 3천 년에 한 번 피어나는 것과 같네.[53] 이제 말세의 운에 맞닥뜨리니 오탁악세에 성현은 자취를 감추고 삿된 법만 치성하게 늘어나고 말았네. 희유하고 희유하며, 대단히 희유하여라. 서천의 스승이시여, 이 어찌 복이 많으신 분이 아닌가. 지공 화상은 중천축中天竺에서 태어나 석가족의 왕궁에서 여덟 살에 출가하셨네. 번뇌의 굴레에서 벗어나 발걸음을 옮겨 세간을 넘어서고[54] 불법의 근본에 마음을 떨쳐 일으켜 역량을 넓고 크게 기르며 수행에 용맹 정진하더니 곧장 남쪽으로 가 길상산吉祥山에서 먼저 보명普明을 배알하고는 한마디 말씀에 단박에 현묘한 뜻을 깨달아 불과佛果의 덕에 계합하시니 조금의 어긋남도 없으셨네.

좌갈라파제 삼과법문[55]을 얻고 이 법 가운데서 삼현과 십지,[56] 등각과 묘각[57] 등 모든 지위의 법문法門을 하나하나 구족하시니, 한 번 깨달음에 영원히 깨달아 다시 깨달을 일이 없으셨네.[58] 적寂과 지知를 자유자재하게 운용하며 원래 스스로 무심하니, 망상의 대상을 잊는 힘으로 더 이상 대응하여 끊어 버릴 것도 없으셨네.[59] 돈오돈수하여 행行과 해解가 상응하니[60] 꼭대기부터 밑바닥까지 꿰뚫고 고금을 모두 넘어서셨노라. 널리 관찰하는 눈(普眼)을 활짝 열어 대단히 자비로운 그 눈으로 중생이 본래 청정함을 두루 보시고, 큰 지혜의 눈으로 모든 법이 본래 청정함을 두루 보고 조사의 심인心印을 높이 드셨네. 커다란 화로를 열어 부처도 조사도 담금질하며 지독한 집게와 망치를 들고 범부도 성인도 단련하셨네.

오랜 세월 쌓은 원력에 의지해 큰 자비심을 일으키고 슬하의 외자식을 생각하는 마음으로 어떤 조건도 없는 자비심을 일으키셨네. 이 중국 땅에 인연을 두고 있는 중생이 대승의 근성根性을 가지고 있음을 보시고, 10만 8천여 리를 떠나 위험을 돌아보지 않고 특별히 서쪽에서 오셨네. 구름 뚫고 산봉우리 넘으며, 산을 헤치고 물을 건너며, 바람 맞고 이슬에 자면서도 험준한 관문과 산악을 꺼리지 않고 갖은 고생을 달게 여기며 처음에는 운남雲南에, 다음에는 대원大元에, 마지막에는 고려高麗에 이르셨네. 명산을 두루 돌아다니며 근기를 관찰하여 가르침을 베풀고[61] 법을 설하여 중생을 이롭게 하고 다시 대원으로 돌아가 묘총통妙總統과 함께 근 10년을 각고의 노력을 하며 애쓰셨네. 또 10여 년 동안 문을 닫아걸고 침묵하며 기미를 관찰하고 법을 살피셨으나 그 적합한 사람을 반 사람도 얻지 못함에 오래도록 침묵 좌선하며[62] 엄정한 법령을 남김없이 들어 보이니, 그 기세 하늘을 찌를 듯하셨도다.

　무슨 행운이 이른 까닭인지 나는 본래 구하고자 하는 마음이 없었는데,[63] 법왕과 법보라는 최상의 법을 곡진히 설해 내게 전해 주셨네. 그러나 이 제자의 근기 비천하고 졸렬하며 시혜 또한 없어 감당할 만하지 못하니, 참으로 부끄럽고 또 부끄러울 뿐입니다. 귀중한 가르침을 주신 은혜 이기지 못하여 향 사르며 백배를 올립니다. 제자로서 스승을 옆에서 모시기[64]를 원하옵니다. 원컨대 자비를 베푸시어 천안으로 멀리 관찰하시어 지극한 정성을 받아 주십시오. 이 서원誓願을 이루어 주소서, 이 서원을 이루어 주소서. 화상께서 곡진히 설해 주신 법과 세 차례의 큰 법을 들었기에 다시 칠구의 게송을 지어 올립니다.

　　바로 이 평상심이 부처이니,
　　시방세계에서 가장 신령하도다.
　　세간의 모든 것이 다 허망일 뿐이니,
　　무엇이건 마음 진실함보다 못하네.
　　삼세간의 법이 모두 허망하니,
　　단지 가명일 뿐이요 실체란 없네.
　　실체 없음 깨닫고 나면 생멸도 사라지리니,

생멸 자체도 사라지고 나면 적멸의 기쁨 느끼리.[65]
동방에서 교화한 지 서른두 해인데,
달마가 서쪽에서 오신 뜻 누구에게 전하리오!
제자로서 곁에서 모시기 원하오니,
혜안으로 그 마음 헤아려 살피소서.
10만 8천여 리 머나먼 길을,
갖은 고생 감수하며 무슨 일로 오셨는가.
법을 전해 미혹한 중생 구제하기 위함일 뿐이니,[66]
박복한 중생들이여 참으로 가엾어라.
예로부터의 모든 부처와 조사들 보건대,
실제로 한 법도 전하신 적 없어라.
법을 전하여 미혹한 중생 구제하고자 한다 하나,
남을 속였을 뿐 아니라 자신도 속았다네.
한 성품 원만히 밝아 허공에 충만하니,
천차만별의 본체는 다르지 않다네.
사람마다 모두 갖추고 있으니,
장차 어떤 법을 누구에게 부촉하려 하는가.
마음 그대로가 부처요 부처 그대로가 마음이니,
부처를 가지고 다시 부처를 구할 필요 없다네.
달마가 서쪽에서 오신 뜻을 알고자 하는가,
구구는 원래 팔십일이라네.[67]

辛卯年上指空和尙頌

希有希有, 佛出於世, 如優曇花, 時一現爾. 今當末運, 五濁惡時, 賢聖隱伏, 邪法增熾. 希有希有, 甚爲希有. 西天師傳, 者那福多. 指空和尙, 出自中天, 釋種王宮, 八歲出家. 脫煩惱索, 發足超方, 奮發根本, 廣大力量, 勇猛操修, 直往南方, 吉祥山中, 首謁普明, 一言之下, 頓悟玄旨, 契佛果德, 分毫不謬. 得左羯羅波帝三科法門, 於此法中, 三賢十地, 等妙二覺, 諸位法門, 一一具足, 一悟永悟, 更不復悟. 任運寂知, 元自無心, 更無對治, 忘緣之力. 頓悟頓修, 行解相應, 透頂透底, 超今邁古. 豁開普眼, 大悲普眼, 普見衆生, 本來淸淨, 大智普眼, 普見諸法, 本來淸淨, 高提祖印. 啓大爐鞴, 烹佛烹祖, 提惡鉗鎚, 煆凡煆聖. 乘宿願力, 與大悲心, 生一子想, 起無緣慈. 觀此震旦, 有緣衆生, 大乘根性, 發足十萬八千餘里, 不顧危亡, 特特西來. 穿雲渡嶺, 撥山涉水, 風飡露宿, 不憚關山, 喫盡艱辛, 初到雲南, 次到大元, 終到高麗. 遍歷名山, 觀根逗教, 說法利生, 還歸大元, 與妙總統, 僅一十年, 鬪諍勞苦. 又十餘年, 掩關杜詞, 觀機審法, 未得其人, 一箇半箇, 久默冷坐, 全提正令, 鼻孔遼天. 何幸所致, 我本無心, 有所希求, 法主[1]法寶, 無上法伊, 曲說授我. 而我弟子, 根機微劣, 智慧鮮少, 不能荷擔, 誠心慚愧, 誠心慚愧. 不勝忭感, 焚香百拜. 願爲弟子, 執侍巾瓶. 惟願慈悲, 天眼遙觀, 下應虔誠. 滿我願心, 滿我願心. 聞和尙曲說法伊及三去大法, 故復作七偈呈似.

只這平常心是佛, 十方世界最靈物.
世間所有皆虛妄, 一切不如心眞實.
三世間法皆虛妄, 但有假名無實體.
了斯無體生滅滅, 生滅滅已寂滅樂.
敎化東方卅二年, 西來祖意有誰傳!
願爲弟子叅執侍, 慧眼他心鑑下情.
十萬八千餘許里, 喫盡艱辛底事來.
只爲傳法救迷情, 衆生薄福甚可哀.
看他從上諸佛祖, 實無一法與人傳.
若欲傳法救迷情, 非但謾人亦自謾.
一性圓明滿大虛, 千差萬別體不殊.

人人箇箇皆具足, 擬將何法付與誰.
卽心卽佛佛卽心, 不須將佛更求佛.
若人欲識西來意, 九九元來八十一.
―――――――
1) ㉯ '主'는 '王'의 오자인 듯하다.

갑오년(1354) 3월 모일에 안국사에서 지공 화상에게 올린 글

제자 향을 사르고 백매 올립니다. 제자 과거세에 훈습한 경지가 뛰어났던지 스승께서 세상에 나오신 때를 만나 뵈올 수 있었습니다. 종지와 격식을 모두 뛰어넘어서 활구活句를 온전히 들어 주시니 그 지극하고 귀한 가르침의 은혜 이기지 못하여 한두 구의 송을 기꺼이 지어 대화상의 법좌 아래에 올립니다. 엎드려 바라건대 존자께서는 살펴보시고 한번 웃어넘기십시오. 백운 선사의 송은 다음과 같다.

송장이 하룻밤 꿈을 꾸고 나서,
흙으로 빚은 인형과 말을 나누네.
완전히 죽었다 다시 살아나,[68]
하는 말마다 모두 이 도라네.

화상은 살아 계신 분인데 무슨 까닭에 이와 같은 송을 감히 올리겠습니까. 옳다면 옳고 비슷하다면 비슷하지만 저는 이렇게 말하지 않겠습니다. '사람을 죽이려면 완전히 죽여야 살아나는 것을 보고, 죽은 사람을 완전히 살리고 나면 죽은 사람과 같다.'[69]라고 하지 않았습니까. 완전히 죽은 사람이 다시 살아나는 경계[70]는 옛 부처도 이르지 못한 경계이고, 천하의 노화상들 또한 이르지 못한 경계입니다. 석가노자와 천하의 노화상일지라도 다시 참구해야만 할 것입니다. 그러므로 '달마대사일지라도 아는 것(知)만 허용될 뿐, 달마대사라 해도 이해하는 것(會)은 허용되지 않는다.'[71]라고 하는 것입니다. 제자는 활구活句를 참구할 뿐, 사구死句는 참구하지 않겠습니다.[72] 백운 선사가 다시 송으로 읊었다.

벙어리가 소리 높여 미묘한 법을 설하자,
귀머거리가 먼 곳에서 그 미묘한 말을 듣고,
생명이 없는 만물이 모두 찬탄하며,
허공은 가부좌 틀고 앉아 밤새 그 뜻 참구하네.[73]

제가 읊은 이 네 구절 가운데 한 구절은 붉게 타는 화로에 떨어진 한 점의 눈과 같아 사람을 죽일 수도 있고 사람을 살릴 수도 있습니다. 누군가 여기에서 알아차린다면 조사는 원래 지음知音을 좋아한다는 것을 알 것입니다.[74] 비록 그러하나 화상께서는 3천 리 밖에서 다른 사람을 속이지 마십시오. 돌! 돌!

甲午三月日 在安國寺 上指空和尙
弟子焚香百拜. 弟子宿熏種勝, 值師出世, 得覲和尙. 超宗越格, 全提活句, 不勝珎感之至, 下得一兩句, 呈似大和尙法座下. 伏望尊慈, 賜覽一哂. 和尙頌曰,
尸得一夕夢, 向塑人相語.
絶後復再甦, 所言皆是路.
和尙是却活底人, 所以如是敢頌. 是卽是似卽似, 弟子不恁麼道. 何不道, '殺盡死人, 方見活人, 活盡死人, 還同死人.' 若是大死底人却活處, 古佛不曾到, 天下老和尙, 亦不曾到. 任是釋迦老子, 天下老和尙, 也須再參, 始得. 所以云, '只許老胡會,[1) 不許老胡會.' 弟子但叅活句, 不叅死句. 又和尙頌曰,
啞子高聲說妙法, 聾人遠處聽微言,
無情萬物皆讚歎, 虛空趺坐夜來叅.
我道此四句中, 有一句, 如紅爐上一點殘雪, 亦能殺人, 亦能活人. 若人於此薦得, 祖師元是好知音. 然雖如是. 請和尙三千里外, 莫謾人好. 咄! 咄!

---
1) 옘 '會'는 '知'의 오자인 듯하다.

다시 12수의 송을 지어 뜻을 보이시다
又作十二頌呈似

학인에게 별다른 솜씨 필요 없으니,[75]   學人無他術,
완전히 죽은 사람과 같아야 하리라.   直似大死人.
한 점 숨기운도 없어야,   一點氣也無,
비로소 저 사람과 하나가 되리라.[76]   方與那人合.

분별하는 생각을 가지고서,   但有分別念,
자기 마음의 현량現量[77] 숨기네.   自心見量隱.
집착 분별하는 의식 끊어 버려야,   絶無情識念,
본래 마음 온전히 드러나리라.   本心全體現.

옛사람이 계합하여 깨달은 경지 보건대,   古人契證處,
불법에 군더더기란 없네.[78]   佛法無多子.
바로 사량 분별을 끊어 버리고자 한다면,   正要絶情量,
분명하게 곧 알아차리리라.   當陽便承當.

본래 마음은 본래 공적하며,   本心本空寂,
본래 법은 본래 생멸이 없다네.   本法本無生.
이러한 지혜로 관찰한다면,   作此智慧觀,
불성을 분명히 보리라.   是明見佛性.

배고프면 먹고 곤하면 자며,   飢食困來眠,
무심하여 어떤 대상 만나든 한가롭다네.   無心萬境閑.
오로지 본분사에 의지하여,   但依本分事,

어디에서나 눈앞에 드러난 도리 지킬 뿐. 隨處守現成.

내 마음 가을 달과도 같아, 吾心似秋月,
움직이는 그대로 일정한 방소 없이 비춘다네, 任運照無方.
삼라만상 비춰 드러난 가운데, 萬相影現中,
서로 빛나지만 그 빛만이 우뚝 빛나네.[79] 交光獨露成.

분명하여 깨달을 것도 없으니, 了了無可了,
부처도 없고 중생도 없다네. 無佛亦無人.
어째서 하나의 그 무엇도 없는데, 如何無一物,
청정한 지혜의 본체가 특별히 공이겠는가. 淨智體自空.

평상심이 도요,[80] 平常心是道,
모든 법 드러난 그대로 참모습이라.[81] 諸法覿體眞.
법과 법[82] 서로 간여 않으니,[83] 法法不相到,
산은 산이요 물은 물일 뿐이라.[84] 山山水是水.

도는 본래 형색이 없으며, 道本無形色,
안과 밖이나 중간에도 있지 않다. 不在內外中.
부처의 눈으로도 보지 못하니, 佛眼覷不見,
어리석은 범부가 어찌 쉽게 알리오. 凡愚豈易明.

할 일 모두 마쳐 한가롭고 자재한 도인,[85] 無爲閑道人,
어디에서도 종적을 남기지 않는다네. 在處無蹤跡.
소리와 색 가운데 수행하지만, 經行聲色裏,
소리와 색에서 벗어나 자유로운 풍모 갖추었네.[86] 聲色外威儀.

석녀가 홀연 아기를 낳고,[87]   石女忽生兒,
목인은 남몰래 고개 끄덕이네.[88]   木人暗點頭.
곤륜이 철마에 올라타니,   崑崙騎鐵馬,
순야다신舜若多神이 금 채찍 잡네.   舜若着金鞭.

두 마리 진흙 소가 싸우며,   兩箇泥牛鬪,
바다로 울부짖으며 들어가더니,[89]   哮吼走入海,
과거 현재 미래에 걸쳐,   過去現未來,
헤아려 봐도 알 수 없네.[90]   料掉無消息.

정유년(1357) 9월 모일에 선지宣旨에 답하여 서신을 올리다

　신승臣僧 모는 전하께옵서 극진한 지위에서 부귀를 누리면서도 부귀에 미혹되지 않고 제왕의 지위를 한낱 매미의 날개처럼 가벼이 여기고 이 도를 독실하게 믿으며 온갖 정무政務로 바쁘신 와중에도 지극한 도를 부지런히 구하신다는 말씀을 들었습니다. 신 모는 그 기쁨 망극하여 날마다 무병장수를 축원합니다. 신승은 다행히도 태평성대를 만나 조사祖師의 문에 참예하였으나 질병으로 인해 최상승법과는 멀어진 채로 늙도록 이룬 일도 없고 복덕과 이익도 아무런 공효 없이, 그저 헛되이 성은만 입었습니다. 오늘 사신 편에 보내신 조서를 받잡고 그 지극하신 감은에 몸 둘 바 몰랐으나 질병으로 인해 궐하로 속히 나아가 뵙지 못하니 대단히 낙담스럽습니다. 삼가 생각하옵건대, 전하께서는 현명하고 자애로우시며 또한 나라 안에는 뛰어난 선승들이 숲처럼 많으니 자문하시기에 족할 것입니다. 엎드려 바라옵건대, 전하께서는 최상승법에 더욱더 정진하여 황실皇室의 기틀을 복되게 하고 조사의 도를 떨쳐 일으키며 외환으로부터 백성을 보호하는 일을 잊지 말고 백성들의 형편(民情)을 헤아려 적실하게 부합하옵소서. 삼가 서신을 받들어 올리며 송을 지어 아룁니다.

꺾여 못쓰게 된 병든 나무처럼 누워 있기 다반사나,
부는 바람과 서리와 눈에도 괴롭힘 당하지 않네.
나무꾼도 보고서 오히려 베어 가지 않는데,
성스러운 조정에서 어찌하여 애써 부르십니까.[91]

丁西九月日 答宣旨書

臣僧某, 獲聞殿下, 亨極等之富貴, 不爲富貴之所迷, 蟬翼九五, 篤信此道,萬機之餘, 勤求至道. 臣某喜慶罔極, 日益祝延. 臣僧幸遭聖代, 得預祖門, 以疾病, 所阻於最上乘法, 到老無成, 福利無効, 虛受聖恩. 今承遣使詔之, 不勝珎感, 以疾病故, 不得趨進闕下, 失望千萬. 伏惟殿下, 聖慈寬宥, 且國內禪儔如林, 足可以諮問. 伏望殿下, 於最上乘法, 勤加精進, 以福皇基, 光扶祖道, 無忘外護, 的副下情. 謹狀奉聞, 頌曰,

摧殘病木臥多時, 不被風吹霜雪欺.

樵子見之猶不採, 聖朝何以苦招之.

을사년(1365) 8월 모일에 신광사 주지를 사양하는 서신을 올리다

예전에 연화봉 상祥 암주[92]가 주장자를 들고 "옛사람은 여기(這裏)에 이르러 어찌하여 머물고자 하지 않았을까?"라 묻고는 스스로 대신하여 말했습니다. "그들이 수행 과정에서 힘을 얻지 못했기 때문이다." 어깨에 주장자를 가로 걸치고는 "주장자를 아무렇게나 멘 채 아무도 돌아보지 않고, 곧장 무수한 봉우리 깊은 산속으로 가노라."[93]라고 하였습니다.[94] 또 태원 부孚 상좌[95]는 "평생을 운수납자로 떠돌며 지낼지언정, 하루라도 주지로 지내지는 않겠노라."라고 하였습니다.

불도를 깊이 수행한 옛사람들도 오히려 이와 같이 말씀하셨는데, 하물며 말법시대에 처한 하열한 근기에다 도력도 충분치 못하여 마음의 번뇌를 없애지 못한 자가 어찌 감히 주지를 감당할 수 있겠습니까! 엎드려 바라옵건대, 폐하께서는 노승을 가엾게 여기시어 젊으면서도 불도를 닦아 갖춘 분으로 주지를 바꾸어 청규淸規를 크게 진작하고 조사의 도를 떨쳐 일으켜 주십시오. 송을 지어 아룁니다.

병 깊고 나이도 들어 기력 없으니,
대중 따라 청규 지키기 하루도 버겁네.
성군께서는 자비로운 마음으로 가엾게 여기시고,
젊고 원기 왕성한 이로 주지를 바꾸어 주소서.

산승은 고지식하고 우직해 세상일 맞지 않으니,
다시금 저 깊은 산속으로 들어가려 합니다.
성은을 저버리는 것이 아니옵고,
대법을 밝혀 군은을 갚고자 함입니다.

성군께서 속히 무상각을 증득하시기를 기원하며,
간절히 정성을 다하여 부처님께 빕니다.
지극한 정성으로 장수를 기원하는 순서를 가린다면,
누가 노승 앞에 있을 수 있겠습니까.

乙巳八月日 神光辭狀書

古有蓮花峯祥菴主, 擧拄杖云, "古人到這裏, 爲什麼不肯住?" 自代云, "爲他途路不得力." 肩上橫擔拄杖云, "㮏樃橫擔不顧人, 直入千峯萬峯去." 又大原孚上座云, "寧作百年雲水客, 不爲一日住持人." 有道古人, 尙曰如是, 況末法劣機, 道力未充, 心漏未盡者, 豈敢當作住持人! 伏望陛下, 慈愍老僧, 改差年壯有道之人, 大振淸規, 光扶祖道. 頌曰,
病深年老身無力, 隨衆淸規一日難.
願聖慈悲可憐見, 遞差年壯住持人.
山僧拙直難爲世, 更入千峯萬峯去.
不是聖恩辜負去, 願明大法報君恩.
願君早證無上覺, 懇竭丹誠禱佛天.
祝壽深誠論甲乙, 何人敢在老僧前.

기유년(1369) 정월 모일에 고산암에 우거할 때 지공 화상 진영에 찬한 2수의 송
己酉正月日 寓孤山菴 指空眞讚頌二

오셨으나 어디서 오신 것이며,	來也來從何所,
가셨으나 어디로 가신 것인가.	去也去至何所.
본래 한 중생도 없건만,	本無有一衆生,
어디에서 다섯 잎 꽃이 피어났나.⁹⁶	何處五葉花生.

전한 것도 얻은 것도 없다 하지 말지니,	莫謂無傳無得,
이것이 친히 전하고 친히 얻은 것이니라.	夫是親傳親得.
기유년 한식寒食 전 봄밤 달 아래,	己酉火前春月,
고산의 늙은 중 달을 이야기하네.⁹⁷	孤山老衲話月.

산속에 살며
居山

몽환 같은 세월에 이순도 넘었으니,	夢幻年光過耳順,
고산 산골 마을 살기에 적합하네.	孤山村塢也相宜.
배고프면 밥 먹고 곤하면 잘 뿐,	飢來喫食困來睡,
이러저런 사람들 일은 전혀 모른다네.	李四張三都不知.
한 생각도 일어나지 않으면 몸통째 드러나리니,[98]	一念不生全體現,
그대로의 이 실상을 무엇에 비유해 견줄 수 있을까.	此體如何得喩齊.
물에 비친 달빛은 허공에서도 볼 수 있으니,	透水月華虛可見,
무심히 대상을 비춰 받아들이지만 항상 공이라네.	無心鑑象照常空.
골짜기 사이로 흐르는 물은 쪽빛 물들인 듯,	洞中流水如藍染,
산문 밖 청산은 그림으로도 그리지 못한다네.	門外靑山畫不成.
산 빛과 물소리에 온통 다 드러나 있건만,	山色水聲全體露,
그중에서 무생의 이치 깨달은 이 누구인가.	箇中誰是悟無生.

주장자를 들고 말했다. "예전 그대로라고 알고 말 뿐이라면 도리어 옳지 않다."

擧杖云, "認着依前還不是."

산은 푸르디푸르고 물은 맑디맑으며,	山靑靑水綠綠,
새 지저귀고 꽃 무리 지어 피었네.	鳥喃喃花蔟蔟,[1)]
이 모두 줄 없는 거문고에서 나온 곡조이건만,[99]	盡是無絃琴上曲,

---

1) ㉠ '蔟蔟'은 '簇簇'과 같다.

벽안의 달마가 들으려 해도 충분치 못하네.	碧眼胡僧看不足.
누런 국화와 푸른 대나무 별다른 무엇 아니요,	黃花翠竹非他物,
밝은 달과 맑은 바람은 자취 남기지 않는다네.	明月淸風不是塵.
이 모든 것이 내 살림살이니,	頭頭盡是吾家物,
손 가는 대로 집어도 쓰임에 딱 들어맞는다네.	信手拈來用得親.
고산 산 아래 생활하기 딱 좋으니,	孤山山下好養身,
쌀도 땔나무도 흔하여 사방 이웃 모두 풍족하다네.	米賤柴多足四隣.
무심한 촌 늙은이 재주 모자라,	無心野老機關少,
남에게 가재도구[100] 빌리고 구걸하네.	家火從他乞與人.
부처님도 오래도록 침묵하지 않으셨고,	黃面瞿曇不良久,
방 안의 유마거사도 침묵하지 않았다네.	室中維摩亦不默.
흡사 방금 갈아 예리한 취모검과 같아,	恰似吹毛新發硏,
외도와 천마는 쳐다보지도 못한다네.	外道天魔覰不得.
고산 산 아래에 띠풀집 짓고서,	結芧於孤山山下,
배고프면 먹고 곤하면 누워 잔다네.	飢來喫食困來臥.
긴긴 겨울밤 추워 잠에서 깨어,	冬夜夜寒覺夜長,
두세 개비 땔나무에 불 지피네.	煨取柴頭三兩箇.
주장자 가로 메고 산속 암자로 들어가려니,[101]	橫擔栁入山菴,
여러 해 행각하며 수행한 공부 마쳤도다.	行脚多年事罷叅.
산승의 딱 들어맞는 소식을 알고자 하는가,	欲識山僧親切處,
앞에도 **빽빽**이 들어차 있고, 뒤에도 **빽빽**이 들어차 있다.[102]	前三三與後三三.
바람은 송창에 불고 온 산엔 눈 가득,	風吼松窓雪滿山,
밤 되어 푸르스름한 등불[103] 고요함을 더하네.	入夜靑燈照寂寥.
납의 걸치고 이불 뒤집어쓴 채[104] 온갖 일 쉬니,	衲衣蒙頭休萬事,
이때가 바로 산승이 힘을 얻는 때로다.	此是僧山得力時.

배고프면 먹고 곤하면 누워 자니, 　　　　　飢來喫食因來眠,
한결같이 평온하여 모든 경계 고요하다.105 　一種平懷萬境閑.
시비를 따지는 마음으로 이내 생활 분별하지 말지니, 莫把是非來辨我,
뜬구름 같은 인생살이와는 상관없다네. 　　　浮生人事不相干.
향상의 경계로 이끄는 수단 따위 말해 무엇 하랴, 向上機關何足道,
곤하면 한가히 눕고 목마르면 차 마신다네. 　困來閑臥渴卽茶.
임제와 덕산도 미혹하셨을 뿐이니, 　　　　　臨濟德山特地迷,
헛되이 공부하여 방할만 시행했을 뿐이라네. 　枉用功夫施棒喝.

한낮의 강과 산 수려하고, 　　　　　　　　白日江山麗,
푸른 봄 화초 싱싱하구나. 　　　　　　　　靑春花草榮.
거듭 말해 무엇 하랴, 　　　　　　　　　　何須重話會,
만물은 본래 원만히 이루어져 있거늘. 　　　萬物本圓成.
삼계 천하 고금의 법이 모두, 　　　　　　　三界上下法,
식식이 변화한 것이라 나는 설하리. 　　　　我說識所變.
생각의 본체가 본래 공이니, 　　　　　　　念體本來空,
변화한 것에 어찌 실체가 있으리오. 　　　　所變何有實.
이전의 대상 경계 잊고자 한다면, 　　　　　若欲忘前境,
먼저 그대 마음을 잊어야 하리라. 　　　　　先當忘汝心.
마음에서 억지로 이름을 짓지 않는다면, 　　心若不强名,
경물이 어디에서 일어나겠는가. 　　　　　　境物從何起.
진실을 미루어 밝히고자 해도 진실은 그 본체가 推眞眞無體,
없고,
망념의 본질 헤아려 궁구하려 해도 망념은 자취가 窮妄妄無蹤.
없다.106
진실과 망념이 다르지 않으니, 　　　　　　　眞妄了無殊,

평등하여 동일한 본체임을 알리라.	平等同一體.
밝은 태양도 밤에는 비추지 못하고,	白日不照夜,
맑은 거울도 뒤는 비추지 못한다.	明鏡不照後.
그런데 어떻게 내 마음,	焉得如我心,
원만하고 밝아 항상 고요할 수 있을까.	圓明常寂照.
석가는 세상에 나타나지 않으셨고,	釋迦不出世,
달마는 인도에서 오지 않으셨다네.[107]	達磨不西來,
불법이 천하에 두루 퍼지고,	佛法遍天下,
봄바람에 온갖 꽃들 활짝 피었구나.	春風花滿開.
고산 산 아래 절,	孤山山下寺,
궁벽한 시골 마을처럼 쓸쓸하고 적막하네.	冷落似村居.
숲 저 멀리서 개 짖는 소리 들려오는데,	隔林聞犬吠,
한가롭게 지내는 이 사람 부끄러울 뿐.	慙愧道人居.
고산 산 아래 절,	孤山山下寺,
거처하는 중 또한 늘 그러하다네.	居僧亦是常.
섬돌은 높고 낮음을 따라 나 있고,	土砌隨高下,
띠풀로 이은 지붕은 짧은 대로 긴 대로 둔다.[108]	茅茨任短長.
하나의 그 무엇 천지보다 앞서 생겨났으니,[109]	一物先天生,
이름도 없고 형상도 없다네.	無名亦無相.
인연에 응해 이리저리 변화하니,	應緣能屈伸,
방편상 지혜라 부를 뿐.	方便號爲智.
본분이 원래 산에 사는 중이라,	本色住山人,
옛사람 본받아 말 또한 적다네.	貌古語亦少.
서로 만나 면목을 소홀히 하지 않고,	相逢不苟顔,
마음을 논하니 가을 달도 밝구나.	論心秋月皎.
모든 법이 공임을 분명히 안다면,	了知諸法空,

대상에 딱 들어맞는 한 법도 없으리라.	無一法當情.
이는 모든 부처님께서 마음 쓰신 일이니,	是諸佛用心,
그대들은 부지런히 닦고 익혀야 하리라.	汝等勤修習.
모든 유위법이,	一切有爲法,
꿈·허깨비·물거품·그림자 같다 하신,[110]	如夢幻泡影,
부처님 말씀 진실하긴 하나,	佛語雖眞實,
잘못 알고 있는 자들 많구나.	錯會觀者多.
천연 그대로 이루어진 돌사자,	天生石師子,
등 뒤로는 솔바람 소리.	背上松風聲.
달마 서쪽에서 오신 뜻 딱 들어맞게 알고 싶다면,	好箇西來意,
여러 선 수행자들이여, 귀 기울여 들어라.	諸禪子細聽.

위의 송은 성불암에 계실 때 지은 것이다. 남산에 큰 바위가 있는데 사자 형상에 그 뒤로는 큰 소나무가 자라 있었기에 이 게송을 짓고 돌에 쓰신 것이다.

右一頌, 在成佛菴作. 南山有大石, 形如師子, 背生大松, 故作此偈, 書其石.

백운이라는 별호를 지어 주심에 감사하며
謝道號白雲

원래 우뚝한 청산의 사내,　　　　　　　元來卓卓靑山父,
어디든 떠다니는 백운 내려다보며 웃네.　下哄白雲隨處飄.
발걸음 어디를 가나 표연히 떠나가니,　　跡雖隨處飄然去,
마음은 청산과 함께 늘 고요하도다.　　　心與靑山常寂寥.

금강산으로 들어가는 나옹 화상에게 부침
寄懶翁和尙入金剛山

존안을 뵌 시도 또 흰 해가 지났구려. 奉別尊顔又一年.
산사에서 좌선한다는 소식 듣고 기뻤소. 喜聞山裏且安禪.
작은 촌구석의 이 사람은 너무 게을러, 三家村漢踈慵甚,
배고프면 먹고 곤하면 잘 뿐이외다.   飢卽加飡困卽眠.

사대 화상에게
思大和尙

우스워라, 사대 늙은이,[111]
삼세의 모든 부처를 한입에 삼켰다 하였네.
삼킬 부처가 있다고 한다면,
어찌 제도해야 할 중생은 없겠나.[112]

可咲思大老古錐,
三世諸佛一口吞.
若有可吞之諸佛,
豈無可度之衆生.

낙가산으로 향하는 이를 전송하며
送人洛迦山

미묘한 본체 본래 처소 따로 없거늘,	妙體由來無處所,
관음보살이 어찌 바다 동쪽에만 계시겠나.	觀音豈在海門東.
청산 어디든 도량이 아니리오,	何處靑山不道場,
특별히 낙가산에 가 예배해야 할까.	何須特禮洛迦山.
외물을 움직일 수 있다면 곧 여래이리니,[113]	若能轉物卽如來,
청산 어느 곳이든 원만히 통하지 않으리오.	何處靑山不圓通.
진실을 꿰뚫어 보는 하나의 눈[114] 없다면,	若無一隻頂門眼,
낙가산만 공연히 왔다 갔다 하는 형국이리라.	洛迦空到又空廻.
문마다 어디든 관세음보살 계시거늘,	門門盡是觀世音,
구태여 보타암에서 찾으려 하는가.	何必寶陀巖上尋.
지름길로 가지 않고 구불구불 길을 돌아가니,	直路不行行曲路,
갖은 고생만 맛보며 헛되이 마음 쓰는구나.	喫盡艱辛枉用心.
무위의 마음에서 자비심 일으키니,	無爲心內起悲心,
무상의 광명 가운데 차별상 있는 몸 있네.[115]	無相光中有相身.
원만히 통하는 참된 경계를 알고자 하는가,	欲識圓通眞境界,
꽃잎 떨어지고 새 우는 똑같은 봄이로다.	落花啼鳥一般春.
내가 무엇을 숨긴다고 생각하는가,	以我爲隱乎,
나는 그대들에게 숨기는 것 없노라.[116]	吾無隱乎爾.
달마가 서쪽에서 오신 뜻 알고자 하는 이 있다면,	若人欲識西來意,
솔바람 쏴쏴 불어온다고 말해 주리라.	颯颯松風長擧示.

마을을 떠나 산으로 돌아오며
出州廻山

갈 때는 한 줄기 시냇물이 떠나보내 주더니,　　去時一溪流水送,
올 때는 골짜기 가득한 흰 구름이 맞이해 주네.　來時滿谷白雲迎.
이 한 몸 오가는 데 본래 아무 뜻 없었건만,　　一身去來本無意,
무정한 두 사물에 도리어 정감이 이는구나.　　二物無情却有情.
흐르는 물은 산을 벗어나도 그리워하는 마음 없고,　流水出山無戀志,
흰 구름은 골짜기로 되돌아와도 무심하기만 하네.　白雲歸洞亦無心.
이 한 몸 오고 감도 저 구름과 시내와 같으니,　　一身去來如雲水,
몸은 거듭해 움직이지만 눈은 새로워라.　　身是重行眼是初.

뜻을 읊다
言志

성인 경지에 들어가 범부 초월해도[117] 위의威儀[118]는 일으키지 않으니,　　入聖超凡不作威,
　흡사 궁벽한 촌마을 사람처럼 우직할 뿐이라네.　一似三家村裏人.
　이처럼 이 가운데서 자신의 분수 잘 지키니,　如是介中能自守,
　어리석고 고집스러운 것이 아니라 법이 그러하다네.　不是癡頑法如然.
　지혜의 빛을 돌이켜 자신을 비추며 염불하는 이여,　廻光返照念佛人,
　아미타불 명호 스스로 부르네.　阿彌陁佛自呼名.
　지금 염불하고 있는 이를 간파한다면,　覰破如今念佛人,
　지금 간파한 사람의 본성도 간파하리라.[119]　覰破如今覰底人.
　최고의 목수牧叟 몽산[120]이 일찍이 말하지 않았는가,　絶牧蒙山曾有言,
　취모검 드니 눈 또릿또릿하네.　吹毛提起眼惺惺.
　납승의 딱 들어맞는 소식을 말할 줄 안다면,　解道衲僧親切處,
　진실로 근본적 도리를 깨달은 사람[121]임을 알리라.　始知眞是箇中人.

신광 장로에게 준 구호[122]
與神光長老口號

사자 사는 굴에 다른 짐승은 없으니,[123]　　師子窟無異獸,
백팔이 모두 뛰어난 선 수행자들이라.　　百八箇皆龍象.
죽 먹고는 발우 씻을 뿐이니,　　喫粥了洗鉢盂,
서쪽에서 오신 뜻의 딱 들어맞는 본보기로세.　　好箇西來榜樣.

금강산 내산의 석불상
金剛山內山石佛相

깊은 산속 불법이란 돌덩어리일 뿐이니, 深山佛法石頭是,
큰 것은 큰 원상이고 작은 것은 작은 원상이네. 大底大圓小底圓.
자안[124]이란 이름 빌려 붙이고 헛되이 힘만 들여, 假名慈眼虛費力,
절벽 깎아 법신만 상하게 했구나. 鑿破蒼崖喪法身.

학인에게
示僧

출가했으면 출가자로서의 본분사를 마쳐야 하니, 出家須了出家事,
마치지 못한다면 한갓 이름만 출가일 뿐이다. 未了徒名爲出家.
옛날 비릉[125]을 떠올리건대 발 디디는 것도 잊었으니,[126] 憶昔毗陵忘下脚,
홀연 돌절구에서 꽃이 피었느니라.[127] 忽然碓觜也生花.

망인을 애도하다
悼亡人

물거품처럼 일어났다 사라지니 한평생 어찌 이리 빠른가,   漚生漚滅一何速,
   법의 등불도 꺼지고 법의 대들보도 기울었네.   法燈已滅法梁傾.
   가르침을 청했던 그해의 일을 생각하니,   因思扣請當年事,
   울음도 나오지 않고 웃음도 나오지 않네.   哭不成兮笑不成.

재상【연안부사】 정설의 시운을 따라 화답함
答鄭俁宰臣詩韻【延安府使】

무위라는 큰 교화의 문 활짝 연 것은,	無爲大化門大開,
금린이 그물 뚫고 나오기 바라서이네.[128]	意在金鱗透網來.
물이 차서 고기 물지 않으리라 말하지 말지니,	莫道水寒魚不食,
이제 낚아 올려 배에 가득 채워 돌아오노라.[129]	如今釣得滿舩廻.
옛날에도 허공을 빈틈없이 채웠고,	古也逼塞虛空,
지금도 허공을 가득히 채우고 있네.	今也逼塞虛空.
빈틈없이 허공을 가득 채웠다 해도,	縱然逼塞滿虛空,
살펴보면 허공처럼 보이지 않는다네.	看時不見如虛空.

법을 청함에 오언시로 다시 화답하다
復答請法以五言示之

본래의 참다운 면목,   本來眞面目,
허공과 방불하구나.   髣髴若虛空.
마치도 한 점 눈이,   又如一點雪,
붉게 타는 화로에 떨어진 것과 같다.   落在烘爐中.

망념을 여읜 진여의 성품,   離念眞如性,
해가 허공에 뜬 듯 환하지만,[130]   如日處虛空.
육근이 한 번 움직이자마자,   六根才一動,
해가 구름 속에 들어간 듯 어두워지네.   如日入雲中.

본래 청정한 도,   本來淸淨道,
그 한량은 허공과 같이 무한해,   其量等虛空.
하늘과 땅도 그 안에 있고,   乾坤在其內,
해와 달도 그 안에 있다네.   日月處其中.

신령한 광명은 색이면서 색이 아니요,   靈光色非色,
신묘한 작용은 공이면서 공이 아니니,[131]   神用空不空.
온 세계에 두루 나타나며,   徧現周沙界,
티끌 하나에 거두어들이네.[132]   收攝一塵中.

신령한 지혜는 하나의 공이니,   靈知一段空,
고요히 비춰 허공을 다 품고,[133]   寂照含虛空.
삼라만상 비춰 드러난 가운데,   萬相影現中.

삼라만상에서 그 빛만이 우뚝 빛나네.[134]	獨露萬相中.

생겨남도 없고 사라짐도 없으니, 　　　　　無生亦無滅,
하나의 그 무엇은 언제나 공일세. 　　　　一物鎭長空.
무수한 존재와 하나로 어울리지만,[135] 　　施爲渾大有,
육근과 육진[136]에서 멀리 벗어났다네. 　　迥脫根塵中.

처음부터 허공을 채우고, 　　　　　　　　無始塞大虛,
끝없이 허공을 채우지만, 　　　　　　　　無終塞大空,
설령 허공을 채운다고 해도, 　　　　　　　縱然塞大空,
허공에서 새의 자취 찾는 것 같네.[137] 　　如鳥跡空中.

서해 관풍사觀風使 권거중에게 답함
答西海權觀風【居中】

재상께서 참으로 제 권역으로 들어오시어,　　　宰官信落吾手,
깊고 험준한 곳에서 궁벽한 견해[138] 그치고 빛을　深崖陋止生光.
발하시네.
그 덕이 무지한 산골 늙은이에게까지 미치니,　　德及無知山老,
반드시 천수를 길이길이 누리시리라.　　　　　　定應令壽無疆.

예원 선교도총통 찬영[139]에게 올림
上芮院禪敎都摠統【璨英】

존안과 이별하고 손꼽기도 바쁘게,	奉別尊顔輕屈指,
세월은 순식간에 세 해가 지났습니다.	光陰倏忽已三年.
삼계에 홀로 존귀하시다고는 하나,	雖然三界獨尊貴,
어찌 장로의 일미선만 하리오.[140]	爭似長蘆一味禪.

을사년⁽¹³⁶⁵⁾ 6월 신광사로 들어가며 나옹대[141] 시에 차운하여 지음
乙巳六月入神光次懶翁臺詩韻

유월 염천에 신광사 도량에 이르니, 炎天六月到神場,
대 위로 부는 맑은 바람 유달리 시원하네. 臺上淸風分外凉.
우습구나, 나옹 주석하던 곳을 옮기니, 堪咲懶翁移住錫,
이 대에 무슨 허물 있으며 무슨 상서로움 있는가. 此臺何罪彼何祥.
이곳은 원래 나라를 복되게 하는 도량이라, 此地由來福國場,
추운 겨울에도 소나무 잣나무 푸르고 맑다네. 歲寒松柏蔚蒼凉.
오백 나한 옷섶 풀어 헤치고 마음 다 드러낸 곳, 半千羅漢披襟處,
한 줄기 신령한 빛 고색창연하게 상서롭도다. 一道神光大古祥.

사위의송
四威儀頌

고요히 안거하며 보내다가,	闃寂安居餞,
남은 생에 흥취 일어,	殘生興來時,
마음 내키는 대로 산에 올라 거니네.【行】	隨意上山行.
머리까지 납의 뒤집어쓰고 하던 좌선 그치고,	衲衣蒙頭休
모든 일에서 힘을 얻으니,	萬務正得力,
머무르거나 머무르지 않음에 의지하지 않는다네.【住】	不依有無住.
일체의 선악을 모두 아울러,	一切善惡都,
수미산에 내버려 두고,	放過須彌山,
우뚝하니 아무 일 없이 앉아 있을 뿐이노라.【坐】	兀然無事坐.
푸른 산 맑은 물에 등나무 덩굴,	靑山綠水藤,
그 담쟁이덩굴 아래 이 몸 그대로 맡긴 채,	蘿下放四大,
배고프면 먹고 곤하면 눕노라.【臥】	飢食困來臥.

무심가 無心歌

흰 구름은 티 없이 고요히 떠다니며 드넓은 하늘에서 출몰하고,
잔잔히 흐르는 물은 동쪽 바다 깊숙이 흘러든다.[142]
물은 굽은 계곡 만나면 돌아 흐르고 곧은 계곡 만나면 똑바로 흐를 뿐,
저곳과 이곳을 구분하여 흐르지 않는다.
구름은 저절로 걷히고 저절로 펼쳐지거늘,
무엇과 가깝고 무엇과 멀단 말인가![143]
만물은 본래 한가하여 스스로 푸르다거나 시들었다고 말하지 않건만,
사람만이 스스로 시끄럽게 굴며 억지로 아름답다거나 추하다거나 생각을 일으킬 뿐이다.[144]
경계를 맞닥뜨리고도 마음이 구름이나 물의 뜻과 같다면,
세상에서 종횡 어디로 가나 무슨 일이 있겠는가!
만약 사람이 억지로 이름을 붙이지 않는다면
아름답고 추한 차별이 어디서 일어나겠는가!
어리석은 사람은 경계를 잊지만 마음에 대한 집착은 잊지 못하고,
지혜로운 사람은 마음을 잊지만 경계에 대한 집착은 잊지 못한다.[145]
마음을 잊으면 경계는 저절로 고요해지고,
경계가 고요해지면 마음은 저절로 여일하게 되리니,
이것을 가리켜 무심의 진실한 종지라 한다.

白雲澹汙, 出沒於大虛之中；流水潺湲, 東注於大海之心. 水也遇曲遇直, 無彼無此. 雲也自卷自舒, 何親何疎! 萬物本閑, 不言我靑我黃, 惟人自鬧, 强生是好是醜. 觸境心如雲水意, 在世縱橫有何事! 若人心不强名, 好醜從何而起! 愚人忘境不忘心, 智者忘心不忘境. 忘心境自寂, 境寂心自如, 夫是之謂無心眞宗.

태고 화상에게 부치는 편지

　지난 임진년(1352)에 보법사普法寺에서 헤어진 뒤로 여러 해가 바뀌고 길은 동서로 멀리 떨어져 있습니다. 오랫동안 소식이 막혀 있다 보니 항상 마음은 먼 곳으로만 향한 채 그저 멀리서 그리워하며 애태울 뿐입니다. 날은 늦봄의 따뜻한 기운으로 가득하니, 대화상大和尙의 귀하신 몸도 일상생활에서 온갖 복을 누리시고 병도 괴로움도 없기를 멀리서 바랍니다. 저는 오로지 불법의 그늘에 의지하여 졸렬함을 가리고 세 칸 산촌에서 손발을 떨면서 몹시도 볼품없고 형편없는 꼴을 한 채로 이렇게 세월이나 죽이며 남은 생을 보내고 있습니다.

　대화상의 문하에서는 어떻게 보임[146]하는지요? 저는 전생에 종자를 익힌 결과가 뛰어난 덕이었던지 대화상과 함께 같은 스승 아래서 공부[147]를 하였으니 우리 두 사람 모두 석옥 선사의 제자입니다. 말해 보십시오! 같은 스승 아래서 함께 배우고 공부한 일을 어떻게 생각하십니까? 남들에게 이 사실을 들려준 적이 있으십니까? 지금 세상에 지공指空 선사 한 분을 제외하고는 석옥 선사와 비견할 인물은 매우 드물다고 하겠습니다. 우리의 스승은 비록 입적하셨으나 공안은 남아 있습니다. 화상께 엎드려 바라건대, 번거롭더라도 저에게 그 공안들에 대하여 각각 가르침의 손길을 내려 주십시오. 그에 따라 한 달이나 반 달 동안 이 일(공안)을 헤아린다면 마치 스승을 친견한 것과 같아서 그 은혜에 보답하기에 충분할 것입니다.

　화상의 생각은 어떠십니까? 일전에 듣자 하니 화상께서는 임금의 명령으로 조정에 들어가 하루 동안 용안龍顏을 대하고 종승宗乘[148] 중의 일[149]을 들어 임금께서 문명文明의 교화를 펼치시는 데 도움을 주셨다더군요. 저는 기쁨에 넘쳐 마음속 깊이 감사하였습니다. 화상께서는 아주 좋은 운이 트이셨는데, 어리석은 저와 인연이 이어져 황공하고 또 황공한 심정입니다. 지금은 말법의 운을 맞이하여 정법은 쇠락하고, 불조佛祖가 전하신 지혜의 생명은 위기에 처하여 제 마음 몹시도 애통하였습니다. 그러나 다행히도 바라던 대로 대화상과 같은 분이 이제 세상에 나타나 인간과 천상 두 세계의 중생을 이끄는 지도자[150]가 되어 원나라와 우리나라에 위엄을 떨치고 계시니, 어찌 우리의 종지가 사라질까 걱정하겠습니까!

지극히 축원하고 또 축원드리옵니다. 구차하게도 번잡하게 말을 늘어놓았습니다. 요즘은 장안에 사는 인재들[151]에게 풍류를 값싸게 팔지[152] 않을 수 없는 노릇입니다. 한번 웃어넘기십시오. 이만 줄이고[153] 삼가 올립니다.[154]

寄大[1)]古和尙書

往者歲在壬辰, 於普法寺, 辭違已來, 星霜屢換, 路隔東西. 久阻音問, 時復遙心, 望風悒怏. 卽辰季春盛暄, 緬惟大和尙尊體, 起居萬福, 少病少惱. 弟子全承法蔭藏拙, 三家村塢, 跛跛挈挈, 百醜千拙, 且恁過時, 以餞殘生. 未審大和尙丈下如何保任? 弟子宿熏種勝, 且與大和尙同衆, 俱是石屋之子. 且道! 同衆底事作麽生? 還曾擧似人麽? 在今天下, 除是指空一人, 如先師和尙者, 甚爲希有. 先師雖入滅, 公案遺在. 伏望和尙, 枉與第[2)]子, 於公案上, 各出隻手. 若一月半月商量箇事, 則如親見先師, 報恩足矣. 未審尊意如何如何? 昨聞和尙詔入天庭, 日對龍顔, 擧揚宗乘中事, 以助文明之化. 弟子喜溢, 胸襟感荷. 和尙好生命快命快, 繼有愚私, 惶恐惶恐. 今當末運, 正法凌替, 佛祖慧命懸危, 弟子直得心痛. 祝果大和尙, 今旣出世, 已爲人天眼目, 威振大元三韓, 何患吾宗寂寥哉! 至祝至祝. 姑此[3)]葛藤. 卽辰長安桃李, 賤賣風流少不得. 一笑. 不宣拜上.

1) ㉮ '大'는 '太'의 오기이다. 2) ㉾ '第'는 '弟' 자로 쓰는 것이 맞다. 3) ㉮ '此'는 '且'와 통한다. '고차姑且'는 '관유寬宥' 또는 '구차苟且'와 같은 뜻이다.

정승 윤환에게 올리는 편지

어제 어떤 선객이 경성京城에서 한 통의 서신을 모셔 가지고 왔기에 꿇어앉아 받아 펼쳐 보니 대인께서 『원각수증의圓覺修證儀』155를 빌려 달라 청하신 편지글이었습니다. 노안老眼을 문지르며 재차 보고서야 서신을 보내신 뜻을 완전히 알고는 소중한 뜻에 감사함을 이기지 못하여 계신 곳을 향해 흠모해 마지않으며 서둘러 구해 받들어 보냅니다. 저의 생각으로 밝게 비추어 본 것이니 (다음에 제가 드리는 말씀을) 너무 나무라지는 마십시오.156

세상 사람으로서 귀하거나 천하거나 지혜롭거나 어리석거나 간에 누구도 피해 가지 못하는 공통된 길이 있으니, 그것은 바로 오로지 생사라는 큰 근심거리입니다. 대인께서는 생사를 두려워하십니까, 두려워하지 않으십니까? 『원각경』에 "말세의 중생이 생사에서 벗어나 갖가지 윤회를 면하고자 한다면 먼저 탐욕을 끊고 애갈을 없애야 할 것"157이라고 하였습니다. 대인께서 생사의 문제에서 벗어나고자 하신다면 가장 걱정해야 할 일은 바로 이 일일 것입니다. 『원각경』에서도 '영원히 탐욕을 끊고 애갈을 없애야 한다.'고 하였으니 생사윤회를 벗어나야 한다는 말을 결코 의심하지 마십시오.

이야말로 '참된 말, 실다운 말, 여법한 말, 속이지 않는 말, 진실과 다르지 않은 말'입니다. 그런 까닭에 "부처님께서는 진실이 아닌 빈말을 하지 않으셨다."158라고 하는 것이며, 이는 '부처님 말씀을 믿지 않는다면 어떤 말을 믿으리오.'라는 말뜻과도 같습니다.

上尹政承書【桓】

昨日有一禪客, 自京城陪來一統書, 予跪而受, 披而覽, 乃大人之借請圓覺修證儀之信字也. 熨老眼而再見, 備諳來意, 不勝珎感, 向方望風不已, 傍求奉送. 然意洞照休罪. 夫人之世上, 若貴若賤, 若智若愚, 逃逭無路之公道, 唯生死大患也. 未審尊意, 畏生死麼, 不畏生死麼? 圓覺經云, "末世衆生, 欲脫生死, 免諸輪廻, 先斷貪欲, 及除愛渴." 若也大人, 欲脫生死, 大患也當事. 圓覺經云, '永斷貪欲, 及除愛渴.' 超脫生死, 決無疑矣. 此是'眞語者, 實語者, 如語者, 不誑語者, 不異語者,' 故云, '佛不虛言.' 如云, '佛語不信, 何言可信'也.

군수軍須(軍需) 담당 재신 이구에게 올리는 편지

　노승은 일찍이 '예전에 양문공¹⁵⁹이 무주無住 선사에게서 득법했을 때에 한림의 신분이었고, 장무진¹⁶⁰이 동림 상총東林常總¹⁶¹에게서 득법했을 때에 강서의 운사運使¹⁶²였으며, 한문공¹⁶³이 대전 보통大顚寶通¹⁶⁴ 화상의 시자에게서 깨달음을 얻었을 때¹⁶⁵에 조주 자사潮州刺史로 좌천 가 있던 중이었으며, 배휴¹⁶⁶ 상국이 황벽 희운의 한마디 말에 그 자리에서 득도하였을 때에 관풍사觀風使였다.'고 들었습니다. 이들 네 분의 대노유大老儒께서는 모두 유위有爲 변화하는 현상(世相:世間相)을 무너뜨리지 않으면서 진실 그대로의 상相을 말씀하셨습니다.¹⁶⁷ 그러면서도 어찌 일찍이 처자식을 버리거나 관직을 그만두거나 육신과 정신을 괴롭히면서 도과道果를 얻은 적이 있습니까!¹⁶⁸

　당부하옵건대, '옛날의 천하와 오늘날의 천하에서 저들도 대장부요 나도 대장부'라는 말씀을 드립니다. 엎드려 생각하건대, 각하께서는 근기와 뜻이 평범치 않고 복덕과 지혜는 남들보다 뛰어나시니 학식과 문장을 스스로 자랑하지 마시고 반드시 옛사람의 풍모를 따르고 흠모하시어 평소 대장부의 뜻을 저버리지 마시며 이 못난 사람의 생각에 부합하시기를 바랍니다. 대인의 존귀하신 생각은 어떠하신지요, 대인의 존귀하신 생각은 어떠하신지요.

上軍須李宰臣【玖】書

老僧嘗聞, 昔有楊文公, 得法於無住禪師處, 身居翰林 ; 張無盡, 得法於東林總時, 作江西運使 ; 韓文公, 得悟於大顚和尙侍者邊時, 鎭湖¹⁾州 ; 裴休相國, 得道於黃蘗語下時, 作觀風使. 只這四大老儒, 皆是箇不壞世相而談實相. 又何曾去妻孥, 休官罷職, 苦形勞神而得道果! 囑曰, '古天下與今天下, 彼丈夫兮我丈夫.' 伏惟閣下, 根思不凡, 福慧過人, 莫以識學文章爲自矜, 要須追慕古人之風, 不辜負平生丈夫之志, 的副下情. 未審尊意如何, 尊意如何.

---
1) ㉨ '湖'는 '潮'의 오자이다.

재신 인안에게 올리는 편지

어제 오 상국께서 입으로 전하신 말씀을 듣고서야 물으신 뜻을 완전히 알고는 저도 모르게 실소하고 또 실소하였습니다. 가만히 생각건대, 각하께서는 사위의四威儀 가운데서 노승을 보지 마시고 또한 예전에 보던 대로 보고 예전에 알고 있던 대로 인식하는 방식으로 노승을 보지 마십시오. 어째서 그러해야 할까요? 『금강경』에 "'여래는 오기도 하고 가기도 하시며, 앉기도 하고 눕기도 하시는 분이다.'라고 한다면 이 사람은 내가 설한 뜻을 이해하지 못한 것이다. 여래는 온 곳도 없고 간 곳도 없다."[169]라고 하신 말씀을 모르십니까!

또한 각하께서 난야蘭若를 지으셨다는 말을 듣고는 다시금 실소하였습니다. 무슨 까닭에서이겠습니까? 자기 심왕心王의 궁전이 바람 맞고 햇볕에 노출되어 벗겨 떨어지고 퇴색하여 대단히 어지러운데, 어째서 밖에서 이루려 하시는 것입니까? 이 무슨 말이십니까, 이 무슨 말이십니까? 진실로 한쪽만 보고 또 한쪽만 보는 자[170]와 같다 하겠습니다그려.

上印宰臣【安】書

昨聞吳相國口傳, 備諳來風, 不覺失哂失哂. 伏惟閣下, 莫向四威儀中見老僧, 亦莫將見見識識見老僧, 始得. 何以故? 不見金剛經云, "如來若來若去, 若坐若臥,' 是人不解我所說義. 如來者, 無所從來, 亦無所去." 亦聞閣下修成蘭若, 亦得失哂. 何故? 自家心王殿, 風吹日炙, 莫藉不少不少, 爲什麼向外修成? 作麼作麼? 眞可謂擔板漢擔板漢.

다시 편지를 올림

　푹푹 찌는 무더위가 기승을 부리는 요즘, 마치 축융[171]이 화룡[172]을 채찍질하여 온 세상이 활활 타는 화로에 떨어진 것 같으며 삼계가 불안한 것이 마치 불난 집 같습니다. 일상의 생활은 어떠하신지요? 공부하시면서 무더위에 꺼둘리고 계십니까, 아니면 무더위를 시원하게 바꾸고 계십니까? 세간에 거처하심을 허공에 있는 듯이 하십니까? 늘 세간에 있으면서도 세간의 법에 물들지 않으십니까? 예컨대 사령운[173]이 집에 있으면서도 마음의 이런저런 분별 작용을 잊은 것처럼 하십니까?

　경전에 "세간에서 꾸려 가는 살림살이 일체가 실상과 위배된 적이 없다."[174]라고 하였는데 이 도리를 아십니까? 공께서 이 이치를 확실히 파악하여 주인이 될 수 있다는 진실을 믿어 의심치 않으신다면 바로 방온거사龐蘊居士가 "성현이 아니라 진실로 본분사를 끝마친 범부의 경지"[175]라 한 그 경우에 해당하실 것입니다. 그러므로 날것은 그 반대로 익도록 하고 익은 것은 그 반대로 날것이 되도록 해야만[176] 이 본분사에 조금이나마 상응할 것입니다.

　나찬 화상의 산송山頌을 떠올려 몇 마디 부칩니다. "복잡하게 얽힌 세상일이여! 산 풍경만 못하구나. 푸른 소나무가 해를 가리고, 맑은 계곡물은 아득히 흐른다. 산 구름을 장막으로 삼고, 밤에 뜬 달을 등불로 삼으며, 등나무 아래 누워 돌덩이를 베개로 삼는다."[177] 앉고 싶으면 앉고 가고 싶으면 가며, 배고프면 먹고 곤하면 잡니다. 오늘은 자유자재로 움직이면서 마음 가는 그대로 맡겨 두고, 내일은 마음 가는 대로 맡겨 두고서 자유자재로 움직입니다.[178] 온갖 볼품없고 형편없는 꼴 그대로 이렇게 세월을 보냅니다. 말씀해 보십시오! 납자의 산중 생활에서의 본분 소식을 아시겠습니까? 스스로 즐거울 수 있을 뿐, 그대에게 몸소 가져다드릴 수는 없는 일입니다.[179]

又書

時當溽暑, 祝融鞭火龍, 乾坤墮烘爐, 三界不安, 猶如火宅. 未審日用如何? 做功夫, 莫被熱惱所使麼, 使得淸凉熱惱麼? 處世間如虛空麼? 常在世間, 不染世間法麼? 如在家靈運, 已忘機麼? 又經云, "治生產業, 皆與實相, 未嘗違背." 還知此理麼? 公若此理把得定作得主, 信得無疑, 則正是龐公所謂, "不是聖賢, 眞介了事凡夫." 然要須生處反敎熟, 熟處反敎生, 始與此事, 小分相應去. 因憶瓚和尙山頌寄示, "悠悠世事! 不如山丘. 靑松蔽日, 碧澗長流. 山雲當幕, 夜月爲燈, 臥藤蘿下, 塊石枕頭." 要坐卽坐, 要行卽行 ; 飢來喫食, 困來卽眠. 今日騰騰任運, 明日任運. 任百醜千拙, 且恁過時. 且道! 還知衲子山中本分消息麼? 只可自怡悅, 不堪持贈君.

신광사 총장로께서 보내온 부채에 답하는 편지

　어제 받은 진귀한 부채는 훌륭한 솜씨를 가진 사람이 만든 것이니, 정밀한 부챗살은 견줄 데가 없고 자루는 자연히 이루어져 마디가 빽빽하지도 성글지도 않고 몸체는 두껍지도 가늘지도 않으며 빛깔은 검으면서 아롱지며 크기 또한 적당할 뿐 아니라, 마음 달은 고고하고 원만하며 마음 꽃은 곱게 피어 장엄함을 완전히 갖추었습니다.

　저는 천만 개 중에 이와 같은 부채를 하나도 얻기 어렵다는 것을 알고 있습니다. 다만 궁벽한 촌에 사는 자가 이처럼 훌륭한 물건을 갖는다는 것이 실로 분에 넘치는 일임이 근심스러울 따름입니다. 남들이 보면 빼앗아 갈까 깊이 감추어 두었습니다. 진귀한 하사품에 감사한 마음을 이기지 못하여 삼가 두 수의 송을 지어 감사의 뜻을 진합니다.[180] 살펴보고 한번 웃어넘기십시오.

　　둥글부채 내 손에 들어와,
　　분에 넘치는 맑은 바람 맞네.
　　번뇌로 찌는 듯이 덥던 더위 사라지고,
　　가을 동정호에 나를 앉히누나.

　　달처럼 둥근 부채,
　　이것이 바로 밝은 마음 달이로세.
　　만상 가운데 우뚝하니 홀로 드러나,[181]
　　원만하게 늘 휘영청 밝고 맑구나.

　말씀해 보십시오! "만상 가운데 우뚝하니 홀로 드러난 몸"[182]이란 말을 어떻게 이해해야 할까요? 만상을 털어버렸다는 말일까요, 만상을 털어버리지 않았다는 말일까요? 장로의 뛰어난 생각으로는 어떠십니까? 저는 만상을 털어 없애는 것도 옳지 않고 만상을 털어 없애지 않는 것도 옳지 않으며, 그 두 가지 모두 관계치 않는 것 또한 옳지 않다고 말씀드리겠습니다. 말씀해 보십시오! 어떻게 이해해야 딱 들어맞겠습니까?

"만상 가운데 우뚝하니 홀로 드러난 몸"이란 큰 화롯불 속의 얼음과도 같습니다. 여기에서 알아차린 사람이 있다면 단계를 밟아 올라가지 않고도 단번에 곧바로 여래의 지위로 들어가게 될 것입니다. 이미 이 정체正體를 꿰뚫어 속속들이 알아차렸다면 사대·오온과 육근·육진 외에 산하·허공·대지 등 일체 만유가 곧 자기 목숨을 버릴 경계[183]일 것입니다. 수많은 경론도 단지 이 이치를 설한 것일 뿐이요, 모든 부처와 조사들이 갖가지 작용과 방편으로 행한 미묘한 법문도 이 이치를 지시한 것일 뿐입니다. 마치 열쇠를 가지고 보배 창고를 열듯이 닫혔던 문이 이미 열린 것과 같습니다. 마주치는 온갖 대상들이 천차만별이라 하더라도 자기가 본래 가지고 있는 진기한 보배 아닌 것이 없으니 손 가는 대로 집어도 모두 마음대로 쓸 수 있을 것입니다.

당부하여 말씀드리거니와, "나면서부터 석가이거나 자연히 이루어진 미륵불이란 있지 않습니다. 그 누가 어머니 배 속에서부터 깨달아 나왔단 말입니까!"[184] 정신을 바짝 차려야만 할 것입니다, 정신을 반짝 차려야만 할 것입니다. 세월은 사람을 기다려 주지 않습니다.

答神光聰長老扇子書

昨日所奉珎品扇子, 非唯出自好手, 精究無雙, 柄自天成, 節不促稀, 肉不豊瘦, 色烏而斑, 大小得中, 心月孤圓, 心花粲發, 備體莊嚴. 吾知千萬中如此一也難得. 第恐三家村裏漢, 得此長物, 實是分外. 見人奪却, 深而藏之. 不勝珎感之至, 謹作二頌, 和南敬謝. 伏希賜覽, 一咲. 頌曰, "團扇落吾手, 清風分外吹. 煩蒸熱惱滅, 坐我洞庭秋." 又曰, "團團扇月輪, 是箇明心月.

獨露萬相中, 圓明常皎潔." 且道! "萬相之中獨露身", 合作麼生會? 撥萬相是耶? 不撥萬相是耶? 未審尊意如何? 我道撥萬相不是, 不撥萬相不是, 不涉二途, 又却不是. 且道! 作麼生合好去? 曰 "萬相之中獨露身", 一似烘爐火裏冰. 若人於此薦得, 不歷階梯, 一超直入如來地. 旣透澈此正體, 則四大五蘊, 六根六塵外, 及山河虛空大地, 一切萬有, 皆是自己放身命處. 千經萬論, 只說此, 諸佛諸祖, 種種作用, 方便妙門, 只指此. 如將鑰匙開寶藏, 鎖門旣得開. 觸目遇緣, 千差萬別, 無非自己本有底珍奇, 信手拈來, 皆可受用. 囑曰, "未有天生釋迦自然彌勒. 阿那箇在娘肚裏便會出!" 要須快着精彩, 快著精彩. 時不待人.

신광사 장로가 『능엄경』을 구함에 답하는 편지

어제 어떤 선객이 찾아와 말하기를 화상께서 『능엄경』을 보고 싶다고 하신다는 말씀을 들었다기에, 그날로 바로 꾸려 받들어 보내고 이어 제 생각을 아룁니다.

출가한 자의 직분이란 마땅히 생사의 문제를 결단하고 부처의 종자를 이어받아 높이며 도를 넓히고 중생을 이롭게 하는 일입니다. 그런데 어찌하여 경전에 정신을 빼앗기고 글의 뜻에 구애되어 애면글면하십니까! 바다에 들어가 모래를 헤아리는 것처럼 한갓 자신만 수고롭게 하고 괴롭히는 일[185]임을 아셔야 합니다. 부처님께서 "종일토록 남의 재물을 아무리 세어도 자기 몫은 반 푼도 없다."[186]라고 하신 말씀을 모르십니까! 또 덕산 화상이 "경론의 교설에 속임이나 당하면서 한평생을 보낼 뻔했다."[187]라고 하신 말씀을 모르십니까! 또 "그림의 떡으로는 배고픔을 채울 수 없다."[188]라 하고 소초疏鈔를 불태워 버린 일화를 알지 못하십니까!

가만히 생각건대, 대화상 장하丈下께서는 근기와 뜻이 평범치 않고 기지가 남들보다 뛰어나시니 경론의 학식으로 문의文義를 푸는 것을 스스로 자랑삼지 마십시오. 또한 '총명한 분별로는 업을 대적할 수 없고, 메마른 지혜로는 생사윤회에서 벗어나지 못하는 법입니다.'[189] 가령 재주는 계환戒環과 나란하고 이해는 고산孤山과 비슷하다 할지라도 단지 금생今生이나 내생來生에서 사람의 몸을 잃지 않는 정도일 뿐, 납승이 궁극적으로 안락하게 처할 곳은 아니며 도와도 전적으로 거리가 멉니다. 천경 초남千頃楚南 선사가, "여러 불제자들이 설령 삼세 부처님들의 교설을 이해하여 병에서 물이 쏟아지듯이 유창하게 설법하고 백천 가지 삼매와 한량없는 묘의를 얻었더라도 일념으로 번뇌가 없는 도(無漏道)를 닦아서 저 인천의 인과에 속박되는 잘못에서 벗어나는 것만 못하다."[190]라고 하신 말씀을 모르십니까!

대화상께서 훗날 어느 때라도 근본적인 가르침(宗敎)을 널리 드날리고자 하신다면 하나하나가 모두 자기 마음속으로부터 흘러나와 하늘과 땅을 뒤덮어야 곳곳 어디에서나 그것을 실현할 수 있을 것입니다.[191] 당부하여 말씀드리건대, 충성스러운 말은 귀에 거슬리는 법이나, 어찌 마음에 새겨 두지 않을 수 있겠습니까!

答神光長老求楞嚴經書

一昨有一禪客來言, 承聞和尙有言, 要看楞嚴經, 卽日收拾奉送, 繼白下情. 夫出家之職, 應須決擇生死, 紹隆佛種, 弘道利生. 何乃孜孜經卷, 役役拘文! 悉入海筭沙徒自勞困. 不見佛言, "終日數他寶, 自無半錢分." 又不見德山和尙云, "洎被經論, 賺過一生." 又云, "畫餠不可充飢." 燒却疏鈔. 伏惟大和尙丈下, 根思不凡, 機智過人, 莫以經論識學詮文爲自矜. 且聰明不能敵業, 乾慧未免生死. 假使才並戒環, 解似孤山, 只是一生兩生, 不失人身, 未是衲僧究竟安樂處, 與道全遠. 不見千頃楚南禪師曰, "諸子設使解得三世佛敎, 如甁注水, 及得百千三昧無量妙義, 不如一念修無漏道, 免彼人天因果繫絆." 若也大和尙, 他時後日, 播揚宗敎, 須一一從自己胷襟流出, 盖天盖地, 觸處現成矣. 囑曰, 忠言逆耳, 豈不銘心者哉!

예원 선교총통 찬영에게 답하는 편지

이별한 이래로 지금에 이르기까지 다섯 해가 되었습니다. 멀리서 마음으로 그리워하며 때때로 그리움에도 지쳤었습니다. 어제 법지法旨를 받들어 받고서 보내신 글 뜻을 완전히 알고 나니 마음에 기쁨이 넘쳐흐르고 그리움이 그치지 않습니다. 날마다 새롭고 날마다 또 새롭습니다. 저의 생각으로 밝게 비추어 본 것이니 (다음에 제가 드리는 말씀을) 너무 나무라지는 마십시오.

서신에 말씀하시기를, '다만 푸른 산과 흰 구름을 바라볼 뿐'이라고 하셨는데 그 존귀하신 말씀에 담긴 뜻을 알지 못하겠습니다. '말 가운데 여운이 있다'는 말씀이신가요? '자신의 신분을 낮추어 다른 사람을 속인다'는 말씀이신가요? 영가 현각이 "먼저 도를 깨닫고 나서 그런 뒤에야 산에 살아야 한다. 도를 깨닫지도 못하고서 먼저 산에 산다면 단지 그 산만 알고 필시 그 도는 잊을 것이며, 산에 살지 않으면서 먼저 도를 깨달으면 단지 그 도만 알고 필시 그 산은 잊을 것이다. 도만 알고 산을 잊는다면 세간사에 적막할 것이고, 산만 알고 도를 잊는다면 산중 생활이 시끄러우리라."192라고 하신 말씀을 모르십니까! 선교총통 대종장이시야말로 바로 그러한 분이신데, 어찌하여 그러한 말씀을 하신 것입니까!

교법으로써 말씀드리자면 '보살은 항상 세간에 있으면서도 세간법에 물들지 않는다.'193라고 하니 보살은 세간법의 허망함을 분명히 알고 있기 때문에 세간법에 물들지 않는다는 것입니다. 조사 문하에서는 세간법과 불법이 한 덩어리로서 이쪽에서나 저쪽에서나 자연 그대로 맡길 뿐이니, 이것이 바로 대장부의 본분사입니다. 그러나 이 사람은 수행 도중의 설을 염두에 두고 한 말입니다.

심오한 이치로 들어가는 것으로 말하자면 이 본분사는 "생사라는 바다에 던져져 있어도 검은 용의 구슬이 바다에서 홀로 빛나는 것과 같고, 열반의 언덕에 걸터앉아 있으니 달이 푸른 하늘에 홀로 밝은 것과 같습니다."[194] 그런 까닭에 '법이 이와 같으므로 깨달아 들어가는 길도 이와 같고, 마음껏 자재하게 써먹는 수단도 이와 같으며, 일상의 수행도 이와 같다.'고 하는 것입니다. 글이 길어졌습니다. 구차하나마 삼가 아뢰었습니다.

答芮院禪敎摠統【璨英】書

自別已來, 經今五載. 遙心眷想, 時復成勞. 昨奉法旨, 備諳來意, 喜溢胷襟, 望風不弛. 日新日又新. 然意洞照休罪. 且書中云, 但望靑山白雲者, 未審尊意如何. 莫是言中有響麽? 莫是貶己欺人麽? 不見永嘉云, "先須悟道, 後乃居山. 若未識道而先居山者, 但見其山, 必忘其道；若未居山而先識道者, 但見其道, 必忘其山. 見道忘山者, 人間亦寂；見山忘道者, 山中亦喧." 禪敎摠統大宗長, 是介中人, 爲甚如是言歟! 以敎言之, 則'菩薩常在世間, 不染世間'者, 菩薩明了世間虛故, 不染世間法. 祖門下人, 世法佛法, 打成一片, 這邊那邊, 任運自在, 是大丈夫事. 然此人意途中之說. 入理言之, 若是此事, "處生死海, 驪珠獨耀於蒼海, 踞涅槃岸, 桂輪孤朗於碧天." 故云, '法如是故, 得入如是, 受用如是, 行李如是.' 向下文長. 姑此謹啓.

신광사 장로 축탄에게 올린 편지

삼가 아룁니다. 지난해 가을 8월, 당신께서는 동쪽으로, 저는 서쪽으로 향하여 각자 아득한 타향에서 서로 소식도 모른 채 지냈습니다. 홀연 금년 여름이 이르기 전 봄에 대장로께서 동쪽에서 서쪽으로 오신다는 말을 풍문으로 듣고 마음에 기쁨이 흘러넘쳐 오래도록 서서 그 모습을 간절히 기다리면서 날마다 새롭고 날마다 또 새로웠습니다. 길 떠나셨다는 날이 오래되었는데도 끝내 모습을 뵙지 못하니, 어리석은 제 생각에 오시다가 중도에 그만두셨는지 걱정스러워 마음이 불안하고 황망하였습니다.

어떤 수행자가 암자를 지나다 들러 장로께서 11일에 한 절의 주지가 되셨다는 이야기를 들었다고 하는 말을 듣고는 감사함과 경사스러운 마음을 주체하지 못하였습니다. 장로께서는 참으로 좋은 운이 트이셨습니다, 좋은 운이 트이셨습니다. 곧장 나아가 뵙고 싶은 생각 간절하나 이미 결제 기간이라 처음 먹었던 마음을 결정짓지 못하고 그리움에 울적하기만 합니다.

저의 생각으로 밝게 비추어 본 것이니 (다음에 제가 드리는 말씀을) 너무 나무라지는 마십시오. 저는 수행하는 사람[195]의 마음을 헤아리지 않고 삼가 도움이 될 만한 말씀을 공경하는 마음으로 아뢰고자 합니다. 장로께서는 주머니 속의 송곳이 드러나는 것처럼 재주 빼어나시고 과실이 익어 향기 날리듯이 이름이 나셨으니, 세상에 나오시어 이미 인간계와 천상계의 중생을 이끄는 핵심으로서 방장의 지위에 오르셨습니다. 그러하오니 다만 넉넉하면 넉넉한 대로 부족하면 부족한 대로 이끄시며[196] 주지로서의 일이 번거롭다 하여 겨우 한 삼태기 흙이 모자라 공을 허물어뜨리는 것[197]과 같은 일은 하지 마십시오.

동산 양개洞山良价 화상이 동산에서 30여 년 동안 주지를 하셨는데 토지신이 한동안 몰래 지켜보았지만 동산을 보지 못하였다[198]고 하니, 동산이 이와 같이 실천 수행하고 지향했던 뜻이 그와 같았습니다. 이 어찌 납승이 추구해야 할 본분초료[199]가 아니겠습니까! 장로께 바라건대 의당 동산의 풍모를 추모하여 밖으로는 모든 견해를 잊고 안으로는 마음의 지해知解를 끊어 망상을 그치고 그 길을 따라 실행하면 용산龍山[200] 도인이 '한 줄기 신령한 빛에 모든 대상 경계를 마주해도 한가로웠다.'[201]라고 한 경지에 이르게 되실 것입니다. 이러한 경지에 이르고 보면 다시 또 무슨 별다른 일이 있겠습니까! 이것이 바로 궁극의 일인 것입니다.

上神光長老【竺坦】書

謹啓. 去年秋八月, 君東我亦西, 各在一天涯, 音問不相知. 忽於今年火前春月, 側聞大長老從東過西, 喜溢胷襟, 佇望行色, 日新日又新. 啓途日久, 了無行色, 愚心將恐牛前落後, 心不安遑. 聞有一禪人, 歷入山菴, 聞說長老十有一日, 入院住坐, 不勝珎感喜賀. 長老好生命快, 好生命快. 卽進切意, 這裏已結制, 未果初心, 向風悒怏. 然意洞照休罪. 余不揆蔬荀[1])之腸, 警助敬白. 長老囊錐已露, 果熟飄香, 旣出世, 已爲人天眼目, 方丈之職. 但以隨家豊儉, 毋以住持事繁, 功虧一簣. 不見良价和尙, 住於洞山三十餘年, 直得土地神, 一度潛覷, 不見看他, 洞山恁麽履踐, 趣向如是. 豈不是衲僧本分草料耶! 望長老, 宜乎追慕洞山之風, 外忘諸見, 內絶心智, 休心履踐, 便可詣龍山道人, '一道神光萬境閑脫.' 若到這介田地, 更有什麼事! 便是究竟.

---
1) ㉠ '荀'은 '筍'의 오자이다.

선 선인에게 주는 편지

여러 해 동안 만나지 못했다고 옛날에 알던 사이라고만 여기지는 마십시오. 노숙老宿[202]께서는 옛날부터 걸어왔던 잘못된 길을 바꾸셨는지요? 만약 바꾸었다면, 이전부터 알고 있던 경계에 눌러앉지 말고, 재빠르게 백척간두에서 한 발 더 나아가 불조佛祖의 정수리에 있는 묘한 이치를 궁구하여 밝히고, 어떤 행동거지도 한결같이 허위虛僞에 떨어지지 않아야 비로소 편안히 앉아 머무는 방법을 알게 될 것입니다. 옛사람이 "백척간두에서 반드시 한 발 더 나아가 시방의 세계에 온몸을 드러내야 한다."[203]라고 한 말을 모르십니까! 또한 선덕이 "깨닫고 나면 반드시 사람을 만나야 한다."[204]라고 한 말도 아실 것입니다.

만약 사람을 만나 가르침을 주지 않는다면 꼬리 없는 원숭이가 기교를 부리자마자 곧바로 비웃음을 사는 것과 흡사할 것입니다. 당부하여 말씀드립니다. 깨닫고 난 다음에는 반드시 사람을 만나 그 경지를 전해야 합니다. 만약 사람을 만나지 않는다면 향상하는 안목을 터득하지 못하고, 또한 왜곡된 견해의 가시[205]에 미혹당하여 이전과 마찬가지로 이리저리 떠돌게 될 것입니다. 만약 보잘것없는 느낌을 얻고서 충분히 깨달았다고 여기며 스스로 삿된 견해에 집착하여 결코 한 걸음도 더 나아가려 하지도 않고 또한 사람을 만나 전하지도 않는다면, 치명적인 결점이 되어 스스로 속을 뿐만 아니라 불조佛祖까지 속이는 결과가 될 것이니, 생각하고 또 살펴 신중히 생각하십시오. 만약 향상하는 종승 중의 일을 이해하고자 한다면, 그것과 마주칠 방법을 자세히 알려 드리기 위해 부끄러움을 무릅쓰고 하나의 비결을 가르쳐 드리겠습니다. 우선은 이 서신으로 말씀드렸습니다.

示禪禪人書

多年不相見, 莫作舊時看. 未審老宿換却舊時行李處麼? 若也換得, 莫坐在已見上, 急宜竿頭進步, 究明佛祖頂顙上妙致, 凡所擧止, 悉不落虛僞, 始解穩坐. 不見古人云, "百尺竿頭須進步, 十方世界是全身." 又不見先德云, "悟了須遇人." 若不見人, 如無尾巴獼猴相似, 才弄出便取咉. 囑曰, 悟了須見人. 若不見人, 不得向上眼, 又被見刺惑, 依前流浪去. 其或得小分覺觸, 便以爲足, 自執邪見, 更不進步, 亦不見人, 卽成大患, 非唯自謾, 亦謾佛祖, 思之諦思之. 若也要會向上宗乘中事, 枉垂相訪, 不惜眉毛, 爲君一訣. 姑此書覆.

요선 선인에게 부치는 편지

집을 떠나고 속세를 벗어나는 목적은 다만 도를 넓히고 중생을 이롭게 하려는 것일 뿐입니다. 그러나 남들을 제도하거나 도를 얻은 흔적이 전혀 없어야 비로소 불조佛祖의 경지로 향상한 사람이 걸어간 길에 들어설 수 있습니다. 다음의 문답[206]을 모르십니까! 석두石頭가 (좌선하고 있는) 약산藥山에게 물었습니다. "그대는 여기서 무엇을 하는가?" "아무 일도 하지 않습니다." "그렇다면 할 일도 없이 앉아 있는 것이로구나." "할 일 없이 앉아 있는 것도 무엇인가 하는 것입니다." "그대는 아무것도 하지 않는다고 말했는데, 무엇을 하지 않는다는 말인가?" "어떤 성인도 이해하지 못합니다." 이에 석두가 게송 한 수를 읊었습니다.

> 본래부터 함께 살았으나 이름조차 모르고,
> 마음 가는 대로 서로 도우며 그렇게 해 왔을 뿐이라네.
> 예로부터 성현들도 알지 못했거늘,
> 짧은 시간에 얕은 식견의 범부가 어찌 쉽게 밝히겠는가!

저들 스승과 제자가 이렇게 밟아 간 길과 이와 같이 지향했던 뜻을 살펴보십시오. 이 어찌 향상하는 본분사가 아니겠습니까! 선로禪老[207]께서는 이 경지에 들어선 분이시지만 제가 본분사를 언급하지 않을 수 없었던 것은 앞서간 조사들의 선풍禪風을 되새기며 그 뜻을 우러름이 마땅하기 때문입니다. 망상을 그치고 그 길을 따라가며 예로부터 이어 온 선풍을 떨어뜨리지 않는다면 자기의 본분사가 명백하게 될 것입니다. 꽃 핀 산에 봄의 정취를 조금도 느낄 수 없습니다. 한번 웃어넘기시기 바랍니다.

寄示了禪禪人書

夫出家離俗, 只要弘道利生. 然絶無度人, 得道之跡, 方可詣向上人行李. 不見石頭問藥山, "汝在這裏, 作什麼?" 山云, "一切[1]不爲." 頭云, "恁麼則閑坐也." 山云, "閑坐則爲也." 頭云, "汝道不爲, 且不爲箇什麼?" 山云, "千聖亦不會." 頭乃有頌云,

"從來共住不知名, 任運相將只麼行.
自古聖賢猶不識, 造次凡流豈易明!"

看他師資, 恁麼履踐, 趣向如此. 可不是向上本分事耶! 禪老是箇中人, 不可不說箇中事, 宜乎追慕先祖之風. 休心履踐, 使古風不墜, 乃自己事明白也. 花山春興少不得. 一咦.

---
1) ㉘ '一切'는 대부분의 문헌에 '一物'로 되어 있다.

희심 사주²⁰⁸에게 보내는 편지²⁰⁹

장로의 법휘²¹⁰를 처음 접하는 순간 마음속 깊이 진실로 놀라고 또 진실로 놀랐습니다. 장로의 '희심希諶'이라는 법명은 조주趙州의 어떤 면모와 같이 되기를 희망하여 붙인 것입니까? 백세의 춘추를 누렸던 조주와 같이 장수하기를 바라서입니까? 아니면 여든의 나이에도 참선한 조주의 정진력을 본받고 싶어서입니까? 만약 그렇다면, 조주의 선禪을 사모하는 것이로군요.

조주는 "나는 무수한 사람을 만났지만 그들은 모두 부처를 찾는 사람들일 뿐, 그들 중 무심無心의 경지에 이른 도인은 한 사람도 만나지 못했다."²¹¹라고 말했습니다. 조주가 사람들에게 준 공안은 비록 대단히 많지만, 이 한마디로 그것을 다 포괄할 수 있습니다. 저 고불古佛²¹² 조주가 이렇게 밟아 간 길과 이와 같이 지향했던 뜻을 살펴보십시오. 이 어찌 부처의 경지로 향상하는 본분사가 아니겠습니까! 장로는 법명이 희심인 이상 마땅히 (법명의 뜻과 어울리게) 조주의 옛 선풍을 사모하여 그렇게 되기를 바라야 할 것입니다. 하루 어느 때나 모든 행위 방식 안에서 이 말을 깊이 음미하며 망상을 그치고 그 길을 따라간다면, 어떤 경계를 만나고 어떤 인연을 마주치더라도 자연히 하늘과 땅을 뒤덮는 기세로 어느 곳에서나 조주의 선풍을 눈앞에 실현하게 될 것입니다.

그러나 옛사람이 "마음에서 '바라는 것'이 없어야 도道라 한다."²¹³라고 하였으니, 바랄 희希 자 한 자가 온갖 화의 근원이기 때문입니다.²¹⁴ 생각하고 또 깊이 생각하십시오.

示希諶社主書

直觸長老法諱, 深心誠恐誠恐. 未審長老法名希諶者, 希箇趙州什麼邊事耶? 希趙州百歲春秋耶? 希趙州八十更叅禪耶? 若是, 希慕趙老禪也. 趙州道, "我見千萬人, 只是覓佛底人, 其中一箇無心道人難得." 趙州爲人公案, 雖千萬言, 此一言弊之. 看他古佛趙老, 恁麼履踐, 趣向如是. 豈不是向上事也! 長老旣是希諗, 宜乎希慕趙州古風. 十二時中, 四威儀內, 深味此言, 休心履踐, 逢¹⁾境遇緣, 自然蓋天蓋地, 觸處現成. 然古人云, "心無所希, 名之曰道." 則希之一字, 是衆禍之源. 思之諦思之.

---

1) ㉮ '逢'은 '逢'의 오자이다.

승통 공선에게 부치는 편지

　이별한 이래 지금에 이르기까지 몇 해인가요. 성상은 두 번이나 바뀌었건만 길은 동서로 막혀 있습니다. 존체 기거하심은 어떠하신지요? 멀리서 마음으로 그리워하며 때때로 그리움에 지쳐 갑니다. 저는 이곳에 이른 후로 세상과의 인연은 절로 물러가고 도업은 날로 새로우며 심신은 편안하여 되어 가는 그대로 맡겨 두고 세월을 보내고 있습니다. 존귀하신 당신의 생각은 어떠신지요?

　출가한 자의 직분이란 마땅히 생사의 문제를 결단하고 부처의 종자를 이어받아 높이며 도를 넓히고 중생을 이롭게 하는 일입니다. 그런데 삼분의 세월에서 이분이 이미 지났는데도 마음(靈臺)²¹⁵은 한 점도 아직 닦지 못하고서 오로지 경전에만 정신을 빼앗기고 글의 뜻에 구애되어 애면글면하십니까! 바다에 들어가 모래를 헤아리는 것처럼 한갓 자신만 수고롭게 하고 괴롭히는 일임을 아셔야 할 것이니, 끝내는 아무 이익도 없을 것입니다. 그러므로 부처님께서는 "종일토록 남의 재물을 아무리 세어도 자기 몫은 반 푼도 없다."라고 하신 것입니다.

　엎드려 바라건대, 대존숙께서는 경론을 스스로 자랑하지 마시고 평생의 행각을 저버리지 마십시오. 안목이 총명하다 해도 그러한 지혜 분별로는 업을 대적할 수 없고, 메마른 지혜로는 생사윤회에서 벗어나지 못하는 법입니다. 가령 재주는 마명馬鳴과 나란하고 이해는 용수龍樹와 비슷하다 할지라도 단지 금생今生이나 내생來生에서 사람의 몸을 잃지 않는 정도일 뿐, 납승이 궁극적으로 안착할 곳은 아니며 도와도 전적으로 거리가 멉니다.²¹⁶

　주금강周金剛²¹⁷ 덕산 화상이 서촉에서 발분하여 남쪽으로 오다가 처음 용담에 이르러 용담 숭신龍潭崇信²¹⁸을 한번 뵙고는 현묘한 뜻을 단박에 깨닫고 지금까지의 수행이 잘못이었음을 알고는 "경론의 교설에 속임을 당하면서 한평생을 보낼 뻔했다."라 하였고, 또 "그림의 떡으로는 배고픔을 채울 수 없다."라 하며 그때까지 지어 왔던 경론의 소초를 모두 불태워 버린 일화를 모르십니까![219]

존숙께 바라건대, 연로하다는 이유로 자신의 마음을 저버리지 마십시오. 조주는 여든의 나이에도 참선하여 대장부의 일을 성취하셨다는 것을 모르십니까! 엎드려 바라옵건대, 존숙께서는 마땅히 조주 노한의 옛 선풍을 사모하여 그렇게 되기를 바라셔야 할 것입니다.[220] 지금까지 입과 귀로 전해진 학식과 지견과 이해 그리고 일체의 물들고 무젖은 망령된 생각을 내던지시고, 본래의 정견正見에 한길로 곧장 매진한다면 자연히 원만하게 성취하여 눈에 마주치는 대상마다 모두 진실하게 될 것입니다. 존숙께서 젖내 나는 이 사람의 말을 믿고서 헛걸음한다 생각하고 찾아와 주신다면 죽기를 각오하고 온 힘을 다해 모시겠습니다, 온 힘을 다해 모시겠습니다.

寄【公宣】僧統書

自別已來, 經今數載. 星霜再換, 路隔東西. 不委尊體起居若何? 遙心眷想, 時復成勞. 余自到于玆, 世緣自退, 道業日新, 身心安樂, 任運過時. 未審尊意如何? 夫出家之職, 應須決擇生死, 紹隆佛種, 弘道利生. 何乃三分光陰二早過, 靈臺一點未曾磨, 一向孜孜經卷, 役役拘文! 悉入海筭沙徒自勞疲, 終無所益. 故佛言, "終日數他寶, 自無半錢分." 伏希大尊宿, 莫以經論自矜, 辜負平生行脚. 眼且聰明不能敵業, 乾慧未免生死. 假使才並馬鳴, 解似龍樹, 只是一生兩生, 不失人身, 未是衲僧究竟落着處, 與道全遠. 不見周金剛德山和尙, 自西蜀發憤, 南來初到龍潭, 一見頓悟玄旨, 知非便道, "泊被經論, 賺過一生." 又云, "畫餅不可充飢." 盡燒却從前所造經論疏抄! 望尊宿, 毋以年老辜負己靈. 又不見趙州八十更叅禪, 成就大丈夫事. 伏惟尊宿, 宜乎追慕趙老之風. 放捨從前口耳相傳, 識學知見解會, 及一切妄染情習, 一往直前本來正見, 自然圓成, 觸目皆眞. 若尊宿, 倘信孺子之言, 枉垂相訪, 以死爲期, 竭力奉事, 竭力奉事.

내불당의 감주[221] 천호 장로에게 부치는 편지

임진년壬辰年(1352)에 성각사性覺寺에서 헤어진 뒤로 세월은 벌써 스무 해나 바뀌었습니다. 서로 갈라진 길이 천 리 사이로 떨어져 각자 하늘 한 끝에 처해 있으며 오래도록 소식이 막힌 채 세월만 흘렀습니다. 이따금 스님의 풍모 그리워 당신이 계신 먼 곳으로 가고픈 마음에 때로 거듭 힘들어집니다.

얼마 전 장로께서 임금의 명령으로 조정에 들어가 임금을 친견하고 조사의 맑은 선풍을 널리 펼침으로써 문명의 성스러운 교화를 도왔다는 소문을 들었습니다. 스님은 아주 좋은 운이 트이셨으니 이 노승은 감사한 마음을 이길 수 없습니다. 저의 생각으로 밝게 비추어 본 것이니 (다음에 제가 드리는 말씀을) 너무 나무라지는 마십시오.[222] 게송으로 저의 그 심정을 읊겠습니다.

> 존경하는 이와 헤어진 뒤 손꼽기도 바쁘게,
> 시간은 홀연 흘러가니 남은 삶을 생각해 보았다네.
> 비록 시방 어디에나 통하는 눈을 이미 얻었더라도
> 남을 제대로 가르치려면 조사선을 꿰뚫어야 하노라.

말해 보십시오! 조사선이란 무엇일까요? 도오道吾가 "나에게 하나의 기틀이 있으니, 눈을 깜박거려 그것을 보이노라. 만일 누군가 그것을 알아차리지 못한다면, 특별히 그를 사미沙彌라고 부르리라."[223]라고 한 말을 모르십니까! 또한 옛사람들의 방편은 갠지스강의 모래알처럼 무수합니다. 가령 뜰 앞의 잣나무, 삼 세 근, 마른 똥막대기 등의 화두에 대하여 조사 문하의 선객禪客으로서 당신은 어떻게 이해하십니까? 바르게 이해한다면 대단히 예사롭지 않은 경지이겠으나, 그렇지 않다면 과보를 모면하기 어려울 것입니다. 왜 그럴까요?

오조 법연五祖法演은 다음과 같이 말했습니다. "세속의 사람들은 부처를 죽이거나 조사를 죽인 결과로 오무간五無間의 지옥에 떨어지는 업[224]을 지었다가도 한 찰나에 마음을 돌리면 참회가 허용되지만, 오로지 배워서 이해하거나 전수받은 것을 익히면서 입으로 떠들고 귀로 듣기만 하는 무리들은 그 근거에 통달하지 못하기 때문에 무간지옥에 떨어지는 무거운 과보를 피하지 못한다."[225] 엎드려 바라건대, 대장로께서는 한창 왕성한 나이인 장년壯年이시고 기민한 지혜는 누구보다 뛰어나니, 마땅히 법연 선사의 이 말씀을 받아들여 깨달음을 근본적인 법도로 삼으십시오.

만약 대장로께서 근본적 가르침(宗敎)을 널리 퍼뜨리려면 자신의 마음속에서 흘러나온 깨달음으로 하늘과 땅을 뒤덮어야 할 것입니다. 만약 이러하지 못하면서 조사선을 이해하고자 한다면 『염송』11권 26폭[226]에 나오는 다음 공안을 살펴보십시오. "어떤 학인이 조주의 뜰 앞의 잣나무 화두를 들고서 섭현 귀성葉縣歸省[227] 화상에게 가르침을 청하자 귀성이 말했다. '내가 그대에게 말해 주지 못할 것은 없지만 내 말을 믿겠느냐?' '화상의 소중한 말씀을 어찌 믿지 않을 수 있겠습니까!' '처마 끝에 떨어지는 빗방울 소리가 들리느냐?' 이 말을 듣고 그 학인은 탁 트인 듯이 크게 깨닫고는 절을 올렸다. '그대는 어떤 도리를 알았기에 절을 하느냐?' 그 학인이 게송으로 대답했다. '처마 끝의 빗방울, 똑똑 떨어지는 소리 분명하구나! 하늘과 땅을 때려 부수고, 그 자리에서 마음을 쉬었도다.' 귀성이 기꺼이 그의 경지를 인정하며 '그대는 조사선을 이해했구나.'라고 말했다."[228]

만약 장로께서 이 공안을 밑바닥까지 철저히 꿰뚫지 못하여 아랫사람에게 묻는 것을 부끄럽다 여기지 않으신다면,[229] 선종의 이빨과 발톱[230]이자 납승의 본분 수단[231]인 조사선과 마주칠 방법을 자세히 알려 드리겠습니다. 노승은 잘못 말하지 않을까 두려워하지 않고 하나의 비결을 가르쳐 드리겠습니다. 세존께서 아난의 잘못을 꾸짖으며 "네가 천 일 동안 배운 지혜가 하루 동안 도를 배우는 것만도 못하다. 만약 도를 배우지 않는다면 물 한 방울도 소비할 자격이 없을 것이다."[232]라고 하신 말씀을 모르십니까! 또 말하면 길어지게 되니 이만 줄입니다. 구차하게 늘어놓은 말을 삼가 올립니다.

寄內佛堂監主長老【天浩】書

歲在壬辰, 於性覺寺, 辭違已來, 星霜已換於廿秋. 歧路俄隔於千里, 各在天涯, 久阻音問, 日去[1]月諸. 往往望風, 遙心眷想, 時復成勞. 近聞長老詔入天庭, 利[2]覲天顔, 擧揚祖師之淸風, 以助文明之聖化. 好生命快命快, 予老僧, 不勝珎感. 然意洞照, 休罪休罪. 頌曰,

奉別尊顔輕屈指, 光陰倏忽念餘年.

雖然已得通方眼, 爲人須透祖師禪.

且道! 作麽生是祖師禪? 不見道吾云, "我有一機, 瞬目視伊. 若人不會, 別喚沙彌." 且古人方便, 數如恒沙. 只如庭前柏樹子, 麻三斤, 乾屎橛, 祖門下客, 作麽生會? 會則甚奇特, 不會則難免果報. 何故? 演祖云, "世人, 殺佛殺祖, 造五無間業, 一念廻心, 却許懺悔, 唯學解傳習口耳之流, 未達其由, 無間重報, 難逃難逃." 伏希大長老, 春秋鼎盛, 機智過人, 當事斯語, 以悟爲則. 若也大長老, 播揚宗敎, 從自己胸襟流出, 盖天盖地. 若不如是, 要會祖師禪, 看取拈頌十一卷二十六幅. "葉縣省和尙, 因僧請益, 擧趙州庭前柏樹子話, 省曰, '我不辭與汝說, 汝還信否?' 僧云, '和尙重言, 爭敢不信!' 省曰, '汝還聞簷頭雨滴聲麽?' 其僧豁然大悟禮拜. 省曰, '汝見介什麽道理禮拜?' 其僧便以頌對曰, '簷頭雨滴, 分明歷歷! 打破乾坤, 當下心息.' 省大忻然曰, '汝會得祖師禪也.'" 若也長老, 此公案上, 未得透澈, 不恥下問, 枉垂相訪, 宗門牙爪, 衲僧巴鼻, 祖師禪. 老僧不惜眉毛, 爲君一訣. 不見世尊訶嘖阿難曰, "汝千日學慧, 不如一日學道. 若不學道, 滴水也難消."

向下文長. 姑此謹啓.

---

1) ㉮ '去'는 '居'의 오기이다. '日居月諸'는 '세월이 흘러간다'는 뜻이며, '居'와 '諸'는 어조사이다. 2) ㉯ '利'는 '來' 또는 '入'의 오기이다.

제자 대선사 자원에게 부치는 편지

출가한 사람은 부모님께 맛있는 음식으로 봉양하지 못하니 육친을 이미 버리고 떠난 때문이며, 나라를 다스리거나 가업을 돌볼 수도 없다. 후사를 일시에 버리고 발걸음을 옮겨 세간을 벗어나 머리 깎고 스승을 모시며 납의를 입기로 뜻을 굳힌 것은 무엇을 뛰어넘고자 해서인가?

안으로는 온갖 사려 분별을 이겨 내는 공부에 부지런히 힘쓰고 밖으로는 다투지 않는 덕을 넓혀서[233] 부처의 종자를 이어받아 높이며 마구니를 두려워 떨며 항복하도록 하고, 위로는 네 가지 은혜에 보답하고 아래로는 삼악도에서 고통 받는 중생을 구제해야 하리라. 지금 단지 세상사가 눈앞의 일을 좇아 지나는 것만 알 뿐, 늙음이 머리끝에서부터 이르는 줄은 모르고 있지 않은가? 세상일에 연연해하며 어리석고 몽매하여 성찰할 줄 모른다면 그 까닭이 어디에 있는 것이겠는가? 한평생을 헛되이 보내고 나서 후회해도 따라잡을 수 없으리니, 안타까운 일이로다. 부처님께서 "바닷속에 던져진 바늘 하나는 오히려 찾을 수 있지만 사람의 몸은 다시 얻기 어렵다."[234]라고 하신 말씀을 모르는가! 이 경우보다도 정도가 더 심하므로 당부하여 말하겠다.

그대가 쉬고자 한다면 그대로 바로 쉴 일이요, 깨달아 마칠 때를 기다린다면 그런 날은 오지 않으리라.[235] 금생에 노력하여 깨닫기를 마쳐야 하며 겁을 계속하도록 재앙을 받게 내버려 두어서는 안 된다.[236] 또 '하루아침에 무상한 죽음에 이르면, 그때야 비로소 꿈속에서 깨어나지 못한 사람이었음을 알리라. 그 무엇도 가지고 가지 못하며, 오직 자신이 지은 업만이 몸을 뒤따르리라.'[237] 업력으로 인해 무수한 억겁의 세월을 생사라는 바다에 빠져서 깨달아 마칠 기약이 없을 것이다. 금생에 도를 보는 안목을 밝히지 못한다면 과보를 면하기 어려우리니 생각하고 또 살펴 신중히 생각하라. 노승이 그대에게 이와 같은 말을 하지 않았다고 말하지 말라.

그대가 들으려 하지 않는다면 나 또한 어찌할 도리가 없을 뿐이다. 내가 그대를 저버렸다고 생각했는데, 도리어 그대가 나를 저버리는구나.[238] 간곡히 당부하는 바이다.

寄第[1)]子大禪師【資遠】書

夫出家者, 旣父母不供甘旨, 六親固以棄離, 不能安國治邦家業. 頓捐繼嗣, 發足超方, 剃髮稟師, 決志被緇, 意欲等超何所? 內勤剋念之功, 外弘不諍之德, 紹隆佛種, 震攝魔軍, 上報四重恩, 下濟三途苦. 未審至今只知事從眼前過, 不知老從頭上來? 貪戀世事, 愚迷不省, 其故安哉? 可惜一生空過, 後悔難追. 不見佛言, "一針投海底, 尙有可得, 且夫人身後難復." 甚於此, 囑曰, 汝欲休去便休去, 若待了時無了時. 努力今生須了悟, 免敎累劫受餘殃. 又, '一朝無常至, 方知夢裏人. 萬般將不去, 唯有業隨身.' 以業力故, 塵沙億劫, 淪沒生死海, 無有了期. 若也今生道眼不明, 難免果報, 思之諦思之. 莫道老僧與你不恁麽道. 汝若不聽, 吾末[2)]如之何也已矣. 將謂吾辜負汝, 却是汝辜負吾. 至囑.

---

1) ㉑ '第'는 '弟'와 통한다. 2) ㉑ '末'은 '未'의 오자이다.

이 상공에게 부치는 편지²³⁹

예로부터 부처와 조사가 어찌 하나의 법이라도 사람들에게 준 일이 있었겠습니까! 만약 하나의 법이라도 전하거나 받은 일이 있었다면 불법이 어찌 오늘날에까지 이르렀겠습니까!

옛날 남인도의 나라에 사는 사람들 중에는 복업²⁴⁰을 믿는 자들이 많았습니다. 14조 용수龍樹²⁴¹가 특별한 뜻을 품고 가서 그들을 교화했습니다. 그 나라 대중이 용수에게 말했습니다. "사람에게 복업은 세간에서 가장 좋은 일인데 한갓 불성佛性만 말씀하시니 누가 그것을 본다는 말씀입니까?" "당신들이 불성을 보고자 한다면 먼저 아만我慢²⁴²을 없애야 합니다." "불성은 큽니까, 작습니까?" "크지도 않고 작지도 않으며, 넓지도 않고 좁지도 않으며, 복도 없고 과보도 없으며, 죽지도 않고 살지도 않습니다."²⁴³

이것이 바로 마음의 본체를 곧바로 보여 준 실례이니, 그 일단의 대중은 그 말을 듣고 모두 바른 이치를 깨달았던 것입니다. 그러나 깨달음은 당사자에게 달려 있으며, 다른 사람에게서 얻는 것이 아닙니다. 그러므로 "부처님들이 세상에 나타나시고, 달마대사가 인도로부터 중국에 왔지만 하나의 법도 사람들에게 준 적은 없었다."²⁴⁴라고 한 말이 그 도리를 가리킵니다. 불법에는 대단한 것이 없으나²⁴⁵ 오랜 세월이 흘러도 그것을 아는 사람을 만나기는 어렵습니다.

상공께서는 다행히 연세가 많지도 적지도 않아 적절하며, 기민한 지혜도 넘치거나 모자라는 잘못이 없고,²⁴⁶ 매일같이 대상과 응하는 경계에서 스스로 경각警覺하여 세간의 망념에 물든 마음을 돌려 최상의 불과佛果인 보리菩提를 익히며 배우고 있으니, 과거세에 반야의 종지種智를 심지 않았다면 어찌 이와 같을 수 있겠습니까!²⁴⁷ 경전에서 "한 분의 부처님이나 두 분의 부처님 또는 셋이나 넷이나 다섯의 부처님이 계신 곳에서 선한 원인을 심은 것이 아니고, 이미 헤아릴 수 없을 정도로 수많은 부처님이 계신 곳에서 온갖 선한 뿌리를 심은 결과로 청정한 믿음을 일으킨 자"[248]라 하고, 또한 "부처님께서 이러한 사람을 가리켜 일체종지一切種智[249]를 성취했다고 한다."[250]라고 한 말씀을 아실 것입니다.

바라건대 공께서 이 뜻을 견고하게 다져 일상생활에서 행위하는 모든 반경에서 다만 무심無心하게만 하신다면 자연히 도道와 하나가 될 것입니다. 이 말을 인정하는 마음을 갖추기만 한다면 결코 (자신도 다른 사람도) 속지 않을 것입니다. 지극한 마음으로 그렇게 되기를 축원하고 또 축원합니다.

示李相公書

從上來諸佛諸祖, 豈可有一法與人哉! 若一法有傳有授, 佛法豈到今日也! 昔南印度, 彼國之人, 多信福業. 十四祖龍樹, 特往化之. 彼衆曰, "人有福業, 世間第一, 徒言佛性, 誰能見之?" 龍樹曰, "汝欲見佛性, 先須除我慢." 彼衆曰, "佛性大小?" 祖曰, "非大非小, 非廣非狹, 無福無報, 不死不生." 此乃直示心體也, 彼一衆聞之, 皆悟正理. 然悟在當人, 不從他得. 故云, "諸佛出世, 祖師西來, 無有一法與人." 便是這箇道理. 佛法無多子, 久長難得人. 相公幸自春秋不老不少, 機智無過不及之差, 於日用應緣處, 能自警覺, 廻世間妄染底心, 習學無上佛果菩提, 非夙植般若種智, 焉能如是乎! 不見經云, "非於一佛二佛三四五佛, 而種善因, 已於無量千萬佛所, 種諸善根, 生淨信者." 又云, "佛說是人, 名爲成就一切種智." 願公堅固此志, 於日用四威儀內, 但自無心去, 自然合道. 但辦肯心, 決不相賺. 至祝至祝.

나도 모르는 결에 붓을 들어 몇 마디 말을 신광 화상에게 제시하다

규봉 종밀圭峯宗密[251] 화상께서는 "망심妄心이 일어나지 않으면 깨달음에 합치하며 깨달음에 합치하면 저절로 망심은 사라질 것이니, 온갖 망심이 사라지고 나면 하는 일마다 딱 들어맞아 모래를 쌓거나 땅에 그림을 그리든, 합장하거나 고개를 숙이든 모두 불도를 이루는 일이 되리라."[252]라고 하셨습니다. 대화상께서는 이 말씀을 어떻게 이해하십니까? 말인즉슨 대단히도 거창하나[253] 납승 문하의 입장에서 보면 여전히 목적지로 가는 길 중간쯤에나 있으면서 아직도 분별을 완전히 끊어 없애 버리지 못한 말일 뿐입니다. 어째서이겠습니까?

옛사람은 "낱낱의 대상마다 참되고 낱낱의 대상마나 참되니, 티끌 하나하나까지 모두 본래인이다."[254]라고 하였으며, 또한 "도가 있지 않은 곳이란 없으니 눈에 마주치는 대상마다 모두 참되다. 참된 대상을 떠나 별도로 머무를 곳은 없으며 머물러 있는 그대로 참되다. 예컨대 교설에서 '세간에서 꾸려 가는 살림살이 일체가 실상과 위배되지 않는다.'[255]라고 한 말과 같다."라고 하였습니다. 그러므로 방거사龐居士는 다음과 같이 읊었던 것입니다.

> 일상사에 특별한 점은 없으니,
> 나 스스로 짝하여 함께할 뿐이라네.
> 모든 현상에서 취하거나 버리지 않고,
> 어느 곳에서나 어긋나는 일도 없다네.
> 주색과 자색[256]은 누가 이름을 붙였을까?
> 산악에는 한 점의 티끌조차도 없노라.
> 신통 그리고 묘용이여!

물 긷고 땔나무 나르는 일이로다.²⁵⁷

그러나 이러한 뜻이라고만 잘못 알고 미묘한 깨달음을 구하지 않는다면 아무 일도 없는 경계²⁵⁸에 떨어져 있는 꼴이요, 또한 무위無爲라는 구덩이에 떨어져 있는 꼴이나 같습니다. 위부魏府의 노화엄老花嚴²⁵⁹께서 "불법은 그대가 일상생활을 하는 가운데 있으니 가거나 머물거나 앉았거나 누워 있거나 어느 때든, 죽을 먹거나 밥을 먹는 어느 때든, 대화하며 서로 묻고 답하는 어느 때든 있지만, 조작된 행위를 하거나 억지로 무엇을 하거나 마음이나 생각을 일으킨다면 이 또한 옳지 않다."²⁶⁰라고 하신 말씀을 모르십니까! 또 진정 극문眞淨克文²⁶¹ 화상께서는 "마음으로 헤아리지 않으면 하나하나가 분명하고 오묘하며 하나하나가 천진하리니 하나같이 모두 연꽃이 더러운 물에 물들지 않는 것과 같으리라."²⁶²라고 하셨습니다.²⁶³ 또 옛사람(진정 극문)은 "분별하지 않으면 텅 비고 밝아 저절로 비추리라."²⁶⁴라고 하였으니, 그 무엇도 일으키지 않으면 밝고 고요하게 저절로 드러날 것입니다. '이것이 바로 자기 마음의 현량現量이요, 움직이지도 변화하지도 않는 본체인 것입니다.'²⁶⁵

"자기 마음이 미혹하기 때문에 중생이 되는 것이요 자기 마음을 깨달으면 성불하는 것이니, 미혹함과 깨달음의 차이로 말미암아 중생과 부처가 있게 된 것입니다. 또한 석가노자께서는 '이 법은 사량으로 분별하여 알 수 있는 대상이 아니다.'²⁶⁶라고 하셨으니, 이 또한 마음으로 헤아리는 것을 허락지 않는다는 뜻을 다르게 하신 말씀일 뿐입니다. 진실로 대상에 응하는 경계에서 안배하지도 조작하지도 않으며, 이리저리 마음속으로 사량 분별하며 헤아리지도 않는다면 자연스럽게 밝고 고요함이 저절로 드러나고 천기天機(하늘로부터 받는 본래적인 기능)가 저절로 펼쳐져 구애됨도 없고 머무름도 없이 천지와 덕을 나란히 하고 일월과 밝음이 합하며 드넓게 트여 모든 것에 통하리니 천진에 딱 들어맞을 뿐, 그 외의 별다른 현묘한 도리란 없는 것입니다."²⁶⁷ 이 도리는 물을 직접 마셔 보아야 그 물이 차가운지 따뜻한지 스스로 알 수 있는 것과 같습니다.

노승은 일평생 단지 이와 같이 수행하여 일상의 어떠한 행위 동작 중에도 본래면목과 본지풍광에 어둡지 않았으니, 이것이야말로 불도를 이룬다는 말의 뜻일 것입니다. 덕산 선감德山宣鑑이 "그대가 다만 마음에 일을 두지 않고 일에 마음을 두지 않는다면 공허하여도 신령한 움직임이 있고 텅 비었어도 미묘한 작용이 있을 것이다. 그러나 털끝만큼이라도 말에 주요한 것과 부차적인 것의 차별이 있다면 이 모두가 스스로를 속이는 원인이 될 뿐이다."²⁶⁸라고 한 말씀을 모르십니까!

화상께서는 다행히도 춘추가 한창때이고 기지가 다른 사람들보다 뛰어나니 다만 이 말씀에 의지하여 마음을 쓰되 밖을 향해 구하지 마십시오. 일상을 떠나 별도로 현묘한 도리를 구한다면 물결을 휘저어 떨쳐 버리면서 물을 구하는²⁶⁹ 잘못과 같으니 구할수록 더욱더 멀어질 뿐일 것입니다.²⁷⁰ 용이 승천할 때에 구름이 자연스럽게 따르거늘,²⁷¹ 하물며 신통한 광명을 본래 스스로 갖추고 있음에야 어떠하겠습니까! 정신을 바짝 차리셔야 할 것이니, 세월은 사람을 기다려 주지 않습니다.

因筆¹⁾不覺葛藤如許示神光和尙

圭峯和尙云, "不與心處, 卽合覺心, 合覺心時, 自無妄想, 無諸妄已, 所作相應, 聚沙畫地, 合掌低頭, 皆成佛道." 未審大和尙, 作麼生會? 道則大殺道, 於衲僧門下, 猶在半途, 未得勦絶. 何也? 古人云, "處處眞處處眞, 塵塵盡是本來人." 又云, "道無不在, 觸處皆眞. 非離眞而立處, 立處卽眞者. 如敎中所謂, '治生産業, 皆與實相, 未相違背.'" 是故龐居士有言曰,

"日用事無別, 唯吾能自諧.

頭頭非取捨, 處處勿張乖.

朱紫誰爲號, 丘山絶點埃.

神通幷妙用! 運水及般柴."

然便伊麽認着, 不求妙悟, 則墮在無事甲裏, 又落無爲坑中. 不見魏府老花嚴云, "佛法在你日用處, 行住坐臥處, 喫粥喫飯處, 語言相問處, 所作所爲, 擧心動念, 又却不是." 又眞淨和尙云, "不擬心時, 一一明妙, 一一天眞, 一一如蓮花不着水." 又古人云, "不分別時, 虛明自照." 一切莫作, 明寂自現. '此正是自心現量, 不動不變之體也.' "迷自心故作衆生, 悟自心成佛, 由迷悟故, 有彼此也. 又釋迦老子云, '此法非思量分別之所能知.' 此亦不許擬心之異名. 苟能於應緣處, 不安排不造作, 不擬心思量分別計較, 自然明寂自現, 天機自張, 無拘無執, 匪住匪着, 與天地齊德, 與日月合明, 唯蕩蕩然大通之, 只合天眞, 別無玄妙." 這介道理, 如人飮水, 冷暖自知. 老僧一生, 只如此修行, 於日用四威儀中, 不昧本來面目本地風光, 夫是之謂皆成佛道. 不見德山有言, "汝但無事於心, 無心於事, 則虛而靈空而妙. 若毫端許言之本末, 則皆爲自欺." 和尙幸自春秋鼎盛, 機智過人, 但依此說用心, 不向外求. 若離日用, 別求妙道, 則是撥波求水, 求之逾遠矣. 眞龍行處, 雲自相隨, 況神通光明, 本自具足! 要須快着精彩, 時不待人.

---

1) ㉑ '筆'은 '筆'의 오기인 듯하다.

해주의 목백[272]에게

금일 다행히 본로本路 목백 합하께서 몸을 굽혀 찾아와 주시니 영광스럽기 그지없습니다. 일부러 이렇게 와 주심에 기거만복[273]하시길 빕니다. 하물며 귀관께서는 숙세에 성불하리라는 기별을 받으셨고 현세에는 재상의 신분으로서 백성을 자비심으로 위무하며 지금 성군의 다급한 정무[274]를 대신하시어 출가자나 속인이나 신분이 귀하거나 천하거나 한결같이 모두 은덕을 입고 있으니, 그 복덕과 그 수명을 어찌 말로 이루 다 기원할 수 있겠습니까! 광림해 주신 은혜를 입고 또 여기에 너그러운 마음으로 소중히 품어 주시어 이제 서로 만나 뵙게 되었습니다만, 노승에게는 설할 만한 하나의 법도 없고 합하께서는 들을 만한 하나의 법도 없습니다.

설한 것도 없고 들은 것도 없어야 바로 진실로 서로 만난 것(眞相見)[275]이요, 털끝만큼이라도 말에 주요한 것과 부차적인 것의 차별이 있다면 이것은 모두 작위적인 거짓 만남(爲見)이니, 이것이 바로 예로부터 찾아온 이를 서로 만나보는 도리인 것입니다. 공자께서 온백설溫白雪을 오래전부터 만나 보고 싶어 하셨는데 하루는 말을 타고 가다 멈춰 있던 중에 길에서 만났으나 서로 아무 말도 없이 각자 돌아갔습니다. 이후에 문인이 '부자께서는 오랫동안 온백설을 만나 보고 싶어 하셨는데 급기야 만났을 때에는 한 말씀도 나누지 않으셨으니 어떤 뜻이십니까?'라고 묻자, 공자께서는 '군자의 만남은 눈만 마주쳐도 (그가) 도가 있는 사람인지 아는 법이다.'[276]라고 하셨다[277]는 이야기를 들어 보지 못하셨습니까! 속세의 유자도 오히려 이와 같은 말을 하거늘, 하물며 납자이겠습니까!

우리는 말없음을 근본으로 하니 실제로 하나의 법도 다른 사람에게 줄 것이 없습니다.[278] 합하께서는 스스로 마음으로 납득하셔야 합니다, 마음으로 납득하셔야 합니다.

示海州牧伯

今日多幸伏蒙本路牧伯閤下, 枉垂相訪, 光生陋止. 特特而來, 起居萬福. 而況貴官, 承宿佛記, 現宰官身, 以慈撫民, 代今聖主宵旰之急, 若僧若俗, 若貴若賤, 悉皆受賜, 其福其壽, 曷勝道哉! 旣沐光臨, 且寬尊抱, 如今兩得相見, 老僧無一法可說, 閤下無一法可聞. 無說無聞, 是眞相見, 若有毫端許言之本末, 則皆爲見, 此是從上來人相見底道理也. 不見仲尼, 與溫白雪, 久欲相見, 一日稅駕, 相逢於道路間, 彼此無言, 各自廻去. 洎後門人問曰, '夫子久欲相見溫白雪, 及乎相見, 不交一言, 其意如何?' 仲尼答曰, '君子相見, 目擊道存.' 俗儒尙曰如是, 況衲子乎! 我宗無語句, 實無一法與人. 閤下, 當自肯心肯心.

임종게

백운 선사가 세상을 떠날 시기가 닥치자 몇몇 제자들에게 말했다. "옛 사람이 말하기를 '항상 모든 것이 공空이라는 이치를 알아차리고, 하나의 법이라도 분별의 틀(情)에 억지로 끼워 맞추려 하지 마라. 이것이 모든 부처님께서 마음을 쓰는 경지이니, 그대들은 부지런히 수행하도록 하라.'[279] 라고 하였다. 나는 이제 물거품처럼 사라지겠지만 슬픈 생각을 일으켜서는 안 된다."

인생 70세는 예부터 드문 일.
77년 전에 왔다가 77년 뒤에 가노라.
곳곳마다 돌아갈 길이요, 하나하나가 모두 고향이거늘,
어찌 반드시 배를 타고 굳이 고향으로 돌아가고자 하는가!
이 몸은 본래 있는 것이 아니고, 마음 또한 머무는 곳이 없으니,
재를 만들어 사방에 뿌리고, 신도들의 땅을 차지하지 마라.[280]

臨終偈

師臨行, 示二三兄弟曰, "古人云, '常了一切空, 無一法當情. 是諸佛用心處, 汝等勤而行之.' 我今漚滅, 不可興悲."
人生七十歲, 古來亦希有.
七十七年來, 七十七年去.
處處皆歸路, 頭頭是古鄉,
何須理舟楫, 特地欲歸鄉!
我身本不有, 心亦無所住,
作灰散四方, 勿占檀那地.

무오년(1378) 7월 모일 전호군 연창 박총이 김 판각을 위해 쓰다

천령 취암사에 판을 모셨다.

종탁, 참여, 신명 등이 간행하다.

문인 법린이 모연하다.

연화(法緣勸化)를 도운 문인들은, 비구니 묘덕, 북원군 부인 원씨, 구성군 부인 이씨, 정순대부 판통예문사 김계생이다.

戌¹⁾午七月日, 前護軍延昌朴叢爲金判閣書.

留板于川寧鷲岩寺.

宗卓, 昷如, 信明等刊.

門人法玆募緣.

助緣門人等, 比丘尼妙德, 北原郡夫人元氏, 駒城郡夫人李氏, 正順大夫判通禮門事金繼生.

1) ㉑ '戌'은 '戊'의 오자이다.

주

1 『普菴印肅語錄』 권1(X69, 372a1), "그러므로 『金剛經』에 '설할 수 있는 법이 없는 것을 참된 설법이라 한다.'라고 하였다. 무상無相을 상으로 삼는 것을 진실한 상이라 하며, 얻을 법이 없다는 것이 참으로 얻은 것이요, 얻을 마음이 없는 것이 참된 마음이다. 참된 마음이 모든 곳에 두루 존재하나 두 가지 체란 없으니 '머무름 없는 근본에서 일체법을 건립한다.'라고 한 것이다.(是故金剛經云, '無法可說, 是名說法.' 無相爲相, 是名實相, 無法可得, 是名眞得, 無心可得, 是名眞心. 眞心徧一切處而無二體, '於無住本, 建立一切法.')"; 같은 책, 권2(X69, 395b10), "달마대사가 '네 마음을 편안하게 해 주었다.'라고 하자 2조 혜가가 마침내 깨달았다. 무시이래로부터 소유하고 있다가 지금에 이르도록 생사의 문제를 절단하지 못한 것이 모두 망심이다. 과거심도 미래심도 현재심도 모두 얻을 수 없으니, 지금 참된 마음이 모든 곳에 두루 존재하며 실정에 딱 들어맞는 어느 한 법도 없음을 알고서 그 자리에서 홀연히 크게 깨달았던 것이다. 이심전심으로 제2조가 되었고 이심전심으로 육조 대사에까지 이른 후에야 비로소 천하 사람들이 모두 알게 되었으나 이 뜻을 얻은 자는 드물다.(達磨云, '與汝安心竟.' 二祖便悟. 從無始以來所有, 至今生死不絶, 皆是妄心. 過去未來現在, 皆不可得, 便知卽今眞心, 遍一切處, 更無一法可當情, 當下忽然大悟. 以心傳心, 作第二祖, 以心傳心, 至六祖大師之後, 方始天下聞知, 得者不少.)"; 『唯心訣』(T48, 998a3), "그러므로 『起信論』에서 '모든 대상 경계가 마음이 망령되이 움직여 나타난 것일 뿐'이라고 한 것이다. 마음이 일어나지 않는다면 모든 대상 경계도 따라서 사라질 것이니 참된 마음만이 모든 곳에 두루 존재할 것이다. 그러므로 '삼계 전체는 거짓이요 마음이 지어낸 것일 뿐이므로 마음을 떠나면 육진의 경계도 없으며, 모든 분별이란 곧 자기 마음을 대상으로 하여 분별하는 것이니 마음으로 마음을 보지 않는다면 대상으로 취할 만한 상도 없다.'(故起信論云, '一切境界, 唯心妄動.' 心若不起, 一切境界相滅, 唯一眞心, 遍一切處, 是故 '三界虛僞, 唯心所作, 離心卽無六塵境界, 乃至一切分別, 卽分別自心, 心不見心, 無相可得.')"

2 『金剛經』(T8, 749a24) 참조.

3 『證道歌』(T48, 395c19) 참조.

4 일명 '설산게雪山偈' 또는 '제행무상게諸行無常偈'라 불리는 게송. 『大般涅槃經』 권하(T1, 204c22~29) 참조. 상권 주 486 참조.

5 『法華經』 권1 「方便品」(T9, 8b25) 참조.

6 위의 책(T9, 9b10) 참조.

7 『華嚴經』 권40 「入不思議解脫境界普賢行願品」(T10, 847c28) 참조.

8 『景德傳燈錄』 권30 「傅大士心王銘」(T51, 456c28)에 나오는 구절.

9 "'上元前三十有三日'이라 한 것은 상원절上元節(1월 15일)을 맞이하는 30일 중의 3일 전, 즉 '1월 12일'로 보아야 할 것"이라는 김성수의 견해를 따라 번역함. 김성수, 「백운화상의 '無心'에 관한 서지적 연구」, 『한국문헌정보학회지』 제46권 제4호(한국문헌정보학회, 2012), p.127 참조. 다음 문단에서 '음력 정월 대보름날에 이별하였다'는 구절과도 상응한다.

10 봇짐(複子): 운수 행각할 때 짊어지는 짐. 복포複包·후부後付라고도 한다.

11 『證道歌』(T48, 395c9).
12 영가 현각永嘉玄覺의 다음 말을 가리키는 것으로 보인다. 『禪宗永嘉集』「奢摩他頌」(T48, 389c12), "여기서 말하는 지知란 아는 것을 (대상으로 삼아) 아는 지가 아니라 오로지 아는 그 자체인 지일 뿐이다. 곧 앞에서는 뒤를 이어서 소멸하지 않고 뒤에서는 앞을 끌어들여 일어나지 않으니, 앞과 뒤의 접속이 끊어지고 중간만 우뚝할 뿐이다.(今言知者, 不須知知, 但知而已. 則前不接滅, 後不引起, 前後斷續, 中間自孤.)"
13 남양 혜충南陽慧忠의 말. 『雲門廣錄』권2(T47, 555b21), "남방에서 온 선객이 남양 혜충 국사에게 '이곳의 불법은 어떠합니까?'라고 묻자 국사가 '심신이 하나이니 몸 밖에서 달리 구할 것은 없다.'라고 답한 문답을 제기하고 말했다. '그렇다면 산하대지는 어디에 있는가!'(擧南方禪客問國師, '此間佛法如何?' 國師云, '身心一如, 身外無餘.' 師云, '山河大地, 何處有也!')"
14 『圓覺經略疏』권하(T39, 554c13), "점차로 마음의 근원으로 나아가 비로소 멸滅이라는 상도 끊고 생生이라는 상마저 끊어 환히 대오하여 마음의 근원을 깨닫고 나니 본래 마음이 움직인 적도 없고 지금에야 마음이 고요해진 것도 아니며 평등하고 또 평등하여 시각始覺의 차이가 다름이 없다.(漸向心源, 始息滅相, 終息生相, 朗然大悟, 覺了心源, 本無所動, 今無始靜, 平等平等無別始覺之異.)"
15 한 구절은~것의 궁극이니 : '초백억일구超百億一句'라고 한다. 그 모든 것의 궁극인 그 자체를 가리키는 말. 동산 삼구洞山三句 중 한 구절. 『曹洞五位顯訣』권하(X63, 210b22), "동산 삼구에는 향상일구, 문두일구, 초백억일구가 있다.……초백억일구란, (번뇌의) 연속을 끊는 구절이요, (번뇌로) 다시 돌아오지 않는 구절이요, 궁극의 구절이요, 한 사람이 천 명을 대적할 만한 구절이요, 어떤 경계나 기틀과도 상응하는 구절이다.(洞山三句, 向上一句, 門頭一句, 超百億一句.……超百億一句例者, 卽絶續句也, 亦云不來之句, 亦云倒底一句, 亦云一人當千人, 亦云相應之句也.)"
16 상권 주 143 참조.
17 선인禪人 : 선수행자. 오로지 참선을 일로 삼는 수행자라는 뜻으로 쓰인다.
18 이구 온보李玖溫甫의 서序 참조. 『石屋珙禪師語錄』에는 이 게송이 실려 있지 않다. 다만 권하에 다음과 같은 〈辭世偈〉가 수록되어 있다. 『石屋珙禪師語錄』권하〈辭世偈〉(X70, 675c17), "청산에 냄새나는 주검 묻지 말지니, 죽고 난 후에 땅 파서 묻을 필요 없느니라. 생각건대 내게는 삼매의 불도 없으니, 이전에도 이후에도 없을 한 무더기 섶만 남으리.(青山不著臭尸骸, 死了何須掘土埋. 顧我也無三昧火, 光前絶後一堆柴.)"
19 축향祝香 : 축성상당祝聖上堂이나 강탄회降誕會 등에서 법을 설하기에 앞서 축하의 뜻을 표하며 향을 사르는 의식.
20 요충이 되는~단단히 지키고(把斷要津) : '요진要津'은 강을 건너 통행하고자 할 때 반드시 지나야 하는 나루터이며, '파단把斷'이란 이곳에 가로막고 서서 아무도 지나가지 못하도록 단단히 지킨다는 뜻이다.
21 아주 작은 빈틈도 없이 굳건하고 견고함을 비유한 말. 바늘을 꽂을 틈도 없다는 '침차불입針劄不入'과 같은 말. 어떠한 사려 분별로도 파고들 여지가 없다는 뜻이다.
22 세존께서 중생제도를 위해 도솔천에서 강림하시어 열반에 드실 때까지의 일대기를 여덟 가지로 나타낸 것. '팔상성도八相成道'라고 한다.
23 이와 같은 법(如是法) : 차별 그대로 평등한 진실상이라는 제법실상諸法實相의 이치.

진실한 불법 그 자체를 뜻한다.

24 나(予小師) : '여'와 '소사'는 동격으로 쓰였다. '소사'란 원래 구족계具足戒를 받았지만 아직 10하夏를 채우지 못한 수행자를 가리키지만, 뜻이 확장되어 '제자' 또는 자신을 겸손하게 부르는 말로도 쓰인다. 여기서는 스승으로부터 전해 온 편지를 받는 입장이므로 제자라는 뜻과 동시에 자신을 낮추는 말로 쓴 것이다. 『南海寄歸內法傳』 권3(T54, 220a21), 『大宋僧史略』 권3(T54, 251a29) 등 참조.

25 이구 온보李玖溫甫의 서序 참조.

26 석옥 청공의 청정한 선풍禪風을 말한다. 석옥의 게송에서 '백운을 샀다'라고 한 말은 백운 경한을 제자로 받아들여 법을 전했던 사실에 대한 암시이고, '맑은 바람을 팔았다'라고 한 말은 백운 경한에게 청정한 자신의 선풍을 전한다는 뜻으로 해석된다.

27 『法華經』 「信解品」의 비유에 나오는 구절이다. 어릴 때 집을 나가 타향을 떠돌며 빈곤하게 지내던 아들이 부자인 아버지를 만나고 나서 본래 자신이 부족한 것이 없는 부자의 아들이었다는 사실을 알게 된 후에 한 말이다. 모든 중생이 부처님의 아들과 같아서 일승一乘의 법과 지혜를 누릴 수 있다는 뜻을 비유한다. 『法華經』 권2(T9, 17b16), "나는 본래 구하고자 하는 마음이 없었으나, 지금 이 보배 창고가 자연스럽게 다가왔다.(我本無心, 有所希求, 今此寶藏, 自然而至.)"

28 정법안장正法眼藏 : 진리를 꿰뚫어 보는 눈. 선종의 초조 가섭이 부처님으로부터 전수받은 지혜의 눈. '정법'은 최상의 진리, '안'은 그 정법을 있는 그대로 관찰하는 눈, '장'은 모든 것을 간직하고 있다는 뜻. 줄여서 '정법안'이라고도 한다.

29 이하에서는 법을 전수할 만한 자격이 있는 학인을 판별하는 기준에 대한 분양 선소汾陽善昭의 견해가 서술된다. 이 분양의 말은 부산 법원浮山法遠에 의하여 알려진 것이다. 『人天眼目』 권2 「三種師子」(T48, 307a5), 『五家宗旨纂要』 권상 「汾陽三種獅子」(X65, 264a3) 등 참조.

30 『續燈正統』 권35(X84, 607c4~8), 『請益錄』 권하(X67, 488a24~b3), 『緇門警訓』 권8(T48, 1086a20~24) 등에 실린 글과 같다. 『人天眼目』 권2(T48, 307a7)와 『五家宗旨纂要』 권상(X65, 264a10) 등에는 '影響不眞'이 '影響音聞'으로 되어 있다. 그림자와 메아리가 본래의 형체와 소리를 본뜨듯이 스승의 자취를 모방하여 그대로 답습하는 제자를 말한다. '음문音聞'이란 '음성을 전파한다'는 말로 전수받은 내용을 답습하여 그대로 옮긴다는 뜻이다.

31 『臨濟語錄』(T47, 506a5)에 위산 영우潙山靈祐의 말로 나온다. "견해가 스승과 같으면 스승의 덕을 반으로 깎아 먹는다. 견해가 스승을 넘어서야 스승의 법을 전수할 자격이 있다.(見與師齊, 減師半德. 見過於師, 方堪傳授.)"; 『景德傳燈錄』 권16 「巖頭全奯傳」(T51, 326b12) 참조.

32 종초種草 : 동족同族·동류同類 등과 같은 말. '동일한 종자에서 자라난 풀'이라는 뜻으로, 여기서는 선종의 정통을 계승한 선사를 비유적으로 나타낸다.

33 오탁악세五濁惡世 : 오탁에 물든 악한 세상. 오탁이란 겁탁劫濁·견탁見濁·번뇌탁煩惱濁·중생탁衆生濁·명탁命濁을 말한다.

34 『人天眼目』과 『五家宗旨纂要』 등에는 "셋째는 스승을 모방하여 그 소리를 그대로 전파하는 사자(학인)이다. 이리가 호랑이의 기세에 의지하는 꼴이니 금수와 어떻게 구분하겠는가!(三, 影響音聞, 野干倚勢, 異類何分!)"라고 되어 있다. 『人天眼目』 권2(T48,

307a9), 『五家宗旨纂要』 권상(X65, 264a10) 참조.

35 그래도 내가~옳지 않다 : 종밀宗密의 말. 『圓覺經略疏』 「序文」(T39, 524b26) 참조.

36 귀종 혜성歸宗慧誠의 말. 『景德傳燈錄』 권26(T51, 429a21) 참조. 『阿彌陀經』 권하(T12, 340a7)에는 두 번째 구절이 "스스로 경멸하며 비굴하게 물러나서는 안 된다.(不應自輕而退屈)"라고 되어 있다.

37 『四十二章經』(T17, 723a14), "부처님께서 말씀하셨다. '내가 무엇을 생각하느냐 하면 도를 생각하고, 내가 무엇을 행하느냐 하면 도를 행하며, 내가 무엇을 말하는가 하면 도를 말한다. 나는 참된 도를 생각에 두고 잠시 잠깐도 잊지 않는다.'(佛言, '吾何念念道, 吾何行行道, 吾何言言道. 吾念諦道, 不忘須臾也.')"; 『四十二章經註』(X37, 663a8), "부처님께서는 '나의 법은 상념을 조작하지 않는 상념을 하고, 행위를 억지로 꾸미지 않는 행위를 하며, 말에 걸리지 않는 말을 하고, 수행에 얽매이지 않는 수행을 하는 것이다. 이 뜻을 이해한 자는 그 경지에 가까워지겠지만 미혹하여 알지 못하는 자는 멀어지리라.'라고 하셨다.(佛言, '吾法念無念念, 行無行行, 言無言言, 修無修修. 會者近爾, 迷者遠乎.')"; 『古林淸茂語錄』 권3 「示嚴維那」(X71, 243c1), "말에 걸리지 않는 말을 하고, 행위를 억지로 꾸미지 않는 행위를 하며, 수행에 얽매이지 않는 수행을 하고, 깨달음을 얻어도 그 결과에 집착하지 않는다. 이 뜻을 이해한 자는 그 경지에 가까워지겠지만 미혹하여 알지 못하는 자는 멀어지리라. 이는 석가노자께서 녹야원에서 다섯 비구에게 최초로 설하신 네 가지 참된 법이다. 후에 배우는 이들 중에 이 구절을 읽은 자가 대단히 많지만 이해한 자는 드물고, 이해하고서 실천하는 자는 더욱 극히 드물다.(言無言言, 行無行行, 修無修修, 證無證證. 會者近爾, 迷者遠乎. 此是釋迦老子, 在鹿野苑中, 爲五比丘, 初說四諦法也. 後之學者, 讀之甚多, 會之甚少, 會而行之, 亦復少矣.)"

38 상권 주 6 참조.

39 초조初祖 달마대사가 2조 혜가慧可에게 전했던 전법게傳法偈 중 한 구절. 달마대사 이후로 2조 혜가로부터 육조 혜능에 이르기까지 5대에 걸쳐 선종의 종지가 전개될 것이라는 예언이다. 또는 선종이 후대에 5가家로 나뉘어 꽃을 피울 것이라는 예언으로도 해석된다. 이 게송은 敦煌本 『壇經』에서 최초로 전한다. 敦煌本 『壇經』(T48, 344a26), "내가 본래 중국에 온 뜻은, 교敎를 전하여 미혹한 중생 구하려 함이었네. 꽃 한 송이에 다섯 잎 피어나, 자연스럽게 열매 맺게 되리라.(吾本來唐國, 傳敎救迷情. 一花開五葉, 結菓自然成.)"; 『景德傳燈錄』 권3 「菩提達磨傳」(T51, 219c17) 참조.

40 금색두타金色頭陁 : 마하가섭摩訶迦葉을 말한다. 금색가섭金色迦葉이라고도 한다. 과거세에 수행할 때 단금사鍛金師였던 가섭이 금색으로 된 비바시불毘婆尸佛의 사리탑이 낡은 것을 보고 어떤 여인과 함께 이것을 수리한 공덕으로 91겁劫 동안 온몸이 금빛이었다는 데서 붙여진 이름이다. 두타라는 명칭은 가섭이 출가한 후 12두타頭陁를 잘 행하여 부처님으로부터 '두타제일頭陁第一'이라는 찬탄을 받은 것에서 유래한다. 『佛祖統紀』 권5(T49, 169b19), 『佛祖歷代通載』 권3(T49, 496b16) 참조.

41 신광神光 : 2조 혜가를 가리킨다. 달마로부터 도를 얻기 위해 한 팔을 잘라 구도의 뜻을 보였던 고사를 말한다. 『景德傳燈錄』 권3 「菩提達磨傳」(T51, 219b11) 참조. 그 뒤 달마는 신광에게 혜가라는 이름을 지어 주었다. 『景德傳燈錄』 권3 「菩提達磨傳」(T51, 219b18), "달마가 그를 불법을 깨우칠 그릇이라 여기고 '모든 부처님이 처음에 도를 구할 때에 법을 위하여 육신에 대한 집착을 잊었는데, 그대가 지금 내 앞에서 팔을 잘

라 보이니 법을 구할 만하다(可).'라고 말한 뒤 마침내 '혜가'라고 이름을 바꾸어 주었다.(師知是法器, 乃曰, '諸佛最初求道, 爲法忘形, 汝今斷臂吾前, 求亦可在.' 師遂因與易名曰慧可.)"

42 일물一物 : 근원적인 '하나의 그 무엇'을 가리킨다. 『壇經』에서 쓰기 시작한 선종 특유의 용어이다. 敦煌本 『壇經』에서 혜능의 게송 중 "불성은 항상 청정하다.(佛性常淸淨)" 또는 "밝은 거울은 본래 청정하다.(明鏡本淸淨)"라는 구절이 敦煌本 이후의 『壇經』에서는 "본래 하나의 그 무엇조차 없다.(本來無一物)"라는 말로 바뀌면서 '일물'의 개념이 등장한다. 불성이 일물로 전환되면서, 불성·진여 등 어떤 교학적 개념으로도 대체하지 못하는 선종 특유의 용어로 쓰이기 시작한다. 또한 혜능과 회양懷讓의 다음 문답에도 나온다. 宗寶本 『壇經』(T48, 357b21), "'어떤 것이 이렇게 왔는가?' '하나의 그 무엇이라 말해도 맞지 않습니다.' '닦아서 깨달을 수 있는가?' '닦아서 깨닫는 일이 없지는 않지만 오염되어서는 안 됩니다.'(師曰, '什麼物恁麼來?' 曰, '說似一物卽不中.' 師曰, '還可修證否?' 曰, '修證卽不無, 汚染卽不得.')"

43 위음왕불 이전의 시기(威音之前) : 위음왕불威音王佛이 세상에 출현하기 이전의 시기. 위음왕불은 헤아릴 수 없는 과거세에 최초로 출현한 부처님이다. '위음이전威音已前'은 '공겁이전空劫已前' 또는 '부모미생이전父母未生已前' 등과 동의어로 쓰이며 어떤 것에도 의지하지 않고 독립해 있는 '본래면목本來面目'을 기리킨다. 고고孤·독독獨 등이 나타내는 의미가 그것이다.

44 본지풍광本地風光 : 오염되지 않은 자기 본래의 심성(本地)이 고스란히 드러난 세계(風光)를 가리킨다. 본래면목과 통한다. 풍광은 풍경·경치 등을 나타내는데, 자신의 본래 모습과 같은 뜻이다. 『圓悟語錄』 권5(T47, 735a1), "만약 진실로 바른 견해를 가지고 고요한 진여眞如와 딱 들어맞는다면, 비록 하루 어느 시각에나 생각하며 헤아리지 않고 억지로 꾸미지 않더라도, 움직이거나 조용히 있거나 말하거나 침묵하거나 깨어 있거나 잠자는 등 그 어떤 순간에도 본지풍광·본래면목이 아닌 경우가 없을 것이다.(若以眞實正見, 契寂如如, 雖二六時中, 不思不量, 無作無爲, 至於動靜語黙覺夢之間, 無不皆是本地風光本來面目.)"

45 아뇩보리阿耨菩提 : 아뇩다라삼먁삼보리阿耨多羅三藐三菩提의 약칭. '아뇩다라'는 무상無上, '삼먁삼보리'는 정변지正遍知의 뜻. 무상정변지無上正遍智·무상정등정각無上正等正覺·무상정등각無上正等覺·무상정진도無上正眞道 등으로 한역한다. 그 이상이 없는 최고의 깨달음이며(無上), 가장 바르고 평등하며(正等), 모든 것을 포용하는(遍) 지혜·깨달음이라는 뜻이다.

46 급암 조사 : 급암 종신及菴宗信을 높여 부르는 말. 호주湖州 도량사道場寺에서 출가한 후에 설암 조흠雪巖祖欽의 법을 이었다.

47 음력 정월~빈틈없이 일치했다 : 주 9 참조.

48 방장을 대장간의 화로(鑪 : 爐)와 풀무질하는 통(鞴)에 비유한 말. 장인匠人이 쇠를 담금질하여 물건을 만들듯이 학인을 단련하는 가르침을 이렇게 비유한다. 팽흥은 쇠를 불리고 정련한다는 뜻의 야련冶煉이다. 부처와 조사를 만들기 위해 거친 범부를 달구고 삶는다는 뜻이다. 『大慧語錄』 권5(T47, 830a6), "주지가 되어 처음으로 절에 들어가 방장을 가리키며 '대중이여!' 하고 부른 다음 말했다. '이곳은 부처를 불리고 조사를 담금질하는 화로이며, 생사生死를 단련하는 지독한 집게와 망치이다.'(入院指方丈, 召大

衆云, '這裏, 是烹佛烹祖大鑪鞴, 鍛生鍛死惡鉗鎚.')"

49 승기승기僧祇 : 삼아승기겁三阿僧祇劫의 줄임말. 보살이 수행하여 궁극적인 깨달음(佛果)을 얻기까지의 기간. 헤아릴 수 없이 긴 시간을 뜻한다. 이 뜻에 따라 무량수無量數·무앙수無央數 등으로 한역한다.

50 전법게傳法偈 : 스승이 자신의 종지를 이을 자격이 있는 제자에게 그것을 증명하기 위하여 전하는 게송. 여기서는 석옥이 백운에게 보낸 앞의 게송을 가리킨다. 선종사에서 달마대사로부터 면면히 이어지는 조사의 징표는 가사와 발우였으나, 육조 혜능이 이것이 투쟁의 실마리가 된다고 하여 전법게로 대체함으로써 전통으로 이어졌다. 이것은 敦煌本『壇經』에 처음으로 나타난다. 敦煌本『壇經』(T48, 344a19), "내가 입적한 뒤 20여 년이 지나면 삿된 법이 분란을 일으켜 우리의 종지를 미혹시킬 것이다. 그때 어떤 사람이 나타나 목숨을 아끼지 않고 불교의 시비를 확정하여 종지를 굳건히 세울 것이다. 이것이 바로 우리의 바른 법이니 가사는 전하지 않는 것이 합당하다. 그대가 믿지 않을까 염려하여 내가 이전 5대 조사들이 가사를 전하면서 함께 전한 부법송付法頌(傳法偈)을 읊어 주겠다.(吾滅後二十餘年, 邪法遼亂, 惑我宗旨. 有人出來, 不惜身命, 定佛敎是非, 堅立宗旨, 卽是吾正法. 衣不合傳. 汝不信, 吾與誦先代五祖傳衣付法頌.)"

51 나도 이제~것이라 한다 : 『백운 선사가 계사년(1353) 정월 17일에~암자의 몇몇 형제에게 보이다(師於癸巳正月十七日, 記霞霧山行, 示同菴二三兄弟.)』참조.

52 허공의 신(舜若多神) : '순야다'의 한역어는 '공성空性'이다. 순야다신이라 하면 허공을 주재하는 신神을 가리킨다.『祖庭事苑』권7(X64, 409c22), "순야다신 : 공空이라 한역한다. 이는 허공을 주재하는 신이다. 무색계천無色界天 또한 이러한 종류이다.(舜若多神 : 此云空, 卽主空神也. 無色界天, 亦是此類.)"

53 『大般涅槃經』권2「壽命品」(T12, 372b18), "순타여, 우담화가 꽃을 피우는 것이 세간에 희유한 일이듯이 부처님께서 세상에 나타나심 또한 대단히 어려운 일이요, 부처님을 만나 믿음을 일으키고 법문을 듣는 것은 더욱 어려운 일이며, 부처님께서 열반에 드실 때에 최후로 공양하여 일대사를 밝히는 일은 이보다 더욱 어려운 일입니다.(純陀, 如優曇花世間希有, 佛出於世亦復甚難, 値佛生聞法復難, 佛臨涅槃最後供養, 能辦是事復難於是.)"

54 발걸음을 옮겨 세간을 넘어서고(發足超方) : 제방諸方의 뛰어난 선승을 찾아가 가르침을 받는 것. 또는 발걸음을 옮겨 세간의 영역(方)을 초월한다는 말로서, 수행하여 세간의 속박을 넘어선다는 뜻으로도 쓰인다.

55 삼과법문三科法門 : 일체의 모든 법을 오음五陰(五蘊), 십이입十二入(十二處), 십팔계十八界 세 부류로 나눈 것. 음입계陰入界·온처계蘊處界라고도 한다. 宗寶本『壇經』(T48, 360b1), "삼과법문이란, 오음·십팔계·십이입이다. 음은 오음이니 색수상행식이 그것이요, 입은 십이입이니 밖의 육진六塵인 색성향미촉법과 안의 육문六門인 안이비설신의가 그것이요, 계는 십팔계이니 육진과 육문과 육식이 그것이다.(三科法門者, 陰界入也. 陰是五陰, 色受想行識是也. 入是十二入, 外六塵色聲香味觸法, 內六門眼耳鼻舌身意是也. 界是十八界, 六塵六門六識是也.)"

56 삼현과 십지(三賢十地) : 삼현십성三賢十聖이라고도 한다. 삼현은 수행의 계위를 가리키는데, 대승에서는 보살 수행 계위 42위 가운데 십주十住·십행十行·십회향十廻向의 30위를 삼현 또는 삼십심三十心이라고 한다. 십지十地(十聖)는 보살 수행 계위 52위

(十信, 十住, 十行, 十迴向, 十地, 等覺, 妙覺) 가운데 제41위부터 제50위까지를 가리킨다. 삼현은 범부의 계위에 있는 자를, 십성은 성자의 계위 이전에 있는 자를 가리킨다.

57 등각과 묘각(等妙二覺) : 등각과 묘각을 아울러 이르는 말. 등각은 보살 수행 계위 52위 가운데 제51위를 가리킨다. 제십지第十地 법운지法雲地의 위, 최고의 불지위佛地位인 묘각지妙覺地 바로 아래의 위이다. 즉 부처를 이루기 바로 직전의 지위로서 일생보처一生補處, 유상사有上士, 금강심金剛心이라고도 한다. 묘각은 보살 수행 계위 52계위 가운데 52위, 42계위 가운데 42위에 해당한다. 즉 보살이 수행하여 도달한 최후 최상의 불과위佛果位로서 번뇌를 끊어 지혜가 원만 구족한 지위이다. 묘각위妙覺位 또는 묘각지라고도 한다.

58 한 번~일이 없으셨네 : 상권 주 147 참조.

59 『修心訣』(T48, 1008b8), "그대에게 판정한 바를 들어 주겠다. 깨달은 뒤의 수문修門 가운데 '정혜를 모두 고루 평등하게 지닌다(定慧等持)'는 뜻에는 두 가지가 있다. 첫째는 자성정혜自性定慧요, 둘째는 수상정혜隨相定慧이다. 자성문이란 '적지寂知를 자유자재로 운용하면서 원래 스스로 조작하는 일이 없는 것(無爲)이다. 단 하나의 존재도 대상으로 조작하는 일이 없으니, 어찌 수고롭게 대상을 없애는 공을 들이겠는가! 한 생각도 망정을 일으킴이 없으니 망상의 대상을 잊는 힘도 빌리지 않는 것'이다. 이것이 바로 돈문頓門이며, 자성의 정혜를 떠나지 않고 고루 평등하게 지닌다는 뜻이다. 수상문隨相門이란 '도리를 헤아려 산란함을 거두고 법을 간택하여 공空을 관찰하는 것으로 혼침昏沈과 산란散亂을 균등하게 조절하여 무위無爲의 경지에 들어가는 것'이다. 이것이 바로 점문이며, 하열한 근기가 행하는 것이다.(據汝所判. 悟後修門中, '定慧等持'之義有二種. 一, 自性定慧, 二, 隨相定慧. 自性門則曰, 任運寂知, 元自無爲. 絶一塵而作對, 何勞遣蕩之功! 無一念而生情, 不假忘緣之力. 判云, 此是頓門, 箇者不離自性定慧等持也. 隨相門則曰, 稱理攝散, 擇法觀空, 均調昏亂, 以入無爲. 判云, 此是漸門, 劣機所行也.)"

60 행行과 해解가 상응하니(行解相應) : 행해行解는 실제적 수행과 이론적 이해 또는 실천과 이론을 뜻한다. 이 둘을 상대적인 관계로 보지 않고 둘 모두에 응하여 일치한다는 뜻이다. 선문禪門에서는 이러한 사람을 '정사正師'라고 하는데, 단지 호칭으로서가 아니라 진정한 조사祖師의 면모는 바로 이 점에 있다고 할 수 있다. 『景德傳燈錄』 권3 「菩提達磨傳」(T51, 220a5), "부처님의 심종心宗을 밝혀 수행과 이해가 일치하는 사람을 조사라 한다.(明佛心宗, 行解相應, 名之曰祖.)"

61 근기를 관찰하여 가르침을 베풀고(逗敎) : 상대의 근기에 딱 들어맞는 가르침을 주는 것. '두'는 '투投'와 음이 통하여 혼용하는 글자.

62 침묵 좌선하며(冷坐) : 산란한 열기를 식히고 오로지 좌선하는 것. '정념단좌正念端坐'・'정신단좌正身端坐' 등과 같은 말.

63 나는 본래~마음이 없었는데 : 주 27 참조.

64 스승을 옆에서 모시기 : 건병巾瓶. 깨끗한 수건과 청결한 병. 수행자는 심신을 깨끗하게 유지하기 위해 항상 이들 물건을 가까이에 두는데, 이로써 스승을 좌우에서 시중드는 것을 뜻하게 되었다.

65 세간의 모든~기쁨 느끼리 : 상권 주 486 참조.

66 동방에서 교화한~위함일 뿐이니 : 주 39 참조.

67 구구는 원래 팔십일이라네(九九八十一) : 너무도 명백하고 분명하여 부정할 수 없는 사실을 의미한다.
68 완전히 죽었다 다시 살아나(絶後再甦) : 완전히 한번 죽고 난 후에 처음으로 진짜 살아남. 종래 가지고 있던 번뇌나 집착 그리고 사려 분별 등을 모두 절단하여 버리고 난 후에 조금의 걸림도 없는 경지, 진실한 삶을 얻는다는 말. '대사일번大死一番'·'대사대활大死大活'과 같은 뜻이다.
69 『碧巖錄』41則(T48, 179a27), "사람을 죽이려면 완전히 죽여야 살아나는 것을 보고, 죽은 사람을 완전히 살리고 나면 죽은 사람을 보게 되리라.(殺盡死人, 方見活人 ; 活盡死人, 方見死人.)"
70 완전히 죽은~살아나는 경계 : 대사저인大死底人은 일체의 모든 감각지각에 대한 의존과 정식情識에서 벗어나 세간이든 출세간이든 순·역順逆이든 어떤 분별도 하지 않는 크게 깨달은 사람을 뜻한다. 조주와 투자 대동投子大同이 이를 소재로 문답을 나눈 공안이 전한다. 『景德傳燈錄』권15 「投子大同傳」(T51, 319a12), "조주가 투자에게 물었다. '죽음에서 살아났을 때는 어떠한가?' '밤길 가는 것이 허용되지 않지만 날이 밝으면 틀림없이 도착해 있을 것입니다.' '내가 상수相手인 줄 알았는데 그대가 더 상수이군.'(趙州問, '死中得活時如何?' 師曰, '不許夜行, 投明須到.' 趙州曰, '我早侯白, 伊更侯黑.) ; 『碧巖錄』41則(T48, 178c16) 참조.
71 『雪竇語錄』권3(T47, 691b8), 『碧巖錄』1則(T48, 141b18), 『無門關』1則 「大通智勝」(T48, 294a19) 등 참조.
72 이 말의 경전적 근거는 『楞伽經』에서 찾아볼 수 있다. 『楞伽經』권4(T16, 506c14), "모든 보살마하살은 뜻에 의지하여야지 문자에 의지해서는 안 된다.(諸菩薩摩訶薩, 依於義不依文字.)"; 『圜悟語錄』권11(T47, 765b13), "활구를 참구할 일이며 사구를 참구하지 마라. 활구에서 알아차리면 영겁토록 잊지 않겠지만 사구에서 알아차리면 저 자신도 구제하지 못할 것이다.(他參活句不參死句. 活句下薦得, 永劫不忘 ; 死句下薦得, 自救不了.)"; 『瑯琊覺語錄』古尊宿語錄46(X68, 311c3) ; 『五燈會元』권15 「德山緣密章」(X80, 308a21) 등 참조.
73 상권 '흥성사 입원소설' 15번 상당 법문 참조. 이곳에는 지공指空 화상의 말로 제시되어 있다.
74 『景德傳燈錄』권26 「瑞鹿本先傳」(T51, 426a23), "바람도 깃발도 움직인 것 아니요 마음이 움직였을 뿐이라 하니, 자고이래로 대대로 이어져 지금에 이어졌네. 이후로 운수납자들 헛되이 이 뜻 깨닫고자 하나, 조사는 진실로 지음을 좋아한다네.(非風幡動唯心動, 自古相傳直至今. 今後水雲徒欲曉, 祖師眞實好知音.)"
75 『大慧語錄』권20 「示眞如道人」(T47, 895a21), "도를 배움에는 특별히 별다른 솜씨 필요 없으니, 다만 깨달음을 법도로 삼을 뿐이다.(學道無他術, 以悟爲則.)"; 『密菴語錄』권1(T47, 981c18), "참선 공부를 함에 별다른 수단이란 없다. 모름지기 이와 같이 화두를 들어 놓치지 않고 궁구하다 보면 비로소 밝게 깨달을 시절이 있을 것이다.(參禪做工夫無他術. 須是恁麼提撕, 方可有明悟底時節.)"
76 '나인那人'은 궁극적인 경지를 성취한 사람, 즉 견성인 또는 본래면목 등을 나타낸다. 『宏智廣錄』권5(T48, 63a1), "게다가 겁의 세월 동안 쌓은 공을 운용해야, 비로소 저 사람과 하나가 되리라.(更須轉劫功, 方與那人合.)"

77 현량現量 : '량量'은 척도尺度라는 말로 인식의 방식 또는 앎의 진위를 판단하는 기준 등을 뜻한다. 현량은 개념이 개입되지 않고 어떤 사유 분별의 작용도 떠나 바깥 대상 경계를 그대로 지각하는 능력을 말한다. 『心賦注』 권3(X63, 129a21), "현량은 법의 자성을 터득하지만 개념과 말에 얽매이지 않아 헤아리는 마음이 없는 인식이다. 이것은 원만하게 이루어진 말로서 외부의 대상을 조작하여 이해하지 않기에 비량比量이나 비량非量에 떨어지지 않는다.(現量者, 得法自性, 不帶名言, 無籌度心. 是圓成語, 不作外解, 不落比非之量.)"; 『華嚴經』 권6 「入不思議解脫境界普賢行願品」(T10, 688a8), "어리석은 범부들은 부처님의 방편에 미혹되어 삼승법이 있다고 고집하며 삼계가 마음으로부터 일어난 것임을 깨닫지 못하고 삼세의 모든 불법이 자기 마음의 현량인 줄도 알지 못하여 바깥의 오진五塵이 실재한다고 집착하니 마치 소와 양이 지각하지 못하여 생사윤회 가운데서 벗어나지 못하는 것과 같다.(一切凡愚, 迷佛方便, 執有三乘, 不了三界由心所起, 不知三世一切佛法自心現量, 見外五塵執爲實有, 猶如牛羊不能覺知, 生死輪中無由出離.)"; 『大慧語錄』 권22 「示張太尉」(T47, 905c7), "부처님의 경계란 바로 그 당사자의 자기 마음의 현량이요, 움직이지 않고 변하지도 않는 본체입니다.(佛境界卽當人自心現量, 不動不變之體也.)"

78 불법에 군더더기란 없네(佛法無多子) : 임제 의현臨濟義玄이 대우大愚와의 문답에서 황벽黃檗의 신법禪法을 알아차리고 평가한 말이다. '다多'는 불필요하게 많다 또는 쓸데없이 남아돈다는 말. 불법은 불필요한 방편이나 조작이 없어 간단명료하게 진실에 부합한다는 의미이다. 『臨濟語錄』(T47, 504c19), "임제가 대우를 만나러 갔을 때 대우가 물었다. '어디서 오는가?' '황벽 문하에서 왔습니다.' '황벽이 어떤 말로 가르치던가?' '제가 세 번 불법의 핵심적인 뜻을 물었다가 세 번 다 얻어맞았으나, 저에게 잘못이 있는지 없는지 모르겠습니다.' '황벽이 그토록 친절하게 그대에게 사무치도록 가르쳐 주었는데 다시 여기까지 와서 잘못이 있는지 없는지 묻는가!' 이 말에 임제가 크게 깨닫고 말했다. '원래 황벽의 불법에는 대단한 것이 없었군요.' 대우가 임제의 멱살을 잡고 말했다. '이 오줌싸개야! 조금 전에는 허물이 있는지 없는지 묻더니 지금은 황벽의 불법에는 대단한 것이 없다고 말하는구나! 그대는 어떤 도리를 알았느냐? 빨리 말해라! 빨리 말해!' 임제가 대우의 옆구리를 세 번 주먹으로 찌르자 대우가 잡은 멱살을 놓으며 말했다. '그대의 스승은 황벽이니 나와는 관계없는 일이다.'(師到大愚, 大愚問, '什麽處來?' 師云, '黃檗處來.' 大愚云, '黃檗有何言句?' 師云, '某甲, 三度問佛法的的大意, 三度被打, 不知某甲有過無過.' 大愚云, '黃檗與麽老婆, 爲汝得徹困, 更來這裏, 問有過無過!' 師於言下大悟云, '元來黃檗佛法無多子.' 大愚搊住云, '這尿床鬼子! 適來道有過無過, 如今却道, 黃檗佛法無多子! 爾見箇什麽道理? 速道! 速道!' 師於大愚脅下築三拳, 大愚托開云, '汝師黃檗, 非干我事.')"

79 『月磵語錄』 권하 「印月」(X70, 527a5), "성품이라는 바다는 고요하고 마음이라는 달은 밝게 빛나네. 물과 달이 어우러지고 달과 물이 서로 거두네. 물과 달이 서로 비추며 무늬를 드러내는구나. 산하대지와 삼라만상에, 한번 찍어 뚜렷이 무늬 남기니 맑고 빈 듯이 꿰뚫어 환히 밝구나. 확 트이고 밝디밝으니 증득하고 나서 살펴보라.(性海湛如, 心月皎如. 水與月融, 月與水攝. 水月交光, 印文呈露. 山河大地, 萬象森羅, 一印印定, 虛徹洞明. 廓兮煏兮, 以證來觀.)"

80 평상심이 도요(平常心是道) : 마조 도일馬祖道一이 말한 후로 공안의 소재로 많이 활

용되는 어구. 상권 주 478 참조.

81 모든 법~그대로 참모습이라(覿體全眞) : 본 그대로, 드러난 그대로가 모두 진실이라는 말. 『圜悟語錄』권9(T47, 753c7), "그러므로 운문은 '화상들이여, 망령되이 생각하지 마라. 산은 산이고 물은 물이며, 승은 승이고 속은 속이다.'라 하고 또 '주장자를 보고는 단지 주장자라고 부를 뿐이며, 집을 보고는 단지 집이라 부를 뿐이니, 이를 두고 드러난 그대로 온통 진실이라 하는 것이다.'라고 하였다.(是故雲門道, '和尙子, 莫妄思. 山是山水是水, 僧是僧俗是俗.' 又道'見拄杖子但喚作拄杖子, 見屋但喚作屋, 謂之覿體全眞.')"

82 법과 법 : 낱낱의 법. 모든 법. 또는 존재하는 모든 것을 가리킨다.

83 『法華經』권1「方便品」(T9, 9b10)의 "이 법이 법의 위치에 머무니, 세간의 차별상도 변함없이 머문다.(是法住法位, 世間相常住.)"라는 구절의 뜻과 맥락이 통하는 말. 법마다 실상마다 각각의 차별성 그대로 드러난 모습의 진실성을 말한다. 『天聖廣燈錄』(X78, 453b19), "법과 법, 서로 간여 않으니 법은 스스로 공적할 뿐이기 때문이다. 지금의 바로 그 자리에 스스로 머물며, 지금의 바로 그 자리에서 스스로 진실하다.(法法不相到, 法自寂故. 當處自住, 當處自眞.)"; 『碧巖錄』40則(T48, 178b27) 참조.

84 산은 산이요~물일 뿐이라(山是山水是水) : 제법실상諸法實相의 맥락에서 만법이 제각각 독립하여 그 자체로 완결하여 있으면서 그 근원은 통한다는 뜻을 표현한 말.

85 할 일~자재한 도인(閑道人) : 할 일을 마쳐 더 이상 할 일도 없고 억지로 조작할 일도 없는 사람. 일체의 속박과 번뇌를 벗어나 자재한 경지를 얻은 사람.

86 성색聲色은 육경六境(色聲香味觸法) 가운데 앞의 두 가지를 들어 대상 경계를 대표적으로 나타낸 말로서 언구言句나 속진俗塵을 비유하기도 한다. 대상 경계 속에 있으면서도 그에 속박되지 않고 자유로운 풍모를 펼친다는 뜻이다. 상권 「홍성사 입원소설」 14번 상당 법문 가운데 향엄 지한香嚴智閑의 오도송 참조.

87 석녀石女는 돌로 만든 여자 또는 돌에 조각한 여자. 아이를 낳을 수 없는 여자를 가리킨다. 분별 정식情識에서 벗어난 경지를 석녀에 비유한다. '석녀가 밤에 아기를 낳다.(石女夜生兒)'라는 말로도 흔히 쓰이는데, 밤은 지각 분별 이전의 경계를, 아기는 현실의 사물이나 현상을 뜻한다. 드러나 있는 사물과 현상 그대로가 곧 진여실상眞如實相이 현현한 것임을 의미한다.

88 지각知覺하거나 사유할 리 없는 나무로 만든 인형인 목인木人이 살아 움직이는 사람처럼 어떤 뜻을 알아채고 고개를 끄덕인다는 역설적인 표현이다. 앞의 석녀나 목인이나 모두 분별에서 벗어난 경계를 비유한다. 그 어떤 작위도 없는 천진한 묘용妙用을 드러낸 말이다. '목인이 노래하고 석녀가 일어나 춤을 춘다(木人方歌, 石女起舞)', '목인이 한밤중에 신을 신고 떠나고 석녀가 날이 밝아 올 무렵 모자를 쓰고 돌아온다.(木人夜半穿靴去, 石女天明戴帽歸.)', '석인이 고개를 끄덕이고 노주가 박수 친다(石人點頭, 露柱拍手.)'는 등의 구절 모두 같은 맥락이다.

89 니우泥牛는 분별이나 번뇌를 비유하는 말. 두 마리 니우가 물속으로 들어갔다는 것은 범凡·성聖이나 시是·비非와 같이 두 가지 상대를 오로지 차별적으로만 보는 이변 대대의 분별적 관념이 끊어졌음을 의미한다.

90 어림짐작이나 분별로는 알 수 없다는 뜻이다. 몰종적沒蹤跡·단소식斷消息의 경계를 표현한 말이다.

91 백운 경한은 조정의 부름에 겸허하게 거절하는 뜻을 내비치고 있으나, 한편으로는 선

사로서 자신의 본분사를 이루고 싶은 큰 포부 내지는 그의 담백한 선풍을 나타내고 있다. 이는 『莊子』「人間世」의 산목散木과 문목文木의 비유를 연상케 한다. 쓸모없는 나무(散木)와 재목으로서 훌륭한 나무(文木) 중에 오히려 쓸모가 없는 산목이 장수를 누리며 나무로서의 생명을 유지한다는 역설적 이야기이다. 또 같은 책「逍遙遊」에는 나무를 다루는 목수조차 눈길 한번 주지 않는 저樗나무 이야기가 나오는데 이 역시도 재목으로서 쓸모가 없어 도끼질당할 일도, 누군가 잘라 갈 일도 없지만 나무로서는 괴로움을 당할 일이 없다는 이야기로, 백운의 이 게송에서 연상되는 비유이다.

92 연화봉 상祥 암주(蓮花峯祥菴主) : 연화상蓮華祥이라고도 한다. 송나라 때 스님으로 봉선심봉先深에게서 참구하여 법을 이었다. 평생 산속에 지내면서 산을 내려오지 않았다고 한다.

93 깨달음의 경계에도 머무르지 않는 자재무애한 사람의 모습을 비유적으로 표현한 말. 주장자를 어깨에 메고 조금의 한눈도 팔지 않고 곧장 산속으로 들어가 자신의 경계를 펼치는 삶을 뜻한다.

94 상 암주가 입적에 즈음하여 대중에게 설한 이야기이다. 여기(這裏)란 바로 암주 자신이 살아온 생애를 뜻한다. 그곳이 바로 시방세계이자 바로 자기 자신이기도 하다는 뜻을 표현한 말이다. '천봉만봉, 무수한 봉우리 깊은 산속으로 가노라.'라고 한 말은 입적이 별다른 곳으로 떠나가는 것이 아니라 바로 좌선坐禪 그 자체임을 말해 준 것이다. 『聯燈會要』권27(X79, 236a9), 『碧巖錄』25則(T48, 165c8), 『大慧語錄』권8(T47, 845a18) 참조.

95 태원 부孚 상좌(太原孚上座) : 당말 오대唐末五代 때 스님. 출가 후 제방의 선지식을 찾아 유력하였고 설봉산의 설봉 의존을 찾아가 그 법을 이어받았다.

96 '오엽五葉'은 달마의 전법게에서 비롯한 말. 선종禪宗이 후에 다섯 분파로 나뉘게 되리라는 예언으로 보는 해석도 있으나, 여기서는 달마 이후로 5대를 거쳐 육조에 이르기까지를 표현한 말로 보인다. 전해 주고 전해 받을 법이 따로 있었던 것도 아닌데 5대까지 거쳐 내려온 뜻이 있겠느냐는 반문인 동시에 둘째 수에서 읊은 것과 같이 바로 그와 같이 전해 준 법도 전해 받은 법도 없었기에 전해질 수 있었다(親傳親得)는 의미이다. 주 39 참조.

97 『汾陽無德語錄』권상(T47, 599b14), "'부처님께서는 달에 대해 말씀하시고 육조 혜능은 달을 가리켰다'고 한다. 달은 어디에 있는가? 내가 손가락으로 가리키는 것을 보라.(所以靈山話月, 曹溪指月. 月在什麼處? 與我指出看.)"

98 장졸張拙 상공의 게송의 한 구절. 망심妄心이 일어나지 않으면 있는 그대로의 실상이 진실 그대로 드러난다는 뜻. 적체현성覿體現成·탈체현성脫體現成 등과 같은 뜻이다. 상권 주 533 참조.

99 『續傳燈錄』권13 「靈山彦文傳」(T51, 550a19), "'부처란 어떤 것입니까?' '가장 친숙한 문제를 묻는구나.' 하고 곧 '산은 푸르디푸르고 물은 맑디맑으며, 바람은 남쪽 봉우리에 드리운 구름에 불고 이슬은 동쪽 울타리에 핀 국화를 적시는구나. 게다가 추운 겨울에도 세한심을 간직한 소나무와 대나무로다. 이 모든 것이 줄 없는 거문고에서 나오는 곡조이건만, 푸른 눈의 달마대사도 박자를 맞추지 못하는구나. 박자를 맞추지 못해. 하나, 둘, 셋, 넷, 다섯, 여섯!'이라 하였다.(又問, '如何是佛?' 師曰, '問得最親.' 乃曰, '山青青水綠綠, 風吹南嶺雲, 露滴東籬菊. 更添松竹歲寒心. 盡是無絃琴上曲, 碧眼胡僧拍不足,

拍不足. 一二三四五六!')"

100 가재도구(家火) : 집에서 생활하는 데 꼭 필요한 불. 이로부터 뜻이 확장되어 집안 살림에 필요한 가재도구 일반을 가리키는 말로도 쓰인다.
101 주장자 가로~암자로 들어가려니 : 주 93 참조.
102 무착 문희無着文喜가 오대산五臺山에서 문수보살과 나눈 문답에서 비롯한 구절. 이 공안을 '문수전후삼삼文殊前後三三'·'전삼삼후삼삼前三三後三三'이라 한다. '三三'은 3 곱하기 3과 같으므로 9가 되며 9는 만수滿數로서 극치를 상징하는 수이자 무수無數함을 나타낸다. 이런 뜻에서 문수가 말한 삼삼은 앞뒤로 대중이 가득 들어찼다는 말로서 '삼삼森森'과 통한다. 그러나 이 공안의 핵심은 '불법은 대중의 수에 달린 것이 아니다.', '수량으로 측정할 수 없는 불법의 근본 뜻을 제시한 것이다.'와 같은 분별을 불살라 없애는 데 있다. 『碧巖錄』35則(T48, 173b29), "문수가 무착에게 물었다. '최근 어디를 떠나 여기에 왔는가?' '남방입니다.' '남방의 불법이 어떻게 유지되고 있는가?' '말법시대여서 계율을 받드는 이들이 적습니다.' '대중이 얼마나 되는가?' '삼백 내지 오백 정도입니다.' 이번에는 무착이 문수에게 물었다. '이곳에서는 불법이 어떻게 유지되고 있습니까?' '범부와 성인이 함께 거하고 용과 뱀이 섞여 살고 있다.' '그 수가 얼마나 됩니까?' '앞에 삼삼, 뒤에 삼삼.'(文殊問無著, '近離什麼處?' 無著云, '南方.' 殊云, '南方佛法, 如何住持?' 著云, '末法比丘, 少奉戒律.' 殊云, '多少衆?' 著云, '或三百或五百.' 無著問文殊, '此間如何住持?' 殊云, '凡聖同居, 龍蛇混雜.' 著云, '多少衆?' 殊云, '前三三後三三.')"; 『頌古聯珠通集』권27(X65, 640c22~641a13); 『禪門拈頌說話』1436則(H5, 913b7) 참조.
103 푸르스름한 등불(青燈) : 푸른빛의 등. 이로써 고즈넉하고 빈한한 생활을 표현한다.
104 납의 걸치고~뒤집어쓴 채(衲衣蒙頭) : 납피몽두納被蒙頭라고도 한다. 추운 겨울에 이불이나 천 등을 머리에까지 뒤집어쓰고 좌선坐禪하던 데에서 나온 말. 달마대사의 좌상坐像에서 그 모습을 엿볼 수 있다. 이로부터 좌선을 뜻하는 말로도 쓰이며, 외부와 차단한다는 뜻도 있다.
105 평온무사하여 모든 대상에 대한 분별이나 망상이 사라진 경계. 『信心銘』(T48, 376b26), "한결같이 마음 평온하니, 자취도 없이 절로 다 사라지네.(一種平懷, 泯然自盡.)"; 『眞心直說』「眞心妙體」(T48, 1000a20), "한결같이 마음 평온하니, 터럭 끝만큼의 티나 흐릿하게 가림도 없네. 모든 산하대지와 초목총림과 삼라만상 그리고 온갖 더럽고 깨끗한 법이 모두 이로부터 나온다네.(一種平懷, 無纖毫瑕翳. 一切山河大地, 草木叢林, 萬象森羅, 染淨諸法, 皆從中出.)"
106 『景德傳燈錄』권5 「司空本淨傳」(T51, 243b18), "진실을 미루어 밝히고자 해도 진실은 그 상相이 없고, 망념의 본질 헤아려 궁구하려 해도 망념은 형체가 없네. 밝히고 궁구하는 마음 돌이켜 관찰하면, 마음 또한 가명假名임을 알리라. 도道 또한 이와 같음을 알고 나니, 결국에는 단지 이뿐이로구나.(推眞眞無相, 窮妄妄無形. 返觀推窮心, 知心亦假名. 會道亦如此, 到頭亦只寧.)"; 『淸虛集』「祖師心要」(H7, 702b23), "그러므로 진실과 망념 그리고 얻었다거나 잃었다고 여기는 차별된 견해 모두 망상일 뿐임을 알아야 하리니, 그것은 마치 저 연야달다가 어리석게 날뛰었던 마음과 같다. 망념이 있기 때문에 진실로써 망념을 대치하는 줄 알아야 한다. 망념의 본질을 헤아려 궁구해 보면 망념의 본질은 본래 없거늘 어떻게 얻을 수 있는 진실이 있겠는가? 만약 진실과

망념 중 어느 하나도 얻을 수 없다는 도리를 안다면, 얻을 것이 없다는 바로 그 도리 또한 얻을 수 없음을 알 것이다. 이렇게 안다면 아주 먼 과거부터 이름이 실재하는 것으로 오인하고 상에 집착해 왔던 병통이 그 자리에서 봄날 얼음 녹듯이 사라질 것이다.(故知眞妄得失之見, 但自妄想, 如彼發狂也. 當知爲有妄故, 將眞治妄. 推窮妄性, 妄性本無, 何有眞可得? 若知眞妄一無所得, 知無所得者, 亦無所得也. 如是則平昔認名執相之患, 當下氷銷矣.)

107 '달마는 동토에 오지 않았고, 2조는 서천에 가지 않았다(達磨不來東土, 二祖不往西天.)'라는 상용구와 통한다. 진실한 불법에는 전할 법도, 구할 법도 없다는 의미이다.

108 높은 것은 높은 그대로 낮은 것은 낮은 그대로, 긴 것은 긴 그것 그대로 짧은 것은 짧은 그것 그대로 진실을 구현하고 있다는 맥락이다. '오리 다리를 늘이고 학 다리를 잘라서는 안 된다.(不可續鳧截鶴)', '소나무는 곧은 대로 가시나무는 구부러진 대로 각각에 진실이 드러나 있다.(松直棘曲)', '산은 산이요 물은 물(山是山水是水)'이라는 말이 내포하고 있는 맥락과 같다.『無準師範語錄』권5「高下隨宜」(X70, 267a2), "큰 나무, 작은 나무, 긴 가지, 짧은 가지 있지만, 꽃은 때를 따라 그에 맞는 곳에 피어나네. 세세한 풍취조차 모두 미묘하니, 이리저리 쓸리고 넘어져도 좋구나.(樹有高低枝短長, 花開隨處恰相當. 都緣妙得毫端趣, 豎抹橫拖總不妨.)"

109『老子』의 다음 구절을 취한 말.『老子』25장, "뒤섞인 그 무엇이 천지보다 앞서 생겨났다.(有物混成, 先天地生.)"

110『金剛經』(T8, 752b28). 상권 주 69 참조.

111 늙은이(老古錐) : 송곳은 본래 날카로운 물건이지만 오래되면 그 날카로움을 잃고 무디게 된다. 늙어서 예리한 기봉機鋒을 잃어버린 사람 또는 예리한 기봉은 다소 없으나 원숙한 종사宗師를 비유하기도 한다. 늙은 스승을 애정을 담아 부르는 호칭이기도 하다.

112『從容錄』73則(T48, 256c5), "사대사大 선사는 '삼세의 모든 부처님을 나의 한입에 남김없이 삼켰으니, 어디에 또다시 제도할 중생이 있겠는가!'라고 말했다. 이는 물 한 방울 샐 틈도 없이 틀어막는 수법이니, 범부의 길도 성인의 길도 모두 끊어진 경계를 나타낸다.(思大云, '三世諸佛, 被我一口吞盡, 何處更有衆生可度!' 此水洩不通, 凡聖路絶也.)";『景德傳燈錄』권27(T51, 435a15) 참조.

113『楞嚴經』권2(T19, 111c25), "모든 중생이 무시이래로부터 외물에 미혹되어 본심을 잃어버리고 외물에 따라 움직이게 되었으니, 이 때문에 이 중에서 크다고 보기도 하고 작다고 보기도 하는 것이다. 외물을 움직일 수 있다면 여래와 같으리니, 심신이 밝고 뚜렷하여 도량을 움직이지 않고도 한 터럭 끝에 시방세계의 국토를 두루 품어 들이리라.(一切衆生, 從無始來, 迷己爲物, 失於本心, 爲物所轉, 故於是中觀大觀小. 若能轉物, 則同如來, 身心圓明, 不動道場, 於一毛端, 遍能含受十方國土.)";『大慧語錄』권11(T47, 856c15), "외물을 움직일 수 있다면 곧 여래와 같으리라. 쯧쯧, 부처님께서 어리석은 자들을 속이시다니.(若能轉物, 卽同如來. 咄哉, 瞿曇誑謼痴獃.)"

114 진실을 꿰뚫어~하나의 눈(一隻頂門眼) : 일척안一隻眼·정문안頂門眼·정안正眼·활안活眼과 같은 말. 두 개의 육안肉眼과 구별하여 제삼의 눈이라고도 한다. 진실을 꿰뚫어 보는 탁월한 안목 또는 그러한 뛰어난 식견을 가진 사람을 가리킨다.

115 유상신有相身은 차별상을 떠난 무상신無相身과 반대되는 말이지만, 선禪 문헌에서는

유상有相·무상無相을 대립적으로 보지 않고 유상신 가운데 무상신이 있고 무상신 가운데 유상신이 있다는 선적禪的 사유와 통찰을 제시한다. 『景德傳燈錄』 권12 「魯祖敎傳」(T51, 298b9), "쌍림수의 일(부처님의 열반)은 어떤 것입니까?' '상이 있는 몸 안에 상이 없는 몸이 있다.' '상이 있는 몸 안에 상이 없는 몸이 있다는 말은 어떤 뜻입니까?' '황금 향로 아래에 그것을 바치고 있는 쇠로 조각된 곤륜노崑崙奴이다.'(問, '如何是雙林樹?' 師曰, '有相身中無相身.' 曰, '如何是有相身中無相身?' 師曰, '金香爐下鐵崑崙.')"; 『圜悟語錄』 권2(T47, 719b27), "깨달음 이후의 수행을 한 구절로 어떻게 말해야 할까? 터럭 끝만큼이라도 마음을 닦는 공부를 하겠다는 생각을 일으키지 않는다면, 무상의 광명 속에서 늘 자재하리라.(長養聖胎一句作麽生道? 不起纖毫修學心, 無相光中常自在.)"; 『無異元來廣錄』 권20 「淨土偈」(X72, 315a22), "청정한 마음이 곧 서방정토라. 무상의 광명 가운데 차별상 있는 몸 있네. 마음에 번뇌 끌어들여 괴이한 짓거리하니, 누가 나이고 누가 남인가.(淨心卽是西方土. 無相光中有相身. 心境牽纏成鬼戱, 誰爲我也孰爲人.)"

116 『論語』「述而」 "공자가 말했다. '너희들이 내가 숨긴다고 생각하느냐? 나는 너희들에게 숨기는 것이 없다.'(子曰, '二三子以我爲隱乎? 吾無隱乎爾.')"

117 성인 경지에~범부 초월해도(入聖超凡): 초범입성超凡入聖·전범성성轉凡成聖·전범입성轉凡入聖이라고도 한다. 전미개오轉迷開悟의 뜻. 범부의 경계를 초월하여 성현의 지위에 들어가는 것을 뜻한다.

118 위의威儀: 위엄 있는 몸가짐. 사람들로부터 공경심을 일으키는 모습. 수행자로서 일상의 생활에서 올바른 행동거지를 수행하는 것.

119 '염불하는 자는 누구인가?'라고 되묻는 방법은 조사선의 선법에서도 적지 않게 발견된다. 자신의 본성이 아미타불이라는 생각에 근거하여 간단없이 화두를 참구하듯이 자성의 아미타불을 염하면서 '염불하는 자는 누구인가?'라고 의심하는 방법이 제시된다. 『趙州語錄』古尊宿語錄13(X68, 80c17), "조주가 대중에게 '한가하게 세월을 보내서는 안 되니 염불하고 염법念法하라.'고 하자 어떤 학인이 물었다. '저의 자신을 염한다는 것은 어떤 뜻입니까?' '염하는 당사자는 누구인가?' '상대할 짝이 없습니다.' 이에 조주가 '이 나귀 같은 놈아!'라고 질책했다.(師示衆云, '不得閑過, 念佛念法.' 僧乃問, '如何是學人自己念?' 師云, '念者是誰?' 學云, '無伴.' 師따, '者驢!')"

120 몽산蒙山: 원나라 때 스님. 법명은 덕이德異(1231~?). 고균古筠 비구라고도 불린다. 강서성江西省 고안高安 출신. 고섬 여형孤蟾如瑩, 허당 지우虛堂智愚 등을 찾아가 법을 배웠고 복주福州 고산鼓山에서 환산 정응皖山正凝에게서 깨달음을 인가받아 법을 이었다. 1290년에 『六祖壇經』을 재편再編하여 유포하는 데 힘썼다. 이를 일반적으로 덕이본德異本이라 한다.

121 근본적 도리를 깨달은 사람(箇中人): 바로 그 자리에 있는 사람. 그동안의 사정이나 도리를 잘 아는 사람. 또는 근본적 도리를 깨달은 사람을 뜻한다.

122 구호口號: 고시古詩의 표제標題 중 하나. 즉석에서 시를 지어 읊거나 글로 써서 주는 것이 아니라 말로 전달하는 형식에 붙이는 표제.

123 흔히 '코끼리 지나간 자리에 여우 발자취 끊어진다.(象王行處絶狐蹤)'라는 구절과 짝을 이루어 쓰인다. 진정한 깨달음을 얻은 이들이 거하는 곳에 어리석은 이들은 범접하지 못한다는 뜻이다.

124 자안慈眼 : 관세음보살을 이름.『法華經』권7「觀世音菩薩普門品」(T9, 58b1), "일체공덕을 구족하고, 자비로운 눈길로 중생을 보살피고, 복덕이 바다와 같이 무량하니, 마땅히 머리 숙여 예를 올릴지어다.(具一切功德, 慈眼視衆生, 福聚海無量, 是故應頂禮.)"

125 비릉毗陵 : 옛 지역 이름. 지금의 강소성江蘇省 상주시常州市 일대.『法華經玄籤證釋』권1(X28, 558a2), "비단은 즉 비릉을 가리킨다. 진秦나라 때는 연릉, 진晉나라 때는 비릉, 동진 때는 진릉, 수·당·송 대에는 상주라 하였다.(毗壇卽毗陵. 秦曰延陵, 晉曰毗陵, 東晉曰晉陵, 隋唐宋曰常州.)"

126 육조 혜능이 오조五祖 문하에 들어가 8개월여 디딜방아를 찧었는데, 방아를 밟다가 삼매에 들어 방아 찧던 다리를 떼지 못했다는 일화가 전한다. 이를 가리켜 '석실도대石室蹈碓' 또는 '석실답대石室踏碓'라 하는데, 혜능을 석실행자라 부르던 데서 만들어진 말이다. 위 시의 이 구절은 선禪 수행은 좌선이나 간경看經에 한정되지 않으며 일상을 떠나지 않는다는 뜻을 보여 주는 혜능의 이 일화를 떠올리게 한다.

127 돌절구에서 꽃이 피었느니라(碓觜生花) : 대碓는 발로 디뎌 밟는 디딜방아, 자觜는 그 디딜방아에서 빻은 가루가 나오는 입구를 가리킨다. 방아에서 빻은 가루가 나오는 것을 꽃이 피어나는 것에 견주어 생명이 없는 것에서 생명이 태어난다는 뜻을 담은 말이다. '천화생대자千華生碓觜'라고도 하며, '고목에서 꽃이 핀다.(枯木生花)'는 말과 같다. 생각이나 말로는 알 수 없는 단적인 경계를 뜻한다.

128 금린이 그물~나오기 바라서이네(透網金鱗) : 삼성 혜연三聖慧然과 설봉 의존雪峰義存이 서로의 견처를 펼쳐 보인 문답에서 나온 말.『碧巖錄』49則(T48, 184c11), "삼성이 설봉에게 물었다. '그물을 뚫고 달아난 황금빛 잉어는 무엇을 먹이로 삼습니까?' '그대가 그물을 뚫고 나오는 순간 바로 말해 주겠다.' '천오백 학인을 이끄는 선지식께서 이야기의 핵심도 모르시는군요.' '노승은 주지 소임이 번거롭다.'(三聖問雪峯, '透網金鱗, 未審以何爲食?' 峯云, '待汝出網來, 向汝道.' 聖云, '一千五百人善知識, 話頭也不識.' 峯云, '老僧住持事繁.')"

129 야보 도천冶父道川의 게송 구절과 비슷하다.『金剛經五家解說誼』권하(H7, 101a7), "천 척 낚싯줄 곧게 드리우니, 한 물결 일 때마다 모든 물결 따라 이누나. 밤 고요하고 물 차가워 고기 물지 않으니, 빈 배 가득 달빛만 싣고 돌아오노라.(千尺絲綸直下垂, 一波纔動萬波隨. 夜靜水寒魚不食, 滿船空載月明歸.)"

130 『華嚴經』권2「入不思議解脫境界普賢行願品」(T10, 668b28), "해가 허공에 떠서 광명이 항상 비치듯이 부처님의 지혜 또한 이와 같아서 삼세의 모든 어둠을 거두신다네.(如日處虛空, 光明恒遍照, 佛智亦如是, 能除三世暗.)"

131 『證道歌』(T48, 395c22), "여섯 종류의 신묘한 작용은 공이면서 공이 아니요, 한 덩이 원만한 광명은 색이면서 색이 아니다.(六般神用空不空, 一顆圓光色非色.)"

132 『修心訣』(T48, 1006a20), "예전에 이견왕이 바라제존자에게 물었다. '어떤 것을 부처라 합니까?' '성품을 본 이가 부처입니다.'……'성품은 어디에 있습니까?' '성품은 작용하는 가운데 있습니다.' '그것이 어떻게 작용하기에 지금 보지 못합니까?' '지금 작용하고 있으나 왕께서 보지 못하시는 것일 뿐입니다.……'작용할 때는 몇 곳에서 나타납니까?' '나타날 때는 여덟 곳에서 나타납니다.' '그 여덟 곳을 나에게 해설해 주시오.' '태안에 있으면 몸이라 하고 세상에 나오면 사람이라 하며, 눈에 있으면 본다 하고 귀에 있으면 듣는다 하고, 코에 있으면 냄새를 맡는다 하고 혀에 있으면 말을 한다 하고,

손에 있으면 붙잡으며 발에 있으면 걷습니다. 두루 나타나면 온 세계를 다 감싸 안으며 거두어들이면 하나의 티끌 속에 있습니다. 아는 자는 그것이 곧 불성인 줄 알지만 모르는 자들은 정혼이라 합니다.'(昔異見王, 問婆羅提尊者曰, '何者是佛?' 尊者曰, '見性是佛.' …… '性在何處?' 尊者曰, '性在作用.' 王曰, '是何作用今不見?' 尊者曰, '今見作用, 王自不見.' …… '若當用時幾處出現?' 尊者曰, '若出現時, 當有其八.' 王曰, '其八出現, 當爲我說.' 尊者曰, '在胎曰身, 處世曰人, 在眼曰見, 在耳曰聞, 在鼻辨香, 在舌談論, 在手執捉, 在足運奔. 遍現俱該沙界, 收攝在一微塵. 識者知是佛性, 不識者喚作精魂.')";『景德傳燈錄』권3(T51, 218b18) 참조.

133 『楞嚴經』권6(T19, 131a23), "번뇌 사라지고 깨달음 원만하게 청정해지면, 지극히 밝은 지혜의 광명이 온 세상을 남김없이 비추리라. 고요히 관조하며 허공 품고, 다시 돌아와 세간을 보노라니, 마치 꿈속의 일과 같네.(塵銷覺圓淨, 淨極光通達. 寂照含虛空, 却來觀世間, 猶如夢中事.)"

134 『證道歌』(T48, 396a26), "삼라만상의 그림자가 그 가운데 나타나니, 한 덩이 원만한 광명은 안도 밖도 없네.(萬象森羅影現中, 一顆圓光非內外.)"

135 『景德傳燈錄』권29 「寶誌和尙十二時頌」(T51, 450b28), "닭이 우는 축시丑時에 대한 송 : 한 알의 둥근 빛(태양) 이미 밝아, 안팎으로 그 빛 받으면 찾아보지만 그 어디에도 없다네. 경계에서 움직이며 무수한 존재와 하나로 어울리지만, 머리도 보이지 않고 손도 볼 수 없구나. 세계가 무너지더라도 그것은 소멸하지 않으리니, 아직 모르겠는 사람은 한마디 들어 보라. 바로 이렇게 지금과 같거늘 누가 입을 놀리는가?(鷄鳴丑 : 一顆圓明已久, 內外接尋覓總無. 境上施爲渾大有, 不見頭又無手. 世界壞時渠不朽, 未了之人聽一言. 只遮如今誰動口?)"

136 육근과 육진(根塵) : 육근六根과 육진六塵을 아울러 이르는 말. 일체의 모든 상대되고 대립되는 것을 표현할 때 이 말을 쓴다. 근진에서 벗어났다는 것은 주主와 객客·인人과 경境 등의 대대 관계에서 벗어나 적연부동寂然不動한 상태가 되었음을 말한다.

137 존재하지 않는 것, 무익한 일을 '허공에서 새의 자취를 찾는다.'는 말에 비유한다. 『大般涅槃經』권2「壽命品」(T12, 377b5), "비유하자면 새의 자취가 공중에 남아 있을 리 없는 이치와 같이 무아라는 상을 닦고 익힌 이에게 어떤 견해가 남아 있는 일은 있을 수 없습니다.(譬如鳥跡空中現者, 無有是處, 有能修習無我想者而有諸見, 亦無是處.)"

138 『荀子』「修身」, "보고 들어 많이 아는 것을 한閑이라 하고, 그 견해가 적은 것을 누陋라 한다.(多見曰閑, 少見曰陋.)"

139 '이구 온보李玖溫甫의 서序'에서도 언급된 인물.

140 『禪門拈頌說話』256則 본칙에 귀종 지상歸宗智常과 학인이 일미선을 소재로 나눈 공안이 실려 있고 그 본칙 설화에 다음과 같은 글이 실려 있다. 『禪門拈頌說話』256則(H5, 242a7), "옛사람이 말하였다. '눈앞에 미세한 티끌 하나도 아른대는 모습이 보이지 않고, 맑은 바람과 밝은 달만이 쓸쓸하도다. 담담함 가운데 숨은 맛을 그대는 아는가? 이것이 바로 장로의 일미선이라네.' 또 옛사람이 '해인삼매 가운데 삼종세간이 드러나니, 삼종세간이 모두 다함이 없구나. 다함없는 본성의 바다가 한맛을 머금었으나, 그 한맛 또한 침몰시키는 것이 나의 선禪이다. 그런즉 한맛조차 던져 버리는 것이 바로 장로의 일미선이다.'라고 하였으니, 이것이 장로가 말한 그 일미선이다.(古人云, '不見纖塵到眼前, 淸風明月兩蕭然. 淡中有味君知否? 箇是長蘆一味禪.' 又古人云, '海印

定中三種現, 三種世間皆無盡. 無盡性海含一味, 一味尚沉是我禪. 則一味尚沈處, 是長蘆一味禪也.' 此是長蘆所謂一味禪也.)" 귀종의 일미선 공안에 대해서는 『宛陵錄』古尊宿語錄3(X68, 19a21), 『雪竇語錄』권2(T47, 683c1) 등 참조.

141 나옹대懶翁臺 : 『牧隱集』「金剛山潤筆菴記」 "금강산에 선주암이 있는데, 절에 사람이 살지 않은 지 근 30년이 되었다. 보제존자 나옹이 하안거를 지내면서 돌을 쌓아 대를 만들었는데 주위의 뭇 봉우리들이 내려다보였다. 사람들이 이 대를 나옹대라 불렀다.(金剛山善住菴, 有屋無人者, 近三十年. 普濟居一夏, 累石爲臺, 俯視衆峯. 人稱之曰懶翁臺.)"

142 무사無事 · 무심無心의 경지를 구름이 떠다니고 물이 흐르는 자연현상에 비유하여 제시하였다. 『大川普濟語錄』(X69, 764c22), "법좌에 올라앉아 '담쟁이덩굴은 줄줄이 이어져 소나무 꼭대기까지 올라타고, 흰 구름은 티 없이 고요히 떠다니며 드넓은 하늘에 출몰한다.'라고 말했다. 【주장자를 잡고】 '국사가 오셨다, 오셨어.'라고 한 다음 【올렸다가 내려치면서】 '길은 평탄한 곳에서 험해지고, 사람은 고요한 곳에서 바쁘다.'라고 말했다.(上堂, '靑蘿蔘緣, 直上寒松之頂, 白雲澹泞, 出沒太虛之中.' 【拈拄杖】 '國師來也來也.' 【卓一下】 '路從平處險, 人向靜中忙.')"; 『五燈全書』권25 「大潙慕喆章」(X81, 636b7), "흰 구름은 티 없이 고요히 떠다니며, 강물은 바다로 흐른다. 모든 존재가 본래 한가롭거늘 무슨 할 일이 있겠는가!(白雲澹泞, 水注滄溟, 萬法本閒, 復有何事!)"; 『聯燈會要』권3 「光宅慧忠章」(X79, 33b7), 『黃龍慧南語錄』(T47, 637c28); 『法演語錄』권하(T47, 664b5) 참조.

143 『黃龍慧南語錄』(T47, 633a5), "높디높은 산 위의 구름은 저절로 걷히고 저절로 펼쳐지거늘 무엇과 가깝고 무엇과 멀단 말인가! 깊디깊은 골짜기 물은 굽은 계곡을 만나면 돌아서 흐르고 곧은 계곡을 만나면 똑바로 흐를 뿐 저곳과 이곳을 구분하여 흐르지 않는다.(高高山上雲, 自卷自舒, 何親何疎! 深深澗底水, 遇曲遇直, 無彼無此.)"; 『修心訣』(T48, 1008a20), "모든 시각 중에 하나하나가 이와 같으니, 흡사 빈 배가 물결을 탈 때 그 흐름에 따라 높아지거나 낮아지는 것과 같다. 또한 마치 흐르는 물이 산을 감돌 때 굽은 계곡을 만나면 돌아서 흐르고 곧은 계곡을 만나면 똑바로 흐를 뿐 마음마다 분별이 없는 것과 같다.(一切時中, 一一如是, 似虛舟駕浪, 隨高隨下. 如流水轉山, 遇曲遇直, 而心心無知.)"

144 『紫柏老人集』권9(X73, 217c16), "만물은 본래 한가한데 시끄럽게 하는 것은 바로 사람이다. 사람이 시끄럽게 하지 않는다면 세상에 무슨 일이 있겠는가!(萬物本閒, 鬧之者人耳. 人而不鬧, 天下何事!)"; 『聯燈會要』권3 「光宅慧忠章」(X79, 33b7); 『圜悟心要』권2(X69, 472a13) 참조.

145 『建中靖國續燈錄』권12 「寶覺祖心章」(X78, 715a1), "법좌에 올라앉아 말했다. '어리석은 사람은 대상 경계를 버리지만 마음의 집착을 버리지 못하고, 지혜로운 사람은 마음의 집착을 잊지만 대상 경계는 버리지 못한다. 마음이나 대상 경계가 본래 여여하여 눈에 들어오거나 마주치는 어떤 인연이거나 아무런 장애가 없음을 알지 못해서이다.'(上堂云, '愚人除境不除心, 智者忘心不忘境. 不知心境本如如, 觸目遇緣無障礙.')"

146 보임保任 : '보호임지保護任持'의 줄임말. '보保'는 '잘 보호하여 지키다.'라는 뜻이고, '임任'은 '등에 지다.'라는 뜻이다. 잘 간직하여 잃어버리지 않는 것, 자신의 것으로 완전히 하는 것을 말한다. 특히 선종에서는 주로 견성見性한 뒤에 그것을 잘 함양하여

147 같은 스승 아래서 공부(同參) : 동문同門·법속法屬·법권法眷·법친法親·법연法緣·도우道友·도구道舊 등과 같은 말이다.
148 종승宗乘 : 달마 이래로 이어져 온 선종의 근본 취지. 선禪의 극치로 실어 나르는(乘) 종지를 가리킨다.
149 종승宗乘 중의 일(宗乘事) : 본분사本分事와 같은 뜻.
150 인간과 천상~이끄는 지도사(人天眼目) : 일반적으로 선종의 종지를 깨닫고 학인을 지도할 지위에 도달한 선사를 가리킨다.
151 인재들(桃李) : 복숭아와 자두. 인재를 비유한다.
152 풍류를 값싸게 팔지(賤賣風流) : 높은 품격을 많은 사람들이 알아들을 수 있도록 쉽게 설명한다는 말. 자신이 터득한 심오한 경지를 중생의 입장에서 쉽게 펼친다는 뜻이다.
153 이만 줄이고(不宣) : 하나하나 상세히 소식을 전하지 못했다는 뜻으로 편지 끝에 상투적으로 붙이는 말. 바로 앞에서 '한번 웃어넘기십시오.(一笑)'라고 한 말도 자신의 편지를 소중히 여길 것 없다는 겸손의 뜻이다.
154 삼가 올립니다(拜上) : 앞의 말과 마찬가지로 편지 끝에 붙이는 인사말.
155 『원각수증의圓覺修證儀』: 『원각경도량수증의圓覺經道場修證儀』를 가리킨다. 실제적 수행과 종교적 행사에서 지켜야 할 참회멸죄懺悔滅罪의 법과 좌선관법坐禪觀法의 작법作法 차례를 밝히고, 이하에서는 각종 악업을 참회하고 여러 부처에 귀의하는 내용을 담고 있다.
156 나무라지는 마십시오(休罪) : 나무라지 마라 또는 잘못이라고 여기지 말라는 뜻.
157 『圓覺經』(T17, 916b14) 참조.
158 『長阿含經』권2(T1, 15c18) 참조.
159 양문공楊文公 : 양억楊億(974?~1020?). 송나라 때 거사居士. 자는 대년大年. 시호는 문文. 광혜 원련廣慧元璉과 수산 성념首山省念 등에게서 참구하였고 원련의 법을 이어받았다. 진종眞宗의 칙명을 받고 이유李維·왕노王瑙 등과 함께 『景德傳燈錄』을 재정裁定하고 그 서문을 쓰기도 하였다.
160 장무진張無盡 : 장상영張商英(1043~1121). 송나라 때 정치가. 자는 천각天覺. 호는 무진거사無盡居士. 시호는 문충文忠. 1091년에 여산廬山의 동림 상총東林常總을 찾아가 만났으며 소식蘇軾과도 교유하였다. 황룡파黃龍派의 도솔 종열兜率從悅, 회당 조심晦堂祖心, 각범 덕홍覺範德洪, 진정 극문眞淨克文 등의 선승들과도 교유하였으며 특히 원오 극근圜悟克勤과 밀접한 관계를 맺었다. 『宗門武庫』(T47, 952c1) 참조.
161 동림 상총東林常總(1025~1091) : 출가 후 황룡 혜남黃龍慧南 밑에서 근 20년을 참구하여 득법하였다. 후에 강소성江西省 강주江州 동림사東林寺로 옮겨 거하였다. 광혜선사廣慧禪師, 조각선사照覺禪師 등의 호를 하사받았다.
162 운사運使 : 고대의 관명官名. 수륙운사水陸運使, 전운사轉運使, 염운사鹽運使 등을 간략하게 부르는 칭호.
163 한문공韓文公 : 한유韓愈(768~824). 당나라의 문인·정치가. 자는 퇴지退之. 배불론排佛論을 선구적으로 펼쳐 이후 불교 비판의 초석을 다졌다. 형부시랑刑部侍郞 자리에 있을 때 올린 상소문 「論佛骨表」에 그러한 생각이 극명하게 드러난다.

164 대전 보통大顚寶通(732~824) : 석두 희천石頭希遷의 법을 이어받았다.
165 한유가 815년에 헌종憲宗에게 「論佛骨表」를 올렸다가 노여움을 사서 조주 자사로 좌천되어 가 있을 때, 대전 보통大顚寶通을 찾아가 문답을 나누다가 대전의 침묵(良久)과 그 시자인 삼평 의충三平義忠과의 기연機緣에서 깨달음을 얻은 일. 이 공안을 '대전양구기연大顚良久機緣'이라고 한다.『聯燈會要』권20「三平義忠章」(X79, 171b12), "시랑 문공 한유 : 한문공이 조주에 좌천되어 있을 때 짬이 있는 날 대전을 찾아와서는 '저는 군주軍州의 일이 많아 바쁘오니 핵심이 되는 내용을 스님께서 한마디만 해주시기 바랍니다.'라고 청하였다. 대전이 아무 말 없이 기대어 앉아 있자 한문공은 어찌할 줄 몰랐다. 그때 삼평 의충이 대전의 시봉을 드느라 곁에 있다가 선상을 세 번 두드렸다. 이 소리를 듣고 대전이 돌아다보며 '무슨 뜻이냐?'라고 물으니 삼평은 '먼저 선정禪定으로 번뇌의 뿌리를 흔들어 놓고, 다음에 지혜로써 뽑습니다.'라고 대답했다. 이에 한문공이 절을 올리며 말했다. '화상의 문풍門風이 높고 험준하여 이해하기 힘들었는데, 제가 시자에게서 깨달음을 얻었습니다.'(侍郞文公韓愈 : 公鎭潮州, 暇日謁大顚, 問, '弟子軍州事多, 省要處, 乞師一言.' 顚據坐, 公罔措. 時三平義忠師侍立, 乃敲繩床三下. 顚回顧云, '作麼?' 忠云, '先以定動, 後以智拔.' 公作禮云, '和尙門風高峻, 弟子, 於侍者邊, 得箇入處.')"
166 배휴裴休(797~870) : 하동대사河東大士라고도 하며 흔히 배상국裴相國 · 배상공裴相公 · 배공裴公 등으로 불린다. 규봉 종밀圭峯宗密에게서 화엄을 배웠으며, 황벽 희운을 자신의 임지 내의 용흥사龍興寺나 개원사開元寺에 맞아들여 아침저녁을 가리지 않고 문답하였다. 그 문답을『宛陵錄』으로 만들어 황벽의 선禪을 널리 세상에 알리는가 하면 황벽의 어록을 모은『傳心法要』를 편찬하기도 했다.
167 심담실상深談實相. 진실 그대로의 실상을 남김없이 설하다. 실상實相은 제법실상諸法實相 · 진여眞如와 같은 뜻이다.
168 대혜의 다음 글과 전체적인 내용이나 전개가 비슷하다.『大慧語錄』권21「示徐提刑」(T47, 899c26), "예전에 이문화 도위는 부귀한 가운데서도 선禪을 참구하여 철저하게 대오하였고, 양문공은 참선할 때 한림의 신분이었으며, 장무진은 참선할 때 강서의 전운사였다. 이 세 분 대로大老는 세간의 상을 무너뜨리지 않으면서 진실 그대로의 상을 말씀하신 모범이다. 어찌 일찍이 처자식을 버리고 관직도 그만둔 채 풀뿌리나 씹으며 몸과 마음을 수고롭게 괴롭히며 시끄러움을 피하여 고요함을 찾아 메마른 선과 귀신 굴속에 들어가 망상을 일으켜 도를 깨달았겠습니까!(昔李文和都尉, 在富貴叢中, 參得禪大徹大悟 ; 楊文公參得禪時, 身居翰苑 ; 張無盡參得禪時, 作江西轉運使. 只這三大老, 便是箇不壞世間相, 而談實相底樣子也. 又何曾須要去妻孥, 休官罷職咬菜根, 苦形劣志, 避喧求靜, 然後入枯禪鬼窟裏作妄想方得悟道來!)"
169『金剛經』(T8, 752b3) 참조.
170 한쪽만 보는 자(擔板漢) : 한쪽 어깨에 널빤지를 메고 있어 다른 한쪽을 보지 못하는 사람. 하나만 알고 둘은 알지 못하는 사람. 견해가 한편으로 치우친 사람을 비유한다.
171 축융祝融 : 화신火神. 남방南方과 여름철을 주관하는 신. 불 자체나 화재를 가리키기도 한다.
172 화룡火龍 : 온몸에 불을 두르고 있다는 전설상의 용.
173 사령운謝靈運(385~433) : 남북조시대 시인. 사강락謝康樂이라고도 불린다.

174 『法華經』권6「法師功德品」(T9, 50a18), "여래께서 멸도하신 후에 이 경을 수지하고서 독송하며 해설하고 서사한다면 천이백억 공덕을 얻으리라.……설한 모든 법이 그 의취義趣를 따르니, 실상과 위배되지 않는다. 속세의 경서나 세상을 다스리는 언어나 생업을 도모하는 일 등 어느 것을 설하더라도 정법에 맞으리라.(如來滅後, 受持是經, 若讀若誦, 若解說, 若書寫, 得千二百意功德.……諸所說法, 隨其義趣, 皆與實相, 不相違背. 若說俗間經書, 治世語言, 資生業等, 皆順正法.)"; 『法華經玄義』권3(T33, 714b26), "세간에서 꾸려 가는 살림살이 일체가 실상과 위배되지 않는다는 뜻이다.(治生產業, 皆與實相, 不相違背.)"

175 『龐居士語錄』권상(X69, 134a22), "방거사가 게송으로 읊었다. '마음이 한결같으면 대상 경계 또한 그러하니, 진실(實)도 없고 거짓(虛)도 없노라. 있어도 상관하지 않고, 없어도 얽매이지 않노라. 이는 성현이 아니라 본분사를 끝마친 범부의 경지로다.'(士有偈曰, '心如境亦如, 無實亦無虛. 有亦不管, 無亦不拘. 不是賢聖, 了事凡夫.')"

176 『大慧語錄』권26「答趙待制」(T47, 924a24), "무시이래로부터 쌓인 번뇌의 인연은 얕고 반야의 인연은 깊은 자라면 알아차리기 어려운 점이 어디 있겠습니까? 그저 깊은 부분은 얕게 되도록 두고 얕은 부분은 깊게 되도록 두며, 날것은 익도록 두고 익은 것은 날것이 되도록 두며, 번뇌가 이는 무엇을 사량 분별하고 있다고 느낀 순간 애써 힘들여 해결하려 할 필요 없이 다만 그렇게 사량 분별하고 있는 그 자리에서 기관機關에 얽매이지 않고 활발하게 화두를 궁구하다 보면 한없이 힘을 덜고 또한 한없는 힘을 얻게 될 것입니다. 공께서 다만 이렇게 끝까지 밀고 나가기만을 바랄 뿐입니다. 집착하는 마음을 가지고서 깨달을 날이 언제일지 기다리지 않는다면 홀연히 스스로 깨닫게 될 것입니다.(若是無始時來, 塵勞緣淺, 般若緣深者, 有甚難會處? 但深處放教淺, 淺處放教深 ; 生處放教熟, 熟處放教生, 纔覺思量塵勞事時, 不用著力排遣, 只就思量處, 輕輕撥轉話頭, 省無限力, 亦得無限力. 請公只如此崖將去, 莫存心等悟, 忽地自悟去.)"; 『圜悟心要』권2「示張直殿」(X69, 474a12), "익은 것은 날것이 되도록 두고 날것은 익도록 두기를 오래되면 대기와 대용을 얻을 것입니다.(但熟處放教生, 生處弄令熟, 悠久得大機大用.)"

177 상권 주 414 참조.

178 상권 주 411 참조.

179 양나라 때 도홍경陶弘景의 시 〈詔問山中何所有賦詩以答〉에 나오는 구절. "산중에 무엇이 있냐 하오니, 산마루에 흰 구름 무수히 떠다닙니다. 저 홀로 즐길 뿐, 가져다드릴 수는 없군요.(山中何所有, 嶺上多白雲. 只可自怡悅, 不堪持贈君.)"

180 감사의 뜻을 전합니다(和南敬謝) : 화남和南은 산스크리트를 한역한 말로, 반제畔睇(伴題)·바남婆南·반담槃談(伴談) 등으로도 음사되고, 경례敬禮·공경恭敬 등으로 의역한다. 존경의 뜻을 표시하는 것, 또는 고개를 숙여 예를 표하고 하는 말이다.

181 만상 가운데~홀로 드러나 : 주 134 참조.

182 장경 혜릉長慶慧稜의 송 가운데 나오는 구절. 『景德傳燈錄』권18「長慶慧稜傳」(T51, 347b27), "만상 가운데 우뚝하니 홀로 드러난 몸, 오직 자신이 알아차리고 수긍해야 비로소 그와 하나가 되리라. 이전에는 착각하여 도중(수행)에서 찾았는데, 지금 보니 불 속의 얼음과 같구나.(萬象之中獨露身, 唯人自肯乃方親. 昔時謬向途中覓, 今日看如火裏冰.)"

183 자기 목숨을 버릴 경계(放身命處) : 일체의 모든 집착을 버린 경지. 자신의 목숨까지 내던진 경계. 『景德傳燈錄』권11「仰山慧寂傳」(T51, 283a9), "앙산이 제일좌에게 말했다. '선이라고도 생각하지 말고 악이라고도 생각하지 마라! 바로 이럴 때 어떠한지 말해 보라.' '바로 이럴 때란 제가 목숨을 버릴 기회입니다.'(師謂第一坐曰, '不思善, 不思惡! 正恁麼時, 作麼生?' 對曰, '正恁麼時, 是某甲放身命處.')"

184 『圜悟心要』권상「示倫上人」(X69, 472c9), "나면서부터 석가이거나 자연히 이루어진 미륵불이란 있지 않다. 그 누가 어머니 배 속에서 깨달았단 말인가!(未有天生釋迦自然彌勒. 阿那箇在娘肚裏便會!)"

185 『證道歌』(T48, 396c6)에 나오는 구절. 언어 문자에 집착하여 정작 근원을 보지 못하는 어리석음을 비유한 말.

186 아무런 소득이 없는 일 또는 헛수고를 비유하는 말. 『華嚴經』권13「菩薩問明品」(T10, 68a25), "어떤 사람이 남의 재물을 세어도 자기 몫은 반 푼도 없는 것과 같다. 불법을 수행하지 않으면서 많이 듣기만 하는 것 또한 이와 같다.(如人數他寶, 自無半錢分. 於法不修行, 多聞亦如是.)"; 같은 책, 권5「菩薩明難品」(T9, 429a3) 참조.

187 덕산 화상의 말이라고 하였으나, 마곡 보철麻谷寶徹과의 문답에서 양수良邃 좌주座主가 한 말이다. 『聯燈會要』권7「良邃座主章」(X79, 71c18) 참조.

188 향엄 지한香嚴智閑이 위산 영우潙山靈祐 회하에서 위산의 물음을 받고 궁구하던 끝에 한 말. 위산이 "그대가 평소에 배워 읽은 것이나 경권 등 책을 읽어 기억하고 있는 것에 대해서는 묻지 않겠다. 그대가 부모로부터 태어나기 전 동서도 분간하지 못할 때의 본분사를 한 구절로 말해 보라.(吾不問汝平生學解及經卷冊子上記得者, 汝未出胞胎未辨東西時, 本分事試道一句來.)"고 하였고 향엄이 자신의 생각을 몇 번 말했으나 모두 계합하지 못하였다. 『景德傳燈錄』권11「香嚴智閑傳」(T51, 283c29) 참조.

189 상권 주 365 참조.

190 상권 주 369 참조.

191 천경 초남~있을 것입니다 : 이 부분은 상권「흥성사 입원소설」60번 시중 내용과 동일하다.

192 『禪宗永嘉集』「大師答朗禪師書」(T48, 394b2), "그러므로 먼저 도를 알고 나서 그런 뒤에야 산에 살아야 합니다. 도를 알지도 못하고서 먼저 산에 산다면 단지 그 산만 알고 필시 그 도는 잊을 것이며, 산에 살지 않으면서 먼저 도를 알면 단지 그 도만 알고 필시 그 산은 잊을 것입니다. 산을 잊으면 도의 본성이 심신만 편안케 할 것이고, 도를 잊으면 산의 형세가 눈을 어지럽힐 것입니다. 그런 까닭에 도만 알고 산을 잊는다면 세간사에 적막할 것이고, 산만 알고 도를 잊는다면 산중 생활이 시끄러울 것입니다.(是以先須識道, 後乃居山. 若未識道而先居山者, 但見其山, 必忘其道 ; 若未居山而先識道者, 但見其道, 必忘其山. 忘山則道性怡神, 忘道則山形眩目. 是以見道忘山者, 人間亦寂也 ; 見山忘道者, 山中乃喧也.)"

193 『大聖文殊師利菩薩讚佛法身禮』(T20, 937c6), "부처님은 항상 세간에 계시나, 세간법에 물들지 않으시네.(佛常在世間, 而不染世法.)"

194 『圓覺經略疏』「序」(T39, 524a20), "생사의 흐름에 던져져 있어도 검은 용의 구슬은 바다에서 홀로 빛나고, 열반의 언덕에 걸터앉아 있으니 달은 푸른 하늘에서 홀로 밝게 빛난다.(處生死流, 驪珠獨耀於滄海 ; 踞涅槃岸, 桂輪孤朗於碧天.)"; 『柏堂雅和尙語』

續古尊宿語要5(X68, 491b18), "생사의 흐름에 던져져 있어도 검은 용의 구슬은 바다에서 홀로 빛나고, 열반의 언덕에 걸터앉아 있으니 달은 푸른 하늘에서 홀로 밝게 빛난다. 이런 때가 되면 생사라는 두 글자가 어디에 붙어 있겠는가.(處生死流, 驪珠獨耀於滄海; 踞涅槃岸, 桂輪孤朗於碧天. 當恁麼時, 生死兩字, 甚處安著.)"

195 수행하는 사람(疏筍) : '소순疏筍'은 나물과 죽순. 육식을 하지 않는 수행자를 대유代喩한 말.

196 넉넉하면 넉넉한~대로 이끄시며(隨家豐儉) : 본분에 상응하여 대한다는 뜻. 스승이 제자의 근기根機에 상응하여 지도하는 것을 뜻하기도 한다. '풍豐'은 방행放行을, '검儉'은 파주把住의 수단을 비유한다.

197 일을 이루려면 사소한 일이라도 소홀히 해서는 안 된다는 의미.『書經』「旅獒」"사소한 행위라도 신중히 하지 않으면 끝내 큰 덕에 누를 끼치고 마니, 아홉 길 산을 쌓으면서 한 삼태기 흙으로 인해 공을 이루지 못함과 같다.(不矜細行, 終累大德, 爲山九仞, 功虧一簣.)";『論語』「子罕」"배움은 비유하자면 산을 이루는 데 한 삼태기 흙을 더하지 않아 산을 이루지 못하고 중지하는 것도 내가 중지하는 것이며, 산을 이루고자 평지에 비록 고작 한 삼태기를 부은 상태에서도 계속해서 나아감은 내가 나아가는 것과 같다.(譬如爲山, 未成一簣, 止, 吾止也 ; 譬如平地, 雖覆一簣, 進, 吾往也.)"

198 『碧巖錄』97則(T48, 221a5), "동산 화상은 일평생 절에 주석하였으나 토지신이 그를 찾으려 해도 발자취조차 볼 수 없었다. 하루는 공양간 앞에 누군가 쌀가루를 함부로 흩어 버린 것을 보고 동산이 이에 분별의 마음을 일으켜 '상주물을 어떻게 이와 같이 소홀히 하느냐!'라고 하여 토지신이 마침내 한 번 볼 수 있게 되어 절을 올렸다.(洞山和尙, 一生住院, 土地神覓他, 蹤跡不見. 一日厨前, 抛撒米麴, 洞山起心曰, '常住物色, 何得作踐如此!' 土地神, 遂得一見, 便禮拜.)";『請益錄』권하(X67, 504b8) 참조.

199 본분초료本分草料 : 본분의 식량. 본래인으로서 면목을 유지하기 위한 근본적인 가르침. 또는 스승이 제자를 궁극적 경지로 인도하는 수단.

200 용산龍山 : 당나라 때 스님. 호남성湖南省 담주潭州 출신. 마조 도일의 법을 이어받았다. 일평생 깊은 산중에 은거하며 세상에 나가지 않았다고 한다.

201 동산 양개洞山良价와의 문답에서 용산이 읊은 송 가운데 한 구절.『景德傳燈錄』권8「潭州龍山傳」(T51, 263a27), "동산이 다시 용산에게 물었다. '화상께서는 어떤 도리를 보셨기에 이 산에 주석하고 계십니까?' '진흙 소 두 마리가 싸우면서 바다로 들어가는 것을 보았는데 지금까지 아무런 소식이 없구나.' 용산이 게송으로 다시 말했다. '이제껏 초가삼간에 사노라니, 한 줄기 신령한 빛에 모든 경계가 한가롭구나. 시비를 따지며 나를 분변하려 들지 말지니, 덧없는 일생 동안 분별로 천착한들 본질과는 관련 없다네.'(洞山又問, '和尙見箇什麼道理, 便住此山?' 師云, '我見兩箇泥牛鬪入海, 直至如今無消息.' 師因有頌云, '三間茅屋從來住, 一道神光萬境閑. 莫作是非來辨我, 浮生穿鑿不相關.')"

202 노숙老宿 : 수행한 경력이 오래되고 덕이 높은 스님을 존칭하는 말.

203 장사 경잠長沙景岑의 말. 백장간두百丈竿頭라고도 한다. '백척'이란 100이라는 숫자에 해당하는 높이가 아니라 더 이상이 없는 가장 큰 수 곧 만수滿數를 나타내며, '간두'는 그러한 높이를 가진 장대의 꼭대기를 가리킨다. 고요함의 극치를 나타내지만 이곳에 머물기만 한다면 그 자체가 하나의 속박에 불과하므로 한 발 더 나아가서 모

든 세계에 자신을 드러내야 한다는 뜻이다.『景德傳燈錄』권10「長沙景岑傳」(T51, 274b7), "백척간두에 앉아 움직이지 않는 사람은 비록 깨달음의 경지에 들어가기는 하였지만 아직 완성된 것은 아니다. 백척간두에서 반드시 한 발 더 나아가 시방의 세계에 온몸을 드러내야 한다.(百丈竿頭不動人, 雖然得入未爲眞. 百丈竿頭須進步, 十方世界是全身.)" 마지막 구절 '是全身'은 문헌에 따라 '現全身'으로 되어 있는데, 이것이 더 적절하다.

204 『應菴曇華語錄』권7「示湛禪人」(X69, 534a20),『宗範』권상(X65, 317b1) 등에 응암 담화應菴曇華가 백운 수단白雲守端의 말이라고 인용하고 있다. 여기서 '사람'은 자신이 가르침을 내려 줄 사람들을 의미한다.『白雲守端語錄』권상(X69, 294c10), "여기에 이르면 반드시 깨달아야 하고, 깨달은 다음에는 또한 반드시 사람을 만나 가르침을 주어야 한다. 그대는 '이미 깨달았다면 그만이지, 무엇 때문에 다시 사람을 만나 가르침을 주어야 하는가?'라고 의심한다. 만약 깨닫고 난 후에 사람을 만나 가르침을 주는 자라면 방편의 손길을 내려 주는 순간 하나하나에 속박된 몸을 벗어날 길이 있어 학인의 눈을 멀게 하지 않을 것이다. 그러나 만약 깨닫기만 하고 무미건조하게 자신에게만 머무는 자라면 학인의 눈을 멀게 할 뿐만 아니라 움직이기만 하면 먼저 칼날을 범하여 자신의 손을 다치게 될 것이다.(到者裏, 直須悟始得, 悟後, 更須遇人始得, 汝道, '旣悟了便休, 又何必更須遇人?' 若悟了遇人底, 當垂手方便之時, 著著自有出身之路, 不瞎却學者眼. 若祇悟得乾蘿蔔頭底, 不唯瞎却學者眼, 兼自已動, 便先自犯鋒傷手.)"; 올암 보령兀菴普寧은 깨달은 다음 종사를 만나야 한다는 뜻으로 쓴다.『兀菴普寧語錄』권상(X71, 7c21), "그래서 '참선한다면 반드시 깨달아야 하고, 깨닫고 나면 반드시 (점검해 줄) 사람을 만나야 한다.'라고 말한다. 만약 밝은 눈을 가진 종사로부터 인증印證을 구하지 않는다면, 마치 책을 읽고 그 내용을 이해하여 급제는 했지만 관직에 오르지 못하는 것과 흡사할 것이다.(所以道, '參禪須是悟, 悟了須遇人.' 若不求明眼宗師印證, 譬如讀書發解及第了, 不得轉官相似.)"

205 왜곡된 견해의 가시(見刺) : 삿된 견해를 가시에 비유한 말.『長阿含經』권8(T1, 50c7)에서는 욕자欲刺·에자恚刺·견자見刺·만자慢刺 등 사자四刺를 제시하고 있다.

206 이 문답은『五祖法演語錄』권하(T47, 664c23),『圜悟語錄』권12(T47, 767b29) 등에 수록되어 있으며, 이 문답은 상권「홍성사 입원소설」11번 상당 법문에서도 이미 언급되었다.

207 선로禪老 : 이 편지를 받는 요선 선인了禪人을 가리킨다. '老'는 존칭.

208 사주社主 : 결사結社 등에서 주가 되는 사람.

209 '희심希諗'의 '심'은 조주 종심趙州從諗을 가리킨다. 곧 '희심'이란 조주와 같이 되기를 바란다(希)는 뜻이다. 이 법명을 가진 희심 사주에게 그 법명에 어울리도록 조주의 몇 가지 법문을 활용하여 적은 편지이다.

210 법휘法諱 : 법명法名·법호法號·계명戒名 등과 같은 말이다. 불법에 귀의한 사람에게 부처님의 제자가 되었다는 뜻으로 붙여 주는 이름이다.

211 『趙州語錄』古尊宿語錄13(X68, 80c2), "대중에게 말했다. '팔백의 불자를 만들기는 하지만, 한 사람의 도인을 얻기는 어렵다.'(師示衆云, '八百箇作佛漢, 覓一箇道人難得.')";『趙州語錄』古尊宿語錄14(X68, 83b22), "천만 사람이 모두 부처를 찾는 자들일 뿐, 한 사람의 도인은 찾아도 없구나.(一千人萬人, 盡是覓佛漢子, 覓一箇道人無.)";『圜悟心

要』권하「示元賓」(X69, 481b5), "조주가 '나는 백천의 무수한 사람을 만나 보았지만 부처가 되기를 바라는 자들일 뿐, 그들 중 무심의 경지에 이른 도인은 찾아볼 수 없었다.'라고 하였으니, 그 말씀을 깊이 음미하며 망상을 그치고 그 길을 따라간다면 훗날 어느 때라도 어떤 경계를 만나든 어떤 인연을 마주하든 힘을 얻을 것입니다. 응당 삼가 진실로 이를 잘 지켜 새어 나가지 않도록 하는 것이 비결입니다.(趙州道, '我見百千箇漢子, 只是覓作佛底, 中間覓箇無心道人難見.' 但熟味其言, 休心履踐, 它時異日, 逢境遇緣, 乃得力也. 要當愼護, 勿令滲漏, 乃祕訣也.)"; 『圜悟語錄』권10(T47, 758a29); 『宗範』권상(X65, 301a20); 『眞歇淸了語錄』(X71, 783c19) 참조.

212 고불古佛 : 석가모니불釋迦牟尼佛 이전의 부처님. 또는 궁극적인 진리를 깨달아 석가모니불과 버금간다는 뜻을 나타내며, 부처님의 경지를 나타내는 최고의 찬사로 쓰이는 말이다. 조주를 고불이라 부르는 이유는 다음과 같은 이야기에 따른다. 『趙州語錄』古尊宿語錄13(X68, 76b4), "남방에서 어떤 학인이 와서 다음과 같은 이야기를 들려주었다. '설봉雪峰에게 〈옛 산골 물이 차갑게 샘솟을 때는 어떠합니까?〉라고 물었는데, 설봉이 〈아무리 보려 해도 바닥이 보이지 않는다.〉라고 대답했고, 〈마시는 자는 어떻습니까?〉라고 물었더니 〈입으로 들이켜지 못한다.〉라고 대답했습니다.' 조주가 그 말을 듣고 '입으로 들이켜지 못한다면 콧구멍으로 들이켠다.'라고 말했다. 그 학인이 다시 '옛 산골 물이 차갑게 샘솟을 때는 어떻습니까?'라고 묻자 조주가 '쓰다.'라고 답했고, '마시는 자는 어떻습니까?'라고 묻자 '죽는다.'라고 대답했다. 그 뒤 설봉이 조주의 이 말을 전해 듣고 '고불이로다! 고불이로다!'라고 찬탄했다.(因有南方僧來, 擧問雪峰, '古澗寒泉時如何?' 雪峰云, '瞪目不見底.' 學云, '飮者如何?' 峰云, '不從口入.' 師聞之曰, '不從口入, 從鼻孔裏入.' 其僧却問師, '古澗寒泉時如何?' 云, '苦.' 學云, '飮者如何?' 師云, '死.' 雪峰聞師此語, 讚云, '古佛! 古佛!')"

213 서천西天 제21조 사야다闍夜多의 말. 『景德傳燈錄』권2(T51, 213a27), 『佛祖歷代通載』권4(T49, 508b5) 등에 나온다. "도를 구하지도 않고 전도顚倒되지도 않으며, 부처님께 절을 올리지도 않고 업신여기지도 않으며, 만족할 줄도 모르고 탐욕을 부리지도 않는다."라는 등의 내용이 "마음에서 바라는 것이 없다."는 뜻으로 제시된다.

214 문장의 형식으로 보면, 규봉 종밀圭峯宗密의 "지知라는 한 글자는 온갖 미묘함이 출입하는 문이다.(知之一字, 衆妙之門.)"라는 말을 역으로 활용한 황룡 사심黃龍死心의 "지라는 한 글자는 온갖 화가 출입하는 문이다.(知之一字, 衆禍之門.)"라는 말을 따르고 있다. 그러나 내용상으로 보면, 조주가 "불佛이라는 한 글자조차도 나는 듣고 싶지 않다.(佛之一字, 吾不喜聞.)"라고 한 말과 연관되는 구절로도 보인다. 불佛이라는 최고의 경지를 비롯하여 어떤 분별도 허용하지 않고 모두 물리친다는 뜻을 담고 있다. 『都序』권상(T48, 403a1), 『大慧語錄』권16(T47, 879b9), 『趙州語錄』古尊宿語錄13(X68, 80c9) 참조.

215 마음(靈臺) : 『宛陵錄』(X68, 21c9), "이 마음 그대로가 바로 신령한 지혜(靈智)이며, 또한 영대라고도 한다.(卽心便是靈智, 亦云靈臺.)" 『雪峯義存語錄』권하(X69, 78c3)에서는 '진여眞如'의 다른 명칭으로 '불성佛性 · 진여 · 현지玄旨 · 청정법신계淸淨法身界 · 영대 · 진혼眞魂 · 적자赤子 · 대원경지大圓鏡智 · 공종空宗 · 제일第一義 · 백정식白淨識' 등을 제시하고 이것은 모두 '일심一心'의 명칭이라고 하였다.

216 출가한 자의~거리가 멉니다 : 「신광사 장로가 『능엄경』을 구함에 답하는 편지(答神光

하권 • 327

長老求楞嚴經書)의 내용과 거의 대동소이하다.
217 주금강周金剛 : 덕산 선감德山宣鑒의 별명. 덕산의 속성이 주周씨이고 특히『金剛經』
에 정통하였으므로 붙여진 이름이다. 『景德傳燈錄』권15「德山宣鑒傳」(T51, 317b15)
참조.
218 용담 숭신龍潭崇信 : 당나라 때 스님. 천황 도오天皇道悟에게서 출가하였다. 후에 호
남성湖南省 예주澧州 용담에 이르러 암자를 짓고 거처하였다. 문하에서 덕산 선감이
배출되었다.
219 주금강周金剛 덕산~일화를 모르십니까 : 「신광사 장로가『능엄경』을 구함에 답하는
편지(答神光長老求楞嚴經書)」의 내용 참조. 이 편지에서는 이 문단이 앞의 문단의 중
간 부분에 서술되어 있다.
220 조주는 여든의~할 것입니다 : 「희심 사주에게 보내는 편지(示希諗社主書)」의 내용
참조.
221 감주監主 : 절의 사무를 맡아보는 소임.
222 비록 임금의 인정을 받아 사회적 지위는 높아졌지만 선사로서의 본분을 확고히 하려
면 "조사선의 근본을 알아야 한다."는 조언을 상대에게 하기에 앞서 그렇게 말하는
자신을 너그럽게 이해해 달라는 뜻으로 겸손하게 한 말이다.
223 도오의 말이 아니라, 향엄 지한香嚴智閑의 게송이다. 상권「조사선祖師禪」참조.
224 오무간五無間의 지옥에 떨어지는 업(五無間業) : 오역죄五逆罪를 지은 업에 따라 죽
은 다음에 떨어지는 지옥을 말한다. 무간지옥은 아비지옥阿鼻地獄이라고도 한다. 오
역죄란 어머니를 살해한 죄(害母·殺母), 아버지를 살해한 죄(害父·殺父), 아라한을
살해한 죄(害阿羅漢·殺阿羅漢), 부처님의 몸에서 피를 흘리게 한 죄(惡心出佛身血·
出佛身血), 승단의 화합을 깨뜨린 죄(破僧·破和合僧·鬪亂衆僧) 등을 가리킨다.
225 『五祖法演語錄』에는 나오지 않는 구절이며, 응암 담화應菴曇華가 오조 법연의 말로
인용한 것이다. 백운 경한이『應菴曇華語錄』권9「示珦禪人」(X69, 544b9~12)의 내용
을 축약하여 실은 것이다.
226 『禪門拈頌說話』421則(H5, 352c22)에 수록되어 있는 내용을 가리킨다. 『禪門拈頌』은
역대 선사들의 문답과 기연機緣 및 경전의 내용들에 이르기까지 간화선看話禪의 관
점에서 타당한 해설과 게송을 선별하여 모아 놓은 문헌이다. 따라서 백운 경한이 말
하는 조사선은 화두를 참구하여 깨달음에 이르려는 간화선과 밀접하게 관련되어 있
다는 사실을 알 수 있다. 『葉縣歸省語錄』古尊宿語錄 23(X68, 155b12) 등에도 수록되
어 있다.
227 섭현 귀성葉縣歸省 : 생몰 연대 미상. 송대宋代 임제종 선사로 하북성河北省 기주冀
洲 출신이고, 속성은 가賈씨이다. 역주易州 보수원保壽院에서 출가한 다음, 남쪽으로
돌아다니다 여주汝州에서 수산 성념首山省念(926~993)의 가르침을 받고 깨달음을
얻었다.
228 상권 주 455, 456, 524 참조.
229 아랫사람에게 묻는~여기지 않으신다면(不恥下問) : 『論語』「公冶長」에 나오는 구절.
230 선종의 이빨과 발톱(宗門牙爪) : 선사로서의 결정적인 수단과 방편. 사자가 먹이를 잡
기 위해 이빨과 발톱이 없어서는 안 되는 것과 마찬가지로 선사로서의 본분을 발휘
할 수 있는 핵심적인 수단을 말한다.

231 본분 수단(巴鼻) : 파비파비라고도 한다. 어떤 대상을 포착하는 수단을 가리킨다. '巴'는 '把'와 통용되는 글자로 손잡이 또는 근거를 잡는다는 뜻이며, '파비'란 소의 코를 묶어 붙드는 고삐로 '파비把臂'라고도 한다.
232 『傳心法要』(T48, 384a10)에 나오는 구절. 상권 주 337 참조.
233 부모님께 맛있는~덕을 넓혀서 : 『潙山警策註』(X63, 225a21~b8) 참조.
234 『菩薩從兜術天降神母胎說廣普經』권6「定意品」(T12, 1047b19), "바닷속에 던져진 바늘 하나는 그것을 구하여 오히려 찾을 수 있지만, 한 번 잃어버린 사람의 몸은 얻기 어려움이 이보다 더하다.(一針投海中, 求之尙可得, 一失人身命, 難得過於是.)"
235 『寶王三昧念佛直指』권상(T47, 366b18), 『大慧語錄』권15(T47, 873c21), 『圜悟心要』권하(X69, 482a24), 『建中靖國續燈錄』「潙山懷秀章」권12(X78, 716b10) 등 참조.
236 『大慧語錄』권17(T47, 884b12), "이는 한맛의 청정하고 평등한 법문이니, 이 안에서 각 사람의 본지풍광과 본래면목을 밝힌다면 일대장교 5048권의 구절구절 하나하나가 별다른 일을 설한 것이 아니라, '무상하여 한순간도 머무르지 않고 신속하게 지나가니 소홀히 보내지 말라.'고 한 뜻임을 알게 될 것이다. 그런 까닭에 '금생에 노력하여 깨닫기를 마쳐야 하며, 영겁토록 남은 재앙을 받게 해서는 안 된다. 사람의 몸은 얻기 어려우며, 귀인이 되는 것은 더욱 어렵다.'라고 말한 것이다.(此是一味淸淨平等法門, 若向這裏, 明得各人本地風光本來面目, 方知一大藏敎五千四十八卷句句不說別事, 無常迅速, 莫作等閑. 所以道, '努力今生須了却, 莫敎永劫受餘殃. 人身難得, 爲貴人復難.')"; 『傳心法要』(T48, 384a19), "금생에 전력을 다해 깨닫는다면 겁을 계속하도록 재앙을 받을 일이 있겠는가!(著力今生須了却, 誰能累劫受餘殃!)"; 『無門關』『禪箴』(T48, 299b5) 참조.
237 『龍舒增廣淨土文』권3(T47, 259c8) 참조.
238 남양 혜충南陽慧忠 국사가 시자를 세 번 불렀고 시자는 세 번 모두 그때마다 '예' 하고 응답하자 혜충이 한 말. 『景德傳燈錄』권5 「光宅慧忠傳」(T51, 244a25) 참조.
239 이 편지는 시작되는 부분부터 "어찌 이와 같을 수 있겠습니까!"라고 한 말까지 『大慧語錄』권23 「示太虛居士」(T47, 909c24~910a7)의 내용과 동일하다. 그 뒤 백운은 경전을 인용하여 선한 뿌리를 심은 인연에 대하여 설명한 다음 일상의 반경에서 무심無心의 이치를 터득할 것을 권하고 있다. 반면 대혜 종고大慧宗杲는 조주趙州의 '뜰 앞의 잣나무' 화두를 제시하면서 일상의 반경에서 '어떤 찰나에서도 빈틈이나 끊어짐이 없이 이 화두를 붙잡고 놓치지 않으며 항상 붙들고 알아차리고 있어야 한다.(念念不間斷, 時時提撕, 時時擧覺.)'라고 하는 화두 참구의 일반적 방법을 들려준다.
240 복업福業 : 천계天界나 인계人界 등에 태어나는 복을 받는 선한 업을 말한다. 『瑜伽師地論』권9(T30, 319c21), "복업이란 선한 윤회의 길(천계나 인간계)에 태어나는 과보에 감응하거나 다섯 종류의 윤회(五趣)를 따라 태어나면서 선한 업을 받는 것을 말한다.(福業者, 謂感善趣異熟, 及順五趣受善業.)"; 『百論疏卷』권상(T42, 239a3), "복이란 재물이 많아 풍요롭다는 뜻이다. 선한 업을 일으켜 천계나 인계에 태어나는 즐거운 과보를 불러일으키므로 복이라 한다.(福是富饒爲義. 起於善業, 招人天樂果, 故稱爲福.)" 이러한 복업은 번뇌가 완전히 사라지지 않아 상대적으로 선한 것이므로 윤회의 고통을 모두 제거할 수 없는 유루有漏의 속성을 가진다.
241 용수龍樹 : 인도 대승불교인 중관학파中觀學派의 창시자. 선종에서 인도로부터 중국

에 이르는 일련의 전등설傳燈說이 만들어지면서 용수가 계보상 제14대 조사로 편입되었다.
242 아만我慢 : 오온五蘊으로 구성된 것을 자아 또는 자기 자신의 소유라고 착각하고, 그것을 토대로 자기중심의 교만한 집착을 일으키는 것이다. 헛된 자아를 진실한 것으로 오해함으로 말미암아 교만한 마음을 일으키는 것을 말한다. 『大毘婆沙論』권43(T27, 225c18), "아만이란 오취온五取蘊을 자아와 자아의 소유라고 여겨서 이를 근거로 교만한 마음을 일으키는 것이다.(我慢者, 於五取蘊, 謂我我所, 由此起慢.)"; 『成唯識論』권4(T31, 22b1), "아만이란 무엇인가? 거만한 태도로 자아를 가지고 있다고 자부하며 마음을 높이 들뜨게 하므로 아만이라 한다.(我慢者, 謂踞傲恃所執我, 令心高擧, 故名我慢.)"
243 『景德傳燈錄』권1 「龍樹傳」(T51, 210b2) 참조.
244 『碧巖錄』28則(T48, 168c17)에는 수산주修山主(龍濟紹修)의 말로 제시되어 있고, 『聯燈會要』권28 「法昌倚遇章」(X79, 245b10)에도 이와 비슷한 말이 실려 있다.
245 불법에는 대단한 것이 없으나(佛法無多子) : 임제 의현臨濟義玄의 말. 겉으로 드러난 말에 따르면, 불법에 특별한 점이 없어 별것이 아니라는 뜻이다. 그러나 불법에는 잡다한 군더더기가 없이 핵심을 찌르는 간명한 도리만 있으므로 그것을 알아차려야 한다는 역설적 뜻을 남고 있다. 『佛眼語錄』古尊宿語錄32(X68, 207c20), "본래 가지고 있는 성품을 어째서 모르는 것일까? 불법에는 잡다한 군더더기가 없으니, 다만 간명한 지름길이 필요할 뿐이다.(本有之性, 因什麼不會? 法無多子, 祇要省徑也.)" 주 78 참조.
246 『大慧語錄』권23 「示太虛居士」(T47, 910a4)에는 "한창 나이인 장년(春秋鼎盛之時)"으로 되어 있다.
247 이 부분까지는 대혜 종고의 말을 답습하여 적은 것이다. 주 239 참조.
248 『金剛經』(T8, 749b1) 참조.
249 일체종지一切種智 : 모든 존재의 공통적 특징인 적멸상寂滅相과 각각의 존재들이 별도로 가지는 특징인 차별상差別相을 빠짐없이 아는 지혜. 오로지 불과佛果를 터득한 경지에서만 알 수 있으므로 불지佛智 또는 일체지一切智라고도 한다.
250 『圓覺經』(T17, 917b15) 참조.
251 규봉 종밀圭峯宗密(780~841) : 어려서부터 유학儒學과 불교를 공부하였다. 25세 때 도원道圓을 만나 제자가 되었고 그 무렵 『圓覺經』 연구에 몰두하기 시작하였다. 징관澄觀에게서 화엄교학華嚴敎學을 배웠으며, 821년에 규봉의 초당사草堂寺에 머물면서 저술 활동에 전념하는 한편 교선일치敎禪一致 사상을 고취하였다.
252 『圓覺經略疏』권하(T39, 569a2) 참조.
253 이 뒤에 "열에 여덟 정도만 말했을 뿐이다.(只道得八成)"라는 구절이 따라붙는 상투어.
254 『天聖廣燈錄』권29 「大梅居煦章」(X78, 567c20), 『圜悟語錄』권9(T47, 753b28) 등 참조.
255 주 174 참조.
256 주색과 자색(朱紫) : '주朱'는 정색正色, '자紫'는 간색間色 중 아름다운 것. 두 가지 색은 바른 것과 삿된 것, 옳은 것과 그른 것, 선과 악 등을 비유하는 말로서 여기서도 그러한 차별의 관념을 대표하는 말로 사용되었다.
257 『龐居士語錄』권상(X69, 131a15) 참조.
258 아무 일도 없는 경계(無事甲裏) : 갑리甲裏는 갑을甲乙 2단으로 된 함궤函櫃 가운데

자주 쓰지 않거나 쓸모없는 물건을 넣어 두는 곳을 뜻한다. 이로써 아무것도 하지 않고 방치하는 것 또는 추구하거나 이루어야 할 그 무엇도 없어진 경계를 비유한다. 간화선에서는 일정한 화두를 궁구할 때 이러지도 저러지도 못할 경우 그 두 가지를 다 버리고 어떤 곳으로도 마음을 지향하지 않는 것이 가장 좋다고 집착하는 견해를 말한다. 간화십종병看話十種病 중 하나이기도 하다.

259 노화엄老花嚴 : 휘는 회동懷洞. 하북성河北省 대명현大名縣 위부魏府 출신. 화엄의 교의敎義를 세상에 널리 알렸으며, 만년에는 흥화 존장興化存獎을 찾아가 교외별전의 선지를 얻었다. 후에 압사선원圧沙禪苑에 머물렀으며 하북의 도속道俗이 모두 그를 존경하는 뜻에서 '노화엄'이라 불렀다고 한다.

260 『景德傳燈錄』 권30 「魏府華嚴長老示衆」(T51, 466b17) 참조.

261 진정 극문眞淨克文(1025~1102) : 호는 운암雲庵. 늑담 극문泐潭克文·보봉 극문寶峰克文이라고도 한다. 황룡 혜남黃龍慧南의 법을 이어받았다. 회당 조심晦堂祖心·동림 상총東林常總과 함께 임제종 황룡파가 발전하는 데 기초를 구축하였다. 저서에 『雲庵眞淨禪師語錄』이 있다.

262 『宗範』권상(X65, 300b14), 『指月錄』권26(X83, 690c18), 『林間錄』권하(X87, 274a24) 참조.

263 도가 있지~라고 하셨습니다 : 이 부분은 『大慧語錄』권23 「示妙明居士」(T47, 911a29~b10)의 내용에서 한두 구절을 제외하고는 그대로이다.

264 『眞淨語錄』古尊宿語錄42(X68, 274b11), 『大慧語錄』권26 「答陳少卿」(T47, 923c11) 참조.

265 『大慧語錄』권22 「示張太尉」(T47, 905c7), "부처님의 경계란 각각의 당사자들이 당장 헤아리고 있는 그것이니, 움직이지도 변화하지도 않는 본체를 가리킵니다. 부처라는 한 글자는 자기 마음의 본체에도 집착하지 않는 경지에서 이 글자를 빌려 깨닫도록 하기 위한 것일 뿐입니다.(佛境界, 卽當人自心現量, 不動不變之體也. 佛之一字, 向自心體上亦無著處, 借此字以覺之而已.)"

266 『法華經』권1(T9, 7a20) 참조.

267 자기 마음이~없는 것입니다 : 이 부분은 『大慧語錄』권23 「示妙明居士」(T47, 911b10~18)의 내용과 대동소이하다.

268 『景德傳燈錄』권15 「德山宣鑑傳」(T51, 317c11) 참조.

269 물결을 휘저어~물을 구하는(撥波求水) : 무수한 세월이 지나더라도 영원히 얻지 못한다는 뜻.

270 『無準師範語錄』권3 「示求堅上人」(X70, 253c20), "도는 일상생활 가운데 있다. 그러므로 일상생활 중에서 막히면 도적을 자식으로 착각하는 꼴이 될 것이요, 일상생활에서 벗어나 별도의 살길을 찾는다면 물결을 휘저어 떨쳐 버리면서 물을 구하는 잘못을 범하는 것과 같으니, 이 안(일상생활)에서 조금이라도 다하지 못함이 있게 된다면 곧 번뇌를 이루고 말 것이다.(道在日用. 若滯在日用處, 則認賊爲子 ; 若離日用, 別討生涯, 則是撥波求水, 這裏絲毫及不盡, 便成滲漏.)"

271 '구름은 용을 따르고 바람은 범을 따른다.(雲從龍, 風從虎.)'는 구절과 통한다. 동류동류同類가 상응하는 것을 뜻하는데, 여기서는 원인과 결과가 일치한다는 의미에 가깝다.

272 목백牧伯 : 주군州郡의 장관長官.

273 기거만복起居萬福 : '언제 어디서나 행복이 깃드소서.'라고 기원하는 말. 기거는 '어느

274 다급한 정무(宵旰) : 소의간식宵衣旰食의 줄임말. 날이 밝기 전에 옷을 입고 해가 지고 나서야 밥을 먹는다는 뜻으로, 천자天子가 새벽 일찍부터 밤늦게까지 정사政事에 몰두함을 이른다. 천자나 제왕 자체를 가리키기도 한다.
275 진실로 서로 만난 것(眞相見) : 선문에서 '상견相見'이라 하면 단지 그저 맞대면하였다는 말이 아니라, 서로가 능能과 소所, 빈賓과 주主 등의 상대적 관계에서 벗어나 완전히 마음으로 일치하고 서로의 생각을 꿰뚫어 보았음을 의미한다.
276 눈만 마주쳐도~아는 법이다 : 목격도존目擊道存. 촉목보리觸目菩提와 통하는 말.
277 『莊子』「田子方」에 나오는 일화.
278 『法演語錄』 권중(T47, 660a5), "설봉이 덕산에게 물었다. '예로부터 성현들은 어떤 법으로 사람들을 가르치셨습니까?' '우리는 말없음을 근본으로 하니, 다른 이에게 전할 법 또한 하나도 없다.' 설봉이 이에 깨달은 점이 있었다.(雪峯問德山, '從上諸聖, 以何法示人?' 山云, '我宗無語句, 亦無一法與人.' 雪峯從此有省.)"
279 마조 도일馬祖道一의 제자인 분주 무업汾州無業(760~821)이 임종하기 전에 제자들에게 했던 말이다. 『佛祖歷代通載』 권15(T49, 627a2), 『釋氏稽古略』 권3(T49, 835c3) 참조.
280 마지막 두 구절은 석옥 청공이 남긴 〈辭世偈〉의 취지와 비슷하다. 주 18 참조.

역자 후기

　구름은 양가적 상징성을 띤다. 무엇에도 얽매임 없이 한가로이 떠다니는 초월적 이미지와 '구름 빛이 좋다 하나 검기를 자주 한다'는 윤선도의 〈오우가〉 구절에서처럼 언제든 쉽게 변화하는 존재로서의 부정적 이미지가 그것이다. 백운 경한의 이미지는 물론 긍정적 측면에 놓인다. 태고 보우, 나옹 혜근과 함께 여말삼사로 일컬어지기는 해도 국사나 왕사를 지낸 적도 없고 행장과 비문조차 남아 있지 않은 점 등이 '백운'이라는 그의 법호에 '무심無心', '초탈超脫'의 이미지를 더욱 각인시켜 준다.

　백운이 남긴 책으로는 『백운화상초록불조직지심체요절白雲和尙抄錄佛祖直指心體要節』과 본 어록이 전부이다. 『직지』는 각종 전등사서에서 내용을 그야말로 초록抄錄한 책이며 백운의 목소리를 찾아볼 수 있는 대목은 거의 없다. 그런 까닭에 백운의 사상과 자취를 엿볼 수 있는 책으로는 본 어록이 유일하다고 해도 과언이 아니다. 백운이 무심선을 주창했는지, 화두를 중시했는지 간과했는지, 석옥의 법을 이었는지 지공의 법을 이었는지도 현재로서는 어록에서 읽어 내야 할 문제이다. '백운'이라는 법호가 주는 관념과, 그가 '무심無心'이라는 말을 곳곳에서 쓰고 있다는 점만으로 그를 쉽사리 단정할 수는 없다.

　연구자들은 자신이 연구한 대상의 가치를 조명하기에 누구나 바쁘다. 연구할 가치가 있다고 이미 평가 받고 있는 대상을 중심으로 대부분 연구를 진행하기 마련이고, 그에 따른 결과이므로 당연한 일일 수 있다. 하지만 연구 출발점에서 갖고 있던 대상에 대한 인식과 연구 결과가 그렇게 항상 일치할 수 있는가라는 의문도 따라붙는다. 금속활자로 인쇄된 『직지』의 가치로 인해 덩달아 주목받게 된 백운에게 이제는 본 어록을 저울 삼아 합당한 값어치의 무게가 매겨지기를 바란다.

번역은, 집요할 만큼의 전거 찾기 작업과 생각하기 그리고 읽어보기의 끊임없는 반복과 반복의 결과물이라 생각한다. 세 가지 중 어느 하나라도 빠뜨리고 머물지 않고서 넘어간 곳은 표가 난다. 고전 번역에서 전거는 생산지·원산지 표시와 같다. 왜 그렇게 번역을 하였는지에 대한 근거이기도 하다. 그런 이유에서 전거가 각주 아닌 미주로 돌려진 상황이 다소 아쉽다. 왜 이렇게 번역을 했는가의 근거도, 또 오역을 짚어 낼 단서도 각주에 있기 때문이다. 각주도 읽지 않는다는 세태 속에서 미주는 거의 뒷방늙은이 신세 같다. 또한 생각을 머무는 시간이 필요한 까닭은 역주자 본인은 이해를 했는가에 대한 자문자답의 필수 점검 과정이기 때문이다. 일견 번역이 이렇게 될 수밖에는 없지 않나 하고 무심코 넘어가다가도 생각을 머무는 과정에서 번역이 제자리를 찾기도 한다. 번역은 원문을 곧이곧대로 옮기는 일도 아니며 그렇다고 원문에서 너무 벗어나서도 안 되는 신중한 작업일 수밖에 없다. 터무니없이 살을 찌워 은근슬쩍 넘어가는 번역이어서도 안 되겠지만 한자어는 그대로 두고 토씨 정도를 덧붙여 내는 번역도 번역이라고는 생각되지 않는다. 계속해서 자기 번역글을 작은 소리로라도 읽어 보면서 우리말로 충분히 살려냈는지 자기 점검을 해야 한다.

이 책의 번역을 의뢰받아 시작한 때는 박사학위논문을 쓰던 즈음이었다. 당시의 내가 단연코 더 향상이 되었다고 말할 수는 없을지라도 이즈막에 이르러 안 보이던 것이 보이기도 했고, 오랜 시간이 지나면서 긴장감과 집중력을 잃어버린 측면 또한 있다. 처음에 한 내 번역이 내 자신에게 그대로 고정관념이라는 족쇄가 되기도 하는 걸 발견하면서 각성한 점도 있고, 마지막 교정에서까지 보였던 오역은 머리털을 쭈뼛 서게도 하였다.

　일러두기에서도 밝혔지만, 지금까지 역주자가 참여했던 역주와 편찬이라는 힘이 없었다면 본서의 역주는 불가능했을 것이다. 당시에 발췌하여 부분 번역을 냈던 것을 이제 완역이라는 이름으로 내놓게 되었다. 빠져 있던 틈 사이를 무리 없이 메웠는지, 행여나 문불가점에 개칠을 한 것은 아닌지 조마조마하다. 부모님과 김영욱 선생님은 세 발 솥처럼 나를 지탱해 주신 분들이다. 어디에서 무슨 일을 하든 그분들 이름자에 누를 끼치지 않도록 살고자 했고, 그것이 내 본분임을 잊은 적이 없다. 이 역주서가 보람과 위안의 한 조각이라도 되기를 바랄 뿐이다.

　쉽게 쓰이는 글들, 또 쉽게 언제든 고칠 수 있는 글들, 문물의 발전이 가져다 준 편의 속에서 활자의 무게는 가벼워지고 그만큼 사유의 힘도 부박해져 가고 있지 않은가 때로 반성한다. 일순간 휘발되어 날아가고 말 글들은 쓰지 않으려 한다. 내게 맞지 않는 일들에까지 욕심을 부린 시간도 있지만 앞으로 공부에 매진할 시간이 그리 길지 않음을 안다. 『선문염송설화』와 『진각국사어록』 역주에 미력이나마 보탤 수 있다면 기쁘겠다.

찾아보기

가명假名 / 82
가섭 / 25, 91, 103, 118, 119, 131, 216, 218
간경안看經眼 / 92
간시궐 / 144
간화諫話 / 113
건추楗槌 / 128, 144
건화문建化門 / 75
견성성불 / 71
결정적인 전기가 되는 한마디 말(一轉語) / 80
결정적인 하나의 소식 / 93
결제일 / 89
경전을 꿰뚫어 보는 눈(看經眼) / 92
경청 도부 / 128
계향戒香 / 34
고불古佛 / 283
고산 / 238, 239, 241
고산암 / 237
고암高巖 / 107
곤륜 / 232
공안 / 108, 289
공자 / 78, 79, 138, 301
관문 / 108
관음보살 / 115, 246
관조 / 80, 94
광장설법 / 36
교설의 자취(教跡) / 44

교설의 틀 / 102, 103, 109
교외별전 / 71, 103, 119
구지俱胝 / 51
궁극적인 한 구절 / 215
규봉 종밀 / 296
『금강경』 / 101, 267
『금강반야바라밀경』 / 103
금강산 / 250
금란가사 / 103
금색두타 / 218
금족禁足 / 106
급암 조사 / 218

나옹 화상 / 23, 136, 244, 258
나찬 화상 / 121, 268
나한 / 84
낙가산 / 246
남악 회양 / 83
납승 / 55, 79, 85, 132, 248, 278, 289, 296
납의 / 115, 239
납자 / 106, 268
노지백우露地白牛 / 67, 113
노화엄老花嚴 / 297
녹야원 / 53, 82, 95, 123
눈썹 / 60, 83, 128, 144
『능엄경』 / 273

336 • 백운화상어록

단월 / 93, 95
달마대사 / 71, 75, 102, 105, 109, 110, 126, 127, 143, 216, 218, 225, 228, 239, 241, 242, 246, 294
대가섭 / 120, 131
대법안大法眼 선사 / 52
대어代語 / 113
대원각 / 44
대장부 / 265, 275, 286
대전 보통 / 265
대혜 종고 / 66, 126
덕산 선감 / 49, 81, 138, 240, 273, 285, 298
덕산 원명 / 51
도리천 / 79, 93, 215
도오道吾 / 127, 288
독약 / 52
동림 상총 / 265
동산 수초 / 127
동산 양개 / 88, 138, 277
동안거 / 115
뜰 앞의 잣나무 / 127, 288, 289

마가다국 / 69, 79
마갈제국摩竭提國 / 53
마구니 / 62
마른 똥막대기 / 127, 288
마명馬鳴 / 285

마삼근 / 144
마조馬祖 / 83
마지막 한 구절 / 39
마하가섭 / 63, 120
마헤수라摩醯首羅 / 59
막야검 / 95
만법귀일萬法歸一 / 97, 144
망아지 한 마리(馬祖道一) / 49
목련존자 / 79
목마 / 60
목수 몽산 / 248
목은 이색 / 23
목인 / 232
몽산 덕이 / 59
묘유妙有 / 42
무념無念 / 97, 145, 210~212
무사無事 / 105
무심無心 / 64, 71, 97, 98, 105, 145, 210, 211, 219, 260, 283, 295
무위無爲 / 71, 75, 79, 105, 118, 119, 253, 297
무자無字 / 97, 144
문수보살 / 97, 115
문화話 / 113
미륵불 / 58, 271

바람과 깃발 / 52, 99
반야 / 43
반야다라 존자 / 104
발제하跋提河 / 53, 82, 95, 123
방棒 / 128

방거사 / 117, 118, 296
방온거사 / 268
방할棒喝 / 49
배휴 / 265
백운 경한 / 23, 25, 26, 29, 31~36, 84, 207, 210, 214, 228, 243, 302
백장 회해 / 83, 138
백추白槌 / 35, 36
『범망경』 / 117
법기보살 / 115
법안法眼 / 73, 100, 214, 215
법용法涌보살 / 138
별어別語 / 113
병성몽사 / 25, 214, 216
보광명전普光明殿 / 31
보리 / 44, 66
보리수 / 53, 69
보지공寶誌公 / 67, 127
보현보살 / 115
본래면목 / 70, 85, 218, 298
본래인本來人 / 114, 296
본분사 / 89, 106, 115, 122, 230, 275, 281
본분 수단 / 289
본분에 대해 답한 말(本分答話) / 144
본분초료 / 278
본지풍광 / 70, 218, 298
부대사傅大士 / 96
부모미생전면목 / 97, 144
부사의삼매不思議三昧 / 97, 98
부사의해탈不思議解脫 / 215
부처 / 42, 50, 62, 96, 101, 112
분세分歲 / 67
분양 선사 / 216

불립문자 / 71
불법의 근본적인 뜻(第一義) / 35
불성佛性 / 56, 86, 90, 117, 142, 294
불자拂子 / 69, 70, 83, 128, 144
비릉 / 251
비마암祕魔巖 / 51
비목毗目 선인 / 87
빈주賓主 / 49

사구死句 / 228
사대四大 / 50, 90, 96, 107, 143, 271
사대思大 화상 / 67, 245
사대오온四大五蘊 / 36, 42
사라쌍수 / 63
사령운 / 268
사미沙彌 / 127
사빈주四賓主 / 49
사세송辭世頌 / 214
사위의四威儀 / 211, 259, 267
사자좌師子座 / 111
사제四諦 / 53
산란散亂 / 108
산승 / 79, 96, 97
삼 세 근 / 127, 288
삼계 / 66
삼구 / 134, 135, 136
삼매 / 91, 98, 100
삼생육십겁三生六十劫 / 50
삼선천三禪天 / 62
삼승三乘 / 63
삼승십이분교 / 102

삼아승기겁三阿僧祇劫 / 64
삼전어 / 136, 137
상위방相違謗 / 86
상제常啼보살 / 138
색 / 41, 58, 76, 82, 93, 127, 144, 231
석가 / 78, 241, 271
석가노자釋迦老子 / 47, 53, 57, 72, 93, 95, 97, 228, 297
석녀 / 60, 232
석두 희천石頭希遷 / 49, 281
석상石霜 / 49
석옥 청공 / 23, 25, 34, 97, 207, 214, 215, 261
선겸善謙 / 108
선다객宣茶客 / 36
선덕先德 / 78
선불장選佛場 / 89
선재동자 / 87
설봉 의존 / 138
설산雪山 / 79, 138
섭현 귀성 / 289
성불암 / 242
세존 / 25, 62, 90, 91, 102, 103, 118, 120, 123, 138, 218, 290
소리 / 41, 58, 76, 82, 93, 127, 128, 144, 231
소염小艶 / 126
손감방損減謗 / 86
손님 / 32, 80, 94
수미산 / 34, 85, 87, 109, 259
수어垂語 / 144
수월도량 / 65
순임금 / 67, 68, 78, 88
스스로 깨달은 자(自然覺者) / 32

승가난제僧伽難提 / 99
승조僧肇 / 68
시절인연 / 83
신광사神光寺 / 25, 31, 235, 258, 270, 273, 277
신광 장로 / 218, 249
신상神像 앞의 술 받침대 / 127
심지心地 / 117
십이분교十二分敎 / 111

아난 / 62, 103, 131, 290
안국사 / 214, 228
안연顔淵 / 139
암두 전활 / 55, 138
앙산仰山 / 124, 126
약산 유엄 / 49, 55, 281
양기 방회 / 46
양문공 / 265
언어 / 41, 127, 144
여래 / 43, 44
여래선如來禪 / 126
연등불然燈佛 / 57
연화봉 상상 암주 / 235
열반 / 43, 66, 86
열반묘심 / 70, 218
염라대왕 / 116
영가 현각 / 116, 211, 275
영명 연수 / 138
영산靈山 / 119
영산회상 / 63, 64, 120, 131
영운 지근 / 58, 128, 138, 144

오성五性 / 63
오온五蘊 / 43, 50, 96, 143, 271
오온사대 / 37
오위五位 / 49
오위편정五位偏正 / 49
오음五陰 / 107
오조 법연 / 126, 289
온백설溫白雪 / 301
요임금 / 67, 68, 78, 88
용담 숭신 / 285
용두사미 / 67
용산龍山 / 278
용수龍樹 / 285, 294
용천 경흔 / 138
운문 문언 / 44, 55, 59, 72, 73, 84, 123, 127, 128
『원각경』 / 66, 91, 109, 263
『원각수증의圓覺修證儀』 / 263
원오 극근 / 44, 126
원통문圓通門 / 128
위산潙山 / 124
위앙종潙仰宗 / 49
위음왕불 / 218
유나 / 33, 35
유마거사 / 239
유심有心 / 64, 97
유위법有爲法 / 43, 82, 119, 242
육근 / 254, 255, 271
육조 혜능 / 52, 99, 120, 138, 145, 207
육진 / 255, 271
육진육식六塵六識 / 36, 37
음계陰界 / 104
의단疑團 / 144
이구 온보 / 26, 265

이문화李文和 / 105, 106, 145
인상여藺相如 / 139
일대사一大事 / 46, 114, 126, 138
일대사인연 / 86
일물 / 218
일체종지一切種智 / 295
일할一喝 / 41
임제 의현 / 49, 81, 138, 240
임종게 / 25, 302
입원入院 / 31, 39

자명慈明 / 46
자의紫衣 / 33
자자일自恣日 / 88
자조 온총 / 105
작용 / 80, 81, 94, 101
장경 혜릉 / 138
장무진 / 265
장부 / 106, 217
장졸張拙 / 145
전법게 / 219
정법안장 / 70, 216, 218
정전백수자 / 144
정향定香 / 34
정혼精魂 / 90, 142
제바달다提婆達多 / 62
제야 / 67, 68
제이의문第二義門 / 53
제일의여 / 36
제호醍醐 / 52
조동종曹洞宗 / 49

조사 / 42, 50, 90, 96, 108
조사선祖師禪 / 126, 127, 144, 288, 289
조주趙州 / 97, 127, 144, 145, 207, 208, 283, 286, 289
『종문무고宗門武庫』/ 126
주먹 / 92, 144
주인 / 33, 80, 94
주장자 / 32, 37, 39, 43, 44, 59, 68, 76, 85, 141, 144, 235, 238, 239
중생 / 101
『증도가』/ 211
증익방增益謗 / 86
지견향知見香 / 34
지공指空 / 25, 59, 223, 228, 237, 261
지옥 / 62
직지인심 / 71
진공眞空 / 42
진면목 / 88
진정 극문 / 297
진陳 제형提刑 / 126
진흙 소 / 60

차별상 / 39, 61, 101, 207
찰간 / 103
참선 / 114
참학參學 / 113
천경 초남 / 111, 273
천당 / 62
천태 덕소 / 58, 145
천호암 / 97, 207, 210, 214, 215
청정법신 / 36

청풍 / 36
초명蟭螟 / 59
총령蔥嶺 / 110
출가 / 107, 251, 273, 285, 292
취모검 / 89, 248
취암사鷲岩寺 / 23, 29, 303
침묵 / 97, 123

태고 화상 / 261
태원 부孚 상좌 / 235
투자 대동 / 138

파안미소 / 120
평등 / 39, 43, 91, 131, 211, 241
풍류 / 88, 262

하나의 무엇(一物) / 47
하무산 / 23, 34, 97, 207, 210, 214, 215
하안거 / 106, 115
한 마리 물소 / 112
할喝 / 80, 94, 128
해제일 / 87, 88
해탈 / 43
해탈지견심향解脫知見心香 / 34
행각行脚 / 85, 88, 106, 115

향상하는 근본적인 한마디 / 53
향상하는 본분사 / 283
향상하는 유일한 길 / 91
향엄 지한 / 58, 126~128, 144
현사 사비 / 77, 128
혜가 / 138
혜향慧香 / 34
혼침昏沈 / 108
화두 / 109, 144
활구 / 144, 215, 228

황면노자 / 39, 72, 93, 215, 216
황벽 희운 / 145, 265
휴휴선암休休禪菴 / 210
흠산 문수 / 138
흥성사興聖寺 / 39
희론방희戲論謗 / 86

6대 조사 / 69, 131
28대 조사 / 69, 131

한글본 **한국불교전서**

고·려·출·간·본

고려 1 일승법계도원통기
균여 | 최연식 옮김 | 신국판 | 216쪽 | 12,000원

고려 2 원감국사집
충지 | 이상현 옮김 | 신국판 | 480쪽 | 25,000원

고려 3 자비도량참법집해
조구 | 성재헌 옮김 | 신국판 | 696쪽 | 30,000원

고려 4 천태사교의
제관 | 최기표 옮김 | 4X6판 | 168쪽 | 10,000원

고려 5 대각국사집
의천 | 이상현 옮김 | 신국판 | 752쪽 | 32,000원

고려 6 법계도기총수록
저자 미상 | 해주 옮김 | 신국판 | 628쪽 | 30,000원

고려 7 보제존자삼종가
고봉 법장 | 하혜정 옮김 | 4X6판 | 216쪽 | 12,000원

고려 8 석가여래행적송·천태말학운묵화상경책
운묵 무기 | 김성옥·박인석 옮김 | 신국판 | 424쪽 | 24,000원

고려 9 법화영험전
요원 | 오지연 옮김 | 신국판 | 264쪽 | 17,000원

고려 10 남명천화상송증도가사실
□련 | 성재헌 옮김 | 신국판 | 418쪽 | 23,000원

신·라·출·간·본

신라 1 인왕경소
원측 | 백진순 옮김 | 신국판 | 800쪽 | 35,000원

신라 2 범망경술기
승장 | 한명숙 옮김 | 신국판 | 620쪽 | 28,000원

신라 3 대승기신론내의약탐기
태현 | 박인석 옮김 | 신국판 | 248쪽 | 15,000원

신라 4 해심밀경소 제1 서품
원측 | 백진순 옮김 | 신국판 | 448쪽 | 24,000원

신라 5 해심밀경소 제2 승의제상품
원측 | 백진순 옮김 | 신국판 | 508쪽 | 26,000원

신라 6 해심밀경소 제3 심의식상품 제4 일체법상품
원측 | 백진순 옮김 | 신국판 | 332쪽 | 20,000원

신라 12 무량수경연의술문찬
경흥 | 한명숙 옮김 | 신국판 | 800쪽 | 35,000원

신라 13 범망경보살계본사기 상권
원효 | 한명숙 옮김 | 신국판 | 272쪽 | 17,000원

신라 14 화엄일승성불묘의
견등 | 김천학 옮김 | 신국판 | 264쪽 | 15,000원

신라 15 범망경고적기
태현 | 한명숙 옮김 | 신국판 | 612쪽 | 28,000원

신라 16 금강삼매경론
원효 | 김호귀 옮김 | 신국판 | 666쪽 | 32,000원

신라 17 대승기신론소기회본
원효 | 은정희 옮김 | 신국판 | 536쪽 | 27,000원

신라 18 미륵상생경종요 외
원효 | 성재헌 외 옮김 | 신국판 | 420쪽 | 22,000원

신라 19 대혜도경종요 외
원효 | 성재헌 외 옮김 | 신국판 | 256쪽 | 15,000원

신라 20 열반종요
원효 | 이평래 옮김 | 신국판 | 272쪽 | 16,000원

신라 21 이장의
원효 | 안성두 옮김 | 신국판 | 256쪽 | 15,000원

신라 24 지범요기조람집
원효·진원 | 한명숙 옮김 | 신국판 | 310쪽 | 19,000원

| 신라 25 | 집일금광명경소
원효 | 한명숙 옮김 | 신국판 | 636쪽 | 31,000원

조·선·출·간·본

| 조선 1 | 작법귀감
백파 긍선 | 김두재 옮김 | 신국판 | 336쪽 | 18,000원

| 조선 2 | 정토보서
백암 성총 | 김종진 옮김 | 4X6판 | 224쪽 | 12,000원

| 조선 3 | 백암정토찬
백암 성총 | 김종진 옮김 | 4X6판 | 156쪽 | 9,000원

| 조선 4 | 일본표해록
풍계 현정 | 김상현 옮김 | 4X6판 | 180쪽 | 10,000원

| 조선 5 | 기암집
기암 법견 | 이상현 옮김 | 신국판 | 320쪽 | 18,000원

| 조선 6 | 운봉선사심성론
운봉 대지 | 이종수 옮김 | 4X6판 | 200쪽 | 12,000원

| 조선 7 | 추파집·추파수간
추파 홍유 | 하혜정 옮김 | 신국판 | 340쪽 | 20,000원

| 조선 8 | 침굉집
침굉 현변 | 이상현 옮김 | 신국판 | 300쪽 | 17,000원

| 조선 9 | 염불보권문
명연 | 정우영·김종진 옮김 | 신국판 | 224쪽 | 13,000원

| 조선 10 | 천지명양수륙재의범음산보집
해동사문 지환 | 김두재 옮김 | 신국판 | 636쪽 | 28,000원

| 조선 11 | 삼봉집
화악 지탁 | 김재희 옮김 | 신국판 | 260쪽 | 15,000원

| 조선 12 | 선문수경
백파 긍선 | 신규탁 옮김 | 신국판 | 180쪽 | 12,000원

| 조선 13 | 선문사변만어
초의 의순 | 김영욱 옮김 | 4X6판 | 192쪽 | 11,000원

| 조선 14 | 부휴당대사집
부휴 선수 | 이상현 옮김 | 신국판 | 376쪽 | 22,000원

| 조선 15 | 무경집
무경 자수 | 김재희 옮김 | 신국판 | 516쪽 | 26,000원

| 조선 16 | 무경실중어록
무경 자수 | 성재헌 옮김 | 신국판 | 340쪽 | 20,000원

| 조선 17 | 불조진심선격초
무경 자수 | 성재헌 옮김 | 신국판 | 168쪽 | 11,000원

| 조선 18 | 선학입문
김대현 | 성재헌 옮김 | 신국판 | 240쪽 | 14,000원

| 조선 19 | 사명당대사집
사명 유정 | 이상현 옮김 | 신국판 | 508쪽 | 26,000원

| 조선 20 | 송운대사분충서난록
신유한 엮음 | 이상현 옮김 | 신국판 | 324쪽 | 20,000원

| 조선 21 | 의룡집
의룡 체훈 | 김석군 옮김 | 신국판 | 296쪽 | 17,000원

| 조선 22 | 응운공여대사유망록
응운 공여 | 이대형 옮김 | 신국판 | 350쪽 | 20,000원

| 조선 23 | 사경지험기
백암 성총 | 성재헌 옮김 | 신국판 | 248쪽 | 15,000원

| 조선 24 | 무용당유고
무용 수연 | 이상현 옮김 | 신국판 | 292쪽 | 17,000원

| 조선 25 | 설담집
설담 자우 | 윤빈호 옮김 | 신국판 | 200쪽 | 13,000원

| 조선 26 | 동사열전
범해 각안 | 김두재 옮김 | 신국판 | 652쪽 | 30,000원

| 조선 27 | 청허당집
청허 휴정 | 이상현 옮김 | 신국판 | 964쪽 | 47,000원

| 조선 28 | 대각등계집
백곡 처능 | 임재완 옮김 | 신국판 | 408쪽 | 23,000원

| 조선 29 | 반야바라밀다심경략소연주기회편
석실 명안 엮음 | 강찬국 옮김 | 신국판 | 296쪽 | 17,000원

조선 30 허정집
허정 법종 | 성재헌 옮김 | 신국판 | 488쪽 | 25,000원

조선 31 호은집
호은 유기 | 김종진 옮김 | 신국판 | 264쪽 | 16,000원

조선 32 월성집
월성 비은 | 이대형 옮김 | 4X6판 | 172쪽 | 11,000원

조선 33 아암유집
아암 혜장 | 김두재 옮김 | 신국판 | 208쪽 | 13,000원

조선 34 경허집
경허 성우 | 이상하 옮김 | 신국판 | 572쪽 | 28,000원

조선 35 송계대선사문집 · 상월대사시집
송계 나식 · 상월 새봉 | 김종진 · 박재금 옮김 | 신국판 | 440쪽 | 24,000원

조선 36 선문오종강요 · 환성시집
환성 지안 | 성재헌 옮김 | 신국판 | 296쪽 | 17,000원

조선 37 역산집
영허 선영 | 공근식 옮김 | 신국판 | 368쪽 | 22,000원

조선 38 함허당득통화상어록
득통 기화 | 박해당 옮김 | 신국판 | 300쪽 | 18,000원

조선 39 가산고
월하 계오 | 성재헌 옮김 | 신국판 | 446쪽 | 24,000원

조선 40 선원제전집도서과평
설암 추붕 | 이정희 옮김 | 신국판 | 338쪽 | 20,000원

조선 41 함홍당집
함홍 치능 | 성재헌 옮김 | 신국판 | 348쪽 | 21,000원

조선 42 백암집
백암 성총 | 유호선 옮김 | 신국판 | 544쪽 | 27,000원

조선 43 동계집
동계 경일 | 김승호 옮김 | 신국판 | 380쪽 | 22,000원

조선 44 용암당유고 · 괄허집
용암 체조 · 괄허 취여 | 김종진 옮김 | 신국판 | 404쪽 | 23,000원

조선 45 운곡집 · 허백집
운곡 충휘 · 허백 명조 | 김재희 · 김두재 옮김 | 신국판 | 514쪽 | 26,000원

조선 46 용담집 · 극암집
용담 조관 · 극암 사성 | 성재헌 · 이대형 옮김 | 신국판 | 520쪽 | 26,000원

조선 47 경암집
경암 응윤 | 김재희 옮김 | 신국판 | 300쪽 | 18,000원

조선 48 석문상의초 외
벽암 각성 외 | 김두재 옮김 | 신국판 | 338쪽 | 20,000원

조선 49 월파집 · 해붕집
월파 태율 · 해붕 전령 | 이상현 · 김두재 옮김 | 신국판 | 562쪽 | 28,000원

조선 50 몽암대사문집
몽암 기영 | 이상현 옮김 | 신국판 | 348쪽 | 21,000원

※ 한글본 한국불교전서는 계속 출간됩니다.

백운 경한白雲景閑
(1298~1374)

고려 말기인 충렬왕 때부터 공민왕 때까지 생존한 선사. 태고 보우太古普愚, 나옹 혜근懶翁惠勤과 함께 여말삼사麗末三師로 일컬어진다. 행장行狀과 비문碑文이 전하지 않아 자세한 행적은 알 수 없다. 본 어록과 『백운화상초록불조직지심체요절白雲和尙抄錄佛祖直指心體要節』이 그의 자취를 추적할 수 있는 그나마 단서이다. 1351년에 호주 하무산霞霧山으로 석옥 청공石屋淸珙을 찾아가 문답을 나누었고, 이듬해 정월에 다시금 석옥을 찾아가 가르침을 청하여 배운 후에 그해 3월에 고려에 들어왔다. 1353년 정월 17일 낮에 좌선하던 중에 영가 현각永嘉玄覺 대사의 『증도가證道歌』 구절을 떠올리고 깨침을 얻었다. 1354년 6월에 법안法眼 선인禪人이 모셔온 석옥의 사세송辭世頌을 받고 안국사에서 재를 베풀었다. 1365년에 나옹의 천거를 받아 해주 신광사神光寺 주지가 되었고, 1368년에는 왕비 노국공주魯國公主의 원당願堂인 흥성사興聖寺의 주지로 취임하였다. 1369년을 전후해서는 고산암孤山菴에 머물렀다. 공민왕 20년(1370)에 개경에 있던 광명사廣明寺에서 공부선功夫選이 있었는데, 이때 주맹主盟인 나옹과 함께 시관試官으로 참석하였다. 입적하기 두 해 전인 1372년『직지심체요절』 2권을 마쳤으며, 1374년에 취암사鷲岩寺에서 세수 77세를 일기로 입적하였다.

옮긴이 조영미

성균관대학교 한문학과 졸업 후, 서강대학교 국문학과에서「淸虛 休靜의 禪詩 硏究」로 석사학위를, 성균관대학교 한문학과에서「『禪門拈頌』의 公案 조직 양상과 언어 활용 연구」로 박사학위를 받았다. 현재 동국대학교 불교학술원 전임연구원이다. 논문으로는 「선불교의 공안에서 효와(誘訛)의 속성과 의미기능」,「公案의 문제설정 방식과 疑團 형성 고찰」,「白雲景閑의 祖師禪 인식」,「조사들의 공안 활용법」이 있고, 역주서로는 김영욱·조영미·한재상 역주『정선 禪語錄』·『정선 休靜』·『정선 公案集』이 있다.

증의
황금연(동국대학교 불교학술원 일반연구원)